Letters to and from Ludwig Tieck and His Circle

UNC | COLLEGE OF ARTS AND SCIENCES
Germanic and Slavic Languages and Literatures

From 1949 to 2004, UNC Press and the UNC Department of Germanic & Slavic Languages and Literatures published the UNC Studies in the Germanic Languages and Literatures series. Monographs, anthologies, and critical editions in the series covered an array of topics including medieval and modern literature, theater, linguistics, philology, onomastics, and the history of ideas. Through the generous support of the National Endowment for the Humanities and the Andrew W. Mellon Foundation, books in the series have been reissued in new paperback and open access digital editions. For a complete list of books visit www.uncpress.org.

Letters to and from Ludwig Tieck and His Circle

Unpublished Letters from the Period of German Romanticism Including the Unpublished Correspondence of Sophie and Ludwig Tieck

EDITED BY PERCY MATENKO,

EDWIN H. ZEYDEL AND

BERTHA M. MASCHE

UNC Studies in the Germanic Languages and Literatures
Number 57

Suggested citation: Matenko, Percy, Edwin H. Zeydel, and Bertha M. Masche, editors. *Letters to and from Ludwig Tieck and His Circle: Unpublished Letters from the Period of German Romanticism Including the Unpublished Correspondence of Sophie and Ludwig Tieck.* Chapel Hill: University of North Carolina Press, 1967. DOI: https://doi. org/10.5149/9781469657905_Matenko

Library of Congress Cataloging-in-Publication Data
Names: Matenko, Percy, Zeydel, Edwin H., and Masche, Bertha M., editors.
Title: Letters to and from Ludwig Tieck and his circle : Unpublished letters from the period of German romanticism including the unpublished correspondence of Sophie and Ludwig Tieck / edited by Percy Matenko, Edwin H. Zeydel, and Bertha M. Masche.
Other titles: University of North Carolina Studies in the Germanic Languages and Literatures ; no. 57.
Description: Chapel Hill : University of North Carolina Press, [1967] Series: University of North Carolina Studies in the Germanic Languages and Literatures.
Identifiers: LCCN 68064590 | ISBN 978-0-8078-8157-6 (pbk: alk. paper) | ISBN 978-1-4696-5790-5 (ebook)
Subjects: Tieck, Ludwig, 1773-1853 — Correspondence. | Tieck, Ludwig, 1773-1853 — Friends and associates. | Authors, German — 19th century — Correspondence. | Romanticism — Germany.
Classification: LCC PD25 .N6 NO. 57

*Dedicated to the memory of the late
Professor Robert Herndon Fife
for whose personal inspiration
and invaluable guidance in Tieck research
the editors are deeply indebted*

Published with Help of the
Charles Phelps Taft Memorial Fund
of the
University of Cincinnati

PREFACE

This volume is in a sense a continuation and supplement to the *Letters of Ludwig Tieck Hitherto Unpublished 1792-1853.*[1] The bulk of the material for it was obtained while work was being done on the stated edition. Five additional letters were taken from a collection of eleven letters from Ludwig and Friedrich Tieck belonging to the Special Collections Division of the Library at Columbia University which were purchased in 1936. The last eleven letters in Chapter IV belonged originally to the "Nachlass" of Sophie Bernhardi, the sister of Ludwig Tieck.

Preliminary work on this project had begun during a number of seminars of the German Department of Columbia University. These were conducted by the late Professor Robert Herndon Fife who had deservedly won a permanent name among those who have encouraged and inspired research in German romanticism and Tieck letter research in America. While it was Professor Zeydel's article "Die Briefe Ludwig Tiecks. *Ein literarisches Problem*" in *The Journal of English and Germanic Philology*, Urbana, January, 1929, pp. 72-85, that started Professor Fife on the project, it was under his inspiration and guidance that the *Letters of Ludwig Tieck* was brought to its successful conclusion, and the present volume owes the development of its initial stages to him. The editors, therefore, consider it both a pleasure and a duty to dedicate this volume to him.

What was begun by the German seminars at Columbia was continued by the editors especially from the year 1959 when work by them on this project was seriously resumed. As for the division of labor between them, Professor Zeydel has proved of invaluable assistance in organizing the collection, critically examining the editorial commentaries and re-checking the transcriptions and for general advice and guidance. Without his expert aid which has accompanied this work from its inception to its conclusion the volume could not have appeared in its present form. The chief editor however, is Professor Matenko. He has checked the transcriptions, has revised the editorial commentaries wherever it proved necessary,

[1] Edwin H. Zeydel, Percy Matenko, Robert Herndon Fife, *Letters of Ludwig Tieck Hitherto Unpublished 1792-1893*, New York, London, 1937.

and is responsible for the general supervision of the whole. It seems almost impossible despite zealous and sincere effort, to achieve perfection in a work of this sort. One other point should be mentioned here. Since this is an American publication, meant also for English-speaking readers, the notes on persons, places, and literary references are fuller than they would need to be in a comparable work published in Europe. We cannot emphasize this point too strongly.

With the exception of Tieck, Rauch, and perhaps a few others, the correspondents of these letters are not of the first order of magnitude. The correspondence does, however, throw an important light on the cultural developments obtaining in Germany from 1792 to 1855, reflecting these phenomena in the broad fields of literature, art, and music, as well as in history. Occasionally this correspondence deals with the developments in other periods and countries as well.

The collection includes 116 letters in its first four Chapters, all of which with the exception of three partially published letters (Chapter I, 6; I, 17; II, 29) are hitherto unpublished. The letters have been obtained from ten libraries or archives and two private idividuals. The greatest bulk have come from the Deutsche Staatsbibliothek, Berlin, formerly the Preussische Staatsbibliothek, and the Sächsische Landesbibliothek, Dresden. Important contributions have been made from the Frankfurter Goethemuseum, Columbia University, and the Universitätsbibliothek, Bonn, as well as from the private collection of Professor Edwin H. Zeydel. The provenience of each letter is listed in the Analytical Table of Contents and in the pertinent editorial commentary.

The letters follow chronologically in four chapters divided by the years 1821, 1831, and 1840. Since the last chapter includes correspondence dealing with Tieck's "Nachlass," it extends beyond Tieck's death (1853) to 1871. Within these chapters the arrangement is chronological, except where a series of communications is addressed to the same correspondent. In such cases it is given in its entirety for the years covered by the chapter. Cross references enable the user to find readily the earlier or later installments of a series, such as that addressed to Wagner or Löbell which belong to several chapters. The Table of Contents gives the addressee of each letter, the place and date of writing, and the present location of the letter. In a number of cases where the date does not appear in the letter, an effort has been made to supply it from the contents or through collateral evidence.

While the great majority of these letters, especially the copies made by the Deutsche Staatsbibliothek were easily decipherable,[1]

[1] Many of these letters were written by Karl Helmuth Dammas (1816-1885) who was Tieck's secretary since 1844.

a number of letters, for example those by Rogge, have proved a challenge because of the smallness of the handwriting. The three letters from Friedrich Tieck to Wilhelm von Humboldt (?) have proved particularly difficult to decipher. An effort has been made to supply corrections of erasures where they occur.

The Ludwig-Sophie Tieck correspondence (Chapter V of this edition) deserves special comment. Begun originally by Professor Masche as a study in Professor Fife's seminar when it contained only letters from Ludwig to Sophie Tieck, this undertaking was expanded substantially when Professor Masche subsequently discovered in 1931 the replies from Sophie to Ludwig in what was then called the Preussische Staatsbibliothek in Berlin. Due to the fact that this correspondence constitutes a separate and integral unit, it was decided to publish it as an individual chapter. It constitutes Chapter V of our edition. By far the largest portion of the work on transcribing these letters and editing them is the result of Professor Masche's efforts. However, the other two editors have read the entire Chapter and wish also to take full responsibility for the finished product in its present form.

Except in a few cases, which are identified in the text, the letters are reproduced from a photograph of the original or a copy made by the library from which it is derived. An effort has been made to reproduce the text exactly as the correspondents wrote it, except that the abbreviation 'u' appears as 'und', and '$\overline{m}$,' '$\overline{n}$,' as 'mm', 'nn.' In the originals of some letters the correspondents omitted the 'c' in the combination 'ch,' e.g., 'mahst' for 'machst.' This has in each case been resolved in favor of the standard form. It should also be added that a conscientious effort has been made to reproduce the several 's' forms exactly as they were written by the correspondents.

Except for a few letters in Roman script which are so indicated, the great majority of them are written in German script. A number of proper names, titles of books, and other words where clearness was important, are frequently written in Roman script and italicized in the present edition. Where underlined matter occurs in the text of the letters, it is indicated by spacing the word in question. At various places in the manuscript of Chapter V some of the underscoring differs from the regular heavy underscoring used elsewhere in that it is lighter and apparently in pencil rather than in ink. They may be written by some other person rather than the correspondent, possibly a later scholar, or by Anna Bernhardi. They are, therefore, not indicated in this edition. Letters, parts of words, or entire words that are editorially supplied in the text are indicated by square brackets. Most of them occur at the right or left-hand margin of the manuscript.

It should further be added that Sophie Tieck was ambivalent about her use of "m", "n", which was twice written as "m̄", "n̄", otherwise without the line. To provide for this ambivalence every effort has been made to achieve a faithful reproduction of her written words, as they occur in the manuscript. Attention is also called to the "run on" sentences in Sophie's early letters to Ludwig Tieck, lack of punctuation, and inconsistencies in spelling. Some of these are perhaps due to Berlin local usage.

Grateful acknowledgment is made to the libraries which aided, especially to the administration of the Preussische Staatsbibliothek, whose legal successor is the Deutsche Staatsbibliothek, the Sächsische Landesbibliothek, the Frankfurter Goethemuseum, and the Universitätsbibliothek, Bonn. The services of these and other German libraries had already been acknowledged in the preface to the *Letters of Ludwig Tieck* and permission for the use of the pertinent correspondence contained in our volume was obtained at that time.[1] We wish to reiterate our gratitude here. As far as the rights of Columbia University are concerned, the pertinent material in this volume was released through the kind permission of Professor Carl F. Bayerschmidt, a former chairman of the Department of Germanic Languages at that institution. We also wish to express our indebtedness to the administration of the Special Collections Division of the Library at Columbia University. We are publishing with their permission five of the eleven already mentioned Ludwig and Friedrich Tieck letters in their possession. The eleven letters from the Sophie Bernhardi-Nachlass were acquired by the Preussische Staatsbibliothek, now the Deutsche Staatsbibliothek, as part of the Nachlass from Anna Bernhardi, a descendant of Sophie's first husband. Photostats of these eleven letters were presented in turn by Professor Bertha M. Masche of Hunter College to the late Professor Robert Herndon Fife. We wish to express our indebtedness to Professor Carl F. Bayerschmidt, and to Professor Bertha Masche, incidentally two members of the German seminar at Columbia University who collaborated on the preliminary editorial work on the *Letters to Ludwig Tieck* for their gracious permission to publish this material. We are also indebted to Mrs. Charlotte Hastings for assistance in preparing the manuscript and to Mrs. Natalie R. Matenko for her cooperation in the painstaking tasks of reading the proof and preparing the index as well as for general assistance throughout the course of this study.

We are deeply indebted to the Charles Phelps Taft Memorial Fund of the University of Cincinnati for substantial grants for typing and publication; also to the Graduate Center of The City

---

[1] *Letters of Ludwig Tieck*, viii f., xi.

University of New York for secretarial assistance in preparing the index.

Finally, acknowledgement is made to the following members of the German seminar at Columbia University who collaborated in the transcription of the letters and the study of the source material relating to them:

    Charles H. Gunter, Jeanette H. Eilenberg, Arthur Ingenhuett, Bertha M. Masche, Anthony Scenna, and Jean T. Wilde.

GENERAL TABLE OF CONTENTS

ANALYTICAL TABLE OF CONTENTS

[1] Bayerische Staatsbibliothek, München.
[2] Wiener Stadtbibliothek.
[3] Kunst-u. Altertümer-Sammlung Veste Coburg.
[4] Frankfurter Goethemuseum.
[5] Frankfurter Goethemuseum.
[6] Frankfurter Goethemuseum.
[7] Columbia University Library.

CHAPTER III
1831-1839

[1] Theodor Winkler Nachlass through his great grandniece Mrs. Alfred E. Hamill, Lake Forest, Illinois.
[2] E. H. Zeydel private autograph collection, Cincinnati, Ohio.
[3] E. H. Zeydel private autograph collection, Cincinnati, Ohio.
[4] E. H. Zeydel private autograph collection, Cincinnati, Ohio.
[5] Germanisches Nationalmuseum, Nürnberg.
[6] Düsseldorf Landes- und Stadt-Bibliothek.

[1] Wiener Stadtbibliothek.
[2] Columbia University Library.
[3] Columbia University Library.

[1] Düsseldorf Landes- und Stadt-Bibliothek.
[2] Columbia University Library.
[3] Columbia University Library.

CHAPTER V
(1792-1828)
Tieck and his sister Sophie   274

ABBREVIATIONS

Works of reference occasionally used are cited by full title in the text. Below are listed works and libraries of frequent occurrence.

ADB: Allgemeine Deutsche Biographie. München, 1875-1912. LVI.

Bernhardi: *Aus dem Leben Theodor von Bernhardis,* I (Jugenderinnerungen) Zweite Auflage. Leipzig, 1898. I.

Breuer: *Sophie Bernhardi geb. Tieck als romantische Dichterin. Ein Beitrag zur Geschichte der deutschen Romantik.* (Dissertation, Tübingen). Von Moses Breuer. Borna-Leipzig, 1914.

Eggers: *Christian Daniel Rauch.* Von Friedrich und Karl Eggers. Berlin 1873-1887. IV. (The first volume is written by Friedrich Eggers alone).

Fischer: *Aus Berlins Vergangenheit. Gesammelte Aufsätze zur Kultur und Literaturgeschichte Berlins.* Von L. H. Fischer. Berlin, 1891.

Friesen: *Ludwig Tieck. Erinnerungen eines alten Freundes aus den Jahren 1825-1842.* Von Hermann Freiherrn von Friesen. Wien, 1871. II.

Goedeke: *Grundriss zur Geschichte der deutschen Dichtung aus den Quellen.* Von Karl Goedeke. 2. ganz neu bearbeitete Auflage... fortgeführt von Edmund Goetze. Leipzig, Dresden, Berlin (vols. IV ff., 1891 ff.).

Hildebrandt: *Friedrich Tieck. Ein Beitrag zur deutschen Kunstgeschichte im Zeitalter Goethes und der Romantik.* Von Edmund Hildebrandt. Leipzig, 1906.

Holtei: *Briefe an Ludwig Tieck.* Ausgewählt und herausgegeben von Karl von Holtei. Breslau, 1864. IV.

Köpke: *Ludwig Tieck. Erinnerungen aus dem Leben des Dichters nach dessen mündlichen und schriftlichen Mittheilungen.* Von Rudolf Köpke. Leipzig, 1855. II.

Krebs-Runge: *Philipp Otto Runges Entwicklung unter dem Einflusse Ludwig Tiecks.* Von S. Krebs. Heidelberg, 1909.

Krisenjahre: Krisenjahre der Frühromantik. Briefe aus dem Schlegelkreis herausgegeben von Josef Körner. Brünn, Wien, Leipzig, 1936. II. Bern, 1958. Vol. III.

Letters of Ludwig Tieck: Letters of Ludwig Tieck Hitherto Unpublished 1792-1853. Collected and edited by Edwin H. Zeydel, Percy Matenko, Robert Herndon Fife. New York, London, 1937.

v. d. Leyen: *Wilhelm Heinrich Wackenroder. Werke und Briefe.* Herausgegeben von Friedrich von der Leyen. Jena, 1919. II.

Lüdeke: *Aus Tiecks Novellenzeit: Briefwechsel zwischen Ludwig Tieck und F. A. Brockhaus.* Herausgegeben von Heinrich Lüdeke von Möllendorff. Leipzig, 1928.

Lüdeke S: *Ludwig Tieck und die Brüder Schlegel.* Briefe mit Einleitung und Anmerkungen herausgegeben von H. Lüdeke. Frankfurt a. M., 1930.

Schmidt, *Caroline: Briefe aus der Frühromantik.* Nach Georg Waitz vermehrt herausgegeben von Erich Schmidt. Leipzig, 1913. II.

Steig: *Achim von Arnim und die ihm nahestanden.* Von R. Steig. I (Stuttgart, 1894) and II (Stuttgart und Berlin, 1913).

TS: Ludwig Tieck's Schriften. Berlin, 1828-1854. XXVIII (reprinted by Walter de Gruyter and Co., Berlin, 1966).

Tieck and Solger: Tieck and Solger The Complete Correspondence. By Percy Matenko. New York, Berlin, 1933.

Zeydel: *Ludwig Tieck, The German Romanticist: A Critical Study.* By Edwin H. Zeydel. Princeton, 1935.

DSB: Deutsche Staatsbibliothek, Berlin. (Formerly Preussische Staatsbibliothek).

HA: Hauptarchiv, Berlin-Dahlem (Formerly Preussisches Geheimes Staatsarchiv; listed since 1963 in *The World of Learning* as Geheimes Staatsarchiv (Stiftung Preussischer Kulturbesitz)).

SLB: Sächsische Landesbibliothek, Dresden.

UBL Bonn: Universitätsbibliothek, Bonn.

CHAPTER I

(1792-1820)

1. Wilhelm von Burgsdorff to his mother (*I*) (*II*)

The following two letters,[1] the first of which is signed "Wilhelm," are addressed to the correspondent's mother while on a trip through Weimar and Erfurt. They are probably written by Wilhelm von Burgsdorff (1772-1822). A friend of Tieck's, his classmate at the Friedrich-Werder-Gymnasium, and also a fellow-student at Halle and Göttingen, he had invited Tieck in 1801 to his paternal estate in Ziebingen, south-east of Frankfurt on the Oder, and here Tieck and his family stayed from 1802 to 1819. Burgsdorff was also in close association with Tieck and his family in Dresden where the former stayed from 1818 until his death. In 1767 his father Joachim Friedrich Ehrenreich von Burgsdorff married a Gräfin Charlotte Finkkenstein, a cousin of Graf Friedrich Ludwig Karl Finck von Finkkenstein (1745-1818) who became Tieck's patron when the Ziebingen estate became his property in 1807.

The conclusions of the two letters are missing. They are written apparently during a vacation while Burgsdorff was a student at Göttingen. His sensitive, perceptive nature is revealed in his reactions to his experiences. It seems strange that his visit is not noted in Goethe's diary. The first record of a visit by Burgsdorff does not occur until 1800, after which a number of visits are listed in 1811, 1813, and 1815 (*Goethes Tagebücher*, Weimar, 1888, 1891, 1893, II, 315; IV, 208; V, 35, 37, 38, 175). Cohn, who wrote a rather long biographical article on Burgsdorff, refers to a visit to Goethe in Weimar in 1796 during a stay that year with the Humboldts at Jena, and he is here considered "eine neue Gestalt" for Goethe (Alfons Fedor Cohn, "Wilhelm von Burgsdorff," *Euphorion*, XIV, 1907, 546 f.) He says nothing about the one described in these letters.

On Goethe's recommendation Herder became general superintendent and head pastor of the municipal church of Weimar in

---

[1] A third, dated "Gotha den 7t. Abends" breaks off after three lines and is omitted here.

1776. Wieland had come to Weimar as early as 1772, appointed by the Dutchess Anna Amalia to act as the tutor of her son Karl August.

Despite considerable effort we have been unable to identify the "Operette" described in these letters. It seems by its contents to belong to the buffo operas of the Neapolitan school. Goethe is known to have produced some of these by Anfossi, Cimarosa, and Paisiello during his period as director of the Weimar theater, 1791-1817 (Hans Joachim Moser, "Geschichte der deutschen Musik Vom Beginn des Dreißigjährigen Krieges bis zum Tode Joseph Haydns," Stuttgart und Berlin, 1930, II, 380; Hans Knudsen, "Goethes Welt des Theaters. Ein Vierteljahrhundert Weimarer Bühnenleitung," Berlin, cop. 1949, 30, 31, 89). However, the specific author and title of the "Operette" are unknown to us.

Wörlitz is a town in the Elbe lowland. Erfurt, the largest and most important city in Thuringia, lies in the Thuringian foothills. The old university, at which Luther studied, was erected in 1392. Gotha is another city in Western Thuringia. Taubenhein (Taubenheim?) is a village in Saxony. The Protestant "large" St. Michaelis-Kirche in Hamburg was built between 1750 and 1762. It possesses a tower 132 meters high but we could not find any reference to its bell.

Copies: DSB

Weimar den 5 Jan. 92

Noch immer sind wir hier, liebe Mutter, aber nun ist es auch der letzte Tag, und ich überlege mir beständig genau deine Regeln vom Coffrepacken, um es heut Nachmittag so geschickt, wie möglich, zu machen. Nun will ich Dir doch schreiben, wie ich hier gelebt, und was ich vorgenommen habe. – Gleich als wir hier ankamen, machten wir uns in die Probe von der Operette, die heut Abend gegeben wird, und seitdem sind wir außer heute alle Vormittage drin gewesen. Den Mittag aß ich hier im Wirtshause an der *table d'hote*, wo ich noch immer so ziemliche Gesellschaft, Studenten aus Jena und Göttingen gefunden habe. Nachmittags ging ich spatzieren und den Abend ließ mich Vater zu Göthe kommen, der besonders bei Tische außerordentlich aufgeräumt war, aber ganz und gar anders, als ich ihn mir dachte. Schon sein ganz Frankfurther Dialekt war mir ganz unerwartet. So aufgeräumt und freundlich er aber auch den Abend war, so ernsthaft und steif war er in allen Proben und in der Comödie, so daß man ihn für einen andern Menschen halten sollte. Vorgestern besuchten wir nun auch Wieland und Herder.

2

Wieland ist schon ein alter schwacher Mann und sieht gar nicht nach den Gedichten aus, die er gemacht hat. Herder war krank und lag zu Bette. Er sieht viel besser aus, als seine Büste, und hat scharmante Kinder. Gestern Nachmittag habe ich recht mit dem ältesten Sohn, der grade von meinem Alter ist, Bekanntschaft gemacht. Sie haben mich auf heute Mittag gebeten, und ich werde nun bald hingehen. – Gestern Abend waren wir in einer geschloßenen Gesellschaft, einer Art von Ressource aber so etwas enuyantes ist mir lange nicht vorgekommen. Zwei große Stuben, wo in der Mitte Tische standen, um die man sich kaum herumdrängen konnte, und wo alles sich fast um die Plätze schlug. Zudem war das Essen jämmerlich, nichts als Braten, Kuchen und Butterbrodt, also hatten wir gar nichts davon. Vater kam dabei am schlimmsten weg, der hatte den Mittag blos Kaffee getrunken, – ich hatte doch gut vorgelegt. So wie das Essen vorbei war, ging auch alles im Galopp davon. Es ist hier ganz charmant, und ich bliebe gern noch länger hier, aber im April kommen wir ja wieder und sind dann wol gar mit Dir hier zusammen. Die Promenade wird dann auch noch viel angenehmer sein, wieviel auch jetzt die Gärten, die hier wie in Wörliz, jedem offen stehn recht hübsch sind. Morgen mit dem frühsten soll es nun von hier weg nach Erfurth und Gotha gehn. Wenn ich heut Nachmittag von Herders komme will ich mich mit unserm Lohnbedienten, einem äußerst komischen, dummen und übersichtigen Kerl an die schwere Packerei machen, und dann den Abend auch in die Comödie gehn. – Nun Adieu liebe Mutter, ich schreibe Dir nächtens den weitern Verfolg unsrer Reise. Grüße alle recht sehr von mir.

Dein
Wilhelm.

NS: Wenn Du einmal nach der Stadt schickst, liebe Mutter, so sei doch so gut, und laß meine Mappe mit den Papieren, die ich bei der Abreise auf dem Sopha liegen ließ an Taubenhein abgeben. Lieber hinausholen, wenn es nicht so.[1]

2. *Wilhelm von Burgsdorff to his mother (II)*

Erfurth d 6tn Jan. 92

Da wir jetzt just einige Stunden zu Hause sind, die uns der Coadjutor zwischen dem Mittag und Abendessen Zeit gelassen hat, so

---

[1] The letter breaks off here.

will ich unterdessen Dir noch einiges von unserm Thun und Treiben melden. Als ich gestern Nachmittag von Herders zu Hause kam, ging ich dann an das schwere Packen und es gelang mir noch immer so ziemlich, doch mußte ein guter Rock von Vater ziemlich oben auf, weil er ihn noch anhatte. Nachher holten mich Herders beide älteste Söhne ab, und wir gingen in die neue Operette, wo es ganz gewaltig voll war, so daß man kaum Athem holen konnte. Die Musik war charmant aber das Stück über alle Beschreibung dumm. Göthe entwickelte uns die Entstehung des Hauptplanes so: die *prima donna*, ein Fischermädchen wird von einem Grafen ins Haus genommen, der sie heirathen will, das ist um den lächerlichen Alten anzubringen, – sie verliebt sich in seinen Neveu, damit sie ein hübsches zärtliches Duett zusammen singen können, und endlich verliebt sie sich in den *buffo*, einen Tanzmeister und das deshalb, weil der *buffo* und die *prima donna* viel zusammen singen müssen. Du kannst daran sehen, wes Geistes Kind das Stück ist. Nach der Comödie ging ich wieder mit zu Herders, die mich auch zum Abend baten. Sie ist eine sehr freundliche liebe Frau, die aus ihren Kindern ihr Alles macht. Es sind wirklich charmante Kinder, 6 Jungens und ein Mädchen die ganz wie verloren unter all den Jungens ist. Der kleinste ist grade so alt wie Riekchen und kann vollkommen laufen, aber dafür noch nicht sprechen. Nach Tische gingen wir noch zu ihm, zu Herder hinauf, der noch immer eines schlimmen Fußes wegen im Bette liegt. Er war sehr lustig und freundlich, und ich blieb bis gegen 11 da.

Heute Morgen um 8 ging es denn fort aus Weimar, wo es mir ganz außerordentlich gefallen hat, so daß ich mich sehr auf die Zeit freue, die wir mit Dir zusammen da zubringen werden. Bis Erfurth ist der Weg gut und wir brauchten zu den 3 Meilen kaum 2 Stunden, so daß wir noch vor 10 hier ans Thor kamen, und weil hier ein Festtag ist bis 10 warten mußten, bis es aufging. Unterdessen hatten wir unsre Freude an dem Soldaten der am Thor Schildwach stand und ein Franzose war. Sobald wir hier ankamen ließ Vater sich beim Coadjutor melden, der uns zum Mittag und Abend invitirte. Vorher besahn wir uns auch die gewaltig weitläuftige, große und kirchenreiche Stadt und bestiegen den alten gothischen Domthurm von wo man sie recht übersieht.

Sie ist eine Festung und hat noch 2 Schlösser auf Bergen zur Seite. Auf dem Thurm besahn wir auch eine gewaltig große Glocke, die wol fast so groß ist wie die neue auf dem Michaelisthurm in Hamburg. Den Mittag waren beim Stadthalter 2 Professoren von der hiesigen Universität und sein Neveu, von dem ich aber keine Silbe gehört habe, so daß ich nicht weiß, ob er stumm ist oder nicht. Es war Fasttag, und blos wir kriegten einige Fleischspeisen. *A propos* von der hiesigen Universität, die ist so beschaffen, wie uns selbst einer von den Professoren sagte, daß immer 2½ Studenten auf einen Professor kommen, und es sind an 100 Studenten hier.

(Conclusion of the letters of Burgsdorff to his mother)

3. Sophie Reimarus to Johann Friedrich Reichardt

This letter presents a number of problems in identification. The addressee is the composer Johann Friedrich Reichardt (1752-1814). In 1783 he married Johanna, the widow of the syndic P. W. Hensler in Stade, a daughter of the Hamburg pastor Julius Gustav Alberti and a sister of Tieck's wife. 'S. R.' is probably Sophie Reimarus, the wife of the physician and author Albert Heinrich Reimarus (1729-1814), who was a son of Hermann Samuel Reimarus (1694-1768). Lessing had published 'Fragmente' of the latter's deistic work from 1774-1777. Sophie Reimarus was an aunt through his mother of Georg Heinrich Sieveking (cf. below). We could not identify the 'H. Duel Geschichte.'[1] The article referred to is possibly a review defending Sophie's brother because of his sympathy for the French Revolution and could reasonably be addressed to Reichardt, who in 1794 was discharged from Prussian service due to his own open sympathy for it. The purveyor of popular, subliterary entertainment Friedrich Eberhard Rambach (1767-1826) had become a teacher of the Friedrich-Werder-Gymnasium in 1791, had been a teacher of Ludwig Tieck, and encouraged him in the writing of potboilers. From 1795 to 1800 he edited the *Berlinisches Archiv der Zeit und ihres Geschmackes*; from 1795-1797 in collaboration with Friedrich Ludwig Wilhelm Meyer (1759-1840), the later biographer of Friedrich Ludwig Schröder, 2 vols., 1819. Reichardt contributed articles to the *Archiv* in 1795, and to the journal *Deutschland* in 1796. The poet and popular writer Johann Michael Armbruster (1761-1814) published the *Schwäbisches Museum* 1785 ff. We could not identify 'Meister Reichard' beyond the information given in this letter. Hermann Doormann (1752-1800) was from 1791 on a syndic of Hamburg. He represented that city as ambassador of the French republic and with Napoleon. Georg Heinrich Sieveking (1751-1799) was an important merchant and a prominent citizen of Hamburg. He was in sympathy with the French Revolution but also a devoted patriot of Hamburg. Acting on his own credit, without involving the Hamburg state government, he succeeded in getting the French Directory to lift its embargo against Hamburg shipping and to

---

[1] Perhaps the copy in which the letter has come to us is inaccurate here.

5

relinquish its demand for the recognition of its ambassador before the general peace – a demand which would have brought Hamburg into difficulties with Prussia, which at this time was at war with France. Sieveking arrived in Paris for this purpose on March 31, 1796, returning to Hamburg in July. 'Brauer' is probably the jurist Johann Nicolaus Friedrich Brauer (1754-1813) whose most significant work was the elaboration of the Code Napoléon for the Grand Duchy of Baden. Reinhard is possibly Karl Friedrich Reinhard (1761-1837), an important French diplomat of German extraction. Appointed by the Directory as ambassador of the Hanseatic cities of Hamburg, Bremen and Lübeck, his credentials were not recognized until April, 1797. He remained in Hamburg as minister until February 22, 1798, when he became ambassador of the Grand Duchy of Tuscany. After arriving in Hamburg in September, 1795, he associated with the liberal Reimarus-Sieveking circle and married Christine Reimarus on October 12, 1796.

Karl Leonhard Reinhold (1758-1825) was a philosopher who from 1794 taught at the University of Kiel. His main work, *Versuch einer neuen Theorie des menschlichen Vorstellungsvermögens* (1789; second edition, 1795) forms a transitional stage between the philosophies of Kant and Fichte. The "Reichsfreiherr" Caspar von Voght (1752-1839) was a prominent Hamburg merchant and philanthropist. A friend of Reichardt, he was also associated with artists, scholars and littérateurs of many nations. Due to alleged sympathies for the agent of the French republic Le Hoc, Voght left Hamburg and went to England, where he stayed from 1793 to 1796. He was versatile, perhaps even of somewhat unstable character. Besides his enthusiasm for the philosophy of Reinhold, whom he invited in 1796 to spend the Easter holidays with him, he was also a friend of the French theater. Mme. Chevalier-Peicam (1774-?), a comédienne and singer, was a member of the troupe of the Théâtre Favart (Opéra – Comique) in Paris. She followed her husband Chevalier to Hamburg, where an engagement was offered to them. Because of her husband's evil influence she later reached a very low moral level, becoming the mistress of Tsar Paul I. Further evidence of Voght's many-sidedness, which seemed an enigma to the writer of this letter, may be seen in the following statement in a letter by her of March 11, 1796: "Voght lebt in Räthseln, schenkt der Actrice Chevalier ein Reitpferd und läßt sich philosophische Collegien lesen" (*ADB*, 34, 223). In order to avoid the compulsion of accepting positions of honor in Hamburg and therefore being forced to live there, he acquired the title of a Danish Etatsrath.

Copy: DSB.

Die Einlange, von der ich wußte, daß ich sie Ihnen schicken sollte, hat meinen Brief verzögert, lieber Reichardt, daß Sie über H. Duel Geschichte schon einen Aufsatz für Ihr Journal, und zwar einen sehr guten haben, weiß ich denn ich habe ihn gelesen, und wir alle haben seine Energie bewundert, er wird meinem Bruder sehr wohl thun, und Ersatz für manche hohe Hudeleien werden. Für Deutschland also kann diese Recension nicht mehr gebraucht werden. Sie ist auch minder gut, wie die andern, hat aber das Gewinst daß würklich ein *Edelmann* spricht, und daß die *gens comme il faut* darauf hören werden, die sonst bey ihren langen Ohren obendrein taub sind. Machen Sie also daß dieser Aufsatz in Archiv der Zeit gerückt werde, da Sie Mitarbeiter daran sind, geht das sehr gut an, und wird auch so bekannt werden. Mir liegt daran daß dies gedruckt werde, weil es eigentlich aus Freundschaft für mich geschrieben wurde, ich durfte auch ausstreichen, das habe ich denn gethan – kein Nahme muß genannt und alles Unzweckmäßige außer der Spur der Sache vermieden werden. Wüsten Meier und Rambach daß mir durch die Einrückung ein Gefallen geschähe, ich glaube sie thäten es. Ihrem Deutschland wünschte ich viele Aufsätze die bloß Vaterländisch wären, Bezug auf inländische Mißbraüche, Bedrückungen, verjährte Alfanzereien hätten, alte national[e][1] Tugenden aushöben, oder auf die Simplicität hinwiesen wo sie noch schlummerten, die kann der Reisende zuweilen im unbemerktesten Dörflein gefunden haben, oder in der Fischerhütte, und das Finden verstehen Sie. Eben liegt auf meinen Tische das Schwäbische Museum von Armbruster von 1785. Etwas ähnliches konnte Deutschland werden da ist ein Aufsatz: – "Urkunden wegen der Schweizerkolonie in Constanz" ein andrer über die Verfassung der Deutschen Schulen, über das Theologische Stift in Tübingen. Der letzte Aufsatz ist von dem Meister Reichard. Daß der ehrliche Mann nach *Bremen* gereist ist, wissen Sie, Gott gebe daß es nur Reise bleiben möge und Zurückkunft werde. Sein Verlust wäre das Schlimste was uns begegnen könnte, sagte neulich Synd. Doormann, und mich deucht, er hat lange nichts vernünftigers gesagt. wie wir ihn alle missen kann ich nicht beschreiben. Sieveking ist seit Freitag auf der Reise nach P. wenn er sich auch noch so sehr eilt könnte er doch zu spät kommen, daß er das Zutrauen aller ehrlichen Leute mitgenommen hat, und daß ich oft sagen hörte, richtet er nichts aus, so thut es keiner! ist freilich ein kleiner Ersatz für manches Patriotische Leiden. Aber Schufte giebt es doch noch genug, die sagen: er ließe sich brav bezahlen, er der keinen Schilling nimmt, sich Reise

---

[1] The 'e' is crossed out.

Kosten und Geschenck verbeten hat. Indessen muß man die Aristo-
craten lästern lassen, und sich mit seinen bessern Gefühlen trösten.
Daß wissen auch Sie lieber Reichard. Siev: reist schnell er denkt
schon Sontag in Paris zu seyn. Brauer wird er im Weggehen antreffen und sich selbst eilen so sehr er kann, um seine Geschäfte zu
vollenden. Der Rath sitzt indessen und hoft auf Eingebung von
oben, thut weiter keiner Vermittlung Schritt. Preußen hat die
Anerkennung des Minist: verlangt, man hat nich darauf gehört, ich
denke wenn es wirklich Preußens Ernst ist, wird man wohl darauf
hören müssen, ich wollte es wäre Ernst. Wie wir itzt leben? so wie fast
immer im flüchtigen Genuß mancher Guten, manches Freundes der
kommt und geht.[1] Ich erinnere mich sehr lebhaft daß Sie uns[2]
Reinhard zuerst brachten, und wie er neulich Abschied nahm dachte
ich sehr herzlich an Sie. Itzt ist Reinhold aus Kiel hier, treibt mit
Vogt Philosophie, freuet sich seines Schülers, glaubt es sey nicht
fest eingelernt, ist auch vielleicht wahr, einem sitzt in dem Kopfe
manche Lehre durcheinander oder vielmehr Schichtweise, daß man
sie immer herunter gleiten, und eine Neue zum Vorschein kommen
lassen kann. Vorige Woche war es Mad. *Chevailler*, diese Woche
Kante, vor 6 Wochen der Etats Raths Titel. Ich bin so ehrlich daß
ich mich über so etwas ärgere. Hätte V. weniger Verstand hätten
wir ihn nicht alle so geschätzt, würde mir das einerlei seyn. Itzt
finde ich so eine Zerfallenheit darin, so ein Uebelstand unserer
besten Hoffnung auf Menschen Wehrt, daß ich Göthe sein Epigram
"denn ein erbärmlicher"... verzeihe, es wohl gar begreife. Die
Chevailler hat für den Sommer und Winter eine Theater Subscribtion
veranstaltet, worin die Loge zu 4 Personen sehr knapp. 1500 Mk.
gilt V. u. M. haben unterschrieben, und und[3] der Ch. ein Pferd
geschenkt.

Was sagen Sie zu dem allen, was helfen große Revolutionen wenn
es im[4] kleinen Menschen so aussieht, wenn es der gebildetste, vernünf-
tigste Theil der Stadt nicht begreift, daß sein Beispiel 1000 rohe
Kaufmans Burschen verdirbt, das gestand M. auch ein wie mein
Mann ernsthaft ihm darüber Vorstellungen machte. und daß man
sich über die armen Vorsteher wundern müsse, die so handelten.
Nun lieber R. leben Sie wohl alle alle und denken unser. meine[5] Zeit
ist hin und gleich kommt[6] Besuch.

Ihre
S. R.

---

[1] At this point a 'II' is inserted above the rest of the letter.
[2] A word is crossed out.
[3] *Sic!*
[4] A word is crossed out.
[5] *Sic!*
[6] A word is crossed out.

4. Karl Friedrich Zelter to Ludwig Tieck

Johann Gottlieb Karl Spazier (1761-1805) was an author and composer of songs. From 1801 to 1805 he edited *Die Zeitung für die elegante Welt*, a Voss publication, which defended Goethe and the romanticists against their opponents. It was continued from 1806-1816 by August Mahlmann, and from 1816 to 1831 by K. L. Methusalem Müller (Goedeke, VIII, 10). The composer Karl Friedrich Zelter (1758-1832), a friend and counselor of Goethe, set many of Goethe's lyrics to music. He wrote a biography of his teacher, the composer and pianist Karl Friedrich Christian Fasch (1736-1800), *Karl Friedrich Christian Fasch*, Berlin ,1801. There seems to be no record of a review by Tieck of this book.

Original: Bayer. Staatsbibliothek, München.

Unser Freund Spazier hat mir gesagt, daß Sie, mein Lieber, willens gewesen wären eine Anzeige von Faschens Leben für die *eleg.* Zeitung einzusenden. Wenn Sie nicht anderes Sinnes über diesen Punct sind oder nothwendigere Geschäfte Sie abhalten; so bitte ich Sie recht angelegentlich um eine solche Anzeige, indem ich ausser den verschenkten Exemplaren die ganze Ausgabe auf dem Halse habe. Ich habe ohnehin das Verkaufen zu wohlfeil angeschlangen indem ich 6 für einen Thaler *incl.* des Kupfers verkaufe. Dieses Kupfer hat man nachgestochen, von dem Buche *existiren* ein halb Dutzend trockene Auszüge in *Journaln* und mir bleibt nichts übrig als die Ausgabe. Ich bin in Leipzig und so eben im Begriff nach Jena zu reisen. Grüßen Sie Ihre liebe Frau, erfüllen Sie meine Bitte und bleiben Sie der Freund Ihres

Freundes
Zelter.

Leipzig den 9 *Februar*
1802

5. Matthäus von Collin to Ludwig Tieck

Matthäus von Collin (1779-1824) was in sympathy with the Romantic movement, and as editor of the *Wiener Jahrbücher für Literatur* a potent factor in the literary life of Vienna. He wrote the dramas *Belas Krieg mit dem Vater* (1808) and *Der Tod Friedrichs des Streitbaren* (1813), immediate precursors of Grillparzer's historical tragedies.

Johannes von Müller (1752-1809) was a historian and statesman, at first interested only in church history. In 1780 he wrote a history of Switzerland and in 1787 a treatise on the Confederation of the Princes. In Vienna he became custodian of the royal library in 1800.

"Mein Bruder" refers to Heinrich Joseph von Collin (1771-1811), an Austrian patriotic poet, the author of a number of coldly regular heroic tragedies in antique form, such as *Regulus* (1802) and *Polyxena* (1804). His collected works were published after his death by his brother Matthäus.

In the summer months of 1808 in Vienna, Tieck met the two von Collin brothers. Matthäus influenced Tieck to take up the plan of a drama, *Das Donauweib*. He also tried to secure for him a position at the Burgtheater, but without success.

"Platner" is possibly the plenipotentiary of Nürnberg who supported Rauch during his negotiations for the statue of Albrecht Dürer and honored him upon the occasion of its unveiling in 1840 (Eggers, III, 135 ff., 146; IV, 175).

For a general account of Tieck's studies in early German literature *cf.* Zeydel, *passim*. Tieck had planned to issue an edition of the *Nibelungenlied*, filling in the gaps with selections from the *Eddas*. When he heard of von der Hagen's work on this epic and met the editor in 1807 he generously turned over to him all his material. Von der Hagen published a modernization of the *Nibelungenlied* – a failure according to Wilhelm Grimm – in 1807 (*Letters of Ludwig Tieck*, 109 f.). By the Munich manuscript of the *Nibelungenlied* is meant Msc. C, the so-called Donaueschingen manuscript, which is longer than A (Hohenems – München). Manuscript material in Vienna is of secondary importance. None of the three principal manuscripts offers the poem in its earliest form; they all point to a still earlier version. It is now generally admitted that the St. Gall manuscript (B) contains the most nearly original text. *Cf.* Helmut de Boor, *Die höfische Literatur, Vorbereitung, Blüte, Ausklang, 1170-1250*, München, 1957 (vol. II of de Boor-Niewald, *Geschichte der deutschen Literatur von den Anfängen bis zur Gegenwart*, 1957), 156 f.; George Henry Needler, *The Nibelungenlied* Translated into Rhymed English Verse in the Metre of the Original, New York, cop. 1904, xxii f.

Original: Wiener Stadtbibliothek.

Wien den 2ten Sepbr. [1]806

Ich eile um so mehr, Ihnen verehrtester Herr die verlangte Auskunft über die in hie[sige]r[1]: Bibliothek befindlichen Manuscripte alt

[1] These words, all on the left-hand margin, are blurred or cut off.

10

deutscher Gesänge zu geben: da Sie hiemit[a]uch die sehr interessante Anzeige eines in München befindlichen M S Ctes der Nibe-[lung]en[1] erhalten, welches um 500 Verse reicher als die gewöhnlichen Handscriften dieses [Ge]dichts ist.

Diese Nachricht sowohl, als die ganze Anzeige über die in hiesiger k. Bibliothek vor[han]denen[1] Manuscripte ist von Johannes Müller dem Historiker, und ich hielt es daher für [da]s[1] Beste, Ihnen seinen Brief selbst auszugsweise hier anzuschließen.

Als ich durch meinen Freund Platner Ihren Wunsch die erwähnte Auskunft zu erhalten, [er]fahren[1] hatte, schrieb ich zwar vorläufig zurück, ich würde mir dieß Geschäft sehr ange[neh]m[1] seyn lassen; war aber wegen mancher Schwierigkeiten, die mir bey Aufsuchung der [M]SC[1] vielleicht in den Weg gelegt werden möchten, sehr besorgt. Mein Bruder, den Sie [als][1] den Verfasser mehrerer Trauerspiele bereits kennen werden, half mir aber bald aus dieser Verle[gen]heit[1]: er schrieb nämlich an J. Müller, dessen Bekanntschaft er in Wien gemacht hatte, und durch [ihn][1] wir, weil er hier durch längere Zeit Bibliothekar gewesen war, eine weit sichere [Nac]hricht[1] zu erhalten, hoffen durften, als wenn wir selbst die Untersuchung vorgenommen [hä]tten.[1] Sie erhalten nun[2] durch diesen Weg ein reichhaltiges Verzeichniß vorhandner MSC, und mein Bruder ist sehr erfreut im Stande gewesen zu seyn, Ihnen bey dieser Gelegenheit einen kleinen Dienst zu erweisen.

Gefällt es Ihnen nun, von einem oder anderem dieser MSCpte eine genauere Notitz, oder oben?[1] auszugsweise zu erhalten, so bitte ich Sie,[3] mich hieher zu benachrichtigen; ich werde es gewiß an mir nicht fehlen lassen, Sie zufrieden zu stellen. Und wenn ich, was leicht dennoch möglich wäre, verhindert werden sollte, mich diesem Geschäfte selbst zu [unter]ziehen,[4] so werde ich einen Freund sehr leicht hierzu bewegen.

Ich schätze mich glücklich bey dieser Gelegenheit die Bekanntschaft eines Dichters zu m[achen][4] der die alterthümliche Poesie des Deutschen auf eine so reitzende Weise wieder herv[or]rufen, und in so vielen Werken voll tiefen Gemüthes und lebendiger Fantasie die Schön[heit][1] seiner Seele uns offenbarte. Ich hoffe Sie werden mir recht bald Gelegenheit geben, [Ihnen][1] zu dienen.

Matthäus v *Collin*.

Meine Adresse bitte ich Sie so einzurichten: An den *Doctor* der Rechte Matt: v[C][1] nach Wien. – Abzugeben in der Kirmerstrasse Nro. 869 im ersten Stocke.

[1] These words, all on the left-hand margin, are blurred or cut off.
[2] "auf" written and then crossed out.
[3] "es" written and then crossed out.
[4] The right-hand margin is torn on the second page of this letter.

6. *Christian Wilhelm von Schütz to Ludwig Tieck*

Christian Wilhelm von Schütz (1776-1847) was a schoolboy friend of Tieck. He had married one of Count von Finckenstein's daughters in 1809, moving thereafter to Madlitz, and was in close relations with Tieck again in Ziebingen, near Frankfort on the Oder, from 1814-1819. Schütz tried his hand at almost every literary genre, unfortunately with rather scant success. His *Niobe, eine Tragödie,* Berlin, 1807, was written in the style of Schiller's *Braut von Messina* and produced unsuccessfully in 1809. The year 1807 also saw the publication of his tragedy, *Der Graf und die Gräfin von Gleichen.* The 'Romanzen,' etc., referred to here, probably found a place in his *Romantische Wälder,* published in 1808. This work included 'Der Fels der Liebenden' on pp. 1-61, and 9 'Romanzen' on pp. 117-201 (Goedeke, VI, 110). 'Turpins Roland' shows that Schütz regarded the *Chanson de Roland* as having been written by Archbishop Turpin, celebrated therein. As may be seen from this letter, Schütz offered Tieck his mediation to suppress the shameful litigation arising in connection with Sophie's and Bernhardi's divorce proceedings. August Ferdinand Bernhardi (1770-1820) had been Tieck's teacher and friend at the Friedrich-Werder-Gymnasium in Berlin. He is chiefly known through his connections with the heads of the romantic school and as an ironical writer in the style of Tieck. He married Tieck's sister Sophie in 1799 but the union was dissolved in 1807 after a scandalous divorce trial. The truth of the charges and countercharges in this case may never be known (*cf.* Zeydel, 157 f., 179 f., but also Chapter V, 276 f., *passim,* 353 f., 368). In *Krisenjahre der Frühromantik* Briefe aus dem Schlegelkreis, Bern, 1958, III, 282, Josef Körner has published portions of this letter referring to the divorce proceedings. Sophie married Karl Gregor von Knorring, a Livonian landowner, in 1810. For Wilhelm von Burgsdorff, see No. 1 above. Tieck published twenty sonnets under the title "Erinnerung und Ermunterung" in the *Poetisches Journal,* Erster Jahrgang, Jena, 1800.

Copy: DSB.

Kummrow d 27 März 1807

Verzeihe, lieber Freund, daß ich auf den Brief, welchen Du mir nach Berlin geschrieben hattest, Dir weder durch Burgsdorf geantwortet, noch die Uebersendung eines Exemplars der Niobe mit einem Briefe begleitet hatte; ich bekam durch die letzten

Ereignisse in Berlin, die mich veranlaßten, meine Abreise zu verschieben, noch eine weitläuftige Correspondenz. Hier dagegen genieße ich einer recht schönen Muße, und kann für meine etwas langsame Art zu arbeiten ziemlich viel zu Stande bringen. Ich bin begierig, was Du mir über die Niobe sagen wirst, sie ist – ohnerachtet der innern nur nicht gleich in die Augen springenden Uebereinstimmung mit meinen frühern Sachen – sehr verschieden von denselben, und mit ihr fängt mein Streben an, Licht und Klarheit in die Poesie zu bringen, dergestalt, daß die Kunstwerke sich selbst durchsichtig werden sollen. Ein Kunstwerk, das wie die der romantischen Poesie, sich nicht in viele einzelne Flüsse und Bäche theilen kann, sondern in einem Strom fortrinnen soll, gestattet es nicht allemal, das was man in der Seele gehabt, in seiner ganzen Allseitigkeit auszusprechen; so ist es mir mit der Niobe gewesen, und nachdem diese vorangegangen ist, kann nun die Gräfin von Gleichen, mit der ich schon ziemlich vorgerückt bin, folgen, in der ich die Form der antiken Tragödie mit dem Chor noch strenger genommen habe und die eine innere Verwandschaft mit dem ersten Werke hat. Ich denke, ich werde bald damit fertig sein. Außerdem habe ich verschiedene kleine lyrische Gedichte in aller Form und mehrere Romanzen gemacht, besonders aber die Geschichte vom Felsen der Liebenden in einer Reihe von 13 Romanzen (wie Turpins Roland) auf's neue gearbeitet.[1] Aller Wahrscheinlichkeit nach werde ich nun recht ununterbrochen fort dichten und studiren, nur an Büchern gebricht es mir sehr, und da möchte ich den Vorrath in Ziebingen gern in Anspruch nehmen. Die, welche Du in Berlin von mir hattest haben wollen, konnte ich Dir nicht sämmtlich senden, weil auf Schlegels Bücher Beschlag gelegt war. Anlaß waren die minorennen unter der Vormundschaftsdeputation stehenden Erben eines von Schlegel nicht bezahlten Schneiders. Bei dieser Gelegenheit nicht nur, sondern auch, weil ich in der letzten Zeit überhaupt viel mit Bernhardi umgegangen war, bin ich von allen Details des Prozesses, welchen Du gegen Bernhardi für deine Schwester führst, unterrichtet worden, und B. ist, auf welchem Wege und wordurch weiß ich nicht, hinter Dinge gekommen, die sie gemacht hat, und deren Wahrheit sich vollständig darthun läßt, die ich nicht niederschreiben mag, und von denen keiner wünchen kann, daß sie öffentlich werden; ich wenigstens kann davor erschrecken, daß von einer Gesellschaft von Menschen, die sich öffentlich als Verfechter des Schönsten und Edelsten, ja gewissermaßen als Priester desselben angekündigt, alles das an den Tag kommen sollte, was B: an den Tag bringen will. Nächst Deiner Schwester und einigen andern sind es Schlegel, Knorring und Du, indirekt auch Wackenroder auf

[1] "und" crossed out.

die es roulirt, und das Bekanntwerden würde einen höchst betrübten Effekt machen. Bernhardi aber muß ich, wenn er so behandelt und gewissermaßen gedrängt wird, wie es jetzt geschieht, entschuldigen, wenn er das Aeußerste thut, und doch ist es ein Mensch, von dem man, wenn man ihn auf gewisse Weise behandelt, so vieles erlangen kann, wenn man es nur so einrichtet, daß er selbst es nicht merkt, was er thut, und man ihn unmerklich zum Nachlassen in seinen Forderungen und zum Zugeben in seinen[1] Zugestehungen bringt. Schon jetzt hat das Gericht erklärt, es habe nie einen skandalösern Prozeß gegeben, und man würde die Acten nach der Beendigung versiegeln. B. aber hat die Manualakten, die dasselbe enthalten, und das Schmachvollste und Schändlichte würde nun erst an den Tag kommen. Es wäre daher wirklich gut, wenn der ganze Prozeß abgebrochen werden, und das, was durch ihn zu gewinnen steht, durch einen Vergleich erzielt werden könnte, damit nicht über einen Kreis von Menschen, an die zum Teil Deine Sonnette im poetischen Journal gerichtet sind, solch ein Schimpf komme, und diese nebst vielen andern nicht wie ein übertünchtes Grab erscheinen mögen; denn das beste Licht dürfte auf den Angeklagten als einen schwachen und gutmüthigen Betrogenen und deshalb jetzt Zürnenden fallen. Bernhardis Vertrauen (welches auch darin eigenthümlich ist, daß es zwischen zu großem Vertrauen und beinahe gänzlichem Vonsichabwälzen einer Angelegenheit und zwischen Mißtrauen nie die rechte Mitte hält) besitze ich jetzt so ziemlich, und wenn in der Sache überhaupt noch ein Ausweg möglich sein sollte, so glaube ich, daß er durch mich am ehsten würde stattfinden können. Wahrscheinlich werde ich im Monat April zu meiner Vereidigung nach Berlin müssen und könnte dann vielleicht mit B. von der Sache sprechen, würde dies aber nie thun, wenn ich nicht Deine Gesinnungen darüber zuvor wüßte, und überlasse Dir daher, ob Du mir diese mittheilen willst.

Deine Frau, Burgsdorf und die andern Freunde in Ziebingen bitte ich dich vielmals zu grüßen, und bleibe

Dein
Schütz

7. *Wilhelm von Burgsdorff to Henriette von Finckenstein*

This letter to Henriette von Finckenstein and the bereaved family was written five days after the death of Henriette's mother.

[1] "Zugestenhung" written and then crossed out.

Henriette Amalia Dorothea von Finckenstein was born in Berlin July 1, 1774, and died in Berlin November 23, 1847. Tieck became acquainted with her when he came to Ziebingen and he became her lifelong friend.

The death of Henriette's mother occurred March 21, 1810, in her carriage between Ziebingen and Drehnow. She was born June 6, 1748. The Präsident von Finckenstein on November 2, 1770, had married her, a Countess von Schönburg-Glauchau (*Familien-Geschichte des Gräflich Finck von Finckensteinschen Geschlechts*, Berlin, 1920, pp. 305-306).

Burgsdorff (see No. 1 above) was a man of good taste, without marked creative ability, living the easy life of a wealthy man among literary people. His friends jokingly identified him with Lothario in Goethe's *Wilhelm Meister*.

The Ernestine here mentioned was probably Frederike Amalia Ernestine von Finckenstein (1784-1814), married June 27, 1806 to August Wilhelm Schierstädt.

Madlig probably means Madlitz, the castle of the Finckensteins at Ziebingen.

Copy: DSB.

Dresden den 26sten März 10

Ich schreibe Dir, beste Henriette, und Euch allen, Ihr Lieben, weil ich denke, daß die herzliche Theilnahme Eures alten Freundes Euch jetzt wohl thun muß. Ich habe den schrecklichen Fall im minderen Grade erlebt, wie Ihr, den Brief, den Tieck fing an mit dem Ball, sie setzte ihn noch eben so fort, als sie zu Hause gekommen war, und Euch alle froh verlassen hatte, und beschließt ihn auf eine Weise, die mich mit Entsetzen erfüllte. Wie anders ist das wirkliche Unglück, als alles, was wir davon denken! wie anders findet es uns! Die Mütterlichkeit der Verstorbenen, und zwar auch die mir oft bewiesene Mütterlichkeit und ihre Güte gegen Ernestine war mir in einem Augenblicke lebhafter als je, ich fühlte Euch wieder ganz wie meine Geschwister, und muste herzlich mit Euch weinen. Ich habe es ihr nie vergessen, daß sie einmal, noch vor neun Jahren, in Madlig zu mir mit Thränen sagte, sie werde mich immer wie ihren Sohn ansehen, und nun wurde sie mir so gegenwärtig mit diesen Worten und mit ihrer mütterlichen Miene, daß ich sie mir ewig so denken werde. Wie uns bei solchem Fall das Leben und[1] wir selbst anders erscheinen, werdet Ihr minder fühlen, obgleich Ihr eben da-

---

[1] "wir" written and then crossed out.

durch besser seid als andere Menschen, daß Euch dies immer lebhafter bleibt als andern. Euch erscheint die Schwachheit und der Irrthum immer mehr rührend und fast unzertrennlich mit der Liebenswürdigkeit. Die Kleinen, die kaum etwas von dem Geschehenen verstehen, haben sehr viel an dieser Mutter verloren. Ich dachte sie mir immer am liebsten mit kleinen Kindern, und freute mich noch im Herbste darauf, sie mit Ernestinens Kind spielen zu sehn. Gott behüte[1] für Unglück und Euch alle, meine lieben lieben Freund.[2] Daß Dir grade jetzt der Beistand des Tieck genommen wird, thut mir sehr leid; doch denke ich mir, seid Ihr schon nicht mehr beisammen. Ihr habt die Mutter ohne Zweifel zu dem Hügel hinbegleitet, der Euch immer lieber werden muß. Dort sollte nun eine kleine Kapelle gebaut und in ihr Gedächtnißtage gestiftet werden. – Ich grüße Euch alle von ganzer Seele und bleibe ewig

Euer *Burgsdorff.*

8. *Friedrich Tieck to Christian Friedrich Wilhelm Jacobs*

This letter is probably addressed to the classical philologist Christian Friedrich Wilhelm Jacobs (1764-1847). In 1802 he received a position at the ducal library of Gotha, where he distinguished himself as an excellent librarian. From 1807 to 1810 he was a professor at the Munich Lyceum, returning then to his native Gotha, where he served as Oberbibliothekar and director of the coin cabinet from 1810 to 1841. According to Köpke (I, 341; *cf.* also, *Letters of Ludwig Tieck*, 90f.) Friedrich Tieck met Jacobs in Munich in 1808. To judge by this letter Jacobs had assisted him in providing coins of Friedrich I, II, and Henry III, and IV from the Gotha coin collection. He now asks Jacobs to do a similar service for him in connection with the Gotha ruler Ernst der Fromme, or, if a picture of him is available, to provide a drawing of his head.

About 1812 during Friedrich Tieck's stay in Carrara he began to work on the busts for the Crown Prince, later King Ludwig I's hall of fame, Walhalla. These finally comprised 25 busts and included busts of Kaiser Friedrich II and Hugo Grotius (1814), Ernst der Fromme of Gotha (1815) and Friedrich Barbarossa (1817, replaced by Schwanthaler in 1838), which are mentioned in this letter (Hildebrandt, 64 f.). The artist and engraver Johann Georg von Dillis (1759-1841) was a director of the royal Bavarian central

---

[1] A space at this point.
[2] *Sic!*

16

gallery in Munich. In 1811, 1812 he was in Italy where he had gone on a commission for the Crown Prince. Henry III (1017-1056) and Henry IV (1050-1106) were Holy Roman emperors belonging to the Saxon dynasty. Friedrich I (Barbarossa) (ca. 1123-1190) and Friedrich II (1194-1250) were Hohenstaufen emperors. Hugo Grotius (Huigh de Groot) (1583-1645) was the famous Dutch jurist and statesman, philologist, poet, theologian, and historian whose writings were of fundamental importance in the formulation of international law. Ernst der Fromme (1601-1674) was the Duke of Saxon-Gotha and Altenburg, and ruled from 1640-1674. He took part in the Thirty Years' War on the side of the King of Sweden. He was one of the best and most noble rulers of all time, receiving the epithet "der Fromme" because of his piety. 'H. Re v. Voigt' was doubtless the Weimar jurist and government official Geheimer Regierungsrat Christian Gottlob von Voigt, junior (1774-1813), son of the Weimar statesman Christian Gottlob von Voigt (1743-1819). Friedrich Tieck had made a bust of him during the former's stay in Weimar (1801-1805) (Hildebrandt, *ibid.*, 17, 53).

Original: Kunst-u. Altertümer-Sammlung Veste Coburg.

Hochwohlgebohrner Herr Hoffratth
Hochzuverehrender Herr und Freund.

Ihr mir sehr werthes Schreiben vom 25 August 1812, erhielt ich erst sehr späth am 19 ten Februar dieses Jahrs in einem Briefe ds Herrn Inspektor *Dillis* eingeschlossen, und ich bin Ihnen außerordentlich verbunden für die Mühe welche Sie sich damals für mich gegeben haben in dr Aussuchung dr Münzen ds Kaiser Friedrich II. so wie Heinrich ds III. IV. Beide lezteren habe ich aufgegeben da ich durchaus nichts von ihnen ausfinden konnte was mir gut genug schien. Von Friedrich dem II. hatte ich mehrere der kleinen goldnen Münzen aus Wien erhalten, welche so gut gescheibt sind, daß man Ihrer ähnlichkeit[1], trauen kann, auch habe ich aus Neapel eine Zeichnung eines Bildes des Kaisers erhalten, welches mit diser Münze und der Zeichnung von seinem Leichnam sehr übereinstimmt.
    Für die Bildnisse der beiden Heinriche hatt mir S. K. Hoheit zwei neue Büsten aufgetragen, nemlich *Hugo Grotius* und H. Ernst den Frommen von Gotha. Was disen leztern anbetrifft weiß ich mich an Niemand anders zu wenden als an Sie, geehrter Herr, Ich gestehe meine Unwissenheit daß ich nicht einmal weiß in welcher Zeit Herz[o]g Ernst dr. Fromme gelebt hatt, doch habe ich eine dunkle

[1] *Sic!*

Ahndung es müßte nach der Reformation oder in dr Zeit sein, als es in Deutschland gute Mahler dr alten Schule gab. Besizt Gotha ein schönes Bild von ihm so ersuche ich Sie gütigst mir dessen Kopf zeichnen zu lassen, und solche Zeichnung so eilig als möglich mit dr Post an Herrn Inspektor Georg v. *Dillis* nach München zu senden, welcher leztrer auf Ihre Foderung Ihnen sogleich die Kosten erstatten wird. Er hatt eine kleine Summe für mich bereits in Händen und auf den Fall daß solche nicht ausreicht habe ich schon vor mehreren Wochen an S. K. Hoheit geschrieben, um sogleich für mich dse Sache bezahlen zu lassen. Besizt das Gothaische Kabinet Münzen von ihm, so würde ich sehr dankbar sein, wenn Sie eine abgeformt beifügen wollten. Sie wissen besser als ich was Weimar an d. G. R. v Voigt verlohren hatt, ich habe an ihm einen meiner ältesten Freunde verlohren, da die meisten meiner Jugendfreunde mir schon abgestorben sind, sein Verlust macht es auch noch mehr Nothwendig für mich mich an Sie zu wenden. – Erscheine ich nicht zu zudringlich mit Bitten, so würde ich noch hinzufügen, mir Ihre Zeichnung so bald als möglich machen zu lassen, da übr. die Entfernung schon viele Zeit hingeht, und ich selbige sehr bald benützen könnte. In Hoff[nun]g einer baldigen gütigen Antwort habe ich die Ehre mich zu nennen

Carrara Principato di Lucca.
dn. 9. August. 1813.

Ew. Hochwohlgeborn
Ergebenst Dien[er]
Friedrich Tieck

9. *Amalie Voigt to Ludwig Tieck*

Amalie Henriette Caroline Ludecus (1780-1840) was an authoress. She was the step-daughter of the authoress Amalie Berg (1757-182?), whose real name was Johanne Caroline Amalie Ludecus. Amalie Henriette married in 1798 the Weimar Regierungsrat Christian Gottlob von Voigt (1774-1813). In 1809 the marriage was dissolved. After a short stay in Dresden, she returned to Weimar, where she lived thereafter. She published in 1816 *Erzählungen und Novellen von Cäcilie*, containing translations from various older Italian short story writers, and a story of her own invention, *Clementine*, a weak imitation of the novels of her step-mother. She also translated anonymously from French and English.

Due to the fact that Ziebingen was at the mercy of Napoleon at the time, Tieck spent the summer and autumn of 1813 in Prague, and then returned to Ziebingen (Köpke, I, 351, 358; Zeydel, 208). His *Phantasus. Eine Sammlung von Mährchen, Erzählungen, Schau-*

spielen und Novellen appeared from 1812 to 1816 in three volumes in Berlin. The third volume of the *Phantasus*, containing his *Fortunat*, appeared in two parts from 1815-1816. The "pädagogische Narrheit" (published in *TS*, IV, 39 f.) satirizes the contemporary tendency to give children an undue prominence in the life of the family and to develop an unnatural precocity in them. The "englische Gartenkunst" (*TS*, IV, 7 f., 79 f., 123 f.) commends the use of the 'romantic' English garden in landscaping where it is an expression of a natural sentiment, but rejects its abuse in contemporary Germany to produce extreme effects such as the horrible or the sublimely majestic. The "Reisebeschreibungen" (*TS*, IV, 8f., 12, 13 f.) condemn the philosophic-cultural travel description with its deification of contemporary times in preference to an absorption in the glories of the German past as seen in Goethe's description of the Strassburg Münster or in Ernst's (i.e. Tieck's) own apotheosis of German sixteenth century art and culture. *Franz Sternbald's Wanderungen. Eine altdeutsche Geschichte* appeared in 1798. Though revised for the *Schriften* forty-five years later, it was never finished. The 'Leipziger Schlacht' was fought on October 16 to 19, 1813 between the French under Napoleon I and the allied Austrians, Russians, Prussians, Swedes, and Englishmen. The battle broke Napoleon's rule in Germany. In her later years Amalie Voigt became completely versed in Spanish. "Viven las mugeres, las flores del mundo" scarcely requires translation. "dichoso ritorno (retorno) in Espana" means "a happy return to Spain". Goethe spent the summers and autumns of 1814 and 1815 in the Rhine and Main regions. An important product of these travels were his studies on the history of older German and Dutch art which were published in the journal, *Über Kunst und Alterthum in den Rhein- und Mayn-Gegenden*, 1816-1817. Following the dethronement of Napoleon, A. W. Schlegel stayed with Madame de Staël in Paris from the winter of 1814 until March 1815, when Napoleon's return from Elba forced them to go back again to Coppet.

Original: Frankfurter Goethemuseum.

Weimar d. 21 Oct. 1814

So will ich denn abermals ein Blättchen Ihnen senden, geehrter Freund, vielleicht findet es Sie sicherer, als ein früherer Brief, den ich vor einigen Jahren nach München sandte, in der Meinung, Sie seyen dort; ich bekam den Brief zurück, erst wußt ich nicht, wohin mich wenden, dann erfuhr ich zwar Sie seyen in der Gegend von Berlin, aber da giengen keine Posten mehr, nun da ich verstehe,

19

daß Sie nicht mehr in Breslau will ichs versuchen, ein Freund will den Brief von Berlin aus, weiter besorgen. Vielleicht aber erinnern Sie sich meiner nicht mehr und wundern sich der Zuschrift, das könnte allerdings seyn, aber die Eitelkeit gestattet mir nicht, ein solches zu denken, und so will ichs immerhin thun, vielleicht findet er doch einen freundlichen Empfang, ja vielleicht gelegentlich eine Antwort. Eigentlich schrieb ich Ihnen damals, um Ihnen für den herrlichen Genuß, den Sie den Freunden und Verehrern Ihrer Muse, also auch mir, durch Ihren Phantasus geschenkt. Ganz vor kurzem hab' ich ihn erst von neuem wieder gelesen, und er gefiel mir, beinahe möcht ich sagen, noch besser als früher. Es sind aber auch ganz unvergleiche[1] Einsichten, ein köstlicher Humor darin, man meynt Shakespeare und Cervantes reden zu hören. Besonders hat mir die Schilderung der pädagogischen Narrheit, der englischen Gartenkunst, der Reisebeschreibungen gefallen, ich möchte wohl sagen, gedacht hab ich das alles, aber nur so dunkel, ich vermocht die Gedanken nicht zu bilden, und deutlich vor mir hinzustellen. Wenn es Ihnen doch gefiele, eine idealische Reise zu schreiben, wie Sie so anmuthig und schön den Plan dazu entwerfen, wer könnte das besser als Sie, ausführen! Aber auch der 3te Theil darf darüber nicht vergessen werden, und ist denn keine Hofnung zur Vollendung des Sternbalds? Manches Jahr ist verflossen, seit wir uns nicht sahen, eine von Begebenheiten, Drangsalen, und Freuden reiche Zeit! Als ächter Deutscher haben Sie gewiß auch ob der Erlösung vom französischen Joch gejauchzt, ach es lastete schwer, ich denke noch mehr dadurch, daß uns eine fremde unpassende Denk- und Gefühlsweise aufgedrungen werden sollte, als durch die eigentlichen recht in die Augen leuchtenden Lasten. Mit gerechtem Stolz dürfen Sie sich Ihres Vaterlands freuen, denn gewiß ohne die tapfern Preußen stand es mißlich um die deutsche Freiheit. Mag ihnen das auch mit ein Lohn seyn, daß ihr[2] Verdienste erkannt, geehrt sind; auch als bescheidne Einquartirung wurden sie[3] gern gesehen, und immer vorzugsweise sich erbeten. Der große Jahrstag der Leipziger Schlacht wurde auch in hiesiger Gegend feierlich begangen, auf allen Anhöhen brannten Feuer, es wurde ein Tedeum gesungen, der Landsturm feuerte, ein Geistlicher hielt eine Rede, und dann vergnügte sich ein Jeder so gut er konnte und mochte. Heute wird ein Dankfest gefeiert, denn im vorigen Jahr wurden wir von einigen französischen Regimentern mit Plünderung und Anbrennen bedroht, auch bereits beschossen, das Platowsche Korps, ungarische Husaren, und oesterreichische Kanoniere vertrieben sie jedoch bald, und wir kamen so mit dem bloßen Schrecken davon.

[1] *Sic!*
[2] *Sic!*
[3] Corrected from "Sie."

20

Ein Gefecht in den Straßen einer Stadt ist höchst wiederwärtig, schon Ostern 1813 hatten wir dies traurige Schauspiel, wo der Krieg der Franzosen mit den Preußen bei uns eröffnet wurde, mehrere der Lezten wurden hier versteckt, so verbarg ein ehemaliges Diestmädchen von mir, jezt eine ehrsame Bürgersfrau, mit ihrem Mann einen jungen Freiwilligen mehrere Monate, und half ihm endlich in einer Verkleidung fort. Diese Ostern wurde auch geschossen, aber aus Freude, denn es langte die Nachricht vom Einzug in Paris an.

Immer fremde Gäste zu bewirthen ist freilich nicht angenehm, indeß hats doch ein Gutes, man lernt so ziemlich alle Nationen kennen, Türken, Engländer, und Dänen ausgenommen, haben wir so ziemlich alle Europäische Soldaten kennen lernen, und auch manche Asiatische, von häslichen thierischen Tungusen an, bis zum schönen geistvollen Kosaken vom Don. Pantomime mußte sich ziemlich ein Jeder befleißen, mit dem Reden kam man nicht immer fort. Einmal wohnten Spanier bei uns, ganz herrliche Menschen, durchgängig, wo sie nur gewesen, von musterhaftem Betragen. Ich unterhielt mich [mit] ihnen, merkte aber freilich daß ich weder declinirn noch conjugirn, und eigentlich so gut wie nichts konnte, die guten Leute, erfreut, wenn auch verstümmelt, doch die geliebten Töne ihrer Muttersprache zu vernehmen, begnügten sich gern mit meiner Unwissenheit, alle obgleich es nur gemeine Spanier waren, sprachen rein Castillanisch, ohne Dialect, sonst hätte ich sie gewiß nicht verstanden. Weil ich nun reden mußte, nicht was ich wollte, sondern was ich konnte, so fragte ich sie nach ihrem Geburtsort und hörte da die anmuthigsten Dinge. Ein jeder beeiferte sich, mir die Vorzüge des seinigen im glänzendsten Licht darzustellen, der rühmte die Pracht v. Sevilla, der die üppige Vegetation Granada's und seine Ruinen der alten maurischen Herrlichkeiten, dieser nannte Valencia das Vaterland der Rosen, und jener war stolz aus Castilien zu stammen. Zulezt, als ich ihnen einige Flasch[en] Wein gegebn, sie ihren Haß gegen die Franzosen recht laut ausströmte,[1] nahm einer das Glas, und sagte: '*Viven las mugeres, las flores del mundo.* Hat je ein wegen seiner Galanterie gepriesner Franzos, etwas zierlichers gesagt? Ich wünschte ihnen dagegen: *dichoso ritorno in España*, wir drückten uns die Hände und schieden als Freunde.

Es fand sich diesen Sommer auch hier Gelegenheit, weisgekleidete, Blumenstreuende Mädchen anzubringen, ich dächte den Helden und Männern, denen diese Vorstellung so oft wiederholt wurde, müßt es zulezt ganz zum Ekel seyn. Während einer gewissen Zeit, konnte man keine Zeitung betrachten, ohne auf diese Steriotypen zu stoßen.

[1] *Sic!*

Goethe war diesen Sommer abwesend, größtentheils in Wisbaden, Frankfurt, und Heidelberg. Es hat nicht an Ehrenbezeugungen,
Lorbeerkränzen, Hochrufen, Prologen, Trompeten, und Pauken,
u.s.w., gefehlt. Jezt wird er zurück erwartet, er ist sehr wohl und
vergnügt, wie verschiedne Personen, die ihn sahen, versichern.
Wissen Sie nichts von Wilhelm Schlegel, und seinen Plänen für die
Zukunft? Jezt soll er in Paris seyn, doch wohl nur auf kurze Zeit.

Um Ihnen durch ein längeres Geplauder, die Lust an meinem
Briefwechsel[1] zu verderben, schließ ich mit der Bitte, doch auch
einmal zu schreiben, und wo möglich auch zu besuchen

Ihre
ergebenste Freundin
Amalie Voigt, gebr. Ludecus.

10. *Caroline von Humboldt to Friedrich Tieck*

Wilhelm von Humboldt (1767-1835), the noted philologist and statesman and friend of Goethe and Schiller, married Caroline von Dacheröden in 1791. Through this union Humboldt immediately came
in touch with Weimar, for Caroline was intimate with Caroline von
Beulwitz, later von Wolzogen, and her sister, Charlotte von Lenge-
feld, who became the wife of Schiller.

The marriage of the Humboldts was an extremely happy one; both
were very congenial in disposition and mind. She was so intelligent
and well-educated that she later read the Greek poets in the original
with her husband. Moreover, she had a gift for attracting people,
and her house became the meeting place of intellectuals and notables.
Caroline died March 26, 1829, and Humboldt never quite got over
the shock. He died April 8, 1835.

In 1814 Wilhelm was at the Paris congress as the representative of
Prussia. He had been separated for almost two years from his
family. On May 14, 1814 Caroline left Vienna with her family
for good. They went first to Switzerland, partly for her health and
partly to be closer to Paris so that Humboldt might visit her.

The Bernese Oberland was traversed, and in Coppet on Lake
Geneva they visited Mme. de Staël, with whom August Wilhelm
Schlegel was staying. In September they went *via* Schaffhausen and
Freiburg to Heidelberg, where they met Goethe, who had not seen
Caroline for ten years. Early in October they went by way of
Frankfurt am Main to Rudolstadt. The Fürstin of Rudolstadt was a
friend of long standing, and the Humboldts stayed with her and saw

[1] *Sic!*

22

there their friends from Jena, Caroline von Wolzogen and Frau von Schiller, as well as the mother of these.

The "Unglück" of which Caroline speaks was a very unpleasant incident which occurred during their visit in Rudolstadt. The French governess lost her mind and suffered the hallucination that she must murder Caroline's five-year-old son Hermann, who was entrusted to her special care. This incident caused great excitement, and the governess, who had served the family faithfully for many years, was consigned to an asylum. From then on the travelers had to do without assistance, and Caroline's delicate health had suffered from the shock, so that much of the work devolved on the daughters.

They arrived in Erfurt the middle of October and then went to the estates of Auleben, Talebra and Burg-Oerner which belonged to Caroline since the death of her father in 1809, and where she was needed on account of legal matters. On November 2, 1814 Caroline finally arrived in Berlin with her family. (*"Gabriele von Bülow, Tochter Wilhelm von Humboldts.* Ein Lebensbild. Aus den Familien-papieren Wilhelm von Humboldts und seiner Kinder. 1791-1887." Berlin, 1894, pp. 83-86).

The present letter must have been written either on November or December 19, 1814. For additional information on Caroline's relations to Friedrich Tieck, see Hildebrandt, 12, 60, 130 f. *Cf.* also the letter from Friedrich Tieck to Caroline, "Carrara, 14. Februar 1815," *op. cit.*, 164-167. On Friedrich Tieck (1776-1851) see also the introduction to the *Letters of Ludwig Tieck*, 159 f.

Frau von Berlepsch is perhaps the wife of the royal Saxon head forester Gottlob Franz August Adolf Freiherr von Berlepsch (1790-1867) who took part in the War of Liberation in 1814. The Berlepschs are mentioned in a letter from Amalie to Tieck, "Dresden den 16. Mai 25," and in one from Agnes to Tieck of May 21, 1825, as being Dresden friends of the Tieck family (*Letters of Ludwig Tieck*, 290, 294).

Professor Nori is probably one of the group of artists from Carrara, Italy, where Friedrich Tieck spent the years 1812-1819.

The Humboldts had eight children, of whom three died while very young. The oldest, Caroline, never married. Wilhelm died in Rome in 1803. Theodor became a cavalry officer. Adelheid was married at an early age to lieutenant von Hedemann. Gabriele married Heinrich von Bülow, Prussian ambassador to London. Luise died in infancy in Paris, as did Gustav in Rome. The youngest, Hermann, became "Erbherr auf Friedrichseck-Ottmachau."

For Christian Daniel Rauch *cf.* I, 13, and on Wilhelm von Burgsdorff see I, 1.

Original: Frankfurter Goethemuseum.

Caroline von Humboldt to Friedrich Tieck

Berlin, den 19ten Nov. 1814.

Liebster Tieck. Ich habe Ihre beiden Briefe vom 19ten August und 8 Okt. richtig empfangen. Allein es ist mir nicht möglich gewesen früher zu antworten. Rauch wird Sie mit meiner Reise und Schicksalen bekannt machen unter denen sehr wiederwärtige sind, dazu eine schwache Gesundheit, viel Geschäfte, Schreiberein – So kommt es daß man oft das nicht thut was man so gern thäte. Nach meinem Unglück in Rudolstadt bin ich den Rest des Octobers auf unsern Gütern gewesen, wovon zwei verpachtet werden musten, ein Geschäft dem ich mich auch in meinem Leben zum erstenmale unterzog. – In Weimar war ich nicht, mein Lieber, meine Freundinnen kamen nach Rudolstadt, Goethe sah ich in Heidelberg und erfreute mich seines herrlichen gesunden, kräftigen Ansehns. Frau v. Berlepsch oder vielmehr *Hermes* habe ich nicht gesehen. Mein ganzer Betrieb in dem Monate wo ich in der Schweitz war, war so wenig um Bekanntschaften mir möglich zu machen, und das ist mir auch so ziemlich gelungen. Den grösten Theil meines Aufenthaltes war ich in *Bern* und in dem Oberland, den späteren und nachdem sich meine Brust erleichtert hatte, am Genfer See und in dem Thal von Chamonix wo ich von beiden äußerst merkwürdigen Seiten hineinging. In *Coppet* wo ich auch zu zwei malen war habe ich oft mit Aug. Wilh.: Schlegel von Ihnen gesprochen und manches von Ihrer Arbeit gesehen was mich gefreut hat. Aug. W. Schl. hat nach dem Feldzug eine schwere Krankheit ausgestanden, zum Glück war er nahe bei *Hannover* und konnte von den seinigen aufgenommen und verpflegt werden, er sah aber noch übel aus. Seine Gesinnung hat sich durch das Glück unsrer Waffen und den Sieg des Rechtes wo möglich noch erhöht und verstärkt, und wenn ich nach *Paris* muß so wird es für mich eine große Freude seyn einen so Deutsch gesinnten Mann um mich zu sehen. – Ich glaube es ist im Glück noch nötiger als im Unglück daß die Deutschen zusammenhalten. – Hier habe ich *H. v. Burgsdorff* mit den seinen wiedergefunden, wir sehen uns sehr oft und oft sind Sie, mein lieber *Tiek* uns nah in unsren Gesprächen, ich wünsche sehr Sie einmal wiederzusehen, allein auf einer Reise nach Rußland möchte ich Sie nicht begriffen wißen. Auch würde ich jenes Clima für Ihre Gesundheit fürchten. Nach beendigtem Congress hoffe ich *H.* einige Wochen hier zu sehen. – Das Fernere liegt im Schooße der Zukunft. –
Den Brief des Carrarischen *Prof:* mich dünkt er hieß *Nori*, habe ich durch *H.* an die Erzherzogin *Beatrice* besorgen lassen, sie hat ihn auch bekommen, allein ob etwas darauf erfolgen wird weiß ich nicht.

Meine Kinder grüßen Sie. – Theodor ist recht groß und stark. *Caroline* hat sich eigentl. nicht verändert, sie hat ihr Kindergesicht behalten, *Adelheid* ist hübsch gewachsen und hat den lieben Charakter ihres in der That sehr lieben Gemüths, *Gabrielle* sieht *Adelh:* ähnlich, allein es ist ihren Zügen etwas schalkhafteres beigemischt. *Herrmann* scheint ein tüchtiger Junge zu werden, er ist groß wie ein Knabe zwischen 7. u 8. Jahren, und da man einmal in den Kosakengeschmack gekommen ist so geht auch er in einer Kosakenuniform umher. Leben Sie wohl, gedenken Sie meiner in Ihrem stillen Studium und in Ihren Marmorbergen und Thälern.

Ihre
Caroline v. Humboldt.

11. Amalie Voigt to Friedrich Tieck (I)

This letter is also to Friedrich Tieck. Ludwig, it is true, visited Italy with his brother in 1805; however, he stayed there only until 1806, Friedrich until 1809 and again from 1811-1819. Carl Gottlob Weisser (1780-1815) was a sculptor and, it seems, a successor of Friedrich in Weimar (Hildebrandt, 34). He had apparently committed suicide. It seems likely that "Schwester Bredow" was the sister of Weisser and the wife of the schoolman and historian Gottfried Gabriel Bredow (1773-1814). The "Erbprinzessin von Mecklenburg" is probably Caroline Luise, née princess of Sachsen-Weimar-Eisenach (1786-1816), the daughter of Karl August, and the second wife of Friedrich Ludwig of Mecklenburg-Schwerin (1778-1819), who became a hereditary grand duke in 1815. Karoline Kummerfeld (1745-1815) was an actress in Weimar from 1784 to 1785, and founded a sewing school there with the support of the Duchess Amalia. Because of the references to Weisser's burial and Kummerfeld's death, this letter should be dated 1815 rather than 1812. Henriette Caroline Friederike Jagemann (1777-1848) was an important actress and singer at the Weimar theater from 1797 to 1828. A mistress of Karl August, she received the title of nobility in 1809 as Frau von Heygendorf. It seems surprising, as is also asserted in this letter, that Arnim should be accused of cowardice. Though we were unable to trace the incident referred to, Arnim had volunteered for the Landsturm in 1813 and had achieved the rank of Vize-Bataillons-Chef. He would have served except that the Landsturm in the cities was dissolved later in the same year. His wish to become assigned to the Landwehr was not granted because of his defense of the Landsturm before the king. Brentano gave lip service to a desire to join Arnim's Landsturm company but the latter stated that he could have served if he had wished to, but that now it was too late (Reinhold Steig, Hermann Grimm, *Archim von Arnim und die ihm nahe standen*, Stuttgart, 1894, I, 310, 312, 315 f.). Brentano's electric and unstable character is seen in his ambiguous relation to Varnhagen (*Cf.* Wolfgang Pfeiffer Belli, *Clemens Brentano. Ein romantisches Dichterleben*, Freiburg im Breisgau, 1947, 136 f.). Philipp Veit (1793-1877) was a distinguished artist of the 'Nazarene' school. He was the fourth son and the youngest child of the Berlin banker Simon Veit and his wife Dorothea Mendelssohn. The latter had divorced Veit in 1798 and married Friedrich Schlegel in 1804. Philipp Veit took part in the battles of Dresden, Culm, and Leipzig in 1813 and had shown such distinguished service at Warsaw that, to be sure belatedly, he was awarded the Iron Cross. Goethe brought out an edition of his *Italienische Reise* in 1816 and 1817 under the title "*Aus meinem Leben, Zweyter Abtheilung* Erster Theil, Zweiter Theil. 'Auch in Arcadien'." The wife of the noted actor Pius Alexander Wolff (1782-1828), Amalie Malcolmi (1783-1851), was popularly known as "die tragische Muse." She acted regularly on the Weimar stage from 1794 to 1816. The concluding scene of Goethe's 'melodrama,' *Proserpina*, first published in 1776, is the one where Proserpina, after eating a pomegranate in Tartarus, becomes condemned by Zeus to live eternally in the lower regions and to become the wife of Pluto. The *parcae* announce her fate and do her homage while she expresses her despair (*Goethes Werke* Festausgabe, ed. Robert Petsch, Leipzig, n.d., VIII, 201-204). We were unable to identify 'Gräfin Wirth.' Gräfin Beust is possibly Flavie, Gräfin von Beust, lady-in-waiting of the Erbprinzessin Maria Paulowna, the daughter-in-law of Karl August. The 'Riepenhausen' were the brothers Franz (1786-1831) and Johannes (1788-1860), who were copper engravers. They had accompanied Tieck to Italy in 1805 (Köpke, I, 316 f.) and settled permanently in Rome in 1807. On the addressee see No. 10 above.

Original: Frankfurter Goethemuseum.

Weimar d. 16ten Juni (1812)[1]

Zwar hab' ich keine Nachricht v Ihnen, mein theurer Freund, aber das soll mich nicht abschrecken Ihnen zu schreiben, um so mehr da es möglich war, daß Sie meinen Brief nicht erhielten, und dieser auch so verwirrt gewesen, daß Sie wenig daraus nehmen konnen.

---

[1] Read '1815'. See introduction to this letter.

Dem Himmel sey Dank, es geht mit meiner Gesundheit besser, gereizt bin ich freilich noch immer, aber doch kräftiger, und wieder im Standt etwas vorzunehmen, nur das böse Kopfweh sucht mich oft heim, und an Beklemmung fehlts denn auch nicht.

Ist noch Hofnung da, Sie hier zu sehen, oder bleiben Sie vorest in Italien? Weisser, der Sie doch interessiren wird, wurde anständig begraben. Seine Freunde trugen ihn, und die Aufwärterin hat Blumen aufs Grab gepflanzt. Nur die erbliche Schwermuth und innere Unmuth konnten die Ursache seines gewaltsamen Entschlusses seyn, es haben sich in seinem Nachlaß eine Menge Briefe vorgefunden, worin theils Bestellungen gemacht werden theils er erinnert wird, das bereits Bestellte zu fertigen, er scheint aber in seinem lezten Jahr eine wahre Arbeitsscheu gehabt zu haben, Die arme Schwester Bredow dauert mich, kaum ist ihr der Mann gestorben, so muß sie auch das wieder erleben.

In Ihrem lezten Briefe wollten Sie einiges von der Erbprinzessin von Meklenburg wissen, nun ich kann Ihnen gute Nachricht geben. Wider alles Vermuthen befindet sie sich besser, es ist Hofnung da, daß Sie[1] dem Tode entgeht. Voriges Jahr war sie erstaunend elend, gekränkelt hat sie, so lange sie in Meklenburg ist, das Uebel wurde aber nach ihrer zweiten Entbindung schlimmer, sie hatte bereits Verzehrungsfieber. Mehr die Gebirgsluft, als die Bäder in Töpliz befreiten sie davon, doch blieb noch immer große Enträftung, und Seitenstechen, nun kam sie abermals in andre Umstände, hatte bedenkliche Zufäll[1] kurz ihr Tod schien unvermeidlich. Aber ihre Entbindung war leicht, und sie soll sich jezt recht leidlich befinden, und nichts mehr für Auszehrung zu fürchten seyn. Der Erbprinz ist sehr artig gegen sie, ihre Kinder (sie hat nun 2 Söhne und eine Tochter) sind allerliebst, und geben ihr viel Freude und Beschäftigung, sie erwidert die feine Zierlichkeit des Gemahls, mit Freundlichkeit und Zuneigung, fügt sich in die übrign nichts weniger als angenehmen Verhältnisse, die ebene sandige Gegend möchte sie freilich um ihren Wohnort ge[rn] verwandeln, aber ihr tiefes Gemüth fodert mehr, dem kann glatte Abgeschliffenheit unmöglich genügen. So glücklich wie sie zu seyn es verdiente, ist sie gewiß nicht.

Eine Krankheit, und Tod einer wackern Frau, der alten Kummerfeld, welche die Heigendorf und ich pflegten, sie hat übrigens mehr als ich gethan, denn in meinem jezigen Zustand darf ich nicht daran denken, Nächte durch zu wachen, hat mich häufig mit der H. zusammengebracht, denn auch nach des K. Tode hatten wir manches zu besorgen. Die H. und ich besuchen uns überhaupt dann und wann nur nicht so häufig wie[2] dieser Zeit. Sie hat mich tiefe

---

[1] *Sic!*
[2] "jezt" crossed out.

Blicke in ihr Herz thun lassen. Ach Gott, sie ist doch sehr unglück-
lich. Selbstvorwürfe, getäuschte Hofnungen, und Erwartungen,
geben ihr den finstersten Mismuth, Groll gegen sich, und die
Menschen, es ist eine wahrhaft fürchterliche Lage. Nun sucht sie
sich zu überteuben, das gelingt für den Augenblick, aber wenn der
Rausch verflogen ist, kommt der Kummer um so härter. In der
That, vergleiche ich mich mit ihr, ja da kann ich zufrieden seyn.
Beweine ich gleich auch ein verlohrnes Leben, kanns nicht leicht eine
Art des Schmerzes geben, die ich nicht auch empfunden, so ist mein
Schmerz doch nicht, so kleinlicher Art, und die Selbstvorwürfe viel
milder, ich kann resigniren, und das ist ihr schon darum nicht
möglich, weil sie in steter Berührung der Welt und ihrer Freuden ist.
Immer mehr finde ich, daß ein gekränktes, verwundetes Herz, nur in
stiller Ruhe und vertraut[e]m Umgang mit erprobten Freunden
heilen kann, v. innen heraus muß die Genesung kommen, nicht v.
außen hinein, es mag für kurze Stundten gelingen, sich durch
rauschende Gesellschaft u.s.w. zu betäuben, ab[er] das verfliegt mit
der Stundte, läßt eine fürchterliche Leere zurück, nicht zu verden-
ken, das[1] willkührliche, oder unwillkührliche Kränkungen gar nicht
zu vermeiden stehen, und die Falschheit, und Nichtigkeit der
Menschen im Allgemeinen grell dasteht. Doch genug philosophirt.
Clemens und Arnim sind ob ihrer Feigheit ordentlich berüchtigt, v.
Brentano wundert das mich nicht, aber Arnim hätt' ich etwas
besseres zugetraut. Es ist so weit mit ihm gekommen, daß da er
mit einem Juden, der 1813 recht tapfer mitgefochten, nicht sich
schlagen wolte, von diesem ausgeprügelt worden. Mehrere Juden
haben gut für die gerechte Sache gestritten, unter andern hat sich
Schlegels Stiefsohn, der jüngste Veit, sehr ausgezeichnet.
  Goethe ist in Wisbaden, und arbeitet an der italienischen Reisebeschreibung. Habe ich Ihnen schon geschrieben, daß seine
Proserpina als für sich bestehend würde. Die Wolf sprach sie
sehr gut, machte mir aber gar zu viel Attitüden, es wurde fast zum
Ballet.[2] Die Schlußscene, wo Pluto's Reich, als ein Gemälde v.
lebenden Personen vorgestellt wurde, fand großen Beifall. Mit
dem spanischen gehts noch immer fort, ich lese es erstens, mit
einer alten Gräfin Wirth, deren Mann ehemals Gesandter in Madrid
war, und die viel spanische Bücher besizt, und dann mit einem sehr
vorzüglichen Mädchen, voller Kentnisse, Güte, Bescheidenheit, und
Herzlichkeit, Erzieherin bei der Gräfin Beust, und das ist mir
besonders lieb, da wir ganz denselben Geschmack in poetischer
Hinsicht haben.
  Um nun auf etwas recht prosaisches zu kommen, muß ich doch

[1] *Sic!*
[2] "In" crossed out.

erzählen welch klägliches Ende die Tekla, ehemals bei Ihrer Schwester, genommen. Erst ließ sie sich mit einem Schuster ein, der obendrein verheirathet ist, und bekam ein Kind. Darauf ließ sich der Mann v. ihr scheiden. Nun ging sie als Köchin zur Heygendorf, die sie ertappte, als sie ihr einen Schrank erbach, die jagte sie fort, nun lebte sie so auf ihre Hand, und mußte endlich die Stadt verlassen.

Was machen denn die Riepenhausen, und wissen Sie nichts v. Schlegel?

Wir haben jezt häufige Durchmärsche, lauter Preußen. Seit einigen Tagen giengen, und gehen sämtliche preußische Garden durch. Ein sehr schöner blühender, blonder, 20 jähriger Lieutenant der Potsdammer Garde logirt heute bei uns. Wie ernstlich jezt alles geht, und wie wenig selbst diese Regimente[r] geschont werden, beweißt, daß sie v. Naumburg in einem Marsch hieherkamen, in jeziger Wärme ein derber Gang!

Müßt ich mein Brot durch Schreiben verdienen, so stürb ich Hungers, denn damit will es noch immer nicht sonderlich fort. Es wird ja doch einmal wieder besser werden.

Schreiben Sie ja recht bald

Ihrer
herzlichen Freundin
A. L.

(The Amalie Voigt letters to Friedrich Tieck are continued in Chapter II)

12. J. D. Reuss to L. Tieck

The letter is addressed by Jeremias David Reuss (1750-1837), a librarian in Göttingen from whom Tieck used to borrow books. The books mentioned here are related to Tieck's Shakespeare project, which however never materialized. Tieck acquired for his library not this edition but one of 23 volumes with notes by Johnson and Steevens, *The Plays of William Shakespeare*, with the corrections and illustrations of various commentators, to which are added notes by Johnson and Steevens, 23 vols., Basel, 1800-1802. (E. H. Zeydel, *Ludwig Tieck and England*, Princeton, 1931, 133, 135 f.; *cf.* also A. Asher, *Catalogue de la Bibliothèque Célèbre de M. Ludwig Tieck*, Berlin, 1849, 85). The edition referred to in the letter was the George Steevens first edition, London, 1766. The pseudo-Shakespearean play *Arden of Feversham* was published by Tieck in German translation in vol. I of *Shakespeares Vorschule* (1823). For his opinion of the English edition of 1770 see Ludwig Tieck, *Kritische Schriften*, Leipzig, 1848, I, 261 (*Letters of Ludwig Tieck*, 107). C. F. Rühs (1781-1820), a professor of history at Berlin, wrote a *Handbuch der Geschichte des Mittelalters* (1816). Johann Albrecht Friedrich Eichhorn (1779-1856) was a Prussian minister of education. For a letter from Tieck to him, see *Letters of Ludwig Tieck*, 520 f.

Copy: DSB.

Göttingen den 13 Okt. 1816

Euer Wohlgeboren hätte ich längst die Nachricht gegeben, daß ich die Bücher, welche Sie von hiesiger Bibliothek empfiengen und nun zurücksandten richtig erhalten habe, allein ich wollte Ihnen zugleich die *Twenty plays of Shakespeare by Steevens* in 4 Bänden *in octavo* welche Sie zu Ihrem Werk zu gebrauchen wünschten, überschicken. Nun tratt[1] aber der eigene Umstand ein, daß die hiesige Post das Packet nicht übernehmen wollte, weil derselben Ihr Aufenthalts Ort *Zibingen* ganz unbekannt war und sie mithin mir für die Bücher keine Versicherung geben könnten.

Sie erhalten dieses Buch nun durch Hrn. Prof. *Rühs* in Berlin, welchem Hr. Prof. *Eichhorn*, der von hier nach Berlin zurückkehrt es überbringen wird. Haben Sie die Gefälligkeit und benutzen Sie es zu Ihrem Zweck sobald als Sie können und senden es mir nach einigen Wochen wieder zu.

The Tragedy of Arden of Freversham[2] ist leyder nicht auf hiesiger Bibliothek, weder die Ausgabe vom Jahr 1599 in *4to* noch die Ausgabe vom Jahr 1770 in *8vo*.

Mit volkommenster Hochachtung.

Euer Wohlgeboren
ergebenster *Reuß*

13. Christian Daniel Rauch to Fr. Tieck (I)

The four letters here put in chronological order were, it seems, penned to Friedrich Tieck, the sculptor and brother of Ludwig. They deal with matters of the studio, containing many instructions with regard to completion of statues, to say nothing of more or less

[1] *Sic!*
[2] *Sic!*

technical references. Christian Daniel Rauch (1777-1857), the famous sculptor of the German classical period, was a close friend of Friedrich Tieck, whom he had met in Rome in 1805. Visits to Italy were made by each, and a studio was maintained by them at Carrara from 1812 to 1819, owing to scarcity of marble at Rome. Rauch in particular spent much time at Rome, and the first of these letters was penned there in May of 1818, while the Carrara studio still existed. Tieck was probably in Carrara. It had been agreed that Friedrich was to make a report every Sunday to Rauch concerning the studio. Their friendship reached its culmination in their establishment in 1819 of a joint Berlin studio and school which had its location in the "Lagerhaus," and continued for more that three decades. Tieck became a professor in the same year (Hildebrandt, 69 f., 105, 121 f.).

The sculptor Rudolf Schadow (1786-1822) was the older son of Johann Gottfried Schadow (1764-1850). Since 1788 the latter was the director of the court studio in Berlin and from 1815 the director of the Academy.

Peter von Cornelius (1783-1867) was a noted historical painter. His *Bilder zu Goethes Faust, gestochen von F. Ruscheweyh* appeared at Frankfurt in 1816. Reimer published his etchings for the Nibelungen in 1817. Although himselt a Catholic and a member of the "Klosterbrüder," Overbeck, Pforr, and the others, when he was in Rome, he seems to have preserved his freedom and independence in religious matters. On the establishment of the Düsseldorf art academy by the Prussian government, its director Cornelius offered the position of director of the school of sculpture first to Rudolf Schadow and, when he refused, to Friedrich Tieck. Cornelius inquired of Rauch if Tieck would accept. But despite Rauch's efforts, Tieck refused the offer, probably, according to Wilhelm Bernhardi, because he hoped to earn more money in Italy in order to support his wayward sister, Sophie Bernhardi: and according to a statement by Tieck, quoted in Eggers, because of his fear of being hindered from doing creative work in Düsseldorf (Eggers, I, 232-234; ADB 38, 250).

The painting of the Villa Massimi (*not* Massini) in Rome was one of the important achievements of the "Nazarene" school of art. Cornelius was occupied with this work from 1815 to 1818. It was completed in 1825 by Schnorr von Carolsfeld (Eggers, I, 198, 202; II, 250).

"Fr. v. H." is probably Wilhelm Humboldt (see Letter 10 above). The German colony in Rome had its focus in Wilhelm von Humboldt's home when he was resident Prussian minister in the Eternal City from 1802 to 1808. "Nieb." is probably the historian Berthold Georg Niebuhr (1776-1831) who in 1816 was the Prussian secretary of legation in Rome, where he stayed until 1823. His *Römische Geschichte* came out in three volumes (1811, 1812, 1832). Rauch stayed in Naples in 1818 from the end of May to June 15 (Eggers, I, 212).

"Gf. v. Romd." is probably Friedrich Wilhelm Basilius von Ramdohr (1752-1822), jurist and diplomat, Prussian privy councillor of legation and resident in Rome, and since 1816 ambassador to Naples. He dabbled in oil and pastel painting. Rauch had met him in Rome in 1813 and in Naples in 1818. Perhaps the "Prinz" to whom Rauch refers in this letter was Crown Prince Ludwig of Bavaria, whose festival Rauch attended on April 30, 1818 in Rome (Eggers, I, 206 f.). We could not identify the "Königin" referred to.

Bertel Thorvaldsen (1768-1844) was an important Danish sculptor and the chief master of classicism. He stayed mainly in Rome from 1797 to 1838, when he returned to Copenhagen. Franceschino (a term of endearment for Francesco) was the son of Gaetano Sanguinetti. He like his father worked in the Carrara studio and later in Berlin, and accompanied Rauch on various trips (Eggers, I, 206, 231, 239, 246, 251 f., 259 f.; II, 62 f., 281, 284, 287, 372 f., 430, 437 f.). The "Proposto" is an ecclesiastical official connected with a cathedral. "Moladi Gaeta" is probably a misreading of "Molo di Gaeta," the pier of Gaeta, a seaport on the Tyrrhenian Sea north of the Bay of Naples.

Oscar Guébhard is a Swiss artist known only through the painting "Jephtha's daughter," in the Museum Calvet in Avignon, dated 1839.

"M. Friedländer" is possibly the author of a work on Gottfried Schadow (Düsseldorf, 1864). Konrad Eberhard (1768-1859) was a sculptor, painter and lithographer. From 1806-1826 he stayed chiefly in Rome, then he went to Munich. The mythological statues he created for the Bavarian court show understanding for antiquity but lack freshness. He was highly esteemed in Rome beside Canova and Thorvaldsen. His association with the "Nazarenes" led him back to ecclesiastical art, which occupied him exclusively in his later years and of which he became the most prominent German exponent. "Steffani" and "Aurelio" are perhaps employees of the studio as is "Br.".

Copy: DSB.

Rom 21 Mai 1818

Liebster bester Freund!

Daß Sie am 13ten d. M. meinen vom 9ten noch nicht hatten ist sonderbar, doch hoffe ich nun ist *No* 3 und 4 schon in Ihren Händen. Ist *Tontinis* Brief besorgt.

Ich danke herzlichst für Ihr letztes Schreiben und übersendeten Schiffscontract so wie für alle Aufmerksamkeit. Ich eile Ihnen noch mit der morgenden Post folgendes Erfreuliche mitzutheilen.

R. Schadow sagte mir gestern, daß ihm durch *Cornl:* von *Düsseld:* aus die Bildhauerprofessur angetragen worden sei, er habe sich aber nun entschlossen, diese Stelle nicht anzunehmen, indem er jetzt in *Rom* für 2 Jahre Bestellungen hätte. Heute Morgen, als ich *Cornel:* besuchte, um seinen Carton für *Massini* zu sehen, sagte mir dieser, daß man bei der Düsseld: Bildhauer Professur auf Sie rechne, ob Sie wohl eine solche Stelle annehmen würden? Ich antwortete darauf, ich glaubte wohl, daß Sie diese Stelle annehmen würden, wenn Ihnen ähnliche Anerbietungen gemacht würden, wie ihm (*Cornel.*) indem Sie die Aussicht hätten zu bedeutenden Arbeiten in der Vaterstadt und außerdem auch noch einen kurzen Aufenthalt in *Rom* zu machen wunschten, u. s. w. Ich würde Ihnen aber darüber schreiben, um Ihre Meinung über dies Anerbieten zu erfahren.

Ich wünsche nichts herzlicher, als daß Sie von nun an in Berlin beschäftigt wären und nirgends anders wo. Aber um sich in Berlin gut zu stellen, so glaube, ist's vortheilhaft, daß Sie vielleicht 6 Monate den Professor in *Düsseldorf* spielen, auch zur Einrichtung des Ganzen mitwirken. Dann sollen Sie es gleich erleben, nach wie vielen Orten man Sie suchen wird, u. s. w. Ich wünsche tausend Glück zu allem.

Mit Fr. v. *H.* habe ich alles besprochen. *Schad:* verhinderte mich gestern Abend auch mit *Nieb:* bestimmt darüber mich einzulassen. Schreiben Sie also vorläufig Ihre Antwort an Fr. v. *H. Nieb:* aber mittheilbar zugleich so eingerichtet.

Ich reise Sonnabend 23ten nach Neapel und hoffe den 7ten *Juni* wieder in *Rom* zu sein. Alle Briefe für mich bitte ich also an Fr. v. *H.* zu schicken, welche dann für's Weiter[e] sorgt. Die[1] Briefe senden Sie mir aber direkt unter Gf. *v. Romd:* Adresse.

Heute früh sah ich mit Fr. v. *H.* und Kindern das Friedensf: Gemälde Sammlung, dann zeigte er auch uns die des Königs; in beiden sahen wir herrliche und seltene Bilder, und erfuhren die schönsten Raubanekdoten der Großen Nation. Der Prinz war sehr freundlich, und trotz unsers Morgenanzuges nach wiederholten[1] wurden wir der Königin vorgestellt, welche mehr als freundlich uns aufnahm, und sich unterhielt. Unter der Thür empfing sie uns und begleitete uns auch so weit; in den Händen hielt die K. einen Rohrstock mit großer goldner Krücke, dazu aber war sie prächtig und jugendlich angekleidet; mich nannte sie *los Cavalieros.* Sie können leicht denken, wie sehr solche Begebenheiten den Menschen aufblähen.

Sonnabend reist der *Proposto* allein von hier ab, ich gebe ihnen aber

---

[1] A space after this word.

noch heute Abschiedsessen, wozu auch *Thorw: Leonard G.* und *Franceschino* außer unser Hauptcolonie noch eingeladen sind. Der *Propost* will Donnerstag in *Carrara* sein über[1] Heute oder gleich gehn wir nach *St. Peter*, um die Prozession zu sehen und[1] die Neukath: Prinzen von *Darmst:* und *Gotha* zu schauen in der Prozession.

Sonnabend um Mitternacht reise ich ab, schlafe in *Moladi Gaeta* und Montag Mittag sind wir in *Neapel* so Gott will.[1] und 2 Schweizer-deputirte gehen zugleich. Die *Canoni* immer noch nicht, aber ehe ich reise gewiß. *H. Senn: Guebhard* bitte anzuzeigen, daß alle Gegenstände für Hamburg zu verladen an *M. Friedländer* nach Berlin bestimmt sind. Von des Schiffes Ankunft höre und sehe ich nichts. *Schadow* und *Eberhard* sehnen sich sehr nach Marmor, hier sieht's schlecht aus. An *R. Schadow* trete ich *a condition* meine Werkstätten ab, schreiben Sie mir Ihren Wunsch, ob ich in der Clausel an Sie denken soll, wie wir sprachen. *Schad:* läßt sich jetzt *Steffani* kommen, *Aurelio* wird in ein paar Monaten auch Arbeit bei *Schadow* finden, recht angemessen, entziehen Sie ihn aber *Thorw:* nicht; lassen Sie die Leute selbst gewähren. *Humb: Nieb: Thorw: Br*[2] in Summa alle grüßen schönstens, so auch alle Freunde und die Werkstatt.

Nun leben Sie wohl und behalten mich lieb.

Ihr
aufrichtiger Freund
Rauch.

14. *Rauch to Fr. Tieck* (*II*)

For Frau von Voigt see above, I, 9. Eggers I, 214, also refers to the fact that Rauch missed Goethe on this visit. Johann Heinrich Meyer (1760-1832) was a painter, writer on art, and since 1807 director of the Freies Zeicheninstitut in Weimar. He was Goethe's indispensable art counselor and friend. J. P. Kauffmann (1764-1829), after staying for twenty years in Rome, came to Weimar in 1817, becoming the court sculptor. His bust of Karl August is particularly esteemed. The "Grossherzog" is of course Karl August.

Tieck decorated the walls of the staircase hall in the eastern wing of the Weimar castle with allegorical bas-reliefs under Goethe's guidance, paying homage to the Duke. He also made four rather large and four smaller bas-reliefs for the salon of the princess as well

---

[1] A space after this word.
[2] A space after "*Br*"

as eight statues, four for the staircase hall and four for the large salon. The work occupied him chiefly from 1803 to 1805 (Hildebrandt, 33 ff., 49 f.). The "Erbprinzessin" is probably Karl August's wife, Luise Augusta, née princess of Hesse-Darmstadt (1757-1830).

Friedrich Tieck had made a marble bust of the classical philologist Friedrich August Wolf (1759-1824), completed in 1822 and presented to the auditorium of the University of Berlin. Friedrich apparently followed Rauch's advice, for in 1819, as already noted, they established a joint studio and school in Berlin, which continued for over three decades. Among other undertakings Friedrich assisted the famous architect and painter Karl Friedrich Schinkel (1781-1841) in the decoration of the Berlin "Schauspielhaus."

Heinrich Franz Brandt (1789-1845) was a skillful diecutter. From 1813-1817 he was in Italy, then he settled in Berlin, becoming a member of the Academy in 1824. In his later life he used many of the models of Rauch. His last piece is a medal of Alexander von Humboldt.

In 1810 Karl August Prince von Hardenberg (1750-1822) became president of the council of state. Rauch had made a model of the bust of Hardenberg in 1816. It was executed in marble in 1838 (Eggers, III, 157).

The sculptor Karl Friedrich Wichmann (1775-1836), under Rauch's influence, belonged to the so-called Berlin school of sculptors (Eggers, III, 86; IV, 346). The bust by Schadow refers to the one of Luther, a model of which was made in 1805 and which was erected in Wittenberg in 1821. Schadow had made a Blücher monument for the city of Rostock in 1819. He had also been offered originally to make the Blücher monument for Breslau, but the authorities rejected him in favor of Rauch. The latter's comment in this letter helps to prove that Rauch could not have been influenced, as has been alleged, by a preliminary sketch of Schadow in making his own monument. This was carried out by Rauch between 1819 and 1827 (Eggers, II, 95 f.). Bussler was a "Kabinettsrat" of Frederick William III and a friend of Rauch (Hildebrandt, 84; cf. also Eggers, I, 106, 127 f., 237). Agnes is a daughter of Rauch. "Mad. Wundner" is probably Frau Kriminalrätin Wunderer, whose boarding school Rauch's younger daughter Doris attended as a child until 1821 (Eggers, II, 38). The "Krpr" is probably the later Frederick William IV (1795-1861), the oldest son of Frederick William III (1770-1840). He assumed the throne in 1840.

"Die Großf. Nicol. in Petersburg" is the princess Charlotte Louise, daughter of Frederick William III, who in 1817 married Nicholas I, tsar of Russia (1796-1855). "Prinz Carl v. Meklenb." belongs no doubt to the family of Luise von Mecklenberg-Strelitz whom Frederick William III of Prussia married in 1793. Johann Ferdinand Koreff (1783-1851), doctor and author, was for a number of years after 1816 physician in ordinary to Hardenberg, and from 1816 to 1822 professor of physiology at the University of Berlin. A. W. Schlegel returned in January 1818 from Paris, where he spent the winter of 1817-1818, to accept a call to Berlin. Contrary to Rauch's expectation in this letter, he requested to be transferred to the newly founded Rhenish University of Bonn. This request was granted, and Schlegel went to Bonn in November 1818 as professor of literature and the history of art (Max Lenz, *Geschichte der königlichen Friedrich-Wilhelms-Universität zu Berlin*, Halle, 1910-1918, I, 578 f.; II, 14-16, 16-17, 26-30, 33; *Tieck and Solger*, 420 f., 573 f.).

Leopold Hermann Ludwig von Boyen (1771-1848) was active in the new commission on military reorganization, minister of war from 1814-1819, and again from 1841-1847, and the chief founder of the Prussian "Landwehr." Lorenzo Bartolini (1777-1850) was after Canova the most praised of Italian sculptors. He sought to revive classicism by a return to the ideals of the quattrocento. His practice and theory were however not always in accord. Oberhofmeister Baron von Schilden was Rauch's faithful friend and protector from his youth and assisted him in various projects (Eggers, I, 26 f., 30 f., 84 f.; II, 191, 295, 349; IV, 73, 74, 82, 83, 86 f.).

Copy: DSB.

Berlin am *4 August 1818*

Theuerster, bester Freund!

Am 28 v. M. Dienstag früh halb 8 Uhr sind wir glücklich hier in der alten Schloßwohnung angelangt, viele unsrer Freunde bedauern nur, daß Sie nicht auch zugleich mit eintraffen,[1] wie man es erwartete.

In Weimar habe ich Einen recht vergnügten Tag (25 *Juni*) in Gesellschaft von *Fr. v. Voigt* zugebracht; gar so keine zimperliche, feingliedrigte Frau, wie Sie mir solche schilderten, sondern ordentliche sehr verständige sogar etwas starke Frau vielmehr fand ich zu meiner nicht geringen Ueberraschung.

Sie freut sich über alles was Sie betrifft, und noch mehr Sie bald wieder zu sehen.

Als ich in *Jena* ankam, war *Goethe* Morgens nach dem *Carlsbad*

[1] *Sic!*

abgereist. Wie schade! Prof. *Meyer*[1] habe ich auch kennen gelernt, dem sieht man es recht an, daß er mit dem Kopfe viel arbeitet, ein sehr lieber und dabei geschickter Mann. *Kauffmann* hat eine schöne, recht artige Marmorbüste des Großherzogs vollendet, aber auch wieder im Costüm des Barbieren mit einer Serviette auf der Brust. Ihre *Basreliefs* und Statuen in *Weimar* habe ich mit großem Interesse gesehen und mich daran erfreut. Leider konnte ich aber die in den Gemächern der Erbprinzessin n i c h t sehen. *Wolf* in Berlin habe ich auch nicht gesehen, höre aber von *Hirt*, wie glücklich Sie ihn mit der Büste gemacht haben, er hat solche formen lassen, und ich sah überall Abgüsse davon, wird auch als Kunstwerk so gewürdigt, wie es dieses Werk verdient.

Nun lieber Freund e i n e r n s t e s W o r t wegen des Hierherkommens nach Berlin, Beschäftigungen aller Art finden Sie mehr als in Jahren Sie und ich prästiren[2] können, *Schinckel* hat uns sämmtliche sehr bedeutende Arbeiten in Basreliefs in Stein, eine Quadriga in getriebner Arbeit u. s. w. am neuen Schauspielhause bestimmt, so auch ein großes Eisenmonument mit 12 Fuß hohen *Hautreliefs* Figuren; soviel für heute zur Nachricht. Die Neue Wache ist *en face* beinah vollendet und ist ein herrlicher Bau geworden, an welchem alle Welt sich ergötzt, sogar *Hirt*??? Die *Victorien* ausgenommen. Die Leute nennen sie Fledermäuse, sehen aber aus wie aufgehangene Kleider. (*Schad:* Arbeit,) *Brandt* aus Mangel an Bildhauern macht das *Basrelief* des *Frontons;* grausame Sculptur, alles wird in weiches Metall gegossen (Zinkartiges) Dieser Platz aber macht eine große, schöne Ansicht aller dieser Gebäude, schade daß nun die Statuen so spät fertig werden können.

Im Lagerhause sind Räume, wo ich die Statuen vollenden kann, einzurichten[3] Der Minister wünscht einen neuen Bau möglichst dezent und am Wasser, wo jetzt die Wilhelms Straße durchgebrochen und durch eine im Bau begriffene Brücke mit dem Weidendamm verbunden wird, situirt. Alles wird sich in wenigen Tagen darthun, aber vorerst suche ich ein Unterkommen, um womöglich Ihnen bald sagen zu können, daß Sie mir die Leute hierher abgehen lassen. Die Piedestalstücke mit dem Fahrzeuge *Fortuna* nebst den andern Marmorn sind schon auf 3 Elbkähne geladen und können bald hier sein. Schicken Sie mir also die genommenen Maaße des Würfels in rheinl. Fußmaaß, auch ein Schneidermaaß zur Vorsicht. Dann lasse ich gleich die Basreliefs u. s. w. anfangen.

F. Hardenbergs Büste ist auch angekommen, aber noch in der Kiste. *C. Wichmann* folgte dem Fürsten mit einer angefangenen

---

[1] "(ziem. Dummer)" written and then crossed out but brackets are retained.
[2] *Sic!*
[3] "und am" written and then crossed out.

Thonbüste auf dem Dampfboote immer modellirend nach Hamburg. Dieser Fall ist gewiß ganz neu!

Schadow hat eine wunderschöne 2te kolossale Büste *Luthers* modelliert, wirklich ein herrliches Werk sonder gleichen. Die *basreliefs* zu Blüchers Monument sollen Gräuel sein, ich sah sie noch nicht selbst.

In Neustadt sind Pferde von der seltensten Schönheit vor kurzem aus Constantinopel angekommen; unserm Plan bleiben wir doch getreu?

Franceschin ist sehr vergnügt hier. Morgen hört er die erste Messe hier und den ersten deutschen Unterricht. Die Leute sehen ihn recht gern, auch habe ich 2mal die Woche Musikalische Uebung, Quartett bei *Bussler* für ihn ausgemacht, heute hat er in der TagAkademie des *Nudo* angefangen, ist allein da als Modellirer.

Agnes wieder zu sehen hat mich aus lauter Freude zu Thränen gerührt, sie hat sich sehr ausgebildet, auch körperlich voll und frisch. Morgen esse ich mit den Kindern und Leuten Mad: *Wundner* im Thiergarten.

Heute wünsche ich nach Charlottenburg gehen zu können, S. M. dem Könige und den Prinzessinnen aufzuwarten.

Dienstag oder Sonnabend die nächsten Interessen des Geldes im Studio beantworte ich bestimmt, weil ich einem Brief von Ihnen entgegen sehe. Ihre letzten erhielt ich in Florenz.

Am Sonnabend Abend stellte ich mich S. M. dem Könige vor und er empfing mich wie sonst sehr gnädig, obgleich er mir doch bemerkte, daß ich wieder viel länger ausgeblieben sei. Früher hatte ich schon die Prinzen und Prinzessinen gesprochen, und[1] war mit unbeschreiblicher Güte von ihnen aufgenommen worden. Dr Krpr: trifft erst den 18ten d. M. hier ein. Die Großf: *Nicol:* in *Petersburg* soll beinah die Fülle und Blüthe der seeligen Mutter erreicht haben, gesund und stark. Prinz *Carl* v. Meklenb: ging sehr auf meine Idee des Basreliefs Projectes für die Monumente ein, und werde mich sogleich dabei machen, um S. M. die Skizzen vorzeigen zu können. Anfang Sept: geht alles nach Achen. *Humb:* hat seine Zurückberufung aus London b e g e h r t, selbst a u c h d a n n, wenn man ihn nicht anderweitig anstellen k ö n n e. D. *Koreff* ist vortragender Rath alles Medicinal und Kunstwesens bei *F. Hardenberg*.

A. W. Schlegel kommt nun gewiß hierher, für den Winterkursus der hiesigen Universität steht sein Name schon auf dem Lectionszettel. *Schinckel* hat mir gestern[2] wieder von den Arbeiten gesprochen, und in dieser[3] Woche wollen wir schon die Anschläge der Bildhauer Arbeiten vornehmen. Wie schade, daß ich nicht genau

---

[1] "mit" written and then crossed out.
[2] "schon die Anschläge der Bildhauer Arbeiten" written and then crossed out.
[3] A word is crossed out.

bestimmen kann, wann Sie hier ankommen können? *Schadow* hat mehrere Büsten in Erz zu gießen, auch Luthers Modell ist in Arbeit, 8 Fuß hoch. Blüchers Kopf ist als Gußwerk wunderschön, und schön ziselirt, aber nicht finde ich Verhältniß und Karakter so. Gf. v. *Boyen* ist in *Posen*, ich werde noch heute an ihn schreiben. Das Schwerdt ist schon lange nach *Paris* gesandt. Erinnern Sie doch *Bartolini* an den Shawl, den er für mich gekauft hatte. Oberhofmeister *v. Schilden* ist auch aus *St. Petersburg* zurück. Castellan *Meister* in Charlottenburg ist seit 2 Monat gestorben, und ein andrer Hauspater an der Stelle. Berücksichtigen Sie doch ja, in *Livorno* Bimmstein und Griech: Harz zu kaufen, hier giebts keins dieser Qualität. Grüßen Sie alle das Studio, besonders auch Graf *Luciani* und *Capt: Ganas* Haus, und leben Sie wohl, verbleibend unveränderlich

Ihr aufrichtiger Freund
Chr. Rauch.

Theodor hat am 28 v. M. sich mit Fräul *v. Meinecken* in *Lübben* vermählt, scheint den schweren Militairdienst zu verlassen. Agnes hat mir Freudenthränen gekostet, so vortheilhaft hat sie sich ausgebildet.

15. Rauch to Fr. Tieck (III)

The Shakespearean adaptation mentioned in this letter, *Die Quälgeister*, is a play by the Mannheim actor and regisseur Heinrich Beck. It is an adaptation of Shakespeare's *Much Ado About Nothing* and was, despite Rauch's negative opinion, apparently quite successful. It maintained itself in the repertoire of German stages to the fifth and sixth decades of the nineteenth century. Johann Karl Heinrich Kretschmar (1769-1847) was a portrait painter and a painter of historical subjects. From 1806 he was a member of the Berlin Academy. In 1817 he became professor of historical painting, and was appointed to the senate of the Academy in 1828. We could not identify Obrist v. Schach. Glatz is a city in southern Lower Silesia, formerly a fortress. "Alex." is an abbreviation for Tsar Alexander I of Russia (1777-1825) who assisted Prussia and Austria in the Napoleonic Wars (1813-1815). This is the assistance for which the Prussian Frederick William III thanks him in his speech before the maneuver referred to in the second part of the letter. This is confirmed in Eggers, II, 170, where Alexander's visit is mentioned. Eggers states that on the nineteenth the two emperors rode out to maneuvers on the field of Tempelhof, where Frederick William made a speech, thanking his ally for his faithful services. He then had him lay the cornerstone for Rauch's monument on the Kreuzberg, 1818-1826, commemorating the war against Napoleon. Templow, i.e. Tempelhof and Schöneberg are sections in the south and southwest of Berlin.

Copy: DSB.

am 18ten Septbr. 1818.

Auf dem Schloßhofe wegen großer Hoffeste wurde gegen Abend gewaltiges Fahren und Unruh, ich ging in 's Theater, wo ein Shakesp: Schauspiel (aber ein bearbeitetes, die Quälgeister) aufgeführt wurde,[1] dies unterhielt mich nicht sonderlich. Aber ich entdeckte in der mir zur nächsten Parterreloge ein Kind (junges Mädchen) von 9 bis 10 Jahren, von solcher Schönheit und Anmuth, daß ich in der Anschauung noch wie geblendet hier in meinem Zimmer sitze, und die schon verlorne Gegenwart bewundre und daran erblinde. Im ganzen Leben habe ich einen solchen Abend nicht verlebt, daß mich eine Menschengestalt oder irgend etwas Schönes so hingerissen hätte, als dieses Köpfchen in bald auf bald niedersehender Bewegung und Begleitung der Händchen und wallenden Locken. Ich hoffe ihr morgen auf die Spur zu kommen und theile das Nähere Ihnen dann mit. *Kretschmar* scheint sich[2] an diesem Köpfchen versündigt zu haben, ich sah so ein ungefähres Conterfei in den Ausstellungssälen.

Von meinem Freunde, dem Obrist v. *Schach* erfuhr ich heute Abend, daß der Kronprinz in diesen Tagen auch nach Breslau geht, die Russische Kaiserin im Namen des Königs daselbst zu empfangen, freue mich also zu der guten Gesellschaft dort; der Pr: geht dann auch wohl nach *Glatz etc.*

Morgen früh legt unser König und *Alex:* den Grundstein zu dem National Denkmal auf dem Templower Berge, wo die Schanzen waren. *Schinckel* erscheint dort in Function in Uniform. H: v. *Humb:* hat schon vor 4 Monat[3] seinen Abschied gefordert, und will solchen ohne Pension. Dies letztere wird hier mit großem Beifall aufgenommen.

Es heißt hier, A. W. Schlegel würde erst Volesungen in *Bonn* halten und dann hierher kommen im Winter. Curios! Auch sagt man, *Koreff* käme in den Staatsrath, dies ist auch wohl nicht

[1] "daß" is written and then crossed out.
[2] "in" is written and then crossed out.
[3] *Sic!*

unwahrscheinlich. *Brandt* hat mir heute den Abdruck eines Silbergroschen[1] mit dem Bildniß des Königs gebracht. Diese Seite mit dem Kopfe ist so vortrefflich, wie ich wenige Münzen kenne, ähnlich und alles im vortrefflichsten Verhältnisse. So hoffe ich nun mit Ueberzeugung, unsere Münzen müssen im Aeußern Mustermünzen werden.

am 19ten

Heute früh konnte ich nicht widerstehen vor das Hallische Thor zu gehen, und das Manöver zu sehen. Das Wetter war wunderschön und ebenso interessant diese Militairübungen. In immer wiederholten Angriffen in ganzen Treffen und auch Divisionen wurde Templow und die ganze feindliche Linie angegriffen. Letztere aber erhielt Verstärkungen auf dem rechten Flügel, und nun sah man die Armee plötzlich die Hauptstellung ändern, sich nach Schöneberg zurückziehend, zugleich aber eine Reihe von 100 Kanonen aufstellend, formirte sich wieder, und so mit einem Vivatrufen wurde der sonst immer unüberwindliche Feind gänzlich geschlagen. Prächtig war dies alles anzusehen. *Franseschino*[1] war zu Fuß im Centrum mit Brandt, hat also nun auch zum erstenmal das Pulver gerochen, und ist außer sich, doch nun zu wissen, wie es in einer Schlacht hergeht. Das Formiren der *battalion quarré* und die reitende Artillerie hat ihm am meisten imponirt.

Der Grundstein ist diesen Morgen vor dem Manöver gelegt worden, unser König hat dem Kaiser eine Rede gehalten, worin er ihn an jene verhängnißvolle Zeit erinnert, und ihm für seine getreue unwandelbare Mithülfe dankt u.s.w. Dann ist dem Kaiser der Schurz angelegt, und die Kelle in die Hand gegeben, und so dann fester Kalk zum Vermauern aufgelegt. 101 Kanonenschüsse begleiteten diese Funktion, wo alle Prediger Berlins, die Generale und die Minister zugegen waren. In der heutigen Zeitung ist ein schönes Schreiben des Königs abgedruckt, welches an alle Vaterlandsvertheidiger gerichtet ist und auf eine rührende Weise ihnen dankt und dieses Denkmal weihet.

Nun[2] leben Sie wohl und behalten mich lieb. Ich hoffe Ihnen noch von hier aus das nächste Mal zu schreiben. Grüßen Sie alle Freunde und das Studium und entschuldigen Sie mich bei den Hansnarren und daß ich erst das nächstemal schreiben würde. Ihr aufrichtiger Freund

Ch. Rauch.

[1] *Sic!*
[2] "lebe" is written and then crossed out.

16. *Rauch to Fr. Tieck (IV)*

This letter is written on the eve of Friedrich's departure from Carrara
for Berlin. Rauch complains about the poor condition of his health
and about the fact that the rooms in the "Lagerhaus" (see preceding
letters) have not yet been built.

"St. K." is probably "Stadtkommissar;" "Ankl.: B" is "Anklage-
Blatt."

Copy: DSB.

Berlin am *26 Decbr. 1818*

Liebster Freund, wo sind meine Kräfte hingeschwunden, in einem
solchen Zustand der Vernichtung befand ich mich nie. Uebermorgen im warmen Zimmer soll anfangen, stärkende Bäder zu
nehmen, und man verspricht augenblickliche Hülfe dadurch.
Höchstens 2 Stunden kann außer dem Bette sein. Schinkel wird[1]
Ihnen selbst Anweisung auf *Livorno*, auch Briefe dazu geschickt
haben. Sie thun ihm einen sehr großen Gefallen. Welche Weihnachten, Agnes besucht mich, ins Bette mehr Cadaverartig als
höchster menschlicher Form vorstellend, es hat mir immer Thränen
des Schmerzes gekostet. Welcher böse Dämon war es wohl so
eigentlich, der mich hierher in alles dies leere Treiben geführt hat!
Im Lagerhause ist noch kein Stein gerührt, nach allem Befehlen
habe ich heute dem St. K. geschrieben,
> Ob mir die Räume im Lagerhause ausgebaut werden würden.
> Dann bitte ich um schleunige Geldanweisungen, zugleich daß
> der Bau begonnen werden könnte.
Ich zweifle keinen Augenblick, Sie kommen hier an und das Lagerhaus ist noch *in statu quo*. Alles löst sich hier in's große Wort auf.
Nun schließe ich Abends im Bette, hätte noch vieles zu sagen, Ihr
Ankl: B. enthielt ja mehr als sich erwarten ließ, und die Leistung
der Zahlung in 20 *M*. ist auch sehr willkommen. Sie unterzeichnen
solche ganz unbesorgt.
Vergessen Sie nicht[2] römisch: Calender mitzubringen. Nun leben
Sie wohl und grüßen alle Freunde

Ihr
aufrichtiger Freund *Ch. Rauch.*

(Conclusion of the Rauch letters to Friedrich Tieck.)

[1] "wird" is written over "und," which is crossed out.
[2] A space after "nicht."

17. *L. Tieck to Fr. Tieck (partial)*

This letter is the conclusion of Letter VI from Ludwig Tieck to Friedrich which is published in *Letters of Ludwig Tieck* (183-185). The proof for this is to be seen in the fact that both letters bear the same date and place, Dresden, June 2, 1820, and the further one that the published letter has been cut away (*op. cit.*, 185). Evidence of this is clearly to be seen in the fragment and the addressee we are publishing here. Except for some visits abroad, Tieck had stayed in Ziebingen from 1802 to 1819 when he moved to Dresden.

The 'Geschenke' refer to some gifts by which Friedrich had remembered his brother's forty-seventh birthday, May 31. These are mentioned at the beginning of the portion of this letter, published in *Letters of Ludwig Tieck* (*op. cit.*, 183 f.). Original: Columbia University Library.

Wirst du denn nicht noch im Sommer auf einige Tage herkom[1] – In den langen Tagen kannst du in 2 Tagen hier sein. In *Zieb.* war es freilich noch viel bequemer. Erhalte dich nur gesund und froh, dann wird dir deine Arbeit auch Freude machen. *Cornelius* war hier und hat mir viel mir[2] gefallen, als ich erwartete; in seinen Gesprächen und Ansichten fand ich nichts von jenem drückenden Sektirergeiste. Grüsse deinen lieben *Rauch* auf das herzlichste von mir und behalte mich immer, immer lieb. Wie ich deine Liebe und Geschenke auf irgend eine Weise erwiedern soll, seh ich noch nicht ab, nur hertzlich danken kann ich. Ewig

Dein dich liebender Bruder,
Ludwig Tieck

Geschrieben den 2ten *Juni* 1820. (Dresden.)
Address:

An den
Bildhauer und Profes[3]
Friedrich Tie[3]
Kloster- Strasse.
Lagerhaus.

---

[1] The rest of this word has been cut away.
[2] *Sic!*
[3] The rest of these words have been cut away.

CHAPTER II

(1821-1830)

1. Ahlefeldt to Ludwig Tieck

This letter, signed C. A., was probably written by E. Ahlefeldt, brother-in-law of Charlotte Sophie Louise Wilhelmine Ahlefeldt, née von Seebach (1781-1849). In an undated letter, probably from the summer of 1801, A. W. Schlegel writes Tieck: "Richter ist hier, bis dato hat er sich aber nicht in mich verliebt, ja was noch schlimmer ist, er hat mich noch nicht einmal besucht. Sein beständiger Umgang und theuerster Freund ist ein blonder fader Hr. v. Ahlefeldt." (Holtei, III, 257).

This Ahlefeldt, now visiting his sister, is on his way to Holstein, where he expects to be by the middle of May. He sends this letter to Tieck by the hand of his nephew, who is bound for Berlin, although Tieck was now living in Dresden.

Frau von Ahlefeldt married Rudolf von Ahlefeldt in Schleswig on May 21, 1798, and in 1807 they separated. In 1821 (about the time of this letter) she moved to Weimar, where she was a friend of Frau von Stein. Frau von Ahlefeldt wrote the novels *Liebe und Trennung* (1797); *Marie Müller* (1799); *Erna* (1820); *Felicitas* (1826). She often used the pen names "Elise Selbig" and "Natalia."

Copy: DSB.

Kochberg bei Weimar d 23sten
April 21.

Möchten diese Schriftzüge, die Dich hier freundlich begrüßen, wohl Deinem Auge, aber nicht Deinem Herzen fremd geworden sein, mein theurer Freund, und Du die Versicherung des innigen Andenkens, das ich Dir bewahrt habe, recht so herzlich aufnehmen, und erwiedern, wie ich sie Dir ausspreche. Wie gern hätte ich, da ich einige Monate in Dresden zubrachte, meinen Rückweg über Berlin genommen, um Dich nach so langer Trennung einmal wieder zu sehen, aber es ging aus manchen Gründen nicht. Nun bin ich hier bei meiner Schwester, und ihr Sohn, den ich nach Dir fragte, und der morgen nach Berlin[1] zurück reist, bringt Dir diese Zeilen und meinen liebevollen Gruß. Schreibe mir doch, wenn anders Dein Antheil an mir nicht erloschen ist, wie es Dir ergangen ist, seit wir nichts von einander hörten, und wie es Dir jetzt ergeht. Nichts ist mir gleichgültig, was Dich betrifft. Ich reise auf einige Tage nach Weimar, und kehre dann nach Holstein zurück, wo ich jetzt – zwar nicht eben glücklich, das ist der Vereinzelte nie, – aber doch ruhig, in Schleswig lebe, und beschränkt, aber doch Gott sei Dank, frei und unabhängig meine Tage zubringe. Willst Du meinen Wunsch erfüllen, mir Nachricht von Dir zu geben, so thue es unter dieser Addresse An Fr. v. Ahlefeld, geborne v. Seebach in Schleswig, im Hause der Majorin von Bonzen hinter der Domkirche. Mitte Mai hoffe ich wieder zu Haus zu sein; herzlich würde ich mich freuen, wenn ich dann einen Brief von Dir begrüßte. Für heute nichts mehr, da ich eilen muß, als mein Lebewohl, und die innigsten Wünsche, die dieses Blatt begleiten.

Dein treuer C. A.

2. *Amalie Voigt to Friedrich Tieck (II)*[2]

This letter too is addressed to Friedrich Tieck, since Julie von Egloffstein's request that the addressee's brother should establish a school for actors at Weimar could apply only to Ludwig with his dramaturgic interests. Ludwig had in fact been dramaturge of the Dresden theater from 1824 to 1842 and had acted later in a similar capacity from 1842 to 1846 for the royal theaters in Berlin (Zeydel, 258 f.; *Letters of Ludwig Tieck*, 467 f.). The later reference to the artistic works of the addressee and the famous sculptor Rauch definitely confirm his identity.

For Charlotte von Ahlefeldt see II, 1, above. Julie von Egloffstein (1792-1869) was the second daughter of the Prussian chamberlain Gottlieb Friedrich Leopold Graf von Egloffstein. She was a painter and a lady-in-waiting to the Grandduchess Luise. We could not identify 'Annette von Reizenstein.' She may have been a daughter of a 'von Reizenstein,' a noble family from Saxony which lived in Weimar. For Friedrich Tieck and Rauch, see I, 13.

Copy: DSB

---

[1] The word "reist," is crossed out.
[2] Continued from p. 25.

Ihr gänzliches Schweigen, theurer Freund, sollte nun wohl bei mir die Wirkung hervorbringen, daß ich ein Gleiches thäte; auch besteht bei mir der Vorsatz, aber an meinem heutigen Geburtstag leidet das eine Ausnahme. Sonst fügte es immer ein freundlicher Zufall, daß an diesem mir so ernsten, an trüben Erinnerungen so reichen Tag eine befreundete Seele von nah oder fern mir nahe war; zum Erstenmal ist das heute anders. Kein Freund aus der Ferne ist gekommen, und von meinen hiesigen sind gerade die liebsten verreist. Dazu bin ich nicht wohl, ein rheumatisches Uebel, wozu man in der jetzigen Witterung sehr leicht kommen kann, plagt mich, und hielt' ich noch so schlechte moralische Diät, wie ehedem, so setzte ich mich hin, und weinte. Aber ich bin vernünftiger geworden, vergesse der Gegenwart, bilde mir das Beßte[1] von der Zukunft ein, und gedenke der Vergangenheit in ihren schönsten Momenten, d. i. in der Erinnerung der Freunde, die sie mir gab. Da müßt' ich denn natürlicherweise auch Ihrer gedenken, und auf die Weise kommen Sie zu einem Briefe.

Von der Ahlefeld werden Sie wissen, daß sie auf mehrere Jahre hierher ziehen wird. Ich kann mit Wahrheit versichern, daß ich mich darauf freue; denn wenn auch durch ein gewisses Betragen, das sie eine Zeitlang gegen mich hatte, das Vertrauen zu ihr nicht mehr das Vorige ist, so liebe ich sie noch mit ungeschwächter Treue, und erkenne ihre vorzüglichen seltenen Eigenschaften an, wie ich soll. Auch hat sich ihre Kälte gegen mich verloren; wir werden, hoff'ich, recht oft zusammen sein. Diesen Sommer hatte ich vor, einige Wochen in Dresden zuzubringen, und einen Abstecher in die Sächsischen und Böhmischen Gebirge, vielleicht nach Prag zu machen; weil es aber in Gesellschaft geschehen sollte, und mehrere Köpfe so häufig auch mehrere Sinne erzeugen, das Wetter auch ungünstig war, so unterblieb es. Bei der Gelegenheit hoffte ich Ihren Bruder wieder zu sehen, von dessen Vortrefflichkeit die Krone unserer Damen, Gräfin Julie von Eglofstein, die Sie ja auch in Dresden sahen, nicht genug Rühmens zu machen weiß. Sie nennt ihn geradezu den Liebenswürdigsten aller Männer, was ihr einige hiesige Herrn, die keine geringe Meinung von ihren Vorzügen haben, nicht gut heißen wollte.[1] Juliens Willen nach sollte er Schulen vorstehen für Schauspieler, und den Herrn, die hier das Gegentheil von galant sind, – und die Rede geht, es sei anderwärts auch nicht viel besser, feine Lebensart und geistreiche Unterhaltung lehren. Sie sehen, welche Meinung das anziehende Mädchen von ihm hegt. Nächtes Jahr denkt sie ernstlich daran,

---

[1] *Sic!*

46

ihren Aufenthalt in Dresden zu wiederholen, ich gebe ihr auf den Kopf Schuld, nicht allein, um zu malen, sondern um mit ihm auf einem Liebhabertheater zu spielen, wozu er ihr Hoffnung gemacht. Sogar die eisig strenge Vestalin, Annette v. Reizenstein, die in[1] Floskeln spricht, es ist ihr aber Ernst um die Sache, und sie spricht nicht blos von guten Werken, sondern leistet sie auch, nur wird sie damit und mit ihrem Dociren den Leuten ein bischen unbequem, ist ganz von ihm hingerissen. Die, dächt' ich, müßten Sie sehr verändert gefunden haben. Von Ihren und Ihres Freundes *Rauch* Kunstwerken höre ich gelegentlich einmal etwas aus den Zeitungen, oder von Bekannten erzählen. Man bewundert eben so sehr Ihre Kunst, als Ihren Fleiß, in der Zeit so viel zu Stande zu bringen. Freilich wäre es besser, ich erführe von Ihnen selbst etwas davon.

Goethe is glücklich aus dem Bade heimgekahrt und befindet sich wohl.

Grüßen Sie Ihren Freund freundlichst von mir, und gedenken Sie, daß es nicht löblich sei, der alten Freunde so ganz zu vergessen. Unverändert

Ihre
treue Freundin
Amalie Voigt.

(The letters from Amalie Voigt to Friedrich Tieck are concluded in Chapter III.)

3. *Jan Rudolf Thorbecke to Ludwig Tieck* (I)

Jan Rudolf Thorbecke (1798-1872) was a famous Dutch statesman. His two letters to Tieck, however, belong to the early period of his life when he was known as a distinguished classical scholar and a historian. Thorbecke took his degree of doctor of literature at Leyden in 1820. He visited Germany in the following year. Tieck had written a letter of introduction for him to Goethe, dated March 27, 1822, in which he stated that Thorbecke had been staying for a year in Germany in order to become acquainted with German universities, and particularly to familiarize himself with philosophy. He was returning at that time to Holland. Thorbecke brought this letter to Weimar on April 4, 1822. He became professor in Leyden in 1833 and was rector in 1840-1841. His political career began in earnest in 1848 when he was charged with the elaboration of the new Dutch liberal constitution. While in Berlin, he had made

---

[1] Here follows a space of four centimeters.

the acquaintance of the widow of the Berlin philosopher and aesthetician Karl Wilhelm Ferdinand Solger (1780-1819), Tieck's closest friend during the decade from 1810 to Solger's death. Later she came to Dresden and was a frequent guest at the home of the Tieck family (*Nieuw Nederlandsch Biografisch Woordenboek*, vierde deel, Leiden, 1918, 1308-1324; *Encyclopaedia Britannica*, XI, 1961, 653; *Letters of Ludwig Tieck*, 338 f.; *Schriften der Goethe-Gesellschaft*, XIII, 301 f., 379; Friesen, I, 20).

Tieck's oriental novel *Abdallah* was published in 1795, his novel *William Lovell* in 1795-1796, his *Kaiser Octavianus* in 1804. Thorbecke's keen analysis of the desperate mood to be found in *Abdallah* and in *William Lovell* which, however, he later overcame, reflects Tieck's own mood, for instance, during the writing of *William Lovell* which he also later overcame (*Tieck and Solger*, 65 f., 142 f.). Thorbecke's "philosophische Gespräche" do not seem to have been published. Friedrich August von Stägemann (1763-1840), a high Prussian official, was one of the influential men who actively supported Tieck in his efforts in 1818-1819 to obtain a position with the Prussian government. Ludwig Tieck and Friedrich von Raumer published *Solger's nachgelassene Schriften und Briefwechsel* in 2 vols. in 1826.

Original: SLB.

Oft habe ich schon in Gedanken an Sie, verehrtester Herr Doctor,[1] geschrieben, aber da es mich ärgert, dass sich dann niemand findet, der den Brief zu Ihnen hintrüge, so setze ich mich nieder den Gedanken erscheinen zu lassen. Wie gerne ich nach meinem letzten Briefe einige Nachricht von Ihnen erhalten hätte, so bin ich doch in dieser Hoffnung getäuscht. In deßen laßen sich tausend Gründe däfur angeben. Neue Erscheinungen haben die Stelle der vorübergegangenen besetzt, und belagern Ihr Gemüth, Ihre Zeit, so, daß Sie keine ubrig[2] behalten, an die vorigen zu denken. Das ist ganz in der Ordnung und dem gewöhnlichen Laufe der Dinge gemäss. Wie die Erde im Großen, so ist Dresden im Kleinen, und in Dresden wiederum Ihr Haus einem Taubenschlage zu vergleichen, worauf sich von Zeit zu Zeit Zugvögel, um neue Kräfte zur Erreichung Ihrer Heimath zu gewinnen, niedersetzen, bis sie Anderen Platz machen müssen. Daß man von diesem Wechsel der Gestalten des Gehns und Kommens am Ende, wie von einem Schwindel, mit ergriffen wird, ist natürlich und erklärlich; besonders da es nur eine

---

[1] This letter is written in Roman script.
[2] *Sic!*

beschränkte Aufführung von dem größerem Drama des Lebens ist, und es zu verwundern wäre, wenn, wo das Spiel einem so nahe vor die Augen gerükt wird, der nämliche Wandel nicht alle Herzen und Köpfe anwandelte. Viel sonderbarer ist es, daß es einem bey dem Allen doch bisweilen einfällt, es könne, oder müsse gar, anders seyn.

In den Stunden, worin ich mir eine nahmhafte Freude machen wollte, habe ich hier einige Ihrer Werke gelesen, die ich noch nicht kannte; den herrlichen Kaiser Octavianus, den Will. Lovell und den Abdallah. In den beyden letzteren bewunderte ich die Darstellung von dem Princip des freyen Denkens in seinen damahligen Gestaltungen und notwendigen Folgen, wie es von einem Befangen seyn in subjectiven Geisteszuständen ausgegangen, sich aber an dasjenige anschloß, worüber es meynte unendlich erhaben zu seyn, an einen flachen Empirismus, Gewohnheit und Egoismus. Es ist ein sich Bewegen in der nichtigen Welt der Erscheinung, nachdem man einmahl das Wesentliche in sich selber zerstört hat, und es nun auch außer sich nicht wiederfinden kann. Dann entsteht ein Schwanken und eine Willkür, worin der Mensch geradezu untergehn müsste, wenn nicht ein Gespenst des Wahren, womit er nie fertig wird, ihn unablässig verfolgte und hielte. Bey weniger Reife und innerer Vollendung, wenn Sie mir diese Bemerkung erlauben, schien mir die Kraft der Darstellung im Abdallah, wo sie sich in Einer großen Begebenheit erschöpft fast von noch mehr unmittelbarer und zusammengehaltener Wirkung, als im Lovell, wiewohl dieser durch den Gegensatz einer gleichen, aber begrenzteren, Schwäche und einer alltäglichen Mittelmäßigkeit, die nur noch nicht gelernt hat, sich in ihre eignen dürftigen Stützen zu verspotten, sich zu einem trefflichen furchtbaren Ganzen bildet. Inzwischen kann ich nicht sagen, daß mich diese Bücher eigentlich erschüttert hätten, vielleicht darum weniger, weil viele von den geschilderten Geisteszuständen bey mir zu den erlebten gehören, sodaß der Abgrund hinter mir liegt: wie ich denn auch glaube, daß Sie diese Stimmungen eben durch die Darstellung abgeschüttelt haben. Merkwürdig ist es, wie schon damahls in der Zeit alle Keime lagen der Zunachstfolgenden[1] Periode, worin die ganze Kraft des menschlichen Geistes mehr auf innere, von subjectiven Zustanden[1] unabhangige[1], um diese vernichtende Selbstthätigkeit gerichtet, sich ein Bewustseyn der zügellosten Freyheit als ein Riese erhob, um die Philosophie und alle Wissenschaften, Autorität von Geschichte, Staat und Kirche zu stürmen, und sich selbst als das objective Alles in Allem zu finden.

Meine Stimmung ist im Ganzen jetzt so ruhig und fest, wie jemahls. Sie ist Ihr und Solger's Werk. Ich lebe meiner Arbeit und

[1] *Sic!* No Umlaut.

Wißenschaft, und habe begonnen an philosophische[1] Gespräche[1] zu schreiben, worin ich mich selbst zum zweiten Mahle erlebe, und mich vorbereiten wollte zu einer ruhigen männlichen Ueberzeugung. Ausserdem dachte ich nach der Ruckkehr[2] in meinem Vaterlande durch diese Schrift die Gemüther zu dem weiten Folgenden zu stimmen, und hauptsächlich die Kluft auszufüllen, welche Holland von Deutschland in Hinsicht philosophischer Bestrebungen, namentlich in historischer Beziehung trennt. Den Plan trug ich schon in Dresden und länger[3] mit mir herum, und werde sehn, wie er sich in der Ausführung zu meiner eigenen Befriedigung löset. Das erste Gespräch habe ich vollendet. Es hebt von einer Betrachtung über die Kunst,[3] besonders die Musik, an, und sich weiter ausbreitend uber[2] die Möglichkeit einer Erkenntniss des Wesentlichen, wird es durchgeführt durch eine Entwickelung des transcendentalen Idealismus, um, wenn auch nur dialectisch, eine Construction dieses Bewustseyns in ungetrübter Kraft und Selbständigkeit zu gewinnen. Das zweite wird sich gleichfalls an die Kunst knüpfen, etwa durch ein Drama des Sophocles oder Shakespeare, um zu den Gegensätzen des Nothwendigen und Freyen überzugehen, und so die Handlung zu begreifen. Das dritte[3] hat die Religion zum Gegenstand. Nichts positiv, sondern prüfend, mit einer Ahndung des Wahren im Hintergrund. Was daraus werden will, muß ich von der Zukunft lernen.

Die Sehnsucht nach Dresden trübt mir manche Stunde. Ich lebe viel und im innigsten Verkehr mit Ihnen und den Ihrigen, bis der Traum sich an die unerbittliche Stärke der Wirklichkeit bricht. Die Solger sehe ich oft, und es sind meine heitersten Stunden, worin ich mich mit dieser trefflichen Frau über Ihr Haus ausspreche. Sonst halte ich mich zurückgezogen und einsam. Ihren Herrn Bruder habe ich besucht nach seiner Zuruckkunft[2] von Cassel und Braunschweig;[3] aber sein gutiges[2] Anerbieten mich bey den[1] Staats R. Stegemann einzuführen, wie viele Andere, noch nicht benutzt. Ihren Solger habe ich auch in philosophischer Beziehung erst hier recht kennen und schätzen gelernt, aus seinen mir mitgetheilten nachgelaßenen Schriften; sodaß ich Seinem Schatten manches Unrecht, was ich ihm in Dresden that, abzubitten habe.

Ueber mich selbst habe ich, wie ich bemerke, mehr geschrieben, als ich sollte, und sonst meine Gewohnheit ist. Halten Sie dieses dem Jüngling zu Gute, de[n] es desto unaufhaltsamer drängt, bisweilen sein ganzes Gemüth zu öffnen, jemehr er in seinen gewöhnlichen Umgebungen sein Streben in sich selbst verschließen muss. Aergeren[3] Sie sich an mein[1] Deutsch so wenig möglich[1] und empfehlen Sie mich den Ihrigen auf das herzlichste. Ueberhaupt denken

---

[1] *Sic!*
[2] *Sic!* No Umlaut.
[3] A word is crossed out.

Sie, daß ich des Abends, es mag nun gelesen werden oder gesprochen, gewöhnlich in Ihrer Mitte bin, und daß 'mein Leben sich
überall weniger an das Jetzt, als an dem[1] Andenken der Fernen
knüpft.
Mit innigster Liebe und Verehrung

Berlin, 7 Decemb. 1821.   der Ihrige
                                                        J. R. Thorbecke

(The letters from Thorbecke to Ludwig Tieck are concluded in
Chapter III.)

4. Dorothea Tieck to a friend (Wilhelmine Schröder?)

Tieck's older daughter Dorothea (1799-1841) was a girl of rich
talent but of a serious, melancholy disposition. She had embraced
the Catholic faith early in life (1805) with her mother, and lived
almost the life of a saint. During the Dresden period she became her
father's valued but silent collaborator in his numerous translation
projects. Fearing that their prestige would suffer if it became known
that, although lacking in any systematic or critical training,
Dorothea had a hand in them, he never let her collaboration become
publicly known (Köpke, II, 58 f., 99 f.; Zeydel, 125, 144, 224 f.,
265 f., 268, 282, 322-323; Letters of Ludwig Tieck, 29, 316; Tieck and
Solger, 110).
    The letter is written to a "Freundinn" who had visited Dresden
in the summer of 1821. Could it have been the actress Wilhelmine
Schröder, daughter of Sophie Schröder and sister of Betty, to whom
Dorothea sends her regards? The Schröders played guest roles in
Dresden in the summer of 1821. They came from Berlin (Proelss,
Geschichte des Hoftheaters in Dresden, Dresden, 1877, 405).
    For Henriette von Finckenstein see I, 7 above. Major von Tauen-
zien and his family, living in Balko near Ziebingen, were friends of
the Tiecks from the Ziebingen days.
    The passage Dorothea refers to occurs in Blaubart, Act 1, Scene
3, in a speech by the fool Claus and runs as follows: "Und was ist
denn das Leben selbst? Eine beständige Furcht vor dem Tode,
wenn man an ihn denkt, und ein leerer, nüchterner, genußloser
Rausch, wenn man ihn vergißt, denn man verschwendet dann einen
Tag nach dem andern, und vergißt darüber, daß die Gegenwart so

---

[1] Sic!

klein ist, und daß jeder Augenblick vom nächstfolgenden verschlungen wird." (*TS*, V, 33 f.)

Ernst Friedrich Georg Otto von der·Malsburg (1786-1824) came to Dresden in 1817 as chargé of the Hessian Elector. He published a translation of Calderon in six volumes (1819-1825) and adapted three plays of Lope. From 1819 until his premature death he was a close friend of Tieck, who inherited his Spanish library. Ten of his letters to Tieck are published by Holtei (II, 289 ff.). Friedrich Ernst Adolf von Kalckreuth (1790-1847) was a friend and admirer of Tieck in Dresden and one of the lesser Romantic poets. Count Heinrich Loeben (1786-1825) was another minor Romanticist who under the pseudonym of Isidorus Orientalis wrote extravagant novels such as *Guido* and succeeded in winning Tieck's friendship in Dresden while retaining that of his enemies, such as Winkler and Kind. For Wilhelm von Schütz, see I, 6.

Tieck's essays on Kleist's *Prinz Friedrich von Homburg*, "Über die bevorstehende Aufführung des Prinzen von Homburg," and his "Brief an einen Freund in Berlin, über die Aufführung des Prinzen von Homburg auf dem hiesigen königlichen Theater" were published in the Dresden *Abendzeitung* on December 1, 19, 1821, respectively. The latter discusses the performance of December 6. According to this letter, Dorothea saw this play three times in Dresden. The articles were reprinted in Tieck's *Kritische Schriften*, Leipzig, 1852, III, 5 ff.

For an account of Tieck's celebrated and brilliant dramatic readings which reached their height during his Dresden period, cf. Zeydel, 231 f.

In September, 1820, after the resignation of Count Vitzthum, Hans Heinrich von Könneritz was made director of the Dresden theater, retaining this post until 1824. He never took the position seriously, however, regarding it only as a stepping stone in his career. When he was sent to Madrid, von Lüttichau became his successor. Though Tieck did not become officially connected with the Dresden theater until 1825 under von Lüttichau, he enjoyed the esteem of his predecessor, producing Kleist's *Prinz von Homburg* and *Kätchen* during the former's incumbency (Proelss, *ibid.*, 397 ff., 409; *Letters of Ludwig Tieck*, 224 f., 273 f., 283). "Die Lüttichau" is the wife of von Lüttichau. In 1825 Tieck became his assistant in the capacity of dramaturge with the title of "Hofrat." (Zeydel, 258 f.).

Wilhelm H. Hensel (1794-1861) was an artist who made drawings for Tieck's works. He was a schoolmate of Tieck and a son of Johanna (née Alberti), a sister of Tieck's wife. "Reimers" were Georg Andreas (1776-1842) and his son Georg Ernst (1804-1885), two important German publishers with whom Tieck was on intimate terms. They published among other works of his, *Ludwig Tiecks*

Schriften which appeared in 28 volumes between 1828 and 1854. For "Betty" *cf.* above. For Thorbecke see II, 3. The uncle referred to is Ludwig's brother Friedrich.

Friedrich von Raumer (1781-1873), the important German historian of the Romantic period, met Tieck at Ziebingen in 1810, and they remained fast friends to the end of Tieck's life. Tieck assisted Raumer with his *magnum opus, Die Geschichte der Hohenstaufen und ihrer Zeit* (6 vols., 1823-1825). Raumer collaborated with Tieck in 1826 on *Solger's nachgelassene Schriften und Briefwechsel* and admired his imaginative works greatly, especially his *Hexensabbath* (1832), as an exemplary treatment of unhappy love, surpassing Shakespeare and Goethe. Cf. also E. H. Zeydel, "Ludwig Tieck and Friedrich von Raumer" in *PMLA*, XLIII, 3, Sept., 1928, 863-893.

Original: DSB.

Dresden den 16 tn *Dec.* 1821

Sie haben mir durch Ihren Brief eine recht große Freude gemacht, meine theure Freundinn; und es beschämt mich recht, daß ich meinem Danke gleich eine Entschuldigung beifügen muß, daß ich ihn nicht sogleich beantwortet habe, wie es meine Absicht war. Allerlei Arbeiten die noch vor dem Feste fertig sein müssen haben mich abgehalten, und die Zeit ist mir so schnell vergangen, daß ich nun erschrecke, indem ich nachrechne wie lange ich Ihre freundlichen Worte ohne Erwiederung gelassen habe. Ehe ich diese erhielt war ich immer noch unschlüssig ob ich Ihnen wieder schreiben sollte, oder nicht; denn da Sie so oft Briefe von Henriette bekommen, schienen mir die meinigen fast überflüssig, denn Sie theilt Ihnen gewiß alles mit, woran Sie Theil nehmen, nun freut es mich recht sehr, daß Sie meiner Unschlüssigkeit ein Ende gemacht haben.

Mir geht es, in Hinsicht auf den verflossenen Sommer eben so wie Ihnen; ich bin mit Ihrem Aufenthalt unzufrieden und hatte bei Ihrer Abreise ein doppelt schmerzliches Gefühl, da ich mir sagen mußte, wie wenig ich Sie, im Verhältniß zu der langen Zeit, welche Sie bei uns zugebracht haben, gesehen habe. Ich klage nur mich allein deshalb an. Es liegt eine gewisse Trägheit in mir, die ich nie ganz überwinden kann, und welche mich immer unvermerkt dahin bringt, mich ganz in mich selbst zurück zu ziehen, und oft, zu meinem eigenen Schaden, das Liebste und Theurerste von dem äußeren Kreise meines Lebens abzuschneiden; aber glauben Sie deswegen nicht, daß ich es auch aus meinem Herzen und meiner

53

Erinnerung entferne. Die Tauentziens hatten mich auch sehr in Beschlag genommen, durch sie wurde ich so ganz in die früheren Jahre meines Lebens versetzt, daß ich zuweilen gar nicht glauben konnte, ich sey in Dresden. Im künftigen Jahre wenn sie wieder kommen, hoffe ich alles einzubringen, und wie bald wird das seyn, denn die Zeit vergeht mir unglaublich schnell und ich sehe fast mit Schrecken dem Ende des Jahres entgegen. Der Strom reißt uns so mit sich fort, daß wir fast nie recht zur Besinnung kommen; ich kann Ihnen nicht beschreiben wie sonderbar mir das ganze Leben vor kommt, wie traumähnlich es an mir vorüber zieht, ich mögte[1] sagen, ohne mich zu berühren. Mir fällt recht oft die Stelle aus dem Blaubart ein, es ist eine ewige Furcht vor dem Tode, wenn wir an ihn denken; und ein leerer, genußloser Rausch, wenn wir ihn vergessen, nur denke ich dann immer anstatt Furcht, Sehnsucht nach dem Tode, ich kann ihn auch nicht vergessen und bin sehr unglücklich wenn ich es thue und mich in die leere Gegenwart versenke...[2] Doch nun muß ich Ihnen auch noch etwas von unserem Leben erzählen. Malsburg, und Kalkreuth sind nun wieder hier, noch vor Neujahr kommt auch Loeben. Kalkreuth hat sich hier in der Brüdergasse sein neues Logis sehr schön eingerichtet. Er zieht sich fast ganz aus der großen Welt zurück und ist außerordentlich wohl und [hei]ter, es vergeht selten ein Tag, ohne daß wir ihn sehen. Malsburg sehen wir, wegen seiner ausgebreiteten Bekanntschaften nicht so viel. Wöchentlich einmal kommen wir abwechselnd bei uns, Kalkreuth, Malsburg, Schütz und Loeben zusammen, hie[r] muß jeder von den Herren etwas eigen gearbeitetes lesen und es wird niemand zugelassen als die Mitglieder, Schütz, den wir außerdem gar nicht sehen, schreibt verwirrte Trauer Spiele, Malsburg übersetzt ein sehr schönes Lustspiel von Calderon, Vater hat einige Aufsätze über den Homburg gemacht, diese Abende sind immer sehr hübsch. Einmal die Woch[e] kommen wir auch zusammen, um den Shakspear zu lesen, entweder bei uns oder bei Kalkreuth, wir nehmen nun die weniger bekannten Stücke, und haben zuletzt das Wintermährchen gelesen. Ich kannte es schon, es hat mir aber von neuem ganz außerordentlich gefallen. Zu diesen Vorlesungen, werden auch minder Eingeweihte eingelassen, Könneritzens sind öfter dabei. Ich habe mich sehr gefreu[t,] unsre beiden Freunde wieder zu sehen, es sind liebenswürdige, treue Menschen die unserm Leben einen großen Reiz geben. Die Lüttichau sehe ich auch oft, denn da ihr Mann gesund ist kommt sie auch zu u[ns.]

Jetzt ist Hänsel auch viel bei uns, der mir theils über, theils unter meiner Erwartung gefallen hat. Ich finde ihn weit einfacher und an-

---

[1] *Sic!* A word is crossed out.
[2] 18 lines crossed out.

spruchsloser, als ich ihn mir nach der Beschreibung dachte, er hat selbst etwas Kindliches was ihn recht liebenswürdig macht; dann ist er aber auch weniger genialisch als ich es erwartete, ich finde nichts Ungewöhnliches an ihm. Man wird sehr schnell mit ihm bekannt, und er ist ein erfreulicher Zuwachs unsres kleinen Kreises.

Wenn Sie Reimers sehen werden Sie recht viel von der Aufführung des Homburg hören, die während ihres Aufenthalts war, ich will deswegen nichts weiter sagen als daß ich ihn drei mal hintereinander gesehen habe, und jedes mal mehr davon ergriffen worden bin. Wer[1] unsre hiesige Bühne kennt wird eine so treffliche Darstellung für unmöglich halten und ich selbst würde es nie jemand anders als meinen eignen Augen und Ohren glauben.

Mein Vater ist wohl und munter, Henriette hat lange am Schnupfen laborirt. Alle empfehlen sich und grüßen herzlich. Küssen Sie die lieben Kinder von mir, grüßen Sie Betty und empfehlen mich Ihrer lieben Mutter; auch Thorbecke, Raumer dem Onkel, oder wen Sie sonst von unsren Freunden sehen. Gott schenke Ihnen und den Ihrigen ein gesundes, und so weit es in dieser Welt möglich ist, fröhliches Weihnachtfest. Zum neuen Jahr werde ich mit den herzlichsten Wünschen bei Ihnen seyn, meine geliebte Freundinn, denken Sie auch meiner und erfreuen Sie bald durch einige Zeilen

Ihre
Dorothea. T

5. *Amadeus Wendt to Ludwig Tieck (I)*

This letter was probably written in 1822, since Wendt states that he was preparing his *Taschenbuch zum geselligen Vergnügen für 1823*, and this appeared late in 1822. Tieck's "novelle" *Die Reisenden* came out in this issue (Goedeke, VI, 40). Amadeus Wendt (1783-1836) was a brother-in-law of Adolf Wagner (cf. below, II, 12 ff.). Besides writing or editing philosophical, theological, and esthetic works, he also brought out annual issues of the above-mentioned *Taschenbuch* in Leipzig from 1820 to 1825. Among his works are: *Grundzüge der philosophischen Rechtslehre*, Leipzig, 1811, a revision of "*Grundriss der Geschichte der Philosophie* von Wilhelm Gottlieb Tennemann" third edition, Leipzig, 1820, as well as *Ueber die Hauptperioden der schönen Kunst, oder die Kunst im Laufe der Weltgeschichte dargestellt*, Leipzig, 1831. From 1805 to 1829 he lived in his native Leipzig, teaching philosophy at the university, becoming

---

[1] A word is crossed out.

full professor in 1816. He was a recognized leader among the critics there. In 1829 he replaced Bouterwek as professor in Göttingen. Holtei (IV, 280 ff.) lists seven letters from Wendt to Tieck, five between 1821 and 1823, the other two undated.

Wendt had apparently brought the manuscript of this "novelle" with him from Dresden, where he had visited Tieck and his circle. The "Plauische Grund" is a region in the lower part of the valley of the Weisseritz, the left tributary of the Elbe, southwest of Dresden. Oschatz is a town in the neighborhood and east of Leipzig. We could not identify the dramatic papers by Sophie Bernhardi referred to here. They may be the still unpublished manuscript which is in the Tieck-Nachlass in Berlin, entitled *Donna Laura*, ein Lustspiel in drei Aufzügen von Sophie von Knorring. The date of the origin of the play may be as late as the early twenties (Breuer, 81f.). Christian Heyne (1751-1821) wrote epic and dramatic works of a popular character. Graf Otto Haugwitz (1767-1842) was a poet and epigrammatist in the style of Haug. Tieck's "neveu" is probably Wilhelm Bernhardi. In a letter to his brother which Friedrich notes as having received "den 24 Octob[er] 1822," – another confirmation of the approximate date of this letter – Ludwig speaks of Wilhelm being in Leipzig, presents, like Wendt, an unflattering opinion of him, and expresses a dim view of his literary efforts and character (*Letters of Ludwig Tieck*, 189). In a letter from Wendt to Tieck, dated, "Leipzig, 29ten Juni 1822," Wendt writes: "Von Hrn Bernhardi habe ich seitdem nichts weiter gesehen und gehört. Ich will ihn auszuforschen suchen" (Holtei, IV, 286). This letter, to judge by the contents of the quoted note, appears to have been written shortly after the present one, and further helps to date it. It may be added that Tieck's gloomy predictions about his nephew do not seem to have been fulfilled, for later Wilhelm supported himself with his literary work and made a fair success of it (*Letters of Ludwig Tieck*, 188). For Könneritz, see II, 4.

Original: SLB.

Verehrter Freund.

Die ersten Zeilen, die ich wieder in Leipzig schreibe, müssen an S i e gerichtet seyn, denn Ihrer hab' ich, seitdem ich nun wieder endlich zu Hause bin, zu gedenken nicht aufgehört. Es war mir wie ein Traum, daß ich früh Morgens noch neben dem glänzenden Elbspiegel nach Mittag mich schon in den langweiligen Feldern von Weizen befand, und als ich nun gar gegen 4 Uhr mit geflügelter Eile möcht' ich sagen, nach Leipzig hereinsauste, ohne eben müder zu seyn als man es etwa nach einer anderthalbtägigen Fahrt mit dem Lohnkutscher zu seyn pflegt, da schien es mir fast unmöglich daß ich gestern noch in Ihrer Nähe gewesen. Aber Einerlei hielt mich immer bei dem Gedanken an Dresden fest – die schöne Geistesanregung welche ich, obwohl am Körper ermüdet, jeden Abend noch in Ihrem schönen Kreise empfangen, und die in mir noch wohlthuend[1] nachklingt, und dabei eine gewisse Unzufriedenheit darüber, daß es nun immer der Abend gewesen, der mich in Ihre Nähe führte; und nicht ein schöner Tag, wie der im Plauischen Grunde war, den ich bei meinem vorigen Aufenthalte in Dresden, mir unvergeßlich, mit Ihnen genoß. Ich habe mir dabei wohl vorzuwerfen, daß mein Wiedererscheinen in Dresden selbst für Sie eine Beunruhigung erweckt haben mag; die Sie, vielleicht unbewußt und unwillkührlich mir wünschen konnten, da mit meinem Weggange zugleich die Last der drängenden Arbeit von Ihrer Brust gehoben war; aber es war mir leider unmöglich, diesmal länger, als ich mir vorgenommen, in Dresden zu verweilen, und je mehr nun ich selbst von allen Seiten bedrängt, schon am Anfang der neuen Arbeit seufze, desto mehr fühl' ich das Drückende des Dranges, den Sie bei meiner Anwesenheit empfinden mochten, mit Ihnen nach. – Desto mehr aber auch mache ich auf Ihre freundschaftliche Verzeihung – ja auf Ihr Mitleid nun Anspruch.

Es gibt einen Weg, auf welchem ich Ersatz für das zu gewinnen hoffe, was mir bei meinem letzten Aufenthalt durch jenes unglückliche Verhältniß entgangen, – und dies ist – der Weg von Dresden nach Leipzig, den Sie versteht sich einschlagen müßten, wenn auch nicht mit der Eilpost, doch möglichst eilend. Die Eilpost nämlich fordert eine nicht lange, etwas fügsame Person männlichen Geschlechts, welche außer einem etwas eilenden Mittagsessen in der Vorstadtschenke von Oschatz kein Bedürfniß in der Zeit von 20 Stunden empfindet, das ausserhalb des Wagens auf den Stationen dieses Weges mit einem Aufwand über höchstens 5 Minuten Zeit befriedigt werden müßte –. Die Lust der Eile, welche sich unwillkührlich über alle Passagiere verbreitet ist groß und fast ansteckend; – ich selbst war beim Absteigen[2] noch so frisch, daß ich noch am selbigen Abend einen Spatziergang machte. Prüfen Sie nun sich selbst; ob Sie jene Gabe besitzen, oder erscheinen Sie auf dem Postwagen der Bequemlichkeit – gleichviel für mich, und alle diejenigen, die schon längst Sie gern einmal in Leipzig zu sehen wünschen; aber im Sommer müßt' es doch geschehen, weil man sich dann doch am frischen Grün ergötzen kann, daß[3] auf den

[1] Some illegible word written here.
[2] Some words written and then crossed out.
[3] *Sic!*

Wiesen, und in den schönen Eichenhölzern schimmert. Ich erwarte Ihren Entschluß mit Sehnsucht! –

In Richters Gewölbe trat ich noch am Tage meiner Rükkehr[1] nach Leipzig mit einer Art von Triumphe ein, der Reisende mit den Reisenden – Ich hielt das Schönste, was ich mitgebracht in den Händen, und bat zugleich dem Empfänger freundlich dringend um die Erfüllung Ihrer billigen Wünsche. Sie werden ohne Zweifel sogleich 1) Geld empfangen, 2) ein Exemplar des Taschenbuchs: XXII, und die Bogen, so wie sie abgezogen sind, was aber noch eine Weile Anstand haben wird, da ich in Vorsorge einige längere Beyträge zum Taschenbuche XXIII vorausgestellt, und bei meiner Abreise nach Dresden in die Druckerei gesendet hatte.

Das Packet, welches die dramatischen Papiere Ihrer Schwester enthielt, werden Sie aus meinem Gasthofe übel eingepackt (denn es fehlte mir an Papier) erhalten haben. Ich versichere Ihnen nochmals, daß ich es an Bemühungen nicht habe fehlen lassen nicht nur dieses Mscpt, sondern auch die Gedichte von Heyne und vom Grafen Haugwitz unterzubringen.

Von Ihrem Neveu hörte ich durch Zufall sogleich nach meiner Ankunft, daß er noch gegenwärtig "Studirens halber," wie sich die gemeinen Leute ausdrücken in Leipzig sey, und nebenbei an mehrere[2] die Schauspielerinnen unsrer Bühne verliebte Briefe schreibe. Da ich vielleicht der einzige bin, von dem Sie dieses aus Leipzig erfahren, so ersuche ich Sie von dieser Notiz keinen weitern Gebrauch machen; ich selbst aber werde, sobald ich den Herrn Bernhardi zu Gesicht bekomme, ihn an Sie erinnern, und meines Auftrags mich entledigen. Der Frau Professorin Solger, der ich gern empfohlen seyn möchte, sagen Sie gütigst, daß Ihr Brief abgegeben sey. Sollte der geh. Rath von Könneritz bald zurückkommen, so werden Sie die neuste Sache ihm vortragen, und mir bald möglichst davon Nachricht geben. Und nun, theurer Freund, leben Sie recht gesund und fröhlich mit den Ihrigen, welchen mit tausend achtungsvollen und freundlichen Grüßen sich empfiehlt

L[ei]pzig   *A Wendt*
d 1 *Juni*

6. *Amadeus Wendt to Ludwig Tieck* (*II*)

Because of the date of this letter, one may assume that the "novelle" of which Wendt writes in this letter was *Die Reisenden*, which

---

[1] *Sic!*
[2] "mehrere" written over "die."

appeared in the *Taschenbuch zum geselligen Vergnügen für 1823* (i.e., 1822). "Richter" refers to Karl Friedrich Enoch Richter. After 1805 he owned the publishing house of J. F. Gleditsch in Leipzig and published Wendt's above-mentioned *Taschenbuch* from 1820 to 1825 (*Letters of Ludwig Tieck*, 265; *cf.* also, Holtei, IV, 282, letter from Wendt to Tieck, Leipzig, '30ten Okt. 1821,' where Richter is mentioned). No "novelle" by Tieck appeared in the *Taschenbuch* for the year 1824.

Frau von Krug was Kleist's bride, Wilhelmine von Zenge. In 1803 she married the philosopher Wilhelm Traugott Krug (1770-1842) who taught after 1809 at Leipzig. According to a first draft of a letter from Wilhelmine to the Geheimer Baurat Heinrich Toebe in Breslau, she was willing to co-operate with Tieck in his edition of Kleist, offering to put some letters by Kleist, according to Toebe's judgment, at Tieck's disposal. In a letter from Solger to Tieck, dated, 'Berlin, den 6ten Juli 1816,' we learn, however, that Solger had tried to contact her in behalf of Tieck but had received an unsatisfactory answer. Apparently she had destroyed many of Kleist's letters after her marriage because of their passionate nature. The poem which Wendt enquires about in this letter was probably the fable, "*Die beiden Tauben,*" published in the February, 1808 issue of *Phöbus*, and apparently inspired by Wilhelmine. In his letter of 'Leipzig, 29. Dec. 1822,' Wendt asks Tieck to mail him now the poem by Kleist for Frau Krug by letter-mail (Erich Schmidt, *H. v. Kleists Werke*, Leipzig und Wien, (Bibliographisches Institut), IV, 16 f., V, 445, 468; *Tieck and Solger*, 253, 256; Holtei, IV, 289).

For Frau Solger see II, 3. The theater director and dramatist Franz Ignaz von Holbein (1779-1855) first produced his adaptation of Kleist's *Die Familie Schroffenstein*, originally entitled, *Die Waffenbrüder*, on July 21, 1822, in Prague. This was followed by productions in Pesth, Brünn, Leipzig, Graz, and finally in Vienna on June 2, 1823. According to Joseph Kürschner in *ADB*, this, as well as his other adaptations and original plays, merely cater to popular amusement, his adaptations being gross corruptions of the originals (*ADB*, 12, 725 f., Goedeke, XI, Pt. 2, 205). During this period Karl Leberecht Immermann (1796-1840) wrote the tragedies, *Das Tal von Ronceval, Edwin, Petrarca,* 1822, the drama, *Die Verschollene,* 1822, *Ein ganz frisch schön Trauer-Spiel von Pater Brey, dem falschen Propheten in der zweiten Potenz,* 1823, and the tragedy, *König Periander und sein Haus,* 1823. (Goedeke, VIII, 611, 612). In Wendt's later letter to Tieck, dated, "Leipzig, 29 Dec. 1822," he refers to the fact that Immermann's dramatic works are very much praised but that he has not read them yet (Holtei, IV, 289). Concerning the prolific writer and translator Theodor Hell, pseudonym for Theodor Winkler (1775-1856), *cf. Letters of Ludwig Tieck*, 220 f.

The title of the "Festspiel" which Hell had written for the marriage of Prince Johann of Saxony and the Princess Amalia of Bavaria is: *Kampf und Versöhnung oder Ueber alles Liebe! Dramatische Dichtung, als Huldigung bey der Feier der Vermählung... des Prinzen Johann von Sachsen und der Prinzessin Amalia von Bayern dargebracht.* Dresden, 1822. It was produced in Leipzig on November 29, 1822, and reprinted under the title, *Lyratöne, Dritte Tonreihe,* Braunschweig, 1830. The 'stranger' who wrote the 'Festspiel' which was produced in Dresden was the dramatist and brother of Rahel Varnhagen, Ludwig Robert (1778-1832). It was entitled *Festspiel zur Nachfeier der Vermählung des Prinzen Johann von Sachsen mit der Prinzessin Amalia von Baiern.* Dresden (1822), music by the Royal Kapellmeister C. M. v. Weber (Goedeke, VIII, 518; IX, 289, 290). Although he travelled widely and lived in other cities, Robert was born in Berlin and spent a considerable part of his life there. Wendt's letters are written in a stenographic style, very difficult to decipher.

Original: SLB.

Mein theurer, sehrzuverehrender Freund

Ich habe Ihnen so viel zu sagen, daß es sich s c h r i f t l i c h [1] gar nicht sagen läßt. Wenn ich das Blatt vor mir sehe, ist es mir, als bliebe alles in der Kehle stecken.

Daher nur bis auf Wiedersehn – denn ich denke im Ernst während der Neujahrsmesse einige Tage nach Dresden zu kommen – folgendes: Mit H Richter habe ich sogleich gesprochen; und ihm [2] gebeten, den Ueberschuß, den Sie noch zu senden haben, samt noch ein paar Exemplare des Taschenbuchs zu zusenden. [2]

Das Mscpt der Novelle will ich Ihnen mit nach Dresden bringen. Gegenwärtig kann ich es unter meinen Papieren nicht herausfinden, ob ich gleich schon mehrere Stunden gesucht habe.

Ich erinnere mich, Sie schon gefragt zu haben, ob Sie sich zu einem Beitrage für das Taschenbuch 1824 verbindlich machen wollen. Denn freilich muß ich schon jetzt wenigstens über die H a u p t beiträge bestimmen. Ich will Sie auch nicht in der A r t des Beitrags geniren, wenn Sie mir darüber Ihre Mittheilung gönnen wollen – denn ich weiß ja sehr gut, daß in solchen Fällen die größte Freiheit walten muß, nur was den R a u m anlangt, das ist etwas, worin ich selbst genirt bin, und was mir vorkommt im Klei-

---

[1] The "rift" portion of this word is underlined.
[2] *Sic!*

nen, wie die Beklemmungen der kleinen Städte, die neben größern liegen. Ueber diesen Punkt nun, müssen Sie, theurer Freund, es hilft einmal nichts, die Feder noch einmal ergreifen, bevor ich nach Dresden komme, weil ich wie gesagt, vor Ende dieses Jahres in den Hauptsachen arrangirt seyn muß wegen des Taschenbuchs Dann habe ich noch einen Gegenstand, über welchen Sie mir zugleich Antwort geben können. Nehmlich Fr. Prof. Krug hat mich gebeten Ihnen zu schreiben, daß[1] unter den zurückempfangenen Papieren ein Gedicht fehle, das sie dr Frau Prof. Solger mitgetheilt habe; sie bitte Sie, ihr dieß womöglich gütigst zurückzuverschaffen.–

Neulich wurde hier die Familie Schroffenstein auf dem Theater versucht. Mir war die Lectüre des klassischen Trauerspiels nicht mehr im Detail erinnerlich; aber dieß war einzusehen, daß bei allen Gräueln dieser Jugendarbeit, der Schluß im Original, wenn auch vielleicht nicht auf der Bühne wohl ausführbar, doch wenigstens weit mehr im Sinne des Ganzen war, als die Flickerei des Comödianten Holbein. Einzelne Situationen haben mich doch sehr interessirt. Schreiben Sie mir doch, wenn es Ihnen genehm ist, was Sie mit dem Stücke thun würden. Die Trauerspiele, welche jetzt von einem gewissen Immermann[2] erschienen sind, sollen ein ausgezeichnetes Talent beweisen. Die Bühne braucht ein solches, denn das Neueste ist doch kaum anzusehen. Ach, warum pausiren die, welche es ändern könnten! Dieß betrauert am meisten der Ihnen ganz ergebene

A Wendt.

Leipzig
d 25 Nov
XXII
  Uebermorgen
NS. Morgen   wird hier ein Festspiel zu Ehren der Prinzl. Vermählung von Theod. Hell aufgefürt. Man sagt hier dieser vaterländische Dichter sey sehr beleidigt, daß man ihm in Dresden nicht dazu den Auftrag gegeben, sondern einem Fremden! *Was kann dies für Folgen in der Litteratur haben!*

  7. Amadeus Wendt to Ludwig Tieck (III)

We could not identify the 'Arkadien' nor the student mentioned in this letter who was supposed to edit it. Heinrich Blümner (1765-

---

[1] A word is crossed out.
[2] The "merma" portion of this word is underlined.

1839) became a Leipzig municipal judge in 1804, and in 1817 inspector of the Stadttheater, which owed its erection to his efforts. Among his works were: "*Familientheater nach neuen französischen Lieblingsstücken* aufgeführt auf dem Hoftheater in Weimar," Leipzig 1808-1809, 2 vols.; "*Geschichte des Theaters in Leipzig,* Von dessen ersten Spuren bis auf die neueste Zeit," Leipzig, 1818 (Goedeke, VI, 437-438). For Müllner, *cf.* II, 13. Karl Christian Friedrich Krause (1781-1832) was a writer on philosophical subjects and the most significant independent follower of Schelling. There is also a letter, dated 'Göttingen, am 24ten September 1823' from him to Tieck from the first days of his arrival in Göttingen (Holtei, II, 216 f.). He seems to have been a person without a stable position. Arriving in Göttingen in August 1823, he became a "docent" there in the same year but could not become a professor due to the intrigues of the freemasons, and left for Munich in 1831 because of the false accusation that he was involved in some student disturbances. (*ADB*, 17, 75-79; *cf.* also the undated letter from Wendt to Tieck, Holtei, IV, 292). For Uechtritz, *cf.* Letter No. 29 in this chapter. Eduard Heinrich Gehe (1793-1850) was a feeble imitator of Schiller in the historical tragedy, and a member of the 'Dresdener Liederkreis.' For Tieck's controversy with Gehe's close friend Winkler concerning the former's *Anna Boleyn* (1824), *cf. Letters of Ludwig Tieck,* 220, 230 f. (*passim*). *Die Reisenden* appeared in the *Taschenbuch zum geselligen Vergnügen für 1823* (i.e., 1822); *Die Verlobung* in the *Berlinischer Taschenkalender für 1823* (i.e., 1822) (Goedeke, VI, 40). The "Literarisches Conversationsblatt" passed over to Brockhaus in 1820 and was published under this name until 1826. *Cf.* Lüdeke, 6; Union List of Serials Second Edition New York 1943, 478, 1593). We could not, however, find the year when Wendt's article on the *Taschenbuch* was published.

Wendt's discussion of the two novellen, *Die Reisenden* and *Die Verlobung* is searching, and, on the whole, well-taken. Tieck's new "novellen" reveal the influence of Solger's philosophy, especially his theory of irony, which agrees with Tieck's own sense of a turning point or reversal in life and leads to his adoption in his later years of a kind of realistic romanticism. It also expresses, as Zeydel says, Tieck's interest in "that didactic, educational and cultural form with which he had begun his literary career" and reveals the rationalistic side of the romantic poet. "After coming into early dominance it was submerged for a generation. Now, blended with the dialog style of the *Phantasus* conversations, it not only emerged into ascendancy again in a riper, more human form, but gained absolute and final supremacy in his literary purview." Contrary to Wendt's opinion his romantic side is not denied. The miraculous is still given a prominent place in his "novellen," but it is found in realistic happenings. Wendt is correct, however, in giving emphasis in the "novellen" to characterization, since Tieck's types, queer as they may be, are "at least real types and no longer figments of a Romantic dreamer." He is also correct in condemning the lack of inventiveness in the "novellen." (Zeydel, 271, 272, 273, 280, and the whole treatment in this chapter, pp. 269-281; *cf.* also, Lüdeke, 42 f.).

Wendt's contention that Tieck uses irony in the presentation of his "novellen" is correct. Thus, in *Die Verlobung* we are not aware at first of what he has in mind. In the beginning the baroness' narrow, exaggerated piety appears to be praised (*TS*, XVII, 107 f.) until she is unmasked through the healthy, unaffected decency of Graf Brandenstein, and through her relations to Dorothea (*ibid.*, 141 f., 155 f., 165 f.). The servant's defense of lying as being human and of Dorothea because she does not aim too high, presents the same idea on a humorous level (*ibid.*, 119). Irony is also found in the treatment of the plot, for Brandenstein turns out himself to be the rich American in whose name he had claimed to purchase the estate (*ibid.*, 113, 130, 167). So, too, the ostensibly pious baron in *Die Reisenden* is unmasked as a hypocrite and fortune-hunter with an illegitimate son (*ibid.*, 190, 254 f., 256 f., 269 f.). Wendt is justified in criticizing Tieck's slow beginnings and rapid resolutions of his plots. In *Die Reisenden* there is the prospect of three marriages and another possible marriage at the end of the "novelle" (*ibid.*, 272 f., 279 f.); in *Die Verlobung*, Brandenstein, at the end of the "novelle" is to be married to Dorothea, Alfred is engaged to Sophie, Baron Wilden to Fräulein Erhard, while Baron Wallen and the pious baroness get married (*ibid.*, 167 f.). The villainousness of the evil characters, as Wendt says, is exaggerated. In *Die Verlobung* the pious baroness is not merely revealed as a tyrant over her daughter Dorothea but doubt is cast on her virtue (*ibid.*, 155 f., 165 f.); and the hidden sensuality of the "pious" Baron Wallen is shown (158 f.). The development in the course of the "novelle" of Dorothea's character from a suppressed and rejected individual to her real nature which is marked by soundness and kindness (*ibid.*, 108 f., 110 f., 114 f., 148 f., 155 f.) is well described by Wendt. The "Witz" in *Die Verlobung* probably refers to the level-headed discourse by Brandenstein. Tieck uses this character as his mouthpiece and Wendt gives an excellent exposition of Tieck's idea of the need for limitation in the search for knowledge, be it in the realm of art or religion. It calls for the employment of reasonable doubt in all matters and expresses Tieck's opposition to exaggerated religious piety. The statement made by the servant Michel that man is formed from a "clod of earth" ("der Mensch ist doch einmal aus einem Erdenklos formirt") (*ibid.*, 119), the statements made by

Brandenstein concerning human limitation, and the validity of honest doubt (*ibid.*, 132 f., 133) are quoted almost verbatim by Wendt. The author of the "unächte Wanderjahre" referred to *ibid.*, pp. 145 ff., was the evangelical theologian and writer Friedrich Wilhelm Pustkuchen (1793-1834). He published in 1821-22 *Wilhelm Meisters Wanderjahre*, the so-called "falsche Wanderjahre," in which he directed a sharp attack against Goethe's person and writings, from his narrow theological point of view (*Tiecks Werke*, ed. by Eduard Berend, *Kritische Schriften*, Berlin-Leipzig-Wien-Stuttgart (Goldene Klassiker Bibliothek), Sechster Teil, 276; *ADB*, 26, 736 f.).

The essays Wendt discusses appeared originally in the *Dresden Abendzeitung* for the years 1821, 1823, and 1824 (Köpke, II, 306; Goedeke, VI, 39). They were reprinted as *Dramaturgische Blätter. Nebst einem Anhange noch ungedruckter Aufsätze über das deutsche Theater und Berichten über die englische Bühne, geschrieben auf einer Reise im Jahre 1817*. Von Ludwig Tieck. Breslau, 1826, 2 vols. If we can judge by the date of this letter, the essay on "Die Piccolomini. Wallensteins Tod," which forms the chief subject of discussion here, very likely appeared in the year 1823. It was reprinted in volume I of the *Dramaturgische Blätter* (51-83), and republished in Ludwig Tieck's *Kritische Schriften*, Leipzig, 1852, III, 37-62. The contrast between Schiller's and Goethe's delineation of female characters and Tieck's praise of Schillers' delineation of male characters occurs in the *Dramaturgische Blätter*, I, 70 f.; Tieck refers to Goethe's treatment of history in *Götz* and *Egmont* on pp. 67 f., which, if we may conclude from his opinion, is not really authentic due to the intrusion of the love element; the fact that beauty is doomed to destruction is discussed on p. 78; Tieck's criticism of the arbitrary handling of fate in *Wallenstein* with which Wendt agrees, occurs on pp. 68 f., 76 f. The first discussion of the "false" *Wanderjahre* in the *Literaturblatt zum Morgenblatt* occurred in 1822, Nr. 7. Whether this was written by Müllner is, however, not stated. He edited the *Literaturblatt* from 1820 to 1825 (Goedeke, IV, III. Abteilung, 436; VIII, 17 f., 305).

Tieck did not contribute any other "novellen" for Wendt's *Taschenbuch*. "Contessa" was either the poet, dramatist, and novellen-writer Christian Jacob Salice Contessa (1767-1825) or his brother, the comedy, fairy tale, and novellen-writer Wilhelm Salice Contessa (1777-1825). Leopold Schefer (1784-1862) was a novelist, poet, and short story writer. According to Goedeke, VIII, 47, works by all three of these writers appeared in Wendt's *Taschenbuch*, although the years are not indicated. Judging by the date of this letter they may have been published in 1823 or 1824.

Original: SLB.

Verehrter Freund

Schon längst hätte ich Ihnen auf Ihren lieben Brief antworten
sollen; aber ich wollte Ihnen ausführlicher schreiben und darum
verschob ich es immer. Jetzt aber wetze ich meine Feder, und
antworte, wie folget:
(1) Mit dn Arkadien haben Sie richtig geahndet. Das ist die
Chimäre eines eben erst aus den Hörsälen gekommenen Studiosen,
der einige ordinäre Gedichte gemacht hat, und übrigens gegenwärtig Schulden halber auf dm hiesigen *Carzer* sitzt. Aber nur
Ruhe vor dm Zudringlichen zu haben, und weil er mir, naiv
munter, lügenhaft mehrere bedeutende Männer nannte, die ihm
ebenfalls zur Mitwirkung an einem ästh. Journal ihre Namen
gegeben, gab ich ihm einiges Versprechen. So machte er es mit
Blümner auch. Von Müllner kam er sogar an diesen mit Empfehlung. Nun haben wir uns klüglich zurückgezogen. Sie thun
am besten, Sie antworten ihm nicht. Vorgestern schrieb er mir
ein[en] Brief aus dem *Carzer*, in welchem er mir zumuthete, zu
seiner Befreiung eine Subscription zu veranstalten; nicht er allein,
setzte er hinzu, vielleicht auch die Nachwelt wird mirs danken!"!!
(2) Daß Krause wieder als Lehrer thätig ist, freut mich sehr. Es
ist schade um die rostende Kraft. Was mir an seiner Ansicht
anstößig ist, das[1] ist eine auffallende Vernachlässigung des
Individuellen, in der Bestrebung alles zu Uniformiren. Dahin geht
auch sein Kosmopolitismus.
(3) Nach Ihrer Mittheilung muß ich glauben, daß sich *Uechtritz* auf Gehe's Wegn befindet, dessen Art und Kunst Sie aufs
klarste nachgewiesen haben. Er gehe! Doch hatte, wenn ich
nicht irre, *Uechtritz* mehr Geschichtskenntniß, als letzterer.
(4) Sie vermuthen mit Unrecht, daß die Verlobung die Reisenden bei mir verdrängt habe. Letztere ist zwar einfacher im Plan,
leichter zu umfassen, klarer aufzufassen, als die erstere Novelle,
und daher wäre sie mir für die Leser[2] meines Taschenbuchs lieber
gewesen. Aber die Reisenden sind tiefer, üppiger in Witz, Kunst
und Ironie. Kurz – und unter uns sey es gesagt, Sie haben meine
Ansicht über dieselbe in einem Aufsatz des Brockhausischen
Conversationsblatts über das Taschenbuch gelesen. Ich konnte,
darüber unpartheiisch, wie ein dritter sprechen, und mich selbst
überging ich fast.
Über Ihre Novellen überhaupt sagte ich gestern meinem Freunde
folgendes: Tiecks Novellen bilden eine ganz neue Art dieser Dichtungen, und machen zugleich in seinem poetischen Leben einen

---

[1] Corrected from "daß".
[2] Underlined three times.

Abschnitt. Wenn in seinen frühern poetischen Werken die Phantasie herrscht und wundervolle Situationen spielend zu dem Kranz der Fabel wand, so wendet Tieck in seinen neuen Novellen nur wenig Sorgfalt auf den eigentlichen Zusammenhang der Geschichte; aber sein schöpferischbildender Geist gestaltet in hoher Ruhe und mit dm klarsten Verstand Charaktere, in deren Zusammenstellung er die tiefste und gehaltvollste Lebensansicht mit dr reichsten Lebenserfahrung ausspricht. Daher in seinen Novellen das Gespräch[1] vorherrscht; man möchte sie Gesprächsnovellen nennen. In dm Maße aber, daß das Gespräch herrschend wird, wird die Novelle auch didaktisch wenn irgend etwas Poetisches noch wahrhaft didaktisch heißen kann. In diesen Aussprachen nehmlich behauptet Tieck noch die ironische Mäßigung ds Dichters, und zwar so sehr, daß man, obgleich seine Personen sich im Gespräch hauptsächlich schildern, doch wenigstens von Anfang herein, immer nicht recht weiß, wie man mit ihnen daran ist, und er somit von dr plumpen Uebertreibung ganz entfernt ist, welche überall die nackte Wahrheit nicht nackt genug aussprechen kann. So vexirt er in den Reisenden und in dr Verlobung die Leser beinahe mit seinen Charakteren, so daß man glaubt, er stelle etwas Rechtes, durchaus Wahres und Gediegenes dar, oder wenigstens eine Zeitlang nicht recht weiß, wie weit es dem Erzähler Ernst ist, oder nicht; bis er durch dn Gegensatz andrer Personen (z B in dr Verlobung durch die Schilderung des Liebenswürdigen Epikuräers und seines Bedienten) dn Schleier[2] lüftet und bei dr Entwicklung und Auflösung der Begebenheit die Personen in ihrer Einseitigkeit vollkommen klar erscheinen läßt.

In der Erzählung übereilt er sich nicht: Einen langsamen, fast tragenden Gang nehmen seine Geschichten. Erst unbedeutend fängt er an, so daß es oft scheinen könnte, als sey ihm die Lust zur Sache erst während ds Schreibens gekommen; mit dm Fortrücken in der Unterhaltung interessiren die Personen immer mehr und man ist bald begierig zu sehen, wie sich eine als einseitig aufdringende Ansicht in einer höhern auflösen wird. – selbst dann, wenn man den Ausgang der eigentlichen[3] Geschichte schon mit ziemlicher Gewißheit voraussehen kann. Nur bei dr Auflösung und am Schlusse übereilt sich dr Styl gewöhnlich etwas. Hier hat er so viele verschiedne und aus einander laufende Fäden zu verknüpfen (da er die Personen gern häuft) daß es ihm, der bisher mehr mit dm Allgemeinen und Ganzen beschäftigt war, oft schwer zu seyn scheint, wieder zusammenzustoßen. Hier wählt er zuweilen das leichteste und gewöhnlichste Mittel (z. B. viel Heirathen) und so geht die Geschichte sichtbar als

[1] The "spr" portion of this word is underlined.
[2] Written above a word which is crossed out.
[3] A word is crossed out.

Mittel betrachtet, zuweilen auch gewöhnlich aus. Zwar wird bei der Auflösung, wo Licht und Schatten sich klarer scheiden, von dn in Schatten gestellten Personen vielleicht[1] mehr, als nöthig aufgedeckt z. B. in dr Verlobung von dn Frömmlern; was mit dr Mäßigung, die dr Erzähler sonst beobachtet, nicht einstimmig ist.

Ich bleibe bei der Verlobung stehen. Wie vortrefflich sind darin die Gegensätze behandelt, wie erfreulich ist darin der Witz, nachdem man in der Frömmlergesellschaft fast Athem zu schöpfen sich versagt. Wie schön entwickelt sich Dorothea im ruhigen Fortschreiten der Geschichte, die schöne Verkannte mit der gesunden Seele, und dm fröhlichen Triebe zum Guten. In der Verlobung finde ich die größten Geheimnisse der Philosophie und Poesie von dm Dichter ausgesprochen. Das falsche Streben nach dm Idealen wird treffend gerügt.

Das goldene Wort: wer sich nicht beschränken versteht, wird nichts erlangen, am wenigsten was jenseits aller Schranken liegt wie schön sagt es nicht aus, daß das Wesen, ein geheimnißvolles bleibt, das wir nur anzuerkennen vermögen, nicht in die Schranken dr Erkenntniß fassen. Wie[2] das folgende von dr Resignation das Schöne von seiner tragischen Seite auffaßt, so spricht dr Bediente, nach dessen Rede der Mensch doch einmal aus einem Erdenklos formirt ist pp dasselbe komisch und fo[l]glich die Natur des Komischen selbst aus.

Und nun was die ganze Aufgabe unmittelbar angeht, das Verhältniß dr Kunst zur Religion habe ich kaum irgendwo so klar bestimmt gefunden. Die Krankheit und Beschränktheit, auf welcher die Erzählung hinweist, und der Misverstand, welcher dn Verfasser dr falschen Wanderjahre herumtreibt, ist hier in das rechte Licht gestellt; der Ängstliche, kann durch die Lectüre dieser Novelle beruhigt werden. In dem Ganzen herrscht ein freier und befreiender Geist, dr in den Worten: "der Zweifel sey unser Diener, dr die Wege untersucht, unser Thor, der mit nüchternem Spaß uns vor dm Allzuviel vor dr Uebereilung warnt" das Wesen aller Kritik (des Dialectischen in dr Philosophie) und Komik, die ja immer zur Kritik hinneigt, scharf aufgefaßt hat.

So sprech ich ohngefähr meine Ansicht über ihre letzten Dichtungen aus, und dr Freund wird nicht zürnen, daß ich ihn solche Fragmente hören lasse, gleichsam als habe er selbst ungesehen dm ungeordneten Gespräche nahgestanden, nur damit ich ihm mein Inneres so aufschließe, wie es ihm zugewandt ist, – sollte ich auch in meiner Schilderung mich hier und da geirrt haben.

Und nun auch über Ihre dramaturgischen[3] Aufsätze etwas.

[1] Written above a word which is crossed out.
[2] A word crossed out.
[3] Word partially underlined.

Daß Sie dieselben schreiben, ist mir meinetwegen lieb; aber Sie bedaure ich – und ich brauche dn Grund nich hinzufügen, da Sie wie Gesänge über die Theaterkritik kommen. Die Form betreffend so möchte ich Ihnen zu diesen Mittheilungen mehr Zeit und Bequemlichkeit wünschen, da einen doch bei dieser Art Mittheilungen gewöhnlich das Gefühl dr Unbefriedigung anwandelt, wenn man einem eigentlichen Plan dabei entsagen muß. Doch ist der Inhalt Ihrer Kritik so nützlich interessant und reich, daß[1] die Freiheit dr Mittheilung hier für dn Mangel an Planmäßigkeit wohl entschädigen kann. Ueber ein[en] Punkt wollte ich Ihnen ei[ne] Anmerkung mittheilen. Sie tadeln Schillers Frauencharaktere – ich auch – Maria Stuart ausgenommen, und loben Göthe wegen seiner Frauengallrie, wie recht ist. Wenn nun aber jn dr Tragödie die Liebe, nach Ihrer Ansicht, unwesentlich ist, die Männer aber die Hauptrollen, wie in der Weltgeschichte spielen, dann hätte ja gerade Schiller einen wesentlichen Vorzug in dramat. Poesie vor Schiller[2], denn seine Männer sind besser gezeichnet, als seine Frauen, – und – viele wenigstens auch besser, als Göthes männliche Charaktere. Sie scheinen daher inoszenter weise Schiller durch diesen Tadel um so höher zu stellen, und höher vielleicht, als Sie wollten.

Auch scheint es überhaupt, als machten Sie an Schiller ein[en] Anspruch, dn Sie an Göthe nicht machen. Nur leicht schlüpfen Sie über die Art wie Göthe die Geschichte behandelt hat (in Egmont und Götz) hinweg, beide werden Sie in Ihrem Sinn auch nur theilweise[3] als histor. Dramen ansehn können. Aber hier müßte auf die beschränkten Einwürfe, die Müllner im Litteraturblatte (bei dr ersten Anzeige dr Pustkuchenschen Wanderjahre wenn ich nicht irre,) gemacht hat und auf ähnliches dr Art geantwortet werden, wenn Schillers Behandlung der Gesch. vollkomm gerecht und unpartheiisch dargestellt werden sollte. Verzeihen Sie dem wahrheitsliebenden Freunde die Bemerkung.

Daß ein Schicksal[3] ferner das Schöne vernichtet, finde ich noch nicht anstößig. Das Schicksal ist ja auch in dr Welt, und kann daher auch in dr Weltschilderung nicht fehlen, wenn es nur dr Dichter nicht als willkührlich schaltende Macht behandelt, Aber daß von dm Schicksal soviel gesprochen wird im Wallenstein, das[4] ist mir höchst anstößig und erinnert mich stets an die tragische Theorie. – Wäre für jetzt nur flüchtig hingeworfen, – und finden Sie Zeit und Lust, mich über das Eine und andre zu belehren, so werden Sie mich nicht undankbar finden. Auf jeden Fall glaube ich Sie in dr Osterwoche (dnn Ostern selbst fällt mir zu früh) zu sehen, da es nun für mich entschieden ist, daß ich, vor dr Hand wenigstens, in Leipzig bleibe.

[1] Word written and then crossed out.
[2] *Sic!* Probably an error for 'Goethe.'
[3] Word partially underlined.   [4] 's' written over 'ß' in 'das.'

Und nun auch endlich von der Geschäftsangelegenheit.¹ Ich freue mich schon eine neue Novelle für mein Taschenbuch von Ihnen zu erhalten; aber bitten muß ich Sie sorgfältigst, daß Sie mir das kürzeste geben, was Sie schaffen werden, weil ich von Schefer und Contessa schon Erzählungen habe, die mir den Raum ungemein beschränken, so daß ich nicht weiß, wie auszukommen seyn wird. Uebrigens wünschte ich, Sie könnten mir schon jetzt ein erzählendes Gedicht, Volksmährchen oder etwas dergl mittheilen, wozu man jetzt in dr Zeit eine hübsche Zeichnung machen lassen² könnte.³ Findet sich etwas dr Art in Ihrem Vorrathe, so würden Sie mich unbeschreiblich verbinden. Ei[ne] kleine Antwort hofft, die Ihrigen herzlich grüßend

Ihr
treuergebner
A Wendt.

Lpz
12 *Febr*
23.

8. *Amadeus Wendt to Ludwig Tieck (IV)*

This letter is probably written in 1823. It reports a confirmation by Tieck of his promise, referred to by Wendt in the previous letter, that Tieck contribute another "novelle" for his *Taschenbuch*. Wendt mentions there, and makes approximately the same request in this letter, that the "novelle" should take the form of a narrative poem or a "Volksmährchen." However, no further "novelle" appeared by Tieck in Wendt's *Taschenbuch*. For Tieck's extensive and warmly personal dealings with the publishers Brockhaus and Max, *cf.* Zeydel, 282. For Richter, *cf.* II, 6, above. The "commission" probably refers to negotiations concerning the publication of Tieck's *Dichterleben*. In a letter of January 19, 1823, to Friedrich Arnold Brockhaus, Tieck had promised that he would have this "novelle" ready in April but did not begin work on it until June or July of that year. A part of it was finished between August and October, 1823, completed apparently by August, 1824, and appeared in Brockhaus' "*Urania* Taschenbuch auf das Jahr 1826" (i.e., 1825) (Lüdeke, 26, 27, 28, 29, 30, 31, 34, 35, 36, 37, 39, 40, 44, 209; Goedeke, VI, 41). The librarian Johann Samuel Ersch (1766-1828)

¹ Word partially underlined.
² Underlined twice in the manuscript.
³ In the left margin: "Woran es sehr mangelt."

began the editing of the *Allgemeine Encyklopädie der Wissenschaften und Künste* in collaboration with the prolific German author and scholar Johann Gottfried Gruber (1774-1851) in 1816. The first volume appeared in 1818. On Ersch's death in 1828 Gruber took over the editing. He carried the first section forward without interruption until the fifty-fourth volume. Arnim, E. T. A. Hoffmann, and F. G., as well as K. G. Wetzel contributed to Wendt's *Taschenbuch zum geselligen Vergnügen*. The exact years of their contributions are, however, not indicated. If we assume that this letter was written in 1823, and because the next annual issue of the *Taschenbuch* is mentioned as the date when these contributions were published, it may be assumed that they appeared in the issue of 1824. Karl Friedrich Gottlob Wetzel (1779-1819) – he is known both as F. G. and K. G. Wetzel – was a dramatist and poet. Five of his poems appeared posthumously in the *Taschenbuch zum geselligen Vergnügen auf das Jahr 1823* (Goedeke, VII, 845-846; VIII, 47).

Original: SLB.

Sehr hochgeehrter Herr!

Es hat mich unendlich gefreut, daß Sie mir nicht nur eine freundliche Zusage für meinem[1] Taschenbuch geschenkt, sondern mir auch das Vertrauen bewiesen haben, mich mit dem gegebenen Auftrage zu beehren. Sie haben sich in meinem Willen, Ihnen durch Erfüllung des letztern zu dienen, nicht getäuscht; denn schon der Inhalt selbst, welcher dem Publikum die Aussicht, zu noch genauerer Erkenntniß der dramatischen Poesie der Engländer darbietet, für welche Sie schon so Ausführliches geleistet haben, würde mich unendlich angeregt haben, zur Realisirung dieser Hoffnung beizutragen; eben so sehr jedoch ihr freundliches Entgegenkommen.

Was nun die Erfüllung meines Auftrags betrift so habe ich zunächst mit *H Brockhaus* geredet. Ich verhehle Ihnen seine Antwort nicht. Seine buchhändlerischen Erfahrungen meinte dieser hinderten ihn für ein Werk dieser Art die verlangte Summe *d. i.* 3 *Frdor pro* Bogen zu geben; zwei Friedrichsdr *à* Bogen werde er jedoch gern geben. Dasselbe Resultat hat mir *H Max* in Breslau gegeben. Wenn ich *H* Richtern den Antrag nicht machte, daran ist der Grund, weil ich mit völliger Gewißheit wußte, daß derselbe gegenwärtig *keine* neue Unternehmung macht, indem er mit der großen *Encyklop.* von Gruber und Ersch so sehr *occupirt* ist, daß ihm kaum Zeit und Kräfte für Fortführung[2] seiner ältern Unternehmungen

[1] *Sic!*
[2] "Fort" underlined.

70

und neue Auflagen übrig zu bleiben scheinen. Und diese Antwort habe ich auch endlich selbst von ihm vernommen. Es hängt nun von Ew Wolgb ab, welche Meinung Sie über die Fortsezung dieser Unterhandlungen hegen; nun über die genannten Buchhändler. – *Brockhaus* ist wohl gegenwärtig derjenige Buchhändler, welcher einen Verlag am besten zu vertreiben weiß, und elegant druckt. Was der versprochene Beitrag zu meinem Taschenbuch zum gesell. Vergnügen betrift, so lassen Sie mich Ihnen versichern, daß ich dmselben mit Sehnsucht entgegensehe, um so mehr da der Druck nun schon vollkommen im Gange ist. Sollten Ew Wolgb vielleicht noch etwas anderes Poetisches, – selbst eine Erzählung Mährchen *pp* (Letzteres für einen künftigen Jahrgang) mittheilen können, so würden Sie mir damit eine große Freude machen. Der Inhalt des nächsten Jahrgangs enthält manches, was Ihnen nicht misfallen wird, z. B. Erzählungen von *Arnim* und Hofmann; Gedichte aus Wetzels Nachlaß. Doch fehlt es mir wohl an lyrischen kleinen Stücken, wie Sie dieselben mittheilen könnten, wenn Sie dazu geneigt sind.

Für Alles was Sie uns einsenden (ich bitte aber nochmals um gütige Beschleunigung) kann ich Ihnen sogleich das *Honorar* von 4 Friedrichsdor *à* Bogen zahlen lassen; ja ich zweifle nicht, daß Ihnen der Verleger für einen künftigen erzählenden Beitrag gern noch mehr zahlen wird.

Verzeihen Sie mein Andringen, das aus dem Wunsche etwas aus Ihrer Hand und von Ihrem reichen Geiste zu haben, und durch meine Büchlein dem Publikum mittheilen zu können, allein hervorgeht, und genehmigen Sie die Versicherung der ungeheucheltsten Achtung, womit ich bin

Ew Wolgb
ergebenster
Prof A Wendt

Lpzig
d. 6 *Mai*

9. *Amadeus Wendt to Ludwig Tieck* (*V*)

Despite considerable effort we were unable to identify the actor Strichenbach mentioned in this letter beyond the information already given. He does not seem to have joined the Dresden court theater, as there is no mention of him in R. Prölss, *Geschichte des Hoftheaters zu Dresden*. The "Walthersche Gesellschaft" is probably the troupe of the actor Walter in Leipzig who is mentioned as a portrayer of "Staberl" roles in a letter from Dorothea to Tieck of "Dresden den 12 Juni 1825" (*Letters of Ludwig Tieck*, 299). We could not identify the "Hermannsche Gesellschaft." Bautzen is a city in Oberlausitz, Saxony. There are references in the *Letters of Ludwig Tieck* to Tieck's visits to the Bohemian spa Teplitz in the years 1823, 1824, 1825, 1826, and 1827 (*ibid.*, 191, 216; 247 f.; 197, 203, 311 f.; 255; 260 f.) which would give an approximate idea of the period in which this letter was written.

Original: SLB.

Mein höchstzuverehrender Freund

Ich wage es, Ihre Güte aufs Neue in Anspruch zu nehmen indem ich Ihnen durch diese Zeilen, einen jungen Schauspieler Namens Strichenbach zuführe, der durch frühern Leichtsinn und vorherrschende Neigung zur Bühne getrieben, seine ersten Lehrjahre bei einigen wandernden Bühnen gemacht hat, und nun, wie es seine Familie und Bildung fordert, den Wunsch hegt bei einer festen und soliden Bühne Beschäftigung und Gelegenheit zu höherer Ausbildung zu finden.

Es ist dieses nehmlich der Sohn des hiesigen Correctors an der Thomasschule, eines geschätzten Schulmanns und Theologen, der Bruder des *Prof.* Strichenbach in Dresden (Lehrers an der medicin- und chirurg Akademie, Vorsteher des botanischen Gartens und der naturhist. Institute). Er ist zB bei der Waltherschen Gesellschaft bis zu ihrer Auflösung gewesen, dann bei der Hermannschen Gesellschaft in Bautzen, soll, wie ich höre, an diesen Orten Beifall gefunden haben, so wie auch seine Familie jetzt vollkommen mit seinem Vorsatz und seinem Betragen zufrieden ist. Er hat jugendl Liebhaber, Helden, junge Bursche, und dgl. gespielt. Nun käme es aber darauf an, und dieß ist es, warum ich Sie freundschaftlichst bitten möchte, daß Sie ihn in dieser Hinsicht irgend einer Prüfung unterwürfen, und fänden Sie ihn in irgend einer Hinsicht brauchbar, durch Ihre wirksame Fürsprache eine Aufnahme verschafften. Oft hat eine Bühne von einer wandernden Gesellschaft die kunstreichsten Subjecte gezogen, wie Sie wohl wissen. – Übrigens würde eine solche Anstellung, wenn sie nach solcher Prüfung erfolgte, nicht nur den jungen Mann gewaltig fördern, indem vielleicht durch Ihre besondere Leitung sein Talent sich günstiger ausbilden würde, sondern Sie würden auch durch Erfüllung obiger Bitte sich eine würdige Familie – und mich mit ihr – zu großem Danke verbinden.

Die Sache ist ja immer in guten Händen, da sie von Ihrem Urtheile[1] abhängig ist; – weshalb ich auch nicht fürchte, daß das

[1] "Urtheile" underlined twice.

72

äußere, vielleicht minder glänzende Aussehen des jungen Mannes Sie abgeneigt machen könnte, diese Bitte zu erfüllen.

Einige Zeilen über diesen Gegenstand könnten mich sehr erfreuen. Doch gäbe ich die Hoffg. dieselben zu erhalt. gern auf, wenn Sie Ihr gegebenes Versprechen zu Michaelis auf einige Tage nach Leipzig zu kommen wahr machen wollten.

Mit großem Vergnügen habe ich von vielen Leuten gehört, wie wohl Ihnen wiederum das Bad von Teplitz gethan hat, und so werde ich Sie hoffentlich in wiederum verjüngter[1] Gestalt sehen und herzlich begrüßen. Mit den ergebensten und achtungsvollsten Grüßen an Ihre Familie

Ihr
treuergebner
A Wendt.

Lpzg.
dn ? August[2]

(Conclusion of the letters from Wendt to L. Tieck)

10. *Dorothea Tieck to Friedrich Tieck (I)*

While the year of this letter is not given, it was written very likely in the summer of 1823 (specifically July 27) when Tieck was staying with his family in Teplitz for the cure. Dorothea mentions that Wolf and Hensel have just visited them, and that they expect Raumer in August, while in her letter dated "November 9, 1823," she writes: "Raumer war im Herbst einige Wochen bei uns,... In Teplitz sahen wir Wolf und Hensel nur einige Stunden bei ihrer Durchreise." (*cf.* II, 18, below). Moreover, Felix' rather unpleasant visit to the Tiecks in Teplitz in the summer of 1823 is described at some length in a letter from Ludwig Tieck to his brother, dated "Dresden, den 23tn Octbr. 23." (*Letters of Ludwig Tieck*, 191 f.).

Felix Theodor Bernhardi, the younger son of August Ferdinand and Sophie, became a diplomat and military writer. His relations to his uncle Ludwig had begun to deteriorate in 1820, and had by 1823 changed greatly for the worse. Tieck, it seems, could never summon real affection for Sophie's sons, Felix (1802-1885) and Wilhelm (1800-1878), and transferred to them much of his animosity towards her. Nevertheless, although his animosity towards Wilhelm re-

---

[1] Partially underlined.
[2] The year is blotted out.

mained unchanged, the relations between Tieck and Felix apparently improved again by 1826, definitely, it seems, by 1851 (*Letters of Ludwig Tieck*, 183, 186, 187, 190, 191 f., 328 f., 566 f., 572 f.). Pius Alexander Wolff (1782-1828) a distinguished actor, was engaged at Weimar under Goethe's direction from 1803 to 1816, when he went to Berlin (R. Proelss, *Kurzgefasste Geschichte der Deutschen Schauspielkunst*, Leipzig, 1900, 309, 311, 335 f.; Max Martersteig, *Das deutsche Theater im neunzehnten Jahrhundert*, Leipzig, 1904, 171 f., 181). Friedrich apparently did not visit his brother that year after the latter set out for Teplitz (*Letters of Ludwig Tieck*, 190 f.) For Kalckreuth, Hensel, Gräfin Henriette von Finckenstein, Frau Solger, Rauch, Raumer, see I, 7, I, 13, II, 3, and II, 4. The "long letter" of Ludwig to his brother must be the one of October 23, 1823, published in *Letters of Ludwig Tieck*, pp. 190 ff.

Copy: DSB.

Teplitz den 27 sten Juli

Lieber Onkel!

Durch Felix, der seit 8 Tagen hier ist, haben wir endlich einmal wieder etwas von Dir gehört, und er hat uns zu unsrer Beruhigung versichert, daß Du ganz wohl seist. Die Zeit unsers hiesigen Aufenthalts ist nun bald verstrichen, denn wir denken heut über acht Tage, den dritten August, nach Dresden zurück zu kehren. Dann erst wird man sehen können, welch einen Erfolg das Bad eigentlich gehabt hat. Jetzt ist der Vater sehr angegriffen, doch die Bewegungen werden ihm viel leichter, er geht gerader, schneller und gewöhnlich nur mit einem Stock. Seit acht Tagen leidet er am Magen, der Arzt sagt aber, daß dies bei den Bädern etwas Gewöhnliches sei und nichts zu bedeuten habe. Bei günstigerem Wetter hätte die Kur wohl auch besser wirken können, aber wir haben ja fast immer Regen; in der ersten Zeit war der Vater viel im Freien und befand sich wohler. Wir haben hier recht still und einsam gelebt, denn von allen Preußen und Berlinern, aus welchen größtentheils die Badegesellschaft besteht, kannten wir keinen einzigen. Kalckreuth kam herüber und blieb drei Tage bei uns und Wolf und Hensel sahen wir bei ihrer Durchreise.

Gräfin Henriette hat hier auch das Steinbad gebraucht, aber oft wegen Unpäßlichkeit aussetzen müssen, und ich finde nicht, daß sie viel wohler ist, als vorher. Von der Solger haben wir öfter Nachrichten bekommen, und es geht ihr etwas besser, mich verlangt sehr, wie wir sie finden werden.

74

Felix sagt uns nicht, wann Du nach Dresden zu kommen denkst, doch wir hoffen gewiß, Dich diesen Sommer noch dort zu sehen, und ich denke, Du kommst wohl, sobald Rauchs nach Pyrmont zurück gekehrt sind. Im August erwarten wir auch Raumer. Ich hätte Dir schon eher wieder geschrieben, aber ich habe mich hier drei Wochen lang beständig mit Zahnweh geplagt, jede kleine Erhitzung machte es gleich so viel schlimmer, daß ich mich fast gar nicht beschäftigen, und am wenigsten schreiben konnte. Ich habe manches ohne Erfolg gebraucht, und zuletzt einige sehr heiße Bäder genommen, wonach es nun vergangen ist. Es ist bei mir sehr übel, daß jede kleine Unpäßlichkeit mir gleich so auf die Nerven fällt, und daß ich bei jeder Gelegenheit Kopfschmerzen habe. Ich bin hier sehr viel im Freien gewesen, und das thut mir immer wohl; so sehr ich mich auch auf Dresden freue, wird es mir doch schwer werden, mich wieder an das mehr eingeschlossene Leben zu gewöhnen, – Der Vater wird Dir nächstens einen sehr langen Brief schreiben. Alle grüßen herzlich und hoffen, Dich bald zu sehen. Lebe wohl und behalte lieb

Deine Dorothea Tieck.

11. Dorothea Tieck to Friedrich Tieck (II)

This letter, which is also written to Friedrich Tieck, is undated and also from Teplitz. However, the reference to the recent publication of the fifth volume of the translation of *Calderons Schauspiele* by the Hamburg syndic and translator Johann Dietrich Gries (1775-1842), which was published in 1823 (Goedeke, VII, 647 f., 775), tends to prove that the letter was written in that year. "Frau von Quandt" is the wife of Johann Gottlob Quandt (1787-1859), a writer on art, and a close friend of Tieck. Agnes Rauch is a daughter of the sculptor Rauch. Karoline Seidler (1790-1872) was from 1817 to 1838 an important ornament and support of the Berlin opera. Dorothea was evidently well versed in Spanish, being familiar with Calderon before her twentieth year (Köpke, II, 58). As a further proof of her competence may be mentioned the fact that she translated the autobiographic novel by the Spanish writer Vicente Espinel in 2 volumes in 1827. The chronology of the plays by Calderon, mentioned by Dorothea here, is as follows: *Das Leben ein Traum* (*La vida es sueño*, c. 1631-32), *Die Seherin des Morgens* (*La Sibila del Oriente*, c. 1634-36), *Die Morgenröthe von Cogecavana* (*La Aurora en Copacabana* (Sic!), c. 1661), *Echo und Narciss* (*Eco y Narciso*, 1661), *Der Gartenunhold* (*El monstruo de los jardines*, c.

1650-53) (Harry W. Hilborn, *A Chronology of the Plays of D. Pedro Calderon de la Barca*, Toronto, 1938, 19, 34, 69, 62; *cf.* also, Max Victor Depta, *Pedro Calderon de la Barca*, Leipzig, 1925, 163 f., 256, 209 f., 255, 200 f., 250, 69, 251, 68, 254). Tieck had begun with great admiration for Calderon, whose early German discoverer and advocate he became together with A. W. Schlegel. However, under the influence of Solger, he lost his excessive adulation for Calderon in favor of Lope, as may be seen by his correspondence with Solger in 1818 (Zeydel, 116, 207, 237; *Tieck and Solger*, 465, 476 f., 493 f.). The Albertis were the family of Tieck's wife Amalie. She was a daughter of the Hamburg pastor Julius Gustav Alberti. For Wilhelm von Burgsdorff, see I, 1.

Copy: DSB.

Den Abend waren wir bei Kalkreuth in großer Gesellschaft, wo die Madame Seidler sang; vorgestern war Gesellschaft bei Frau von Quant. Da Agnes Rauch niemand kennt, waren wir beide immer mit ihr, und haben uns sehr gut amüsirt. Die Madame Seidler wird hier außerordentlich gefeiert, ihre Stimme ist gewiß sehr lieblich, und sie singt mit großer Kunst und Sicherheit.

- - - - - - - -

Ich danke Dir auch, daß Du mir meine Bücher mitgeschickt hast. Ich muß Dir gestehen, daß ich den Calderon immer wieder mit großem Vergnügen lese, die Lustspiele ziehen mich weniger an, denn sie sind alle ziemlich auf einen Schlag; aber das Leben ein Traum, die Seherin des Morgens, die Morgenröthe von Cogecavana, Echo und Narciß und den Gartenunhold kann ich fast nie ohne das größte Entzücken lesen. Vater hat den Calderon nicht mehr so lieb, als sonst, und ist ganz Deiner Meinung. Im 5ten Band von Gries, der kürzlich heraus gekommen ist, sind wieder zwei Stücke, die mir sehr gefallen.

Eben kommt Dein Brief an Vater an, und ich beschließe den meinigen, weil ich noch vor dem Thee mit Rauchs auf die Terrasse gehe. Vater dankt Dir für den Brief und verspricht nächstens zu antworten. Alle grüßen herzlich, auch Rauchs; er hat nicht Zeit Dir zu schreiben und läßt sagen, er werde den künftigen Dienstag von hier abreisen. Mutter bittet Dich, Albertis die Nachrichten von Burgsdorf mit zu theilen, wenn Du sie siehst. Lebe nun wohl, liebster Onkel, komm recht bald zu uns und behalte lieb

Deine Dorothea T.

76

(Conclusion of the letters of Dorothea Tieck to Friedrich Tieck).

12. *Adolf Wagner to Ludwig Tieck* (*I*)

Gotthold Heinrich Adolf Wagner (1774-1835) was a writer and private scholar in Leipzig, and an uncle of Richard Wagner. He was a friend of Brockhaus in Leipzig, and through the latter Tieck probably became acquainted with this correspondent. His friendly relations to Tieck, his willingness to aid him in his literary ventures are proved not only in the following letters but also by those already published in Holtei, IV, 265 ff., running from 1822 to 1833.

Tieck's *Kaiser Octavianus* was published in 1804. We could not identify the "G" referred to in this letter; it might be Grabbe, the poet (1801-1836) with whom Tieck corresponded (*Cf.* letter from Tieck to Grabbe of December 6, 1822 (Goedeke, VIII, 637, also seven letters from Grabbe to Tieck of 1822, 1823 and 1827 in Eduard Grisebach's *Christian Dietrich Grabbe's sämtliche Werke*, Berlin, 1902, I, XI-XV; IV, 165 f., 168 f., 174 f., 183 ff., 187 f., 238). Wagner's translation of Sophocles' *King Oedipus* appeared in 1814. Johann August Apel (1771-1816), the Leipzig investigator of the theory of metrics in the classical languages, published his *Polyidos* in 1805. Wagner was a friend of Johann Arnold Kanne (1773-1824), who made a name for himself by his works on mythology. Wagner's treatise on the comical is *"Das Reich des Scherzes*, nebst einem Anhange von Johann Arnold Kanne,"* Leipzig, 1823. In 1826 Tieck collected his own articles from the Dresden *Abendzeitung* of 1821, 1823, and 1824, and published them together with his remarks of 1817 on the London theaters in two volumes as *Dramaturgische Blätter*. Byron's *Heaven and Earth* was first printed in 1821, but of this no copy is extant. It was published again in *The Liberal*, No. 2, 1823. His *Werner, a Tragedy*, appeared in 1823. Wagner's translation of Byron's *Manfred* (1817) was published by Brockhaus in Leipzig in 1818 (dated 1819). Adolf Müllner (1774-1829) was the head of the German so-called school of fate tragedies. He edited an *Almanach für Privatbühnen* (Leipzig 1817-1819), the Cotta *Literaturblatt* (1820-1825), and his "Hekate, Ein literarisches Wochenblatt, redigirt und glossirt von Kotzebue's Schatten," Leipzig, 1823. The edition of Ben Jonson which Wagner asks for is probably the one in Tieck's library by W. Gifford, 9 volumes, London, 1816. It contained, according to the Asher catalog, "very numerous notes in the hand of M. Tieck, beginning with the year 1799" (*Catalogue de la Bibliothèque Célèbre de M. Ludwig Tieck*, A. Asher and Comp., Berlin, 1849, 77). P. G. Hilscher is the Dresden publisher who brought out Tieck's *Gedichte* in three volumes, 1821-1823, also *Der Geheimnisvolle*, 1823. Friedrich August Herbig (1791-1849) established the publishing house of F. A. Herbig in 1821. The following item on Wagner's study of the myth occurs in Goedeke: "*Johann Arnold Kanne's System der indischen Mythe*, oder Chronus und die Geschichte des Gottmenschen in der Periode des Vorrückens der Nachtgleichen. Nebst einer Uebersicht des mythischen Systems, als Beilage an den Verfasser von Adolph Wagner," Leipzig, 1813 (Goedeke, VI, 200). His Shakespeare glossary is not recorded there. In 1824 Wagner did, however, translate into German a life of Shakespeare by Augustin Skottowe.

Original: SLB.

Lpz 16 Febr. 23.

Theuer, wie Sie mir sind, könnt' ich Sie mir schwerlich so verbinden, wie ich es wünschte. Der Sinn ist aber in keiner Hinsicht von heute, also auch nicht von der Zeit an, wo wir uns in *Dr.* wiedersahen, vielmehr freut es mich, ihm, wie aller Liebe und allem Schönen, seinen dunkeln, ich möchte jezt beinah sagen mytheischen Hintergrund in der Zeit zu lassen, wo Sie Ihren *Octavian* gedichtet hatten. Traten wir uns aber auch das leztemal nicht so nah, als es wol mir selbst erwünscht gewesen wäre, so müßte ich, dies zu erkären, zwar mich selbst anklagen, doch aber auch zugleich die waltende Nothwendigkeit ehren. Denn eben gegen die, welche ich achte und liebe, hab ich eine schwer überwindliche, fast jungfräuliche Scheu und züchtige Verschämtheit, die dann doch auch am Ende das Beste ist, was ich Geliebten geben kann, da ich an Kopf und Kenntnissen so viele mir überlegen sehe, daß ich es für natürlicher halte, zu lernen, als zu lehren. Irre ich nicht, so tritt dies auch in meinem Style, als eine Art von Schwere und Unbeholfenheit hervor. Über Kunst, in den Schätzen der Tiefe zu graben, ja zu schwelgen, vergeht mir Lust, Zeit und wol auch Geschick, sie zu Tage zu fördern; daher ich mehr, als einer, eines geburtshelfenden Sokrates bedarf, was ich selbst belachend preisgebe. Und so müssen meine Freunde mich mir selbst vergeben, um mich nur etwas genießbar zu finden. Kann ich aber für solche Mühe der Liebe genug geben? Brillen verkaufen, wie die neuesten Genies, kann ich nicht, da ich z B an G. sehe, daß sie den Teufel nicht taugen, und daß, wenn dies so möglich wäre, als es nöthig ist, ein Spinoza lieber mit seinen Ideen auch zugleich die Geistesaugengläser dafür ablassen müßte. In der That, lieber Freund, wenn Sie besagtem G., diesem unerbaulichen Geschichtbaumeister, nicht ein Auge für die Geschichte einsetzen können, so wird er seinen Babelthurmbau fortsetzen und, ihn durch seine psychologischen Rautengläser beschauend, noch mehr androgynisch aufdumsen.

Ob ich es Ihnen im Felde der Kritik so schwer machen würde, mögen Sie selbst aus beigehenden Kleinigkeiten ermessen. Meine Übersetzung nämlich des Sophokl. König Oedipus war ursprünglich behufs einer wirklichen Aufführung gearbeitet, nachdem ich mit Apel und andern seinen Polyidos in möglichst treuem alterthümlichen Sinn und Geiste, etliche gebildete Freunde frohkühn überraschend, dargestellt; ein mir sehr werthes Unternehmen, über dessen Ausbeute sich nur mündlich viel Anziehendes sagen ließe! Die Aufführung des Oedipus jedoch unterblieb, weil sie in der Schlaffheit und Schalheit einiger unausschließbarer Mitglieder Hindernisse, in mir aber trutzige Entschiedenheit fand, das klar Erkannte oder nichts anzustreben. Ich ließ die Übersetzung drukken, die Sie wol in der Bücherfluth übersehen haben, und sie gehört mit der kritischen Einleitung eben so vor Ihr Forum, als die abgedruckte, mit Kannes Zusätzen vermehrte, unter uns vorigen Sommer bereits besprochene Abhandlung über das Komische. Und weil es Ihnen doch nicht unanziehend seyn dürfte, einen alten Bekannten wie *Robin Hood*, wiederzusehen, so lege ich ihn bei. Das pikante, humoristische Dingelchen machte mir in *Dr.*, wo ich es zu übertragen anfing und hier, wo ich es beendigte, recht angenehme Stunden. – Kurz, wenn Kritik das Bindemittel alles Wissens und Darstellens, das Zurückführen einer gegebenen Individualität auf meiner größern und Ausmittelung ihrer gegenseitigen Verhältnisse ist, wenn durch sie der Puls jedes eigenthümlichen Lebens als Lebenspuls der Idee anerkannt wird, so würden wir uns gar bald verständigen. Davon überzeugen mich aufs neue Ihre Dramaturgischen Läufe in der Abendzeitung. Schade, daß außen vor der Thür die seufzende Kreatur noch in Krämpfen liegt.

Ob ich über Byron noch denke, wie ehmals? Nun, sein leztes selbst, Werner, hat mich mit seinem unbefriedigenden Schlusse und dem Würgeschwert am blumenumwundenen Haar in der Mitte, doch nicht bestechen können, mehr als das Alte zu finden, eine düstere Lieblosigkeit und Selbstpeinigung, die ihren Leichengeruch mit Blumenduft verbergen, oder mit dem Witz frecher Verzweiflung wegspotten möchte. Da mir dies bei Übersetzung des Manfred entgegentrat und zugleich mit dem heutigen Streben, den Engel der Poesie in einen Pest- und Würgeengel umzugestalten, verwandt schien, obwol Byron sich hier nicht, wie die andern, in die Rippen stößt, so äußerte ich mich schon damals in einem Anhange darüber, den Sie ja noch alle Tage lesen können, und mich wundert noch heute, da Müllner, wenn es ihm bekannt geworden, es so großmüthig ignorirt hat.

Das Blatt geht zu Ende und ich muß eilen, Sie um Darleihung Ihres *Ben Johnson*,[1] den Sie mir vorigen Sommer empfoheln, zu bitten. Hilscher würde ihn wol durch seinen Commissionär Herbig an mich besorgen. Wie für Shak., verspreche ich mir auch für mein Wörterbuch manche Ausbeute; ist es mir doch jezt schon unvermerkt gewachsen, wie währender Arbeit. Denn wenn ich die frühern Studien über Mythus und seine Verwandtschaft mit Sprache, welche sie sich von selbst einreihten, nicht auch als Vorarbeit gelten lassen will, so war außer einem zu meiner Lust und Förderung ausgearbeiteten Sh. Glossar, keine zur Hand. Freilich je organischer unser Wissen zu werden strebt, desto fügsamer und beziehlicher wird es. Darüber aber sollen gar viele Leute gestorben seyn.

Leben Sie mit all' den Ihrigen wohl und meiner so freundschaftlich eingedenk wie ich Ihrer!

Ihr *Alf Wgr.*

In diesen Tagen reiste Pitischakt hier durch; denn die Polizei litt ihn nicht. Der Mann scheint mir viel besser, als sein Ruf, und ist wol mehr und besser als er schreibt. Vergaßen ja doch auch die Cyniker über alle Selbstkräftigung, daß die Culturumgebung auch aus Selbstkraft entstanden.

13. Adolf Wagner to Ludwig Tieck (II)

The present long letter concerns itself chiefly with various emendations which Wagner sent to Tieck in connection with John Nichols, *Six old plays*, London, 1779, 2 vols. Wagner seems to have made them on various marginalia in Tieck's personal copy. His work may have served as a basis for Tieck's projected translation of the above-mentioned work (Zeydel, 382). It certainly constituted part of Tieck's concern – a pioneering one in Germany – to establish Shakespeare within the framework of his age, on the basis of his own research, a scholarly effort which was to serve as a preliminary to Tieck's other, even more vast, but uncompleted project, his book on Shakespeare. This project included his *Shakespeares Vorschule*, Leipzig, 1823, 1829, 2 vols., as well as his translation of *Mucedorus*, *Das schöne Mädchen von Bristol*, and *Niemand und Jemand* – this play was published by J. Bolte in 1890 – all three of which are preserved in Tieck's "Nachlass," and were presumably planned by him to form the third volume of the *Vorschule* (Goedeke, VI, 40;

---

[1] *Sic!*

H. Lüdeke, *Ludwig Tieck und das alte englische Theater*, Frankfurt am Main, 1922, 46 f.; Lüdeke, 199 f.). The full title of the work discussed in this letter reads as follows: *Six Old Plays, On Which Shakespeare Founded His Measure for Measure, Comedy of Errors, Taming The Shrew, King John, King Henry IV, King Henry V*, and *King Lear*, London, 1779, 2 vols. It was edited by John Nichols and contained the following plays: George Whetstone, *Promos and Cassandra*; Plautus, *Menaechmi* Written in English by W. W. (W. Warner); *Taming of a Shrew, The Troublesome Raigne of John, King of England*, parts i and ii; *The Famous Victories Of Henry the Fifth; The True Chronicle History Of King Leir, And His Three Daughters, Gonorill, Ragan, and Cordella.* A line by line check with the original has revealed the great conscientiousness with which Wagner pursued his task. Except for a very few slight errors in spelling and punctuation, we found only rare misquotations: *Pr.* and *Cas.*, p. 47, "feate" for "feare"; "gargalis" is on p. 54, not p. 55; "Tysill" is *not* on p. 55; *Taming of a Shrew;* p. 174, "hop of my thum" for "Hop o' my thumb,".

It is difficult to accept Wagner's interpretation of the passage he refers to in Whetstone's preface to *Promos and Cassandra.* To be sure, there is censure in this, as there is in the judgment of English (or American) reviewers in the twenties and thirties about Goethe. In the one, however, it is basically on artistic grounds – lack of realism in the portrayal of character; in the second, Goethe is condemned for what appears to the reviewers to be his disregard of moral principle (J. Nichols, *Six Old Plays*, London, 1779, I, 4; Scott Holland Goodnight, *German Literature in American Magazines Prior to 1846*, Madison, Wisconsin, 1907, 74, 90 f.). According to Pochmann, while Carlyle placed Goethe above Schiller, the hostility to the former was fostered in America by Madame de Staël's criticism of his moral shortcomings and the hostility of those Americans "who guided the literary taste and set the intellectual pace" (Henry A. Pochmann, *German Culture in America: Philosophical and Literary Influences*, Madison, 1957, 330, 679).

Another work Tieck asked Wagner to look up was the Satires of the English dramatist and satirist John Marston (1575?-1634). In 1598 Marston published anonymously *The Metamorphosis of Pigmalion's Image, and certain Satyres.* In the same year Marston published, under the pseudonym of W. Kinsayder, already employed in the earlier volume, his *Scourge of Villainie*, consisting of eleven satires. Whereas in the sixth book of this work he had pretended that *Pigmalion* was intended to parody the amorous poetry of the time, the Archbishop of Canterbury ordered both it and *Pigmalion* to be burnt. They are coarse and vigorous but rather obscure. We were not able to discover the edition which

Wagner used. Bullen's standard edition (A. H. Bullen, *The Works of John Marston*, London, 1887, III, 263 ff.) lists these references in *Satires* I, II, III, and from the *Scourge of Villainy*, Satires II, III, IV, V, VI, VII, IX, X, and XI. In Satire VII of the latter work, p. 204 should read 'To muck rank hate' (Bullen, *op. cit.*, 347); "And brags of that which others for him done" is unpaged. It occurs in the Bullen edition on p. 271. We could not identify the reference to "whose silent name One letter bounds" (p. 218; Bullen, p. 364). The references to Shakespeare may refer to Marston's criticisms about the use of empty but pretentious rhetoric for the sake of gaining a reputation for profundity in poetry or against formlessness in its expression (p. 200, 219, *cf.* Bullen, *op. cit.*, 340, 365).

In the Introduction Bullen explains the term "kinsing," as "cutting the tails?" of dogs. It served as the basis for his *nom de plume* "Kinsayder." "It is to be noticed," Bullen continues, "that the name "Kinsayder" does not occur in the *Pygmalion* volume. The dedicatory verses to "The World's Mighty Monarch, Good Opinion," are merely subscribed with the initials "W. K.". We first find the full name "W. Kinsayder" in the address "To those that seem judicial perusers," prefixed to *The Scourge of Villainy*." (Bullen, *op. cit.*, I, xx). For an explanation of "Mortimer's numbers" and of "Burgonian's Ward", *cf.* Bullen, *op cit.*, III, 363 and 373 f., respectively.

John Horne Tooke (1736-1812) was an English politician and philologist. We could not identify Luckington.' 'mellonaggine' is an Italian word meaning 'doltishness' or 'stupidity.' 'Murray' may refer to Lindley Murray (1745-1826), an Anglo-American, born in Pennsylvania, who was a grammarian. His *English Grammar*, first published in 1795, was very popular. We could not, however, identify the work referred to in this letter. We could not identify 'Cowley' or 'Munshen.' The expression 'John-a-Stiles' is probably borrowed from a passage in Satire VII of Marston's *The Scourge of Villainy*: "Look, yon comes John-a-Noke and John-a-Stile; They are nought but slow-paced, dilatory pleas, Demure demurrers, still striving to appease Hot zealous love" (Bullen, 347). It probably refers in this context to dilatoriness. For P. G. Hilscher and Herbig, see No. 12 above.

Original: SLB.

Leipzig 12 *Jan.* 24.

Zuvörderst, mein verehrter Freund, mit meinen besten Wünschen meinen Dank für die am 12 Dec: 23 durch Wendt erhaltenen Bücher, welche hiermit zurückgehen; dann für Ihren freundlichen **Rath im** Betreff Shks. Hatte ich aber schon, nach Maasgabe

einiger Aushängebogen und Aeußerungen Fleischers über seine
Ausgabe, auch meine mäßigsten Wünsche, nur etwas mehr, als das
Gewöhnliche zu fördern, als frommer aufgegeben und beschränkt,
so freute ich mich, den philologischen Königsweg von Ihnen
empfohlen zu lesen, den ich auch hier als den sichersten, wenn auch
mühsamsten, von je erkannt. Denn des professorlichen Kunst-
gewäsches auch über Sh. haben wir nachgerade genug, und stets
habe ich gesehen, daß die wahre Aesthetik wie von selbst sich ergiebt und herausfällt aus der organisch und weltgeschichtlich
erfaßten und geschauten Geschichte der Poesie und Kunst, oder daß
beide, wie Geschichte und Idee, Eins sind. Leicht also an sich hatte
ich das Schwere nicht genommen, sondern nur einige Seiten des
Ganzen, meinen Kräften gemäß, näher zu rücken mir vorgesezt, so
daß doch eine Anlage wenigstens zu einem künftigen Bessern
gemacht würde. Ein Abdruck der Shk. Apokryphen wäre hier
folgewidrig und misständig gewesen, ja für die meisten Leser eine
unbrauchbare Zugabe vielleicht. Denn zuvörderst thäte wol Noth,
die erste *Folio*ausgabe, wie schon Horne *Tooke* rieth, oder, wenn das
Facsimile, welches Sie besitzen und *Luckington* für 4 L 10 S ver-
kauft, dasselbe ist, dies wieder abzudrucken und so, auch mit
Fingerzeigen die *mellonaggine* der *John-a-stiles* und die kritische
Päpstelei des kahlen Gottes hervorzuheben und auszujäten. Mit
gleicher Kritik würden dann die Apokryphen abgedruckt werden
müssen, und dann erst würde eine Exegese Plaz finden, wie sie
nur sich auf jenem Königswege bildet. Auch hier erwarte ich von
Ihrem künftigen, eisernen [?] doch schon gegenwärtigen Werke die
herrlichsten Aufschlüsse. Thue ich noch hinsichtlich der Exegese
etwas, so werde ich wenigstens es an Fleiß nicht fehlen lassen. Das,
wozu Sie mich so ehrenvoll aufmuntern, lächelt mich allerdings
mehr an, fordert aber mehr Studien, als ich bisher; aus Mangel an
einer hieher gehörigen Bibliothek, machen konnte. Urtheilen Sie
aus diesem allem selbst, wie sehr Sie mich durch gütige Mittheilung
Ihrer Schätze verbinden.
Ihre Besorgnis glaube ich diesmal und auch künftig zu lösen;
denn wie wol ich jezt an Murrays philos. Geschichte der Sprachen
arbeite, hab ich doch die *Six old plays* und Marston mit Eifer
gelesen. Dieser aber gehört dazu, wenn man, wie ich, *Cowley* und
Munshen entbehrt, nach welchem ich, wie nach einem Paradiese,
ich weiß nicht, ob mit gegründeter Hoffnung, schaue. Ihre Margina-
lien waren mir daher, wo ich ihre Kürze faßte, keineswegs uner-
heblich. Ihr Wunsch, daß ich Ihnen eins und das andere, was mir
beim Lesen einfiel, mittheile, ehrt mich so hoch, daß Sie mir die
Unbescheidenheit, Ihnen gegenüber zu sprechen, verzeihen müssen;
ich vergebe sie mir nur, inwiefern sie vielleicht Ihrer Güte Anlaß zu
meiner Belehrung wird. Und somit lade ich Sie ein, diesen Lustgang

mir zu Liebe stellenweis wenigstens noch einmal zu machen. Erst durch die *Six pl.!*

Pr. and Cas.[1] Die Zueigung wegen kritischer Bühnencharakteristik merkwürdig. Begriff des *decorum* als schicklicher, wahrer, organischer Haltung und Anlage der Charaktere herrlich – gegen die steifleinenen Keuschheits- und Anstandswächter! Das Urtheil, über die Engländer beinah so, wie das der jetzigen engl *Reviewers* über uns Teutsche, bei Gelegenheit Goethes. Wenn die *boyes*, die hier unter lauter Klassen von allgemeinen Charakteren stehen, nicht etwa Kinöden sind, zumal da sie neben *strumpets* stehen, und in Satyren wol so vorkommen, dergestalt, daß hier eine Art poetischer Gerechtigket anempfohlen würde,[+2] so weiß ich sie nicht zu deuten. – Das Werk selbst gemahnt mich, wie ein Dürerscher Holzschnitt, so dreist, gerade, schlicht, keck, derb! Schroffe, aber treue und wahre Nebeneinanderstellung der Gegensätze von Lust und Schmerz, Gutem und Bösem. Sie sind noch nicht genau geschieden und abgegränzt, als ausschließliche Elemente für Komödie und Tragödie; mehr noch in ihrem geheimnisvollen Keime beschlossen; immer aber durchgreifend der seiner selbst als sittlich sich bewußte und seiner gewisse Geist. Das Singen in Freude, wie in Trauer, am Schluß der Scenen, ist nicht zu übersehen.

S. 12. *And thirtie must to Trussum corde go (d.i. sursum corda,* Wortspiel mit *corda* und Strick) und kurz zuvor *yll for thirtie* besides you. Wäre daraus vielleicht *Marston's last in*[3] *thirtith slime (17b)* und *at one an thirtie being always last* zu erklären (189)?

15. *thraule,* nämlich young *Hipolito,* ist hier doch wol metaphorisch.
Were you borne in a myll curtole.
Vocativ ist *curt. wol.* Ist es aber andere vielleicht nur fehlerhafte Form für *curtail,* wie *BJ.* 6, 201 die yorksh. *curtal* hat für das gewöhnliche *curtail horse* 2, 341. und also Anspielung auf das kriechende Mühlpferd (*as any jade that tugges in a mill; Marst.* 184)? *You prate so hye* paßte dann wol. Oder ist es *courtal* (verw. mit k u r z) Purzel? Ich wäre um so mehr für das erste, da *curtol* wol an *gyrus, whirl,* quirlen, also drehen erinnert. In *Tam. a shr.* bekommen wir es in anderm Sinne.

S. 19. *Cassandra leave of thy bootlesse sute, by law he hath bene*

---

[1] Underlined twice.
[2] From "+ oder" on (as an insertion in the text after "anempfohlen würde+", above), as a note at the bottom of the page: + oder mit *pages, varlets, knaves, packs* verächtlichen Sklaven, deren Identität Horne *Tooke* erwies, Eins sind,
[3] *"last in"* written in the margin.

tride. Ihre, wenn ich nicht irre, im Altengl. Theater gemachte Bemerkung, daß die Namen im Verse nicht zählen, könnte hier wenigstens durch Löschung des *of* schwankend werden.

24. *Would cutters save whose clothes are good, I never fear'd the poore.* Unstreitig *woodcutters;* aber warum diese?

25. *Twas.* lies *I was. Nusled* ist wol nicht *misled*, sondern *nuzzled*, oder *nustled*, verzärtelt, oder versunken. Ob auch 39?

36. *Scot free*, zechfrei, ungestraft, wie 75. Nicht *should*.

38. *With cloke of right in shoe.* Ihr *in show* ist richtig. vgl. 96, 98, 104.

42. *Neckverse.* schott. der Anfang des 51 Ps. *miserere mei*, gäbe einen guten Sinn, zumal da doch *nex* oder angels. *hnecca*, Nacken, Hals, und *vertere* anklingt. 410 kommt es wieder.

44. *Wordly muck.* Schmuz, Unrath. *Gold is but muck* Sprüchw. bei *BJ.* 6, 398.

45. *At heryng cobs to daunce*, wenn sie Geld springen hören? *Bate me an ase, quoth Boulton.* Wo mag das vorkommen? Gehört hieher *Gilf.* zu *BJ.* 5, 328?

46. *Torde, thurd*, verw. *dirt*.

47. *Chi*, wie *iche, ych*, f. I. So *cham*[1] = *I am, chyll = I will.* auch *chull*. 79. *Feare* ist wol *fair*.

50. *Could never make the* (lies *thee*) *wise*.

52. *Deaft barber*, f. *deft*, tüchtig.

53. *You would a (have) brought a knave to use me thus.* Eine ähnliche Stelle aus *Beaum.* und *Fl.* führt *Johnson* in *Wb:* an.

55. *Tyssill.* Ist dies schott. für *bustle*, ich boßle, bin geschäftig, ungeduldig, kann's nicht erwarten? oder gehört es zu *whistle, wheeze*, ich keuche. Der Sinn käme auf eins hinaus. *Gargalis = gargarize.*

62. *Thyrd of life* ist metathetisch für *thread*, wie 104. Im Shk. Sturm ist Zusammenhang und Anlaß anders – wenn man dort künsteln will.

64. *Which, take I tyme, cocke for my gayne doth stand.* Ist *c.* hier Kerbholz, in dem Sinne, 'es kommt mir auf die Rechnung, oder zu gute?' Oder ist es schott. Das Ziel deren, die Steine auf dem Eise kollern? Oder endlich, ist es für *cockshut*, worüber *Gilf. BJ. 6, 473?* Oder war es ganz einfach Hahn, als Preis?

71. *Cullers = collars.*

75. *The same I would gladly pay.* Nicht vielleicht *sum?* Doch kann es auch auf *fyve pound* bezogen werden.

78. *Hobclunck*, doch wol gauwörtlich, wie *hobbit, hobhald*, Tölpel, Lümmel.

---

[1] The "a" of "cham" has a line through it, thus: "chᶏm".

79. *Punch* schott. Stoß. Verw. *pungere.*
80. *Cranke* entweder rüstig, flink, so daß der *John* angeredet wurde,[1] (wo es also mit renken verw. wäre); oder nach dem schott. Lärm, eig. Knarren eines ungeschmierten Rades. Ich zöge das erste vor, obwol das leztere zu *brauld* paßte.
81. *Growte nowle – great noll*, oder *noddle.* Oder gar Krautmuschel?
89. *He that is rytch – goes away with the hare* heißt das 'entläuft schnell, kommt davon mit blauem Auge (wie volksp. *hare* von einem Räuschchen gebraucht wird)? Oder, da es auf *neere* erinnern soll, mit dem Anhören? Oder: geht davon, wenn er gehört hat? wo es freilich *hearing* heißen müßte.
90. *Dreule,* entw. *droll,* oder das schott. mit *thrall* verwandte *droil,* Knecht, Sklav. So *dr. slave* 161. *He hath byne like to whule.* Ist das *howl,* oder *yawl?*
92. *Rusty by the rood.* Ist das: schnell auf der Straße nach der Stadt? oder: schnell mit der Ruthe, Peitsche für die Märe bei der Hand? *Roost* ist auf den Orkneyinseln ein reißender Strom. *Road, rood, rod, root* sind verw. *Scummer = cumber.*
95. *Go wraye.* Soll wol heißen *God wrays* für *wrys,* kehrt zu meinem Besten.
98. *Set cocke on hoope.* sei lustig. *Gilf. BJ.* 6, 226.
104. *Suckers = succour.*
    Menaecmi.[2] ist, wie die Verzeichnung zeigte, nur wenig geänderte, oder vervolkthümlichte Übersetzg. des *plaut.* Lustspiels. Als solche ist sie nicht steif.
117. *boll* schott. *f. bottle.*
125. *Hacsters – Plaut. elecebrae.*
139. *Benchwhistler* für das *plaut. exclusissimus.* Anschaulicher! Taming of a shrew.[2] Scheint mir, nach vielen kecken, breiten, sich von der Umgebung abhebenden und stark auszeichnenden Pinselstrichen, eher nur von Sh. überarbeitet, als ganz ihm anzugehören. Sie haben diese Stellen meist schon herausgefühlt. Zuweilen ist auch Bombast darunter, was also auf frühere Manier deutet. Ich brauche die Stellen, die ich mir angezeichnet, Ihnen nicht anzugeben. Der Abdruck scheint höchst corrupt.
164. Was ist *a little vinegre to make our divell rore?* Ist der Teufel mehr, und etwas Besonderers, als Lustigkeit, durch Wein angeregt?
166. *Oh that my lovelie* pp Ist dies vielleicht parodirende Stelle aus einem gleichzeitigen Stück?

[1] A word crossed out.
[2] Underlined twice.

169. Wenn Ihre Aenderung der *vulg. censer* in *center* nicht richtig wäre, so wäre *censer* für *incensor* kühn.

174. *Hop o' my thumb* Lilliputer, glaub' ich einmal in einer Farce gelesen zu haben.

175. *Catapie.* Ist dies vielleicht zu Gunsten der folgenden Rede, aus dem *Cataian* absichtlich gedreht?

176. *Terrene plant That blushing in the aire burnes to a stone.* Aus 184 ergiebt sich, daß, *terrene* das *mare Tyrrhenum* oder *Tuscum (Virgil. Georg.* 2, 164) ist. Das Ganze ist der Lithophyt, oder die Koralle. Beinah wörtlich wie *Ovid. Metam.* 4, 749 *ff. Nunc quoque curaliis eadem natura remansit, Duritiem tacto capiant ut ab aëre, quodque Vimen in aequore erat, fiat super aequora saxum.*

184. *Stemes* Schiffschnäbel. Wo nicht, *sterns?* Hier auf *the Terrene Maine.* Aber *pickadenaunts?*

185. *Timber,* der Prügel?

187. *Lavender* mag wol, wie der Zusammenhang lehrt, volksprachlich normännisch aus *l'avoine* corrumpirt seyn, wie *levolto* und *lavolta* ähnlich *ital.* Beweisen oder belegen kann ich es nicht. Daß aber *laid up in lavender,* pöbelhaft für versezt, verpfändet, Gevatter stehend, hier nicht paßt, liegt am Tage. *Berlady* und a. Enstellungen dieser Art zu Hunderten sprechen dafür.

193. Was heißt *with a murrin* hier und 214? *A murrain on you,* wie 122, kenn' ich wohl.

204. *Counterpoints,* wie TS. 2, 1. bunte seidene, reichgestickte[1] Bettdecken, wie heutzu Tage die sogenannten Freundschaftsdecken aus bunten viereckigen, verschobenen oder rechtwinklichten Fleckchen zusammengesezt, etwas Aehnliches. Die Franzosen nennen sie *courtepointes.* Es ist gewiß unser Gauwort *kunterbunt* und ein Beispiel von Sprachentstellung mehr.
Curtol, hier unter *arras, counterpoints, musk, pearle* pp anders als oben 15 muß Koralle seyn. vgl. zu 176, wenn Sie es nicht aus Κροταλια, Ohrperlen, abgeleitet denken wollen. *Her's no villain.* Vielleicht *here's some villainy?*

212. *I sure and like a loving piece your w.* Ihr Vorschlag *pheer* ist sehr sinnreich und die Parallele 243 sehr ähnlich. Außerdem könnte *piece* auch *trick* seyn, wie oft, ein Liebesstück, wie Freundschaftstückchen bei uns; *your worthy* eurer würdig, in eurem Sinne oder Geschmack.
K. John[2] haben Sie so schön gewürdigt, daß ich keine

---

[1] The last two words inserted above the line.
[2] Underlined twice.

Eulen nach Athen tragen will. Es hat mich durch seine düstere Gluth, großartige Eil, kecke Plastik Johanns, Philipps, Constanzens, des Mönchs, wie durch das tiefe Pathos hingerissen. Ihr *jig* im ersten Theile erinnerte mich an Bjs Antimasken. Urform des Drama, kühne Wahrheit des Lebens, Volkswunsch und Stimme und Willfährigkeit der Dichter hierin fallen hier zusammen und rechfertigen einander gegenseitig. – Die Sprachschwierigkeiten lassen nun etwas nach, auch des Abdrucks wegen.

239. *Mors* ist seltsam. Wäre nicht *pale grim death* so häufig b. Shk., ich läse **Mars**. *His* möcht' ich in Schutz nehmen und auf *his son* beziehen.

241. Sie lesen mit geringer Aenderung *rear* für *bear;* ich möchte *beat*.

255. *Fanzen* ist am Ende hier, wie 260 *jauzen*, Druckfehler für *saucy*. Die Participial – und daraus entstandene Adjectivendung *en* thut, weil sie richtig ist, keinen Eintrag.

265. *Eyes* vertheidige ich, als Sterne, gegen Ihr *skies*. Schon das folgende *eies* macht mir es kühner und Shkspearischer.

270. *Dismisse y. c.* pp scheint mir nur Ankoluth: euren Rath entlassen, oder verwerfen, meinen Staat regieren – nichts thun Johann ohne p

273. *Corzie?* Ihr **Gift** brachte mich auf *corsive*. In einer Parallele 284 steht *challenge*, was Sie, dem Sinne nach, **Gefahr** übersezten. Näher wäre es wol der ausfordernde Truz der Barone. Oder sollte man an *courtesy* als Aristokratismus denken? Doch wol kaum.

283. *Moonested circle.* Mondenkreis?

291. *Enigma's*, lies *enigmas*.
In presence. Ich läse *I present*.
Henry V.:[1] späterm = Perugino: Stephane. Aber das ist eben das Einzige an dem Herrlichen, daß er sein Schulenhaupt und seine Schule zugleich und allein ist; in ihm verbunden, was sonst der Weltgeist an mehrere und Perioden vertheilt und zerlegt.

324. *Horses* muß doch aus einer, ob auch uns unbekannten, Paranomasie der Aussprache mit *who there* entstanden seyn

336. *Rooting.* Vielleicht doppelsinnig auf *rutting* ziehend? *Ringde* mag wol für *wringed* (alte Form so gut wie *wrang*, *wrangen*) seyn. Sinn etwa: Seid Ihr so brunstig, ei so muß man (*we'll*) euch recken, foltern. Daß sich hier an ein Wortspiel (eine andere Ideen*association* reicht, wäre in der Ordnung. Doch gebe ich auf den Erklärgsversuch[2] wenig.

[1] Underlined twice.
[2] *Sic!*

350. *That i/p.* Sollte dies nicht *is* heißen?

K. Leir.[1] Bei scharfer Charakteristik scheint mir auch schon ein edleres, tieferes Pathos hervorzutreten, als in der Überarbeitung des *TaS.* weßhalb es doch vielleicht nicht so früh als jene zu setzen ist. Ich erinnere nur an die unvergleichliche Erkennung[2] scene zwischen *L.* ud *Cord.* Die Mörderscene ist eine troz der Motivirung und anderweitigen Beziehungen, zu lang. Aber Sh. ist das Werk ganz unläugbar. Sein Geist weht frisch und stark aus Sprache, *humour,*[2] Pathos, und prägnanter Tiefe, wenn auch *L.* selbst nicht so würdig gehalten ist, als in der spätern großartigern, reichern, und kunstreicher verflochtenen Conception. *Cord* und ihr Gemahl sind von so reinem Gusse und so gottmenschlich, daß sie die Seele in Schwung und Fluß ihrer Formen unwiderstehlich nachziehen. Sie mit *L.* ud Per*ill.* bilden mir einen Lenzmorgen, dessen Sonne über die[3] jungfräulich schön sich verschließende Erde und die altehrwürdigen Trümmer eines Bergschlosses (*Leir*) strahlend aufgeht und Dampf und Nebel seitwärts weiset. *Leir* ist in diesen dreien gleichsam seine eigene Metempsychose und R*eproduction.* Was er w a r, s i n d sie; – Darum bewahren und umschweben sie ihn, wie seine schon zu Engeln verselbstete Tugenden.

400. *Oh live.* Lies *leave,* hör' auf!

408. *Cooling card.* Allerdings fordert hier und 302 der Zusammenhang etwas wie n i e d e r s c h l a g e n d. Aber als Spieltropus möchte ich es belegt sehen.

415. *With finger in the eye.* Doch wol die *ital.* Geste des Brillenverkaufens, Aufbindens.

441. *Pray God, some neere you have not done the like,* daß dies nicht jemand in eurer Nähe, aus eurer Umgebung, schon gethan.

M a r s t o n[1] betreffend, so fehlt mir bis jezt noch zu viel literarisches und Geschichtsde*tail,* als daß ich ihn auch von der Seite her würdigen und fassen könnte, wo er als Exponent seiner Zeit interessant ist. Außerdem juvenalenzt er mehr, als er parisirezt. Seine *rough hew'd rimes,* deren Gesetze seine Freiheit verschmäht (194) und die oft wie Alliterationen gemahnen, sind wol der Zeit so eigen, als ihm. Er ist ein Kreuz für die Auslegung und so muß ich Sie, den Vielgewanderten, ö f t e r fragen. Es mögen wol Parodien und Anspielungen in ihm vorkommen, die nur mit

[1] Underlined twice.
[2] *Sic!*
[3] A letter written and then crossed out.

der Zeit, *d.i.* mit Lesung seiner Vorgänger und Zeitgenossen zu erfassen sind.

138. *Feak*, Fächel, errath ich.
Brags of that what others for him done, part. f. did.

145. *Trenchmore with apes.?*

146. *Surphulings* (auch 173. 207. 211) Ist das Schminke, Schminkpflästerchen?

148. *Tippet mace.* Beschlagene Säule?

176. Hier *thirtith*, 189 *at one* p (s. oben zu 12). (*Third hand* 184.188 wie *fourthhand* 176 ist deutlicher) Ist dies: verbraucht, abgegriffen, schlecht? wol gar *turdy, dirty?* Mir schwindelt.

179. *Headdy.* Ist dies Besitzen einer *hida*, oder 160 Acker? *Freehold* deutet doch auf so etwas Verwandtes. *Heady* paßt doch nicht.

182. *Vaulting* in dieser Bedeutung erklärte sich wie durch 182. *the wanton wallowing in fond delights and amorous dallying.*

193. *Honors* kann metrisch auch als Pyrrhisch stehen, da die engl. Prosodie noch loser behandelt wird, als unsere.

199. Ihre Vermuthung *pavon's traverse,* oder *pavan's,* für das corrupte, vielleicht nur gemeine *Paunis* scheint mir unbezweifelbar

204. *To make ranke hate.?*

205. *Blacksaunt of the Geate,* was noch dazu auf *speake* reimen soll. Was ist das? Der Zusammenhang fordert etwas wie Kauterwelsch, Rothwelsch.

218. *Mortimer's numbers?*
Whose silent name One letter bounds. Wer?

219. Geht wol ganz auf Shk. Man muß nur denken, daß es Ansicht ist, wie Sie schon oben 200 erinnerten.

223. Was ist *kinsing*, das auf *Kinsayder* anspielt?

225. *Sance ceo's slowe* scheint so ganz unheilbar.

226. *Burgonians ward.?*

Wäre *M.* wie er versichert, von aller Persönlichkeit frei, so würde er nicht so viel zu schaffen machen, wenn es die Individualäußrung der Züge der Zeit gilt. Übrigens das Zeitbild selbst anlangend *c'est tout comme chez nous* und da die Satyre immer nur mit aufgelösten, haltlosen Elementen am Ausgange der Zeit steht, so gleichen sich ihre Gegenstände und sie selbst fast überall. Indeß muß man aus der Noth und dem Übel eine Tugend machen, oder leztere durch und an den ersten erkennen. Und so wird auch *M.* beitragen, das Ungeziefer, das ein langer Friede nach langen Kriegen ausbrütet, kennen zu lernen, die Kinöden, Lustjäger, Schlemmer, Raufer, Stutzer, Heuchler, Quacksalber, und andre

Misstände sittliches und bürgerliches, mithin auch literarisches Lebens. –

Hier haben Sie mein bischen Armuth, unumwunden Ihnen preisgegeben. Hab' ich Sie hie und da gelangweilt, so mögen Sie theils verzeihen, theils dabei sich an manches Ihnen geläufig und lieb Gewordene nicht ungern erinnert finden. Gefällt es Ihnen, mich mit kurzen Winken zu belehren, so werd' ich es Ihnen danken. Auch hoffe ich mich mit der Zeit fester und fester zu begründen. Darum senden Sie mir unbesorgt aus Ihrem mir gütigst bezeichneten Büchervorrath, wenn es seyn kann, in chronologischer Folge von den ältesten an; die Werke mit den bessern Commentaren zuerst! Denn sie führen, oft auch negativ, zum Erkennen. Mühe scheue ich nicht und so werde ich so schnell als nur möglich ist, lesen, und über jedes Buch sorgfältig wachen. Bitten Sie nur gefälligst Hilscher, wie ich seinen hiesigen Beauftragten, Herbig, daß man die unter Ihrer Adresse gesendeten Packete beachte und fördere. Unter mehrern[1] andern kommen sie immer besser *conditionirt* an.

Die diesmal mit Bleistift von mir an den Rand geschriebenen parallelen Seitenzahlen, die leicht zu löschen sind, aber doch mir leichter zurechthalten, vergeben Sie mir wol, da Sie ja schon mit Dinte hineingeschrieben.

Shk. soll, wie er es ist, das *centrum* auch *of my soul* bleiben, und so werde ich Sie bitten, das ihn zunächst und unmittelbar angehende mir mit der Zeit möglichst nach einander zu senden.

Nochmals, vergeben Sie mir diesen langen Brief! Ich konnte nicht kürzer seyn, wenn ich Ihnen beweisen wollte, daß Sie einem wiß- und lernbegierigen aufrichtigen und treufleißigen Freund sich verbinden. Auf mehr mache ich nicht Anspruch; denn die Genieseuche hat mich nicht befallen und meine Freude ist von je gewesen, Euch hochbegabte Genien der Zeit bescheiden, aber nicht zitternd, anzuerkennen und so viel wie möglich zu erkennen. Wie der Mann im Mythus an Adler gebunden aufzuschweben und nicht zu schwindeln ist mein Stolz, den Ihr mir schon vergeben müßt.

Gott erhalte Sie uns und den Ihrigen! Ich bleibe unverändert, Ihrer Güte harrend

Ihr
wahrer Freund
Alf Wagner.

---

[1] Written above the line.

14. Adolf Wagner to Ludwig Tieck (III)

In this letter Wagner mentions some books he has recently received, discusses the Dodsley "Old Plays" collection, and develops his interpretation of two lines out of Shakespeare's *Much Ado About Nothing*. 'Euphues' is a work written by the dramatist and author John Lyly (1554?-1606). It appeared in two parts: *Euphues, the Anatomy of Wit*, 1579, *Euphues and his England*, 1580. 'Scot. trag. ball.' refers to *Scottish Tragic Ballads*, edited by John Pinkerton in 1781, while 'pieces of anc. pop. poetry' is *Pieces of Ancient Popular Poetry*, 1791, Ed. by J. Ritson. The poet, dramatist, and bookseller Robert Dodsley (1703-1764) published *A Select Collection of Old Plays* in 12 volumes, London, 1744. *The Four P's* [Palmer, Pardoner, 'Potycary', and 'Pedlar'] is an interlude by the English dramatist John Heywood (1497?-1580?), which was printed probably between 1543 and 1547. Thomas Sackville, with the collaboration of Thomas Norton, published the first English tragedy in blank verse. An unauthorized edition first appeared as *The Tragedie of Gorboduc*, London, 1565. Another undated edition appeared with the title of *The Tragidie of Ferrex and Porrex* around 1570. It was reprinted in volume II of R. Dodsley's *Collection of Old Plays*, 1744. The Göttingen literary historian, teacher of philosophy, and author Friedrich Bouterwek (1766-1828) published his *Geschichte der Poesie und Beredsamkeit seit dem Ende des 13. Jahrhunderts* in 12 volumes, 1801-1819. There is no such quotation directly in *Hamlet* as the one referred to by Wagner. However, in Act III, Scene ii Hamlet in his speeches to the Players inveighs against ranting in the recitation of lines "to split the ears of the groundlings," and against exaggeration in character portrayal or presentation of humor for similar purposes of popular entertainment. The two lines cited by Wagner from *Much Ado About Nothing* appear in *A New Variorum Edition of Shakespeare* as follows:

Much Adoe About Nothing
Act V, Scene 1, 11. 18-19:
If ſuch a one will ſmile and ſtroke his beard,
And forrow, wagge, crie hem, when he ſhould grone,

The four variants Wagner suggests "sorry," "wage," "walve," "gagge" are not listed by Furness among his variant readings; 'And sorrowing cry hem!' is listed under B. Heath: *Revisal of Shakespeare's Text*, London, 1765, p. 109; T. Warton: *History of English Poetry*, London, 1775; J. O. Halliwell (Folio Edition) 1856. Furness' general comment on the line "And sorrow, wagge, crie hem" is as follows: "It is to me far preferable to consider this line as irredeemably corrupt than to accept any emendation, or any punctuation, that has been hitherto proposed... Let us unflinchingly consign this line to any limbo that will receive it, and, beyond a peradventure, our enjoyment of this delightful play will not be by one hair's breadth diminished" (Horace Howard Furness, *A New Variorum Edition of Shakespeare*, Philadelphia, 1900, second Edition, XII, 238-241).

Original: SLB.

Leipzig 19/3 . 24.

Ihrem Wunsch gemäß, verehrter Freund, will ich Ihnen hiermit melden, daß ich vorgestern *Euphues; Scott. trag. ball.*; und *pieces of anc. pop. poetry* erhalten. Daß ich diesmal auch mit den 4 Bänden *Old plays*, die Sie mir gütigst mittheilten, länger zaudere, als wir wol beide wünschen, müssen Sie theils meiner Überhäufung, theils aber und vorzüglich meinem Rheuma zuschreiben, womit mich die alte, jezt überall Gicht spürende Sonnenbuhle Erde so heimsuchte, daß besonders ein wüthender Ohrenschmerz, der nun in Backenreißen abklingen will, mich nun sieben Wochen lang um vieler Nächte Ruhe und vieler Tage Arbeit gebracht. Die Heilunkunde steigerte, wie immer, den Unmuth, Aerger und Ingrimm, indem sie nichts vermochte, als das freilich heftige Entzündungsfieber brechen, womit die Tragödie begann. Hätt' ich nicht das alte Hirtenmittel, frische Schafwolle mit natürlichem Fett aufzulegen, vergriffen (das ich Ihnen empfehlen kann) so wär' ich wahrscheinlich noch weiter zurück. Jezt hoffe ich, da ich gegen die kosmischen Veränderungen sensitivenartig mich verhalte, von[1] bestimmtem Halt und Charakter der Jahrszeit die volle Genesung. Daß mir unter diesen Umständen entweder Lust, oder noch mehr, Kraft verging, versteht sich von selbst. Indeß werde ich alles thun, um nun Ihnen bald wenigstens etwas zurückzusenden. Freilich muß ich schon mühsamer lesen, als Sie, da ich, was ich bei Büchern, die ich besitze, auch nicht thue, excerpiren muß.

Für meine Mittheilungen bat und bitte ich um Verzeihung. Viele mögen wol bloß wie kindische Freude in einer neuen, noch nicht besuchten Gegend aussehen und daher dem Vielgewanderten unanziehend, unbeholfen und überflüßig geschienen haben. Aber ein Schelm giebt mehr, als er hat und wenn Sie nur eins oder das andere nicht aller Beachtung unwerth gefunden, so ist das dem gelehrigen Laien schon genug. Die *Dodsley*sammlung hat nun schon minder Schwieriges, wiewol sie auch manchmal in der Noth verläßt. Soll ich aber sagen leider hat sie schon zuviel von dem *old spelling* gezüchtiget. Merkwürdig aber ist dieses Weißeln vor der Morgen-

---

[1] Written above a word that is crossed out.

röthe der dramatischen Poesie, und ich sehe wieder, wie wenig wir von den Bouterwecken über dergleichen erfahren. Wie tüchtig, derb und doch spreizend (wie nach Hamlet der Wiz der gemeinen Leute seiner Zeit) ist der Wetteifer und die Ausgleichung in den *Four P's*! Welcher staatsmännliche Geist und welche Beredsamkeit springt aus *Sackvilles Ferrex and Porrex* bei aller dramatischen Unbehülflichkeit! Welchen geistigen Überblick des Ganzen setzen die übrigens einseitig allegorischen *dumb shows* voraus! Kurz, überall zeigt sich doch eine plastische Gediegenheit der Zeit und des Seyns, wenn auch nicht der Vorstellung. Mit verdoppeltem Eifer werde ich nun die gütig geliehenen Schätze durchsuchen. Schlimm, daß die gelehrten Ausleger so wenig wissen! Und doch wieder spaßhaft! Neulich gerieth ich auf so etwas, wie mich wenigstens dünkte, in *Shkp Much ado* S, 1.

If such a one will smile and stroke his beard;
In sorrow way; cry hem when he should groan pp

Wie zermartern sich die Herrn mit Erklärungen (*wag* Possenreißen, Verbesserungen (*sorry-wage-walve-gagge*)! Mir schien, troz des kritischen Gesetzes, die schwerere Lesart zu wählen, als möchte

And (was die älteste Ausg. hat) *sorrowing cry hem, when* p doch wol am ersten und leichtesten treffen. Was meinen Sie?

Doch für heute will ich nicht mehr schreiben, sondern mich nur Ihrer Liebe und Freundschaft empfehlen, wie den Ihrigen. Hat denn der vermaledeite Bastartwinter Sie ungeneckt gelassen?

Immer

Ihr
Alf Wagner

15. Adolf Wagner to Ludwig Tieck (IV)

Tieck had approached Friedrich Arnold Brockhaus through the mediation of Wagner concerning the publication of *Shakespeares Vorschule* as early as 1820. This work appeared in two volumes in 1823 and 1829. Since Friedrich Arnold had died in 1823, the work was continued by his son Heinrich (1804-1874). The Brockhauses were loyal to Tieck and tolerated his many caprices and attempts to prejudice their interests or play off other publishers against them. Besides *Shakespeares Vorschule* just mentioned they published *Solger's Nachgelassene Schriften* (1826), ten of the "novellen" in their almanac *Urania* (1825-1840), Bülow's *Novellenbuch*, in four volumes, 1834-1836, Dorothea's translation of Cervantes' *Persiles und Sigismunda*, 1838, and Sparks' *George Washington* (1839), the *Kritische*

Schriften (1848-1852), and Köpke's biography of Tieck (1855) (*cf.* Zeydel, 282; *Letters of Ludwig Tieck*, 45, 74, 253, 342, 381, 496, 505, 506; *Tieck and Solger*, 110). In a letter from Wagner to Ludwig Tieck, dated Leipzig 9. November, 1823, reference is made to the fact that the Leipzig publisher Ernst Gerhard Fleischer (1799-1832) was in the process of publishing a complete edition of Shakespeare. Wagner was supposed to furnish a glossary for the second part of it (Holtei, IV, 271). We were unable to discover the title of this edition. The present letter apparently refers to a supplement to the above edition containing Shakespeare's apocryphal works on which Wagner would be the editor and for which the former solicits Wagner's collaboration. In a later letter to Tieck, Wagner refers to his plan of publishing a critical folio edition of all of Shakespeare's works with a "respectable" publisher (Leipzig, am 24. Jan. 1830, Holtei, IV, 273 f.). However, the second like the present project apparently remained unpublished.

As Wagner correctly suspects, William Henry Ireland (1777-1835) was a forger of Shakespearean manuscripts. In this he had been aided by the actor and manager Montague Talbot (1774-1831). The latter surprised Ireland's secret, conniving at it, and incurring suspicion of participation. He had lived in Dublin from 1792-1795, 1796-1798, and after 1800 becoming in 1804 the head of the Dublin company. The exact text of the first reference on page two of this letter reads as follows: "Toe Masterr Burbage I give as folwithe from the Cheste afs^d. mye 2 Playes of Cymbeline ✝ Othello together with mye chosē Interrlude neverr yette Impryntedd ✝ wrottenn for ✝ bye desyre of oure late gracyowse ✝ belovedd Quene Elisabethe called ye Virginn Quene ✝ playde 3 tymes before herreselfe att the Revells..." The second one is: "I allsoe give toe s^d. Chylde ye eyghte Playes thatt bee stylle inne s^d. Cheste as allso mye otherr Playe neverr yett Impryntedd called Kynge Vorrtygerne..." They appear in the so-called "Deed of Trust to John Hemynge" in the *Miscellaneous Papers and Legal Instruments Under the Hand and Seal Of William Shakspeare: Including The Tragedy of King Lear And A Small Fragment of Hamlet, From the Original MSS. In the Possession of Samuel Ireland Of Norfolk Street*, London, 1796 (Folio facsimile copy, pp. 2, 3). The final quotation appears as Wagner presents it here in *Mr. Ireland's Vindication of his Conduct, Respecting The Publication of the Supposed Shakspeare MSS. Being A Preface or Introduction To A Reply To The Critical Labours Of Mr. Malone, In His "Enquiry Into The Authenticity of Certain Papers, ec. ec.,"* London, 1796. Wagner accurately quotes Talbot on page 15 of this book, from a letter written by him from Carnathan, November 25, 1795 (*ibid.*, 12, 15, 17).

Misled by his son, Samuel Ireland, an engraver and author,

published in 1795 the *Miscellaneous Papers and Legal Instruments,* etc., the work mentioned above. He had the fullest belief in their authenticity. However, the hostile criticism of the important Shakespearean critic Edmund Malone (1741-1812), in *An Inquiry into the Authenticity of certain Papers attributed to Shakespeare, Queen Elizabeth, and Henry, Earl of Southampton,* 1796, and others, and the unsatisfactory account of the source of the papers, made him demand a full disclosure from his son. The younger Ireland at last confessed his fraud and published in 1796 an *Authentic Account of the Shakespearean MSS,* and in 1805 a more elaborate *Confession,* entirely exculpating his father and making a full admission. In 1796 the discovery of a whole new play *Vortigern* was announced. Sheridan purchased it for Drury Lane theater, but its performance on April 2, 1796 was greeted with shouts of laughter. This was published as *Vortigern An Historical Tragedy, In Five Acts; Represented At The Theatre Royal, Drury Lane. And Henry The Second, An Historical Drama. Supposed To Be Written By The Author Of Vortigern.* (By S. W. H. Ireland) London, preface dated, 1799. *Vortigern* was reprinted in 1832.

The quarto editions of *Hamlet* date from the years 1603, 1604, 1605, 1611, (two quartos date from this year), and 1637. The chief fame of the actor John Heming or Hemminge (1556?-1630) rests on the publication by himself and Condell in 1623 of the first folio edition, the first collected edition of Shakespeare's plays. In 1743-4 there appeared in Oxford T. Hanmer's edition of *The Works of Shakespear in six volumes, carefully revised and corrected by the former editions.* Goethe's proverb 'Was man in der Jugend wünscht, hat man im Alter die Fülle,' first appeared as a motto to the second part of his *Aus meinem Leben. Dichtung und Wahrheit,* Tübingen, 1812.

Original: SLB.

Leipzig 11/3. 1825.

Verehrter Freund!

Zu Ihrer Beruhigung, wenn meine Ordnung und Liebe zu Ihnen nicht hinlänglich ohne dies bürgt, beginne ich mit der Versicherung, daß die 3. Bücher, die ich noch von Ihnen habe, nun nächstens folgen. Nützen mußte ich sie und konnt' es, überhäuft, doch nicht schneller. Das müssen Sie mir schon verzeihen.

Nun aber komm' ich mit einem Wunsch und einer Bitte, welche einem früher von Ihnen gehegten Wunsche entgegen kommen und ihn, wenn Sie wollen, verwirklichen können. Was Sie nämlich vor einigen Jahren den sel. Brockhaus antrugen, und was zu einer übersezten Vorschule Shks umschlug, will Ernst Fleischer mit einer kleinen Abänderung unternehmen. Unter dem Titel *Shakspeareana* will er nämlich einen Band (als Ergänzung für seine und alle Ausgaben) derjenigen Schauspiele drucken, welche die höhere Kritik, nicht die *plum pudding critic* der Landsleute des Göttlichen, Shksn zuschreiben muß und mag. Mit diesem Unternehmen würde nun eine Untersuchung eingeleitet und auf die Bahn gebracht, welche gewissermaßen Vorläufer Ihrer künftigen Entscheidung in Ihrem, nur zu lange vorenthaltenen Werke über Sh. wäre. Dazu nun würden wir Sie herzlichst bitten, zuvörderst a) anzugeben, welche Stücke Sie Shn *vindiciren?* b) was Sie davon haben, auch die in der Verhandlung mit Br. angegebenen Handschriftlichen, mittzuheilen. Dabei würde i c h nun mir von Ihnen Belehrung erbitten, was es mit dem von *Ireland* herausgegebenen *King Lear,* wogegen *Malone* stritt, für eine Bewandnis hat? und welche mit dem dort in *Deed of trust to John Hemynge* angeführten *Interlude never yette imprynte[d] and wrotten for and by desyre of our late gracyowse and beloved Queene Elisabeth called ye Virginn Quene and playde 3 tymes before herreselfe at the revells.* (sind das die *merry wives?*) dann mit dem *other playe never yet imprynted called Kynge Vorrtygerne,* wovon es in *Ireland's vindication of his conduct p Lond.* 1796. S. 15 in *Talbot's* Brief heißt: *Whilst I was in Dublin, I heard to my great joy and astonishment, that Sam had discovered the play of Vortigern and Rowena.?* Ist jener *Ireland* ein Betrüger? Darf man ferner den jezt in England so gepriesenen *Hamlet* aus der Quartausgabe für mehr halten, als jedes andere der frühern Quartausgaben vor der ersten *folio,* nämlich aus Einhelfbüchern und Rollen zusammengestoppeltes, das *Hanmer* vielleicht eben darum absichtlich nicht benüzte? Ich ahndete so etwas. Vom Ausgang der *Ireland*schen Sache liegen mir weiter keine Acten vor. Hierüber wünsche ich Ihre Belehrung.

Damit nun Sie bei dieser Sache, indem Sie jezt, wie ich wohl weiß, überhäuft sind, nicht weitere Mühe haben, so würde ich die Red*action* und Herausgabe besorgen, so fleißig als es mir nur immer möglich wäre. Was Sie dabei, oder vorher zu bemerken nöthig fänden, würde ich Sie ersuchen mir anzudeuten.

Das Unternehmen dünkt mich in jeder Hinsicht der Ausführung werth und muß die im Argen liegende Kritik des Shkn. Textes und Shs. selbst (mir ist alle Kritik neu ausgleichend, Harmonie fördernd) fördern. Wollen Sie nun, der es a l l e i n kann, hiezu mitwirken, was wir freundlich von Ihnen erbitten, so melden Sie mir es b a l d i g s t nur mit einigen Zeilen, und Fleischer wird dann selbst s o f o r t zu Ihnen nach Dresden kommen und Ihre Wünsche und Forderungen, die Sie mir früher selbst billig angaben, vernehmen. Schön wär'es, wenn das Goethesche 'was man in der Jugend wünscht, hat man im Alter genug,' auch hier wahr würde; und ich wünschte in alle Pulse Ihrer Liebe zu Sh. einwirken zu können, damit wir keine Fehlbitte thäten. Es muß solch ein Zankapfel wieder hingeworfen werden, wenn nicht alles stecken soll. Ihre angefangene Vorschule leidet darunter nicht, sondern eins kann nur das andere empfehlen und fördern.

Wendt läßt Sie grüßen und Ihnen melden, daß er zwischen Ostern und Pfingsten Sie in *D.* sehen wird. Ob nicht ich auch im Laufe dieses Sommers dasselbe thue, da meine Gesundheit es fordert, kann ich mindestens jezt noch nicht genau bestimmen, hoffe es aber doch, wenn es nur irgend möglich ist.

Und nun leben Sie wohl, heiter und glücklich mit all den Ihrigen, die ich herzlich grüße. Erhalten Sie mir Ihre Liebe, wie ich nie aufhören werde, Sie zu lieben und zu ehren, herzinnigst

Ihr
Alf Wagner

16. Adolf Wagner to Ludwig Tieck (V)

We were unable to discover any more concerning the nature of the financial involvement discussed in this letter. For A. F. Bernhardi, *cf.* I, 6. For his nephews, *cf.* II, 10. Johann Karl Roessler, a popular Dresden painter, made a portrait of Ludwig Tieck in the early twenties. Count Matteo Maria Boiardo (1434-94) was an Italian poet. His *Orlando Innamorato* is considered one of the most important poems in Italian literature, since it served as a model for Ariosto's *Orlando Furioso*. The poem, which Boiardo did not live to finish, was printed at Scandiano the year after his death, but Niccolo degli Agostini, an indifferent poet, continued the work commenced by Boiardo, adding to it three books, printed at Venice in 1526-31. The sixteenth century Italian literary scholar, Louis Domenichi, published a stylistically completely revised edition of Boiardo's *Orlando innamorato* Venice, 1545. Wagner must subsequently have changed his mind concerning 'F' who is undoubtedly the Leipzig publisher E. Fleischer. At any rate, an edition of *Il Parnasso italiano continuato* which contained the *Orlando innamorato*, appeared in Leipzig in 1833 with E. Fleischer as publisher (W. Heinsius, *Allgemeines Bücher-Lexikon*, VIII, Leipzig, 1838, 96). The editor is not given in this bibliography. The *Parnasso Italiano*, containing important works by Dante, Petrarch, Ariosto, and Tasso, appeared under Wagner's editorship, and with E.

Fleischer as publisher, in 1 volume in 2 parts, Leipzig, 1826 (W. Heinsius, *ibid.*, VII, Leipzig, 1828, 148; Goedeke, VI, 457). Another edition – the *Teatro classico italiano, antico et moderno ovvero: Il Parnasso teatrale* appeared with E. Fleischer as publisher in Leipzig 1829-1832. Very likely this too was edited by Wagner, although the editor is not mentioned in Heinsius (*ibid.*, VIII, 321). In 1803, Isaac Reed (1742-1807) produced an elaborately revised version of Shakespeare in 21 volumes, based on Steevens' corrected copy, which is generally known as the 'first *variorum*.' A reissue of 1813, known as the 'second *variorum*,' contains little new matter; the third and best 'variorum' (of 1821) which was begun by Edmund Malone and completed by James Boswell the younger, has many additions of value. The catalogue of Tieck's library for the year 1849 lists an edition by Isaac Reed of Shakespearean *Plays* in 12 vols. London, 1809, and another of his *Dramatic Works* 'from the text of Johnson, Steevens, and Reed,' Paris, 1838 (*Catalogue de la Bilbliothèque Célèbre de M. Ludwig Tieck*, Berlin, 1849, 86) but none of the above. It also does not list the so-called 'Sydney Papers.' These were published by Arthur Collins (1682?-1760), and deal with letters and memorials of state from the reign of Queen Mary to Oliver's usurpation, in 2 vols. in 1746. For Johann Gottlob Quandt, see Letter 11 in this Chapter.

Original: SLB.

Leipzig 3ten Okt. 28.

Mein verehrter, theurer Freund!

Da mein Unstern wollte, daß ich Sie auf meiner Rückreise im Anf. Sept. nicht in *Dr.* traf, so hinterließ ich den *Bojardo* Domenichi bei Rösler, durch welchen Sie ihn nun entweder erhalten haben, oder erhalten werden. Unterdessen erwartete ich Sie auch hier wieder, aber ebenfalls vergebens; und so muß ich denn endlich zur Feder greifen, um Ihnen Kunde von etwas zu geben, das Sie unstreitig sehr interessirt. Durch eine dritte Hand nämlich habe ich hier erfahren, wie in einer hiesigen Winkelclique von Tagblättlern und Romanfabricanten bekannt ist, daß Ihr traglicher Briefwechsel mit B.[1] dem Vater, von dessen werthem Söhnlein bei St.[1] in G.[1] für eine Summe, ich weißnicht[2] ob von 120 oder 160 Rth. versetzt, oder verpfändet worden. ¸Wiewol nun der Pfandinhaber, so viel ich höre, kein unedler Mensch seyn soll, so muß es Ihnen doch unangenehm seyn, in den Mäulern eines X.Y.Z.[1] und wie sie weiter heißen mögen,

[1] These names seem to have been purposely crossed out.
[2] *Sic!*

herumgetragen zu werden, oder auch befürchten zu müssen, daß das[1] "*Comtoir*" in Gotha vielleicht Jagd auf diesen Briefwechsel mache, falls Ihr Neffe das Pfand nicht einlöste pp. Nun möchte allerdings auf dem Wege Rechtens von diesem Erbe des Sohnes nichts, oder wenigstens langsam und nicht ohne Ansehn etwas zu verlangen seyn, und es fragt sich daher: ob und wie viel Ihnen an der Auslieferung jener Briefe gelegen, und ob Sie vieleicht auf gutem, aber schnell und augenblicklich mittels persönlichen Beauftragten überraschenden Wege ihn von St.[1] gegen Zahlung einlösen wollen, oder wie Sie sonst etwa operiren mögen. Der gegebene Rath schien mir freilich der beste, so weit ich sehen kann. Mir genügt indeß, Ihnen mindestens Nachricht gegeben zu haben, und zu wünschen, daß Alles ohne Aerger und Aergernis abgemacht werde. Daß meine freundschaftliche Besorgnis in dem Unwesen jener verächtlichen Scriblergilde, deren Glieder leider allenthalben verbreitet sind, und die vom Scandal lebt, mindestens nicht ganz grundlos ist, begreifen Sie selbst, wie großherzig S i e immer dergleichen Ränke verschmähen. Es gilt indeß unter solchen Umständen klug wie Schlangen und ohne Falsch, wie die Tauben, zu seyn. Handeln Sie nun nach eigener Klugheit!

Mein kritisch bearbeiteter Text des *Bojardo* und sogar seines elenden Fortsetzers *N. Agostino* liegt seit einem Vierteljahr druckfertig bei F.[leischer][2]. Es hat aber diesem dünkel- und launenvollen hebräisch-englischen Lord noch nicht gefallen, den Druck zu beginnen. Dies sowol, als sein übriges fabrikherrn- und pflanzermäßiges Betragen gegen mich bestimmt mich, diese Arbeit die lezte für ihn seyn zu lassen und ganz mit ihm zu brechen, indem ich nur Aerger, Undank und Geldeinbuße für angestrengte, beharrliche und schwere Arbeit zum Lohn habe. Ich werde daher weder *am teatro ital.*, worin er meine Idee durch eine krämerhafte Berechnung verpfuscht, noch am *Parnaso* Antheil nehmen und verhalte mich nun leidend, bis es gilt, um so mehr, da er mich offenbar mit *Bojardo* chi*canirt*. Doch dies sind *odiosa*, die ich nur erwähne, um Sie auf den richtigen Standpunkt zu setzen, das entstellte Verhältnis zu durchschauen. –

Ein Freund fragt hiemit bei Ihnen an, ob er nicht Reed und die Sidneypapers von Ihnen auf einige Zeit geliehen bekommen könne, wie er denn überhaupt wünscht, was etwa einigen Aufschluß über Sh.s lyrische Gedichte geben könnte, zu erfahren. Wollten Sie, gütig wie Sie sind, hierin willfähren, so würden Sie auch mich verbinden. Es fände sich wol eine Buchhändlergelegenheit, oder Freund *Quandt*, der den 14 dieses, wie mir *Fr. v. Q.* schreibt von

---

[1] Something is crossed out here.
[2] Only the "F" remains, the rest of the name is crossed out.

dort abreiset, um uns zu besuchen, brächte wol auch, was Sie ihm anvertrauten, mit.

Übrigens wünsche ich, daß diese Ihre nun bestandene Reise den vortheilhaftesten und dauerndsten Erfolg für Ihre Gesundheit haben möge, empfehle Ihnen und all' den Ihrigen meine Frau und mich bestens und bin mit gewohnter Achtung und Liebe

[1]

Ihr

treuer Fr.

Alf Wagner

17. Adolf Wagner to Ludwig Tieck (VI)

The two plays referred to in this letter by the poet and playwright Anthony Munday (1553-1633), *not* Monday, are probably his best extant plays: *The Downfall of Robert Earl of Huntingdon, afterwards called Sir Robin Hood of merrie Sherwodde* originally produced in February 1598-9, and reproduced by Henry Chettle for performance at court on November 18, 1599; and *The Death of Robert Earl of Huntingdon* written shortly afterward and published in 1601, in which Munday and Chettle regularly collaborated. The comedy *The Ball* was licensed on November 16, 1632 as by George Chapman (1559-1634) and James Shirley (1596-1666) and printed in 1639. There is no reason for supposing that Chapman had a material share in the composition of this comedy. Giordano Bruno (1548-1600) was an Italian philosopher and representative of late Renaissance thought. This work appeared as *"Bruno Nolano, Giord., Opere,* ora per la prima volta racc. e pubbl. da Dr. Ad. Wagner," Leipzig, 1830, Weidmann, 2 vols. (Wilhelm Heinsius, *Allgemeines Bücher-Lexikon*, Leipzig, 1836, VIII, 118). Lugi Lanzi (1732-1810) was an Italian archaeologist. He was appointed in 1773 as keeper of the galleries of Florence, and studied Italian painting and Etruscan antiquities and language. One of his most important works is: *Storia Pittorica della Italia*, 2 pts., 1792-1796. Goethe published his correspondence with Schiller in six volumes in 1828 and 1829. The fourth and fifth volumes appeared in 1829. The main work of the philosopher Johann Jakob Wagner (1775-1841) was his *Organon der menschlichen Erkenntnis* published in Erlangen in 1830. Wagner's brother-in-law was Amadeus Wendt, for whom *cf.* the letters above. Wagner spent his last years on the estate of Count Hohenthal in Großstädteln near

---

[1] The place and date, repeated as at the top of this letter, but with 'Oct.' substituted for 'Okt.,' and '1828.' for '28.', are crossed out.

Leipzig. Quandt settled permanently in Dresden in 1823. Near it he bought the knightly estate of Dittersbach in 1830. He became ennobled in 1820. His wife was a daughter of the author August Gottlieb Meißner.

Original: SLB.

Leipzig am 27 Okt. 29.

Mein verehertester Freund!

Hätte ich Sie nicht, seitdem ich Sie kenne – und Sie standen früher, als Sie es selbst wußten, mit mir einmal in Berührung – geliebt und verehrt, ich hätt' es in unserm lezten, wenn auch kurzem, Spätsommerverkehr gelernt, ja gemußt – so lieb und freundlich, so offen und herzlich haben Sie uns aufgenommen, so vielseitig und lehrreich war mir Ihr Gespräch, daß ich, weiß ich auch nicht ein anderes Warum, als eben mein Gefühl, Ihnen eben diesmal näher getreten zu seyn höchst freudig und herztief fühle. Und dies Gefühl lassen Sie mir immer unverkümmert, ja befestigen Sie es durch die Fortdauer Ihres Wohlwollens und Ihrer Liebe! Mag sie doch immerhin geist- und kenntnisreichern Männern, als mir, gehören, würdigern innerhalb ihres Gebiets und treuern kann sie nicht werden.

So viel mußte ich Ihnen sagen, indem ich unsern guten und edlen Quandt mit den 3 beifolgenden Dramen und meinem Dank für die Mittheilung zu beauftragen gedachte. Besonders die beiden von *Monday* haben mich gefreut, einmal des romantischen, wie alter Mythus klingenden Stoffs wegen und dann, weil doch Leben und Freiheit, und damit Styl darin ist. Wie schön ist der Tod des Helden! wie mild und edel, ja den kühnen excentrischen Gang, der so Wahl als Geschick scheint, rechfertigend, sühnend, adelnd die Haltung der Heldin bis an's Ende! Die feste, sichere Zeichnung einzelner anderer Charaktere will ich gar nicht erwähnen, so wenig als die daraus hervorgehenden Si*tuationen.* – Auch Shirleys *The ball* hat treffliche komische Züge, wie das leichte Foppen der Liebhaber, das phalanxmäßige Anrücken gegen die Schelmin, und den Sieg des verständigen, gewandten einen Liebhabers. – Die drei übrigen Numern der *Series* konnte ich bis jezt noch nicht lesen, wie jene, womit ich Ihrem Wunsche genügen wollte. Denn meine Ausgabe des *Giordano Bruno*, die Reimer noch auf alte Rechnung haben will und die deßhalb zu Ende läuft, forderte die Vollendung einer Einleitung, welche biographisch, literarisch und philosophisch, in Gotha angefangen und[1] mehr entworfen, hier ausgeführt und überarbeitet werden

---

[1] A word is crossed out.

mußte. Wie ich mich in fremdem *Idiom* bewegt, mögen Sie und andre unbefangene Kenner entscheiden. Wie wenig bei diesen Werken gerade die Italiäner zu berücksichtigen seyn mochten, für welche zu seiner, wie zur jetzigen Zeit *Bruno* noch immer viel zu früh kommt, so mußten doch einige polemische Aeußerungen die Einleitung schließen. – Eben so hat mich eine Ansicht der Geschichte der *ital.* Malerei, welche mir im Verlauf einer Vorrede zum *Lanzi* aufging, festgehalten und zu manchen zum Theil mechanischen Studien veranlaßt, die am Ende mehr Vor- und Nebenarbeiten für mein Wissen, als für Mittheilung sind. – Daneben warten der 4 und 5 Bd des Goethe-Schillerschen Briefwechsels, JJ Wagners Organon der menschl[1] Erkenntnis, dessen klare und ruhige Darstellung ich manchem unserer Philosophen wünschen möchte.

Mein Schwager, der Sie herzlich grüßt, war gleich vom Anfange seines Besuchs etwas bange vor dem Abschied von seiner Vaterstadt und seinen Freunden, bei welchen er nicht herumkommen konnte, so daß die Zeit schnell vorüberging und an eine Zwischenreise nicht zu denken war. Kaum daß er seinen Hohenthal zweimal besuchen konnte, der jezt als Gatte und Vater eines ihm ähnlichen Mädchens sehr glücklich in ländlicher Zurückgezogenheit lebt. Auch *Quandt* und ich besuchten ihn vorige Woche und wir freuten uns seines Glücks und der anspruchlosen wienerischnaiven Hausfrau. Unser *Quandt* ist nun Herr auf Dittersbach. Wer von uns wird ihn wol dort eher besuchen? Die Lage und Beschreibung des Guts machen es schon eines Besuchs werth.

Nun aber genug für ein Briefblatt, zu wenig für meinen Wunsch, lieber bei Ihnen selbst zu seyn und so manchen stürmischen Winterabend zu überhören. Grüßen Sie die Frau Gräfinn und Ihre Lieben alle von meiner Frau und mir aufs Beste, und behalten Sie mich so lieb, als wir Sie.

Mit Herz und Sinn
[2] Ihr
Alf Wagner

18. *Dorothea Tieck to Johanna Steffens*

This letter is addressed to "Hannchen," i.e., Dorothea's cousin Hanne (Johanna) Steffens (b. 1784), a daughter of Reichardt and a niece of Tieck's wife. "Fraülein Weiss" is probably a daughter

[1] *Sic!*
[2] The place and date, repeated as at the top of the letter but with 'Oct.' substituted for 'Okt.'; and '1829.' for '29.', are crossed out.
(The letters from Wagner to Ludwig Tieck are concluded in Chapter III).

of Johann Gottlieb Christian Weiss (1790-1853), who acted in Hamburg from 1816-1825, and on the Berlin stage from 1825-1852. Tieck actually did go to Teplitz the following year, 1824 (Köpke, II, 36). To judge by this letter, Frau von Gröben was the mother of Frau Solger, née Henriette Gröben. She, like her daughter, was apparently a friend of the Tiecks. The letter addressed by Amalie Tieck to Frau von Gröben (*Letters of Ludwig Tieck*, 435 f.) must come from about the same time, because there are references in both to similar symptoms for Agnes' illness ("Colik," protracted illness). Tieck's *Zerbino* was published in 1799, his *Kaiser Octavianus* in 1804. His dramatic readings which reached their height during his Dresden period were celebrated throughout the cultural world (Zeydel, 231 f.). For "Malsburg" and "Kalckreuth," see II, 4. "Schleiermachers" refers to the famous romantic theologian Friedrich Daniel Ernst Schleiermacher (1768-1834) and his family. We were unable to identify "Pusold." In 1829 Wilhelm Hensel married Fanny Mendelssohn-Bartholdy (1805-1847), a sister of the famous composer Felix. She possessed unusual musical talent. Her Sunday afternoons which were devoted to music were attended by the whole musical world of Berlin. For "Raumer," see II, 4; for "Wolf," see I, 11; for "Friedrich Tieck," and the "Rauchs," see I, 13, 14. Philipp Eduard Devrient (1801-1877), one of three famous brothers, was an actor and playwright in Berlin, who in 1844 went to Dresden as chief "Regisseur." He had known Tieck for many years. "Madame Devrient" refers to the famous opera singer Wilhelmine Schröder (1804-1860) who with short interruptions appeared on the Dresden stage from 1823-1847. She married Karl August Devrient (1797-1872) in 1823 but divorced him in 1828. See also, II, 4. Karl August was engaged in Dresden from 1821 to 1834. *Libussa* was an opera by J. B. Bernard, music by C. Kreutzer. Its first performance occurred at Dresden on November 8, 1823. *Fidelio*, the famous opera by Beethoven, was first performed at Dresden on April 29, 1823. According to Proelss, Rossini's *Mosè in Egitto*, was first produced at Dresden, October 22, 1823 (R. Proelss, *"Geschichte des Hof-theaters zu Dresden*, Von seinen Anfängen bis zum Jahre 1862," 1878, 640; for other items, *cf. ibid.*, 640, 641). *Euryanthe* was an opera by Karl Maria von Weber which was not produced in Dresden until the following year, March 31, 1824. "Möllers" were the family of Amalia Tieck's sister. Tieck had first met the Norwegian philosopher J. N. Möller (1777-1862) around 1801 through Steffens. Later Möller married a sister-in-law of Tieck and settled in Vienna. One of his other "Gründe" for moving there may be the fact that Möller had become an ardent Catholic in 1804 (Köpke, I, 292 f.; Zeydel, 124) and found it difficult to live in any but a Catholic country. Amalie and Dorothea herself became converted to Catholicism some time before the summer of 1805 (Zeydel, 125). "Johann" and "Mariechen" were probably cousins of Dorothea and members of the Möller family. "Prinzess Cunigunde" was a member of the Saxon royal family. For "Reimers" see II, 4.

Copy: DSB.

Dresden den 9ten Nov. 1823

Ich habe mich sehr gefreut, liebes Hannchen, einmal wieder etwas von Ihnen zu hören, und Ihr Brief ist so hübsch und ausführlich, daß man Ihr ganzes Leben und Ihre Meinung daraus sehen kann. Gern hätte ich Ihnen gleich geantwortet, doch hoffte ich immer die Fräulein Weiß, welche mir Ihren Brief gebracht hat, erst noch wieder zu sehen. Da sie aber gar nicht wieder zu uns gekommen ist, und ich noch nicht weiß, wann sie nach Berlin zurück geht, will ich Ihnen die Antwort nicht länger schuldig bleiben. Als die Weiß mir Ihren Brief brachte, war ich nicht zu Hause, ich ging aber denselben Tag noch zu ihr in den Gasthof und bat sie, den Abend bei uns Thee zu trinken; sie sagte aber, sie werde mit ihrem Vater in die Oper gehen. Ich bat sie, mich recht bald zu besuchen, und lud sie, so viel[1] ich mir bewußt bin, mit der möglichsten Freundlichkeit ein; denn sie gefiel mir sehr, und ich hätte gern ihre nähere Bekanntschaft gemacht; doch sie hat sich nie wieder bei uns blicken lassen. Auch durch die Enkeln, die sie öfter sah, ließ ich sie bitten, denn ich selbst war in dieser Zeit verhindert aus-[2]zu gehen, da unsre arme Agnes krank lag und ihre Pflege meine ganze Zeit in Anspruch nahm, sowie die Angst um sie mir nicht zuließ, an etwas Anderes zu denken. Agnes grüßt Sie herzlich; selbst schreiben kann sie noch nicht, denn sie erholt sich langsam und muß sich noch sehr schonen. Ihre Krankheit nennt der Arzt eine Gallenruhr. Sie hatte neun Tage Fieber, mußte vierzehn Tage das Bett hüten, und litt in dieser Zeit beständig an den heftigsten Koliken und Erbrechungen. Jetzt sind es 4 Wochen, sie darf noch nicht ausgehn und ist recht blaß und mager geworden. Doch hoffe ich von ihrer guten Natur, daß sie bald wieder zu ihrer ehemaligen Gesundheit gelangen wird. Meinem Vater ist das Teplitzer Bad im Ganzen recht gut bekommen, und ich hoffe, wenn wir den künftigen Sommer wieder hingehen, werden die guten Folgen noch bedeutender sein, denn man sagt allgemein, daß eine dreimal wiederholte Kur erst recht wirksam ist. Die Gräfin ist abwechselnd gesund und krank, wie immer, und meine Mutter und ich sehr wohl.

---

[1] "mir" written and then crossed out.   [2] *Sic!*

Unser Leben geht noch immer seinen stillen Gang fort, wie Sie es kennen. Könnten Sie nur einmal wieder einige Zeit hier sein und es mit uns leben, doch vielleicht geschieht das im künftigen Sommer. Die Solger und ihre Mutter sehen wir viel, denn sie wohnen jetzt nicht so weit von uns auf dem sogenannten Demolirungsplatz, die Gröben Parterre und die Solger oben. Diese war den ganzen Sommer, wie Sie wohl schon gehört haben, wieder bedeutend krank, ich gestehe, daß ich gar nicht an ihr Besserwerden glaubte, doch ist sie jetzt wirklich bedeutend wohler. Sie spuckt lange nicht mehr so viel und ist auch kräftiger. Sie hat jetzt eine Gouvernante bei den Kindern, ein recht verständiges Mädchen, mit der sie zufrieden ist. Ich halte dies für ein großes Glück, denn da sie die Kinder fast gar nicht bei sich haben kann, waren diese zu sehr den Leuten überlassen, und verwilderten zusehends. Was Sie über die Gröben schreiben, finde ich äußerst richtig. Auch ich halte ihr Schicksal für härter, als das der Tochter. Ihr heiterer Sinn hat ihr wohl über manches hinweg geholfen, doch hat sie auch eine sehr schöne religiöse Resignation, und einen großen Trieb zur Thätigkeit. Immer findet man sie beschäftigt, selbst wenn sie unwohl ist, und es ist unglaublich, von welchem großen Nutzen eine anhaltende Beschäftigung für Geist und Körper ist. Gewiß werden Sie das an sich selbst bemerken, liebe Freundin, wie eine Arbeit, die wir mit Ausdauer betreiben, oder ein unterrichtendes Buch den bösen Dämon in uns zu beschwören vermag.

Oft ist es schwer, sich zu etwas zu entschließen, und wenn wir unser vergangenes Leben überdenken, so manches Bittre, was wir erfahren, so manchen harten Kampf, den wir durch gekämpft haben, wenn wir dann wieder in die dicht verhüllte Zukunft sehen, wo vielleicht noch größere Schmerzen unser warten, so sind wir wohl geneigt, uns einer trüben müßigen Schwermuth hinzu geben,[1] alles scheint uns dann zu eitel und vergänglich, um irgend etwas mit Lust zu ergreifen. Doch zwingen wir uns, und fangen auch mit Unlust an, so thut sich doch bald die wohlthätige Wirkung kund. Es freut mich deswegen sehr, daß Sie sich jetzt so fleißig mit der Musik beschäftigen. Glücklich, wer ein solches Talent besitzt, er ist gleichsam schon von Gott auf das hingewiesen, was er treiben soll. Die Solger und Gröben sind fast alle Abend bei uns, mein Vater liest oft vor; so lasen wir in mehreren Abenden den Octavian und jetzt den Zerbino. Malsburg ist dann auch gewöhnlich in unsrer Gesellschaft. Kalkreuth ist schon seit sechs Wochen verreist, und hält sich, so viel ich weiß, jetzt in Kiel auf. Wir sehen wenig Menschen. Schleiermachers, die ich Sie bitte von uns allen zu grüßen, waren auf ihrer Durchreise einen Abend bei uns, es war

---

[1] *Sic!*

106

mir sehr interessant, sie zu sehen. Ein Herr Pusold aus Berlin kommt zuweilen zu uns, den Sie auch kennen müssen, denn ich sprach schon öfter mit ihm von Ihnen. Raumer war im Herbst einige Wochen bei uns, die durch seine Gesellschaft angenehm verstrichen; je öfter ich ihn sehe, desto lieber wird er mir und uns allen, sein Hiersein ist immer ein Fest für die ganze Familie. In Teplitz sahen wir Wolf und Hensel nur einige Stunden bei ihrer Durchreise. Die Trennung von Berlin scheint Hensel sehr schwer geworden zu sein; man schreibt dies allgemein der Mendelsson zu. Schreiben Sie mir doch, Liebe, ob Sie dies Mädchen kennen, und wie sie ist.

den 12 ten.

Neulich wurde ich im Schreiben unterbrochen, und kann erst heut wieder fortfahren. Es freut mich, daß Sie Agnes Rauch gern haben, denn mir hat sie sehr gefallen, und ich bitte Sie, ihr meinen herzlichsten Gruß zu sagen. Zu meinem Erstaunen habe ich neulich gehört, daß der Onkel und Rauch nicht mehr zusammen wohnen. Dies thut mir außerordentlich leid, denn da der Onkel so einsam in der Welt steht, war es für ihn so angenehm, mit Rauchs zu leben. Können Sie mir nicht sagen, wie es zugegangen ist? Können Sie mir nicht etwas von dem guten, liebenswürdigen Wolf schreiben, er war auf seiner Rückreise von Wien acht Tage bei uns, und seitdem haben wir nichts wieder von ihm gehört.

Sie sehen, liebes Hannchen, daß ich Ihnen listiger Weise allerlei Fragen stelle, um Sie dahin zu bringen, mir bald wieder zu schreiben. Ich bitte Sie aber recht im Ernste, dies zu thun, Sie machen mir eine große Freude, und ich werde Sie gewiß nicht wieder so lange auf Antwort warten lassen.

Es thut mir leid, daß die Braut des kleinen Eduard Devrient nicht liebenswürdiger ist, ich habe ihn immer gern gehabt, und wie er im Herbste hier war, sah er gar zu schmachtend und verliebt aus, saß auch immer im Winkel und seufzte; doch das wird sich wohl geben, Verliebte sind ja gewöhnlich fatal, und haben auch das Privilegium, es zu sein. Unsre Madam Devrient ist doch eine brave Sängerin, ich höre sie sehr gern. Neulich sang sie in der Libussa von Kreuzer, die hier zum ersten Mal gegeben ist, wo sie mir sehr gefiel. Fidelio ist eine ihrer besten Rollen.

Eine neue Oper von Rossini, Moses in Egypten, habe ich auch gehört, doch kann ich dem Rossini ein für alle Mal keinen Geschmack abgewinnen.

Weber ist vor einigen Tagen von Wien zurück gekommen, seine Euryanthe ist dort mit dem glänzendsten Beifall aufgenommen worden. Wir werden sie wohl leider noch nicht so bald hören. Ich sehe Webers viel, besonders während seiner Abwesenheit habe ich die Frau oft besucht.

Unser geselliges Leben hat dadurch sehr verloren, daß Möllers nicht mehr hier sind. Anfang October zogen sie nach Wien, Johannes soll dort studiren, und außerdem waren noch mehrere Gründe, welche sie zu diesem Schritt veranlaßten. Unser Leben ist dadurch viel einsamer geworden, denn wir sahen uns doch fast täglich, besonders in der letzten Zeit. Die Trennung war sehr schmerzlich, besonders für meine Mutter und ihre Schwester. Die Tante schreibt auch noch immer sehr traurig, sie kann sich gar nicht an die neue Lage, besonders an die große Einsamkeit gewöhnen.

Mariechen, die einen Dienst bei der Prinzeß Cunigunde hat, ist hier geblieben; sie hat sich eine kleine Wohnung gemiethet, doch sie muß immer den halben Tag auf dem Schlosse sein und übrigens ist sie viel bei uns.

Der Winter ist plötzlich und schnell eingetreten. Es ist Schnee gefallen, der schon drei Tage liegt. Gebe Gott, daß wir nicht wieder einen Winter bekommen, wie den letzten.

Ich muß schließen, liebe Freundin, und bitte Sie nur, mir den schlechten, zusammen gestückelten Brief zu verzeihen, aber ich habe viel zu thun, und bin immer unterbrochen worden. Ich bitte Sie, mich Ihrer Tante ganz besonders zu empfehlen; grüßen Sie Reimers und wer sich sonst meiner noch freundlich erinnert. Erfreuen Sie mich bald durch eine Antwort und sein Sie überzeugt, daß ich immer bleibe

Ihre Sie aufrichtig liebende
Dorothea Tieck.

19. *Friedrich Tieck to Theodor Winkler*

According to its source, this letter is addressed to Theodor Winkler. He lived from 1775 to 1856, often wrote under the pseudonym Theodor Hell and was not the most talented but easily the most efficient member of the group of pseudo-romantic writers commonly known as the "Dresdener Liederkreis." He was manager, later secretary of the Dresden theater, editor of the Dresden *Abendzeitung* (1817-1843) – for the first five years with Friedrich Kind – editor of the almanacs *Penelope* (1811-1813, 1815-1848) and *Komus* (1815, 1818, 1820), and a most prolific translator of Spanish, Italian, and especially French plays. He and Tieck were in conflict due to the latter's demands for higher standards in literary criticism and in the theater. Although Tieck had tried his hand at translating Shakespeare's sonnets from 1807 on, he never completed them but assigned this task to his daughter Dorothea. In order to arouse interest in this project he published an article on them with some samples of her renderings in Winkler's *Taschenbuch Penelope* for the year 1826, entitled "Über Shakespeares Sonette einige Worte, nebst Proben einer Übersetzung derselben." Her complete translations, unfortunately a rather pedestrian piece of work, are preserved in the *Tieck-Nachlass* in Berlin.

Friedrich in this letter apologizes for his delay in writing a biographical essay about his friend, the sculptor Christian Daniel Rauch (1777-1857), probably for Winkler's *Abendzeitung*. The phase in Rauch's life which Friedrich finds embarrassing to write about is this: Rauch had served from 1797 to 1804 as a valet-de-chambre of the house of Prussia. To be sure, he did this because of a need to support his family following the death of his father in 1796 and his brother in 1797. He received this position due to the high regard which Frederick William II had for Rauch's older brother, who had previously served in a similar capacity. Christian Rauch accompanied his master when he took the cure in Pyrmont, a spa in Lower Saxony. Frederick William's death followed shortly after his return from it on November 16, 1797, but, as has already been stated, Rauch continued to serve the house of Prussia in his capacity as valet-de-chambre until 1804 under the former's oldest son and successor, Frederick William III (1770-1840). The "Königin" mentioned in the letter is probably Prinzessin Luise von Mecklenburg-Strelitz whom Frederick William III married in 1793 and who died in 1810. Prince (originally Count) zu Sayn-Wittgenstein-Hohenstein (1770-1851) was closely connected with the Prussian court from 1794 to his death. He was "Oberhofmeister" of Queen Luise and took an active part in politics after 1806, aligning himself with French sympathizers. His enemies, among them Baron von Stein, characterized him as reactionary, unscrupulous, and fawning. Ludwig Tieck, however, later received his pension through him and enjoyed his special favor (*cf. Letters of Ludwig Tieck*, 524 f., which also contains four letters from Tieck to Wittgenstein from 1845 to 1849). On his return from Carrara to Berlin on April 29, 1819, Friedrich Tieck together with a number of Italian assistants became Rauch's collaborator in the latter's studio in the Lagerhaus.

Original: Theodor Winkler Nachlass through his great grandniece Mrs. Alfred E. Hamill, Lake Forest, Illinois.

Hochgeehrtester Herr

Sehr geehrt durch Ihr Schreiben vom 4t. dieses war ich sogleich entschlossen Ihnen zu antworten, indessen bedachte ich daß eine vorläufige Antwort eigentlich überflüssig sei, da Sie sich gewiß darauf verlassen könnten daß Ihr Wunsch einen mir so werthen Freund betreffend gewiß nicht unerfüllt bliebe. Aber leider die Zeit, und die grosse Abneigung gegen den Schreibtisch, der durch aufgehäufte zum Theil unbeantworteter, oder zu bearbeitender Papiere so unordentlich aussieht, läßt manche Stunde versäumen, auch wollte ich so ausführlich und pünktlich sein daß es Ihnen nützlich sein könnte.

Ich habe in dem Ihnen beiliegenden Aufsatz die früheren Verhältnisse in *Berlin* nur sehr u n b e s t i m m t erwähnt, und dies vorsätzlich, weil ich nicht glaube daß es *Rauch* angenehm wäre, wenn dies weitläuftiger geschehe, weil eine wahre Auseinandersetzung des Verhältnisses zu dem Zwecke nicht anwendbar wäre ohne eine völlige Biographie zu werden, welche noch dazu etwas romantisch klingen möchte. Man musste dem Publikum sagen, daß König Fridrich Wilhelm der Zweite nur 6 solche Diener hatte, von welchen abwechselnd einer in seinem Zimmer schlafen mußte, und hundert[1] Dienste bei ihm verrichtete. Man mußte *Rauchs* Auftrag mit dem Fürsten *Wittgenstein* des Königs Wohnung in *Pyrmont* einzurichten, und dessen Erfolg erzählen die hohen Personen nennen, welche Abends den 22 Jährig. zum Thee zu sich einluden, um einander vorzulesen. Dies alles sehen Sie geht nicht an, so wenig als wie die Art zu erzählen wie er ohne sein Wissen und Willen; und ohne gefragt zu werden im[2] Dienst des Königs kam. Der Schikanen welche späterhin ihm von vielen Seiten gemacht wurden, der Huld des jezigen Königs besonders der Königin, welche den F r a u n natürlich gern ihrem Dienst erhalten wollte und dergleichen mehr welches am Orte so wenig passen würde, und *Rauch* dort sehr u n a n g e n e h m sein, obgleich im fürstlichen Künstler *Lexicon* dergleichen wohl allenfalls stehen könnte.

Noch muß ich meine Art zu leben Ihnen anzeigen, um mich trotz des langen Aufsatzes zu entschuldigen, daß derselbe erst heut abgeht. Ich bringe nemlich den ganzen Tag in der Werkstätte zu da ich sehr gedrängt mit meiner Arbeit bin, die durch Kopfschmerz und dergleichen nur gar zu oft schon gestört wird. Abends komme ich niemahl vor halb acht von dort her nach Hause, und bin dann

---

[1] Difficult to read. Inferred.
[2] *Sic!*

110

meist so ermüdet daß die Trägheit die Oberhand gewinnt, und der Schrecken vor dem Schreibtisch noch größer ist. Ein Entschluß ist es dann schon der mit Gewalt durchgeführt wird mich anzukleiden und die erwarteten oder sonst nöthigen Besuche zu machen, oft mehr um etwas zu gehen, als aus anderen Gründen. Späth in der Nacht soll ich meine Augen, welche seit ein paar Jahren leichter als sonst ermüden, schonen, um am anderen Morgen Arbeiten[1] zu können.

So gehört dann also dazu einmal ein[en] Theil des Tages daran zu stecken, um endlich eine Schuld abzutragen, welche mir doppelt Vergnügen gemacht hatt[1] Einmal um Ihnen so ' wie mir möglich gefällig zu sein, Zweitens da es meinen Freund *Rauch* betrifft.

In der Hoffnung daß Sie mir gütigst die lange Zögerung verzeihen habe ich die Ehre zu sein

Ihr ergebenster
Friedrich Tieck.

20. Dorothea Tieck to Ludwig Tieck

The date "1823" in this letter is not written in Dorothea's handwriting and is an error due to a copyist. It should read 1825, since from the contents it was written to Tieck when he and Kammerherr von Lüttichau had undertaken their "Kunstreise," an inspection tour of the principal German theaters. This included by way of Teplitz and Prague Vienna, Munich, Stuttgart, Constance, Zürich, Strassburg, Karlsruhe, Mannheim, Darmstadt, Frankfurt am Main, Hannover, and Braunschweig and lasted from the beginning of May 1825 until the end of June of the same year (Köpke, II, 36 f.).

It is, moreover, a fairly close parallel to the letter from Agnes to Tieck, dated, "D. den 15 Mai 1825," "d. 16ten Mai" (*Letters of Ludwig Tieck*, 288 f.). Not only do we find references in both letters to such personalities as the Försters, Willisen, York, Zahlhas, Hellwig, and Bischof, to a performance of the *Freischütz* and the *Steckenpferde*, to an almost identical opinion by Willisen concerning Zahlhas, considering the latter as an "etwas verwirrten Gelehrten" (in the *Letters*, p. 289 it reads "einen etwas verdrehten Gelehrten"), but to the fact that *Die Steckenpferde* was transferred to Dresden from "the theater at the bath," the ("Theater am Linkeschen Bade") – a summer theater in a suburb of Dresden – on account of the rain. The present letter must be the "Theaterbericht" that Agnes says "Dorothe" is to send him (*Letters of Ludwig Tieck*, 289).

---

[1] *Sic!*

For Frau Solger, see II, 3; for Josef Max, II, 8; for Winkler, II, 19. *Isidor*, a tragedy in five acts by Friedrich von Kalckreuth, appeared in the author's *Dramatische Dichtungen*, Leipzig, 1824. Karl August Förster (1784-1841), the able translator of Petrarch and Tasso, was a friend of Tieck. The latter saw him frequently in the Dante circle of Prince John ("Philalethes"). The "Willisen" mentioned in this letter is Friedrich Adolf, Freiherr von Willisen (1798-1864). Ludwig Count Yorck von Wartenburg (1805-1865), the son of the field marshal by the same name, was a brother-in-law. In the company of Major von Willisen Yorck visited Tieck's family during the latter's absence from Dresden in 1825. For further information concerning this visit, *cf. Letters of Ludwig Tieck*, 288 ff. The visit occurred just before Yorck and Willisen undertook an extensive two-year journey through Switzerland, France, England, and Italy. For a general account of Tieck's relations to Yorck von Wartenburg, and their correspondence, *cf. Letters of Ludwig Tieck*, 547 ff.

Tieck published a German translation of the Spanish writer, Vicente Espinel's autobiographic novel, *Relaciones de la vida del escudero Marcos de Obregon* in 1827. The translation was made by his daughter Dorothea, Tieck writing the critical introduction: *Leben und Begebenheiten des Escudero Marcos Obregon...* mit Anmerkungen und einer Vorrede begleitet von L. Tieck, 2 vols., 1827. Burchard was a Dresden friend of the Tiecks. *Der Freischütz* (libretto by Friedrich Kind) is Weber's well-known opera. From 1817 he was conductor of German opera at the Dresden court theater. The first performance of the opera occurred at Dresden on January 26, 1822. There were 262 performances at Dresden until 1862. *Die Steckenpferde* was a comedy by P. A. Wolff produced for the first time on May 15, 1825 at Dresden. Johann Baptist Zahlhas (1787-1870) was engaged as an actor in Dresden on March 1, 1825 but dismissed on May 1, 1825. He was supposed to play villain and character roles but did not live up to expectations. Friedrich Hellwig, a talented and educated actor, was a portrayer of heroic roles but also played in comedy and opera. He was a favorite of the public. He made his debut in 1810 and was from 1815-25 a regisseur of the court theater in Dresden. He committed suicide. *Otto von Wittelsbach*, referring probably to the Ritterdrama by J. M. von Babo, and performed on May 8, 1825, was the last play in which Hellwig acted. The official Wiegel was in charge of the theater personnel in von Lüttichau's absence. Friedrich August appointed Geheimer Finanzrat Karl Wilhelm Graf Vitzthum von Eckstädt as general director of the Dresden court theater on August 2, 1815. He resigned from this position in 1820 but retained other administrative duties (R. Proelss, *Geschichte des Hoftheaters zu Dresden* Von seinen Anfängen bis zum Jahre 1862, Dresden, 1878, 368, 397; *cf.* also R. Proelss, *Kurzgefasste Geschichte der Deutschen Schauspielkunst* von den Anfängen bis 1850, Leipzig, 1900, 285, 312, 322) where, however, Vitzthum's resignation is given as 1818. Friedrich Burmeister (1771-1851) was an actor in Dresden after 1816. Later he played serious father and pompous character roles (*cf.* also the letter from Agnes to Tieck of May 20, 1825, *Letters of Ludwig Tieck*, 292). Tieck regarded him highly. Funk was an actress at the Dresden court theater from October 1816 to July 1, 1827, when he was dismissed. For Karl August Devrient, see II, 18 above. The reference could not be to Gustav Emil (1803-1872), since he did not secure a permanent engagement in Dresden until 1831. Karl J. Franz Joseph Becker (1794-1848) frequently played guest roles in Dresden. He was permanently engaged there from 1825 to 1831, when he went to Darmstadt. Frau Bischof was a friend of Tieck's family. "Kanow," probably Friedrich, was already engaged at the Dresden court theater by 1816, and pensioned in 1827. Fredericke Wilhelmine Hartwig, née Werther (1774-1849), was an actress in Dresden from 1816, famous in the roles of the Maid of Orleans and Luise in *Kabale und Liebe*. Friederike Margaretha Werdy was a member of the Dresden company (Friesen, I, 55), the wife of Friedrich August Wilhelm Werdy (1770-1847); they both joined the Dresden court theater under Vitzthum in 1818. *Flinte und Pinsel* is a comedy adapted by Winkler from the French. The first performance occurred at Dresden April 18, 1825. Ludwig Pauli (1793-1841) became in 1819 a member of the regular staff of the Dresden court theater, apparently on Tieck's advice. From 1824-1825 he was a regisseur with Burmeister; from 1829-1832 he was regisseur alone. His acting skill distinguished itself particularly in roles of villains and comical-witty roles. However, he showed a tendency to unattractive exaggeration in roles where bizarre and horrible effects were concerned (*cf.* Friesen, I, 70 f.). *Preciosa* was a play by P. A. Wolff with musical accompaniment by Karl Maria von Weber. It was first produced at Dresden on June 27, 1822. There were 105 performances until 1862.

Copy: DSB.

Dresden den 16 Mai 1823. Montag.

Liebster Vater. Du kannst Dir wohl denken, daß wir uns seit Deiner Abreise recht einsam fühlen. Ich gehe gar nicht gern in Dein Zimmer. Doch nun sind schon mehr als acht Tage verstrichen und es wird nicht lange dauern, so bist Du wieder da. Es fällt mir bei dergleichen Gelegenheiten immer recht auf, wie kurz das Leben doch ist; das kann uns zuweilen sehr traurig machen, und doch ist es wieder der größte, und oft der einzige Trost. Dein erster Brief hat uns sehr viel Freude gemacht; denn es ist mir nun, als könnte Dir nichts Unangenehmes mehr begegnen, da ich mich die ersten Tage beständig ängstigte. Möchtest Du nur besseres Wetter haben, als wir; denn schon die ganze vergangene Woche war es kalt und regnete viel, wir müssen wieder heizen, denn es ist gewöhnlich nur 4 Grad, und scheint noch gar nicht besser werden zu wollen.

Die Solger ist viel bei uns. Wir haben den Isidor von Kalkreuth gelesen; doch davon will ich schweigen, so toll hatte ich es mir lange nicht gedacht, und damals, als Du es uns vorlasest, schien es mir doch noch besser. Jetzt lesen wir die spanische Geschichte, die Max schickte, sie gefällt uns aber auch nicht sehr. Gleich den Morgen nach Deiner Abreise schrieb ich die Sonette ab, und schickte sie mit einem Billet zu Winkler; er antwortete, es thue ihm leid, daß er mir die Correctur nicht überlassen könne, dies sei zu umständlich, da sie in Offenbach gedruckt würden. Es ist mir nicht lieb, denn beim Abschreiben haben mir einige Verse äußert hart und leer geschienen, die hoffte ich noch verbessern zu können. In Deinem Aufsatz habe ich einige kleine Worte verändert, die sich wiederholten. Denselben Tag ging ich auch noch zu Försters, und brachte das Freibillet hin; da ich aber niemand traf, schickte ich es hinüber. Den andern Morgen kam die Förster und sagte, er wolle die Sachen gar nicht schreiben, Du habest ihn ganz falsch verstanden, er habe es abgeschlagen; das Freibillet wolle er noch weniger benutzen, um nicht gebunden zu sein. Wir sagten, er möge sich doch nur den Sommer durch mit dem Theater bekannt machen, er könne es ja immer noch ablehnen, wenn er keine Lust dazu habe, doch sie ließ gar nicht mit sich reden, und ich glaube eigentlich, er darf es nicht thun, weil sie es nicht will. Ich sagte ihr auch, ob sie das Billet behalte oder mir zurück gebe, das sei ganz egal, ich lege es doch weg, bis Lüttichau wieder kommt, jemand anderm kann ich es doch nicht zurück geben. Sie haben seitdem nichts wieder von sich hören lassen, und ich finde dies Betragen von ihr ziemlich einfältig.

Willisen und York sind schon seit dem Mittwoch hier, und wir waren mit ihnen auf der Gallerie. Gestern kam Max und aß den Mittag bei uns, er wünscht sehr den Espinel bald zu haben, und ich hoffe damit fertig zu sein, wenn Du wieder kommst. Burchard ist auch den Mittwoch angekommen; er wäre Euch zwischen Prag und Teplitz begegnet, er ist aber die andre Straße gereist. Er aß den Freitag bei uns, und ist heut wieder abgereist.

Vom Theater habe ich Dir viel zu erzählen. Donnerstag ward in der Stadt der Freischütz gegeben, und es stand unter dem Zettel: wegen Unpäßlichkeiten könnten die Steckenpferde nicht sein. Den andern Morgen begegnete Zahlhas mir auf der Gasse.

Ich fragte ihn, wer krank sei; er wunderte sich, daß ich die großen Begebenheiten noch nicht wußte, und erzählte mir, daß Hellwig wieder ganz übergeschnappt ist. Schon am Sonntag zum Otto von Wittelsbach ist er um halb sechs in die Garderobe gekommen, hat sich ganz ausgekleidet und ein Lustspiel fertig geschrieben. So ist er nicht zur rechten Zeit aufgetreten, hat den Abend schrecklich gespielt und alles durch einander geredet. Von dem Tage an ist es immer schlimmer geworden, er schreibt eine Menge Trauerspiele, dann rennt er in der Stadt umher und kauft alles ein, was er sieht. Wiegel hat ihn und die Frau zu sich kommen lassen und ihm das Spielen ganz verboten; so hat er sich auf 6 Wochen vorläufig Urlaub von Vitzthum geben lassen. Zahlhas sagte, er wolle den Abend zu uns kommen und es uns noch weit umständlicher erzählen, er liebe Hellwig zärtlich und sei sehr traurig über dies Unglück. Burmeister sprach ich auch noch, der mir ungefähr dasselbe erzählte, und sehr klagte, da die Funk und beide Devrients Urlaub hätten, wüßte er gar nicht, was sie machen wollten. Nun komme Becker noch, um Gastrollen zu spielen. Den Wallenstein könne Zahlhas machen, doch den Wilhelm Tell könnten sie nun nicht geben. Es sei übrigens ein großes Glück, daß wir Zahlhas hätten, den man zu Allem brauchen könne. Zahlhas kam den Abend, doch da die Bischof da war, bat ich ihn im Stillen, uns nichts von Hellwig zu erzählen, und wir haben nun weiter nichts gehört.

Willisen, York und Burchard kamen auch. Zahlhas unterhielt sich lange mit Willisen, der nachher sagte, er habe ihn für einen etwas verwirrten Gelehrten gehalten; er wußte sich besser zu benehmen, als ich ihm zugetraut habe.

Gestern sollte das Theater auf dem Bade sein, es wurde aber wegen des abscheulichen Wetters wieder in der Stadt gespielt. Wir gingen mit Willisen, York und Max hinein. In den Steckenpferden hat Kanow Hellwigs Rolle bekommen. Das Stück hat eigentlich gar keinen Inhalt und ich begreife nicht, warum es 5 Akte sein müssen. Doch einige Scenen sind sehr hübsch, und es hätte sich noch viel besser machen können, wenn es besser gespielt worden wäre. Doch es fiel sehr aus einander. Die Hartwig und Devrient wußten gar nicht auswendig. Zahlhas machte einiges sehr hübsch, nur lief er zu viel herum wie in der Galotti. Burmeister und die Werdy waren recht gut, besonders letztere spielte nach ihrer Art sehr leicht und frei. Flinte und Pinsel ward dazu gegeben, worin Werdy mir außerordentlich gefallen hat. Bei beiden Stücken ward viel gelacht und applaudirt, Pauli nach dem letzten gerufen; nach meiner Meinung hätte Werdy es aber mehr verdient, dessen Rolle bedeutender war, und der auch besser spielte. Pauli übertrieb etwas und machte es dem Pedro in der Preciosa zu ähnlich.

Ich hoffe, wir bekommen nun bald einen Brief aus Wien, und bin sehr ungeduldig darauf. Der Lüttichau habe ich schon geschrieben, von ihr aber noch keine Nachricht. Ich muß schließen, liebster Vater, ich fürchte, der Brief wird sonst zu dick. Gott erhalte Dich und bringe Dich gesund wieder zu uns zurück. Empfiehl mich dem Herrn von Lüttichau und schreib uns recht oft, wenn auch nur wenig, damit wir uns nicht ängstigen.

Deine Dorothea

21. Holtei to Ludwig Tieck (I)

Karl Eduard von Holtei (1798-1880) had begun his career as an actor in his native Breslau in 1819 but after an accident in Dresden in 1821 became secretary of the Breslau theater and dramatic author. Later he wrote also poems and novels. He met Tieck soon after the latter's arrival in Dresden and remained his lifelong friend, publishing in collaboration with Tieck's daughter Agnes the four volumes of *Briefe an Ludwig Tieck* (1864), and in 1872 *Dreihundert Briefe aus zwei Jahrhunderten*. Since reference is made to Holtei's connection with the Königstädter Theater, of which he was secretary, theater poet and regisseur from 1825 for about a year (*cf.* III, 23), we may assume that this letter was written in 1825 or 1826.

Dame Kobold, the play which Holtei was planning to produce, is a work by Calderon. It was produced by Tieck in Dresden after 1825 but was hissed by the audience (Zeydel, 260, 381).

Karl Schall, a writer of comedies and editor of the *Neue Breslauer Zeitung*, was born in Breslau in 1780 and died there in 1833. Holtei published six of his letters to Tieck between 1820 and 1832.

Copy: DSB.

10 April

Hochverehrter Herr und Freund!

Die von mir projektirte Aufführung der Dame Kobold, welche durch einen Prolog eingeleitet und durch einen possenhaften Epilog beschlossen werden soll, ist leider verschoben worden, weil eine unsrer jungen Schauspielerinnen – Dem: Lanz – die Bühne verlassen hat und Dem: M. Herold, welche die weibliche Hauptrolle spielen soll, hart darnieder lag. Diese ist jetzt auf dem Wege der Besserung, die Parthie der Andern ist besetzt und ich werde nun wieder ernsthaft daran gehen. Sobald es geschehen, sende ich Ihnen Zettel und die Abschriften des Prologs wie des Epilogs, über den Sie, will's Gott, lachen sollen.

Mich erwartet in diesen Tagen eine große Freude: Schall trifft hier ein, um 4 Wochen mit uns zuzubringen. Ich hoffe in seinem Umgange wenigstens auf Tage zu vergessen, wie schlecht es mit unserm armen Theater steht, und wie wenig Hoffnung zum besser werden vorhanden ist.

Einen Trost giebt es freilich für uns Königstädter – das heißt ein Surrogat für einen Trost – daß es nämlich beim Hoftheater noch weit konfuser zugeht, als bei uns. Und das will wohl viel sagen.

Ich ersuche Sie, mich den hochverehrten Ihrigen gehorsamst zu empfehlen und verharre wie immer

Ihr
getreuster Verehrer
C. v. Holtei

(The Holtei letters are concluded in Chapter III).

22. *Friedrich Tieck to Wilhelm von Humboldt (?) (I)*

While it is not absolutely certain, it is likely that the addressee of letters 22-24 is Wilhelm von Humboldt. Thus in letter 22 reference is made to the return of Friedrich Tieck and the addressee to the house of the poet and Staatsrat Friedrich August von Stägemann (1763-1840). Now Tegel which was the country seat of the Humboldts is situated to the north of Berlin, and Herman von Petersdorff in *ADB*, 35, 386 mentions that Heinrich von Kleist was a frequent visitor in Berlin at the salon of the Stägemanns, who lived there from 1809. Moreover, the Humboldts were close friends of Friedrich (*cf.* above, Chapter I, letter 10). Gräfin Luise Stosch was the wife of Graf George von Stosch, and the daughter of Marie Margarete Philippine von Kleist (1761-1831). The latter was a cousin and close friend of Kleist and had very great influence upon him (Erich Schmidt, *H. v. Kleists Werke*, n. d., V, 305). Friedrich's birthday occurred on August 14, 1776. The letter gives a revealing picture of his background and state of mind at this time. Friedrich had worked on the statue of Iffland, which was meant for the Berlin Schauspielhaus, from 1824 to 1827 (Hildebrandt, 97). The

'Crown Prince' is probably Frederick William IV (1795-1861) who ascended the throne in 1840. Friedrich made a marble bust of the Crown Princess Elizabeth (1824-1828) now in the Suermondt Museum in Aachen (Hildebrandt, 104 f.). Ludwig I of Bavaria (1786-1868) had become king in 1825. About 1812 during Friedrich's stay in Carrara and while Ludwig was still a crown prince the former began to work on the busts for Ludwig's hall of fame, Walhalla. Friedrich made a total of 25 busts for this project which occupied him to the third decade of his stay in Berlin. Apparently, Ludwig, despite Rauch's efforts on Tieck's behalf, did not reward Friedrich adequately for his work (Hildebrandt, 64 f., 74 f.). Despite considerable effort we were unable definitely to identify Graf Pickler or Frau (Fräulein?) von Horn. The former possibly refers to the writer of travels and horticulturist Hermann Ludwig Heinrich Graf, later Fürst von Pückler-Muskau (1785-1871), who associated with the higher circles of Berlin and Dresden from about 1815 to 1828. Rauch made a monument of Blücher for Berlin from 1819 to 1826. The diplomat Ignaz Franz Werner Maria von Olfers (1793-1871) married Hedwig von Olfers (1800-1891), the daughter of Friedrich August von Staegemann in 1823. Since 1839 he was general director of the Royal Museums in Berlin. His wife maintained an important salon there. The Lauers refer to Generalmajor Freiherr Lauer-Münchhofen, and his wife, née Gräfin Haeseler. Rauch had been invited by the Hessian Kurfürst to make ten classical statues for the main staircase of his new castle which was then in the process of construction and arrangements for this were discussed on Rauch's visit to Cassel in September 1826. Despite the fact that preliminary work was begun by Rauch the estates, due to political disagreements refused to grant funds for the continuation of the structure and the project never materialized (Eggers, II, 222). Friedrich completed the statue of Frederick William II in Neuruppin 1826-1827 (Hildebrandt, *op. cit.*, 104, 181). The possibility of attracting Tieck to Munich was discussed by Tieck, the crown prince of Bavaria and numerous high officials during his second visit between 1808 and 1810. The offer was renewed upon the transfer of the university from Landshut to Munich between the years 1825 and 1826. Nothing came of this, however, due to Tieck's aversion to Munich and his unwillingness to live there (*Letters of Ludwig Tieck*, 324 f.). Tieck's *Aufruhr in den Cevennen*, of which four parts were planned but only two were published, appeared in Berlin, 1826. The novelle, *Glück gibt Verstand* appeared in the *"Berliner Kalender 1827"* (i.e., 1826). Ludwig Tieck's birthday occurred on May 31, 1773; that of Goethe on August 28, 1749.

Original: Collection of E. H. Zeydel.

Schelten Sie, schelten Sie nur, theurster Freund, zwar hilft es Ihnen nichts, aber Sie haben doch recht dazu, und daß[1] ist alsdann einiger Trost für uns beide. Doch zur Sache. Gräfin Stosch hatt mich mit einem kleinen Auftrag beehrt, ein Geschenk für den Herrn Grafen, daß ich besorgen soll. ich kann aber nicht ehe ich nicht noch eine Antwort habe, weshalb der inliegend[e] Brief geschrieben ist. Diesen nun gütigst sobald als möglich ihr zukommen zu lassen, ist meine Bitte, an welcher dem Schwesterchen mehr liegt nach der sie ihre Bestell[ung] ausgeführt wünscht. – Uebrigens stellen Sie sich an wie Sie wollen, so sah man es Ihrem lezten Brief doch zu deutlich an daß er zum Geburtstag geschrieben war, und er that Ihnen auch noch dazu den Gefallen recht genau einzutreffen. Daß es mich in der That rührt Ihr gütiges Andenken mir zu sichern werden Sie recht glauben ohne daß ich es sage, und wäre ich eine Frau hätte ich wahrscheinlich einige Thränen vergossen, was sich so freilich nicht so ganz schicken wollte. Nehmen Sie mein[2] recht herzlichen Dank, wenn ich auch gleich ein alter Egoist scheine, ich bin es doch nicht. Daß[1] Briefschreiben wird mir sehr schwer. Ich habe mich seit mehr als zwei Jahren mit Arbeit befaßt, wie *Iffland*, und die Arbeiten des Kronprinzen, welche nicht in dem Verhältniß ihrer weitläuftigkeit[2] bezahlt werden; mit Anstrengung gewinne ich nicht so viel dabei als nöthig ist, daß[1] macht mich verdrießlich, da mir fast alle Aussicht zu andern Arbeiten verschlossen ist. Der König mir auch ein sehr vernünftiges Gesuch abgeschlagen hatt. Ich habe so viel Bestel [lungen] als andre, bes[onders] in d[e]n Sachen die wir zusammen gemacht haben *Rauch* und ich, ist daß[1] meinige aufs beste gelungen. Z b. die Büste der Kronprinzß. welche der Kronprz selbst immer verschenkt, v *Rauch* hatt er noch nicht eine komm[en] lassen. Aber ich mag mit dem Gesindel daß in Klatschjournalen gesamt nichts zu schaffen haben, und so werde ich vergessen. Selbst der König v Bayern, dr v[on] mir 3 mal so viel Arbeiten hatt, und besser als v[on] *Rauch*, glaubt doch den Journalen mehr als den eignen Augen. Daß[1] macht mich verdrießlich, und ich möchte davon lassen lieber als in solcher Stimmung Briefe schreiben. Nun kömmt noch dazu daß ich sehr fleißig sein muß, und im Sommer giebt es keine Abende wo man schreiben kann man muß es also am Tage thun, und daß[1] wird dann natürlich v[on] Tage zu Tage verschoben. Heut sitz ich nun nach Tisch hier, und verschreib den Tag, damit Sie mich nicht für gar zu undankbar halten, und ich will sogar thun als ob ich recht vergnügt wär wenns geht.

---

[1] *Sic!* "das" regularly written "daß."
[2] *Sic!*

Sie gedenken der früheren Zeit als einer romantischen? Ich möchte sie auch zurück, um so viel jünger zu sein, und mein Leben besser einzurichten, weil ich jezt betrübt bin, und einsehe man muß mehr an sich selbst denken als an Andre, statt daß ich es immer umgekehrt mache. Mit der größten Freude gedenke ich auch jener Zeit da wir im Stegemannschen Hause waren, bis zu dem Abend da wir aus Tegel zurückkam[en] und H v. *Kleist*, und Graf *Pikler* Geschenk fanden. Diß[1] machte für mich einen harten Abschnitt, der zu weitläuftig ist um schriftlich zu erklären. Jezt ist Fr. v. *Horn* die hauptsächlichste Figur dort im Hause. Ich sagte ihr endlich einmal, sie habe schöne Füße, und es thut mir fast leid, d[e]r Phrine kam es so unvorbereitet, daß si[1] wie ganz dumm lachte und sich freute, und alle Haltung verlor, und doch dachte ich es mußte ihr schon sehr oft gesagt sein. Eilen Sie doch sich zum KammergerichtsRath machen zu lassen, und heirathen thun Sie schnell (?) eine hübsche junge Dame damit ein liebenswürdiger Herr mehr ist in Berlin. Es wird Ihnen gewiß weniger schwer werden, als Sie denken geliebt zu werden, vergessen Sie nur aber mehr ihr über (?) hartes Gemüth, oder vielmehr verbrauchen Sie es ganz bei den Alten, und lassen nur die Liebenswürdigkeit den Frauen sehen, und sie werden lieben.

Ich habe nun d[a]s 50ste Lebensjahr hinter mir, und sehe ziemlich sonderbar auf mein Leben zurück. Ich fing als Kind an daß man mein Talent lobte und mir glänzende Hoffnungen machte. Eben so wenig aber, als man mich auf der Schule zu unterrichten verstanden hatt, eben so wenig hatten es auch meine Lehrer des Bildhauens verstanden, und ich wurde mir selbst überlassen, in die Welt geschickt. Ueberall wurde mein Talent gelobt, ich lernte[2] außer Ausbilden, d[en] Gebrauch[2] Und was habe ich nun gethan? was ist Bleibendes von mir? Nichts. ich selbst sitze hier verschollen, und kaum die nächste Umgeb[un]g weiß von mir, und noch wenigre haben wie Sie Interesse an mir. Vor einiger Zeit schrieb ich dem König, von dem Bau der neuen Schloßbrücke sei eine bedeutende Summe übrig geblieb[en] welche hinreichend sei eine der projektirten Gruppen mit dem Piedestal dazu auszuführen, der König möge es mir auftragen, da ich wünschte auch nicht vergebens gelebt zu haben, und über Bleibendes in meiner Vaterstadt aufzustellen. Ich erhielt die Antwort. Der König fände es nicht geeignet die Brücke mit Gruppen zu besetzen, wenigstens noch zur Zeit nicht, und so bleibt es. Da mache ich nun die kleinen Puppen[2] für dß[3] Zimmer des Kronprinzen, ich muß mir Mühe geben dß sie gut gemacht werden, denn sie werden abgeformt, und können also auch unten gesehen werden in der Nähe. Mann hatt mir auch geschmeichelt daß solche in Marmor

[1] *Sic!*
[2] Reading unclear.
[3] *Sic!* See footnote 1, p. 119.

sollten ausgeführt werden, ich glaube aber auch nicht daran daß es geschieht, und so verbringe ich auch daran meine Zeit und Leben unnutzer weise. Doch geht es auch andern eben nicht viel besser wie mir. *Rauch* hatt der König auch sehr gering fügig bezahlt, für daß[1] Monument *Blüchers* in *Berlin* – Daß Herr v *Olfers* abgereist ist haben Sie aus den Zeitungen erfahren. Er hat mir etwas für Sie gegeben, eine Uebersetzung aus dem Französischen welche er hat drucken lassen,[1] Ich habe ich[1] nicht heraus gebracht, ob er, oder die Frau es übersezt hatt. ich lege es indessen bei, Es kann für ein[en] Trostspruch über die Einsamkeit in Breslau gelten. H[er]r *Adolf v Lauers* Frau sehe ich nur sehr selten doch sind beide sehr wohl und munter und lassen Sie freundlichst grüssen. *Rauch* und Tochter welche ebenfalls grüßen lassen, sind vor zwei Tagen von *Casel* abgereist, der Churfürst will durch ihn 6. Figur[en] Statuen in Marmor 6 Fuß hoch machen lassen, mithologische Figuren, und zwei Kandelaber ebenfalls aus Marmor, in sein neues Haus. Ich werde eine lebensgroße Statue Friedrich Wilhelm d[e]s 2t, für die Stadt Ruppin machen, welches aber auch eine Arbeit ist bloß um solche zu machen, da die Stadt nicht reich, nur eine geringe Summe dazu aussetzen kann. ich werde Ihnen bei Gelegenheit d[a]ß[2] weitere davon schreib[en]. Mein Bruder hatt man nach *Muenchen* hinberufen, ich weis aber noch nicht welche Anträge man ihm gemacht hatt, und daher auch nicht ob er es annehmen wird, die älteren Frauen in seinem Haus – sind sehr dagegen, und so kann es leicht sein daß er keinen Vortheil davon zieht. Haben Sie schon den ersten Theil der *Novelle* vom *Cevennen* Krieg von meinem Bruder gelesen? und welches Glück hatt es bei Ihnen gemacht? Hier so viel ich gehört habe gefällt es sehr, auch in dem diesjährigen hiesigen Kalender wird wieder eine *Novelle*, und zwar sehr grosse von ihm erscheinen, ich habe aber noch nichts davon gesehen, und kenne zwar den Inhalt noch nicht, da dß[2] Manuscript als es ankam schleunigst abgeliefert werden mußte und ich trotz ds Versprechens keine Aushänge Bogen erhalten habe. Doch ich habe Sie wohl genug gelangweilt. An meines Bruders sowohl als Goethes Geburtstag haben[1] ich recht Ihre Abwesenheit empfunden, beyher habe ich in der literarischen Mont[a]gsgesellschaft feiern helfen, wo viele Gedichte vorgelesen wurden. Meine schönste Empfehlung Hrn v. *Lauer.,* leben Sie wohl, und behalten mich lieb.

Ihr treuer Fr[eun]d *Friedrich Tieck* Ist Ihre Frau Mutter noch in *Breslau?* Dann bitte ich mich derselben bestens zu empfehlen.[3]

---

[1] *Sic!*
[2] *Sic!* See footnote 1, p. 119.
[3] This line is added as a postscript on the margin of the last page.

23. *Friedrich Tieck to Wilhelm von Humboldt (?) (II)*

Friedrich goes into some detail to describe his anxious state of mind at the beginning of this letter and this also helps to explain, as he himself states, the difficult, sometimes undecipherable nature of his handwriting. We could not identify Lehman, Paulinchen, Pickler nor Raschen(?). For Hedwig von Olfers, *cf.* II, 22. Ludwig I of Bavaria married Therese, Prinzessin von Sachsen-Hildburghausen in 1810. Herzog Karl was the younger brother of Ernst August, Duke of Cumberland (1771-1851), the fifth son of King George III of England. He became King of Hanover in 1837. Karoline Freiin de la Motte Fouqué (1775-1831) married the poet Fouqué in 1802 and was herself a novelist and short story writer. She was a frequent visitor and on very friendly terms with the Duke and Duchess of Cumberland and with Duke Karl. The latter had a passion for the theater and was also interested in masked balls and elaborate pageants which were put on under his direction. One of these was a costume ball produced at his own residence with costumes taken from Karoline's novel, *Die Herzogin von Montmorency*, Leipzig, 1822, 3 vols. The novel, according to Jean T. Wilde, Karoline's biographer, "takes the reader into the dark days of the French religious wars and, introducing him to the most important historical personages involved, tells the story of the horrors of the St. Bartholomew massacre with the circumstances and events leading up to it and those following in its wake." The costume ball represents the marriage of their children arranged by Catherine de' Medici and Jeanne d'Albret. This pageant is described at some length in a letter from Hedwig Olfers to Olfers, dated January 12, 1827, and strongly resembles the one discussed by Friedrich in this letter. The costumes for Catherine de' Medici and her retinue were later forbidden by the king. Duke Karl had apparently taken over the role of Heinrich IV. (Heinrich IX in Olfers may be an error for Heinrich IV). See Jean T. Wilde, *The Romantic Realist Caroline de la Motte Fouqué*, New York, cop. 1955, 32, 113 f., 120, 334 f.; Hedwig von Olfers, geb. von Staegemann, Berlin, 1914, II, 105; Goedeke, VI, 131, 133. Gaspard de Chatillon Comte Coligny (1519-1572) was an admiral of France and a Protestant leader who married Louise de Montmorency. The regard of Charles IX for him and the bold front of the Huguenots alarmed the queen-mother, Catherine de' Medici, and the massacre of St. Bartholomew was the consequence. Coligny was murdered on the night of the massacre, August 24, 1572. Hierodules are slaves dwelling in a temple and dedicated to the service of a god. It is a term especially applied to the public courtesans or votaries of Aphrodite at Corinth. Abbé and Seigneur de Brantôme, Pierre de Bourdeilles (c. 1540-1640) was a French soldier and chronicler and author of a valuable account of his life and times. In the wars of religion he fought against the Huguenots and took part in the siege of La Rochelle, but he was influenced by the ideas of the reformers. The title given in the letter is not listed, however, among his works. For the relations of Achim von Arnim (1781-1831) to Ludwig Tieck, *cf.* Zeydel, *passim*, and *Letters of Ludwig Tieck*, 106 f. We could not identify *Leonardo da Vynes*. The guest "Herzg v Streliz" may have been Karl Friedrich August von Mecklenburg-Strelitz (1785-1837), brother of Queen Luise of Prussia. He was president of the Staatsrat in 1827 and an influential leader of the conservatives (Jean T. Wilde, *op. cit.* 85). Henriette Gertrude Walpurgis Sontag (1803-1854) was an outstanding German opera singer of the first half of the nineteenth century. Angelica Catalani (1780-1849) was an important Italian opera singer. Her continental tours from 1813 continued to be enormously successful until she retired in 1828. According to H. M. Schlechterer, *ADB*, 34, 656, Catalani said of Sontag: "Elle est unique dans son genre, mais son genre est petit." "Beer" refers to the banker Jacob Herz Beer (1769-1825), one of the shareholders of the Königstädter Theater during Holtei's incumbency as its secretary and theater poet, and the father of the composer Meyerbeer. He and even more his wife Amalie Meyer maintained an important salon in Berlin, where the most important contemporary artistic and literary personalities met. During a dinner given by the Beers, Catalani, who had been invited, is reported by Holtei to have uttered the above words (Karl von Holtei, *Vierzig Jahre*, Berlin, 1844, IV, 176 f., 192, 253, 259 f., 260 f., 307 f., 315 f., 334 f., 355; Breslau, 1845, V, 23 f., 30 f.; the quotation is on p. 32; *ADB*, 21, 631 f., 635, 639). Henrik Steffens (1773-1845) – assuming that "Steffens" is the correct reading – was an intimate friend of Ludwig Tieck. He was a philosopher, natural scientist, and author (*Letters of Ludwig Tieck*, 156).

Original: Collection of E. H. Zeydel.

Berlin den 18t. *Maerz* 1827.

Verzeihen Sie, geehrtester Freund, daß Sie daß[1] Blatt und die Einlage Ihres Schwesterchens nicht eher erhalten haben, aber es schien mir nothwendig Ihnen ordentlich zu schreiben, und mancherlei hielt mich von einem Tag zum andern davon zurück. Es ist als ob ein Fluch darauf läge daß ich nie dazu kommen kann. Sie haben

---

[1] *Sic !* See footnote 1, p. 119.

keinen Begriff von dem Wilderwillen den ich von der mechanischen Bewegung des Schreibens habe. Seit Monathen ist es nothwendig in Geschäften die mir[1] sehr nahe angehen zu schreiben, und vergebens, so wie ich mich niedersetze erfaßt mich ein solches Grauen, als ob ein böser Dämon mich ergreiffen wollte, und ich muß unwillkührlich wieder aufstehen. Die allertrübsten Gedanken jagen sich, und daß nothwendig zu schreibende entschwindet dem Gedächtniß. In diesem sonderbaren Zustand lebe ich seit einiger Zeit, und hoffe immer von einer Periode zur andern, es soll vorübergehen. Wäre es nicht über acht T[a]ge daß der Brief des Kindes hier bei mir liegt, und es mir gar zu gewissenlos erscheint, so könnte ich auch heut nicht schreiben, und Sie sehen auch ohne Zweifel den Schriftzügen die seltsame Hast und Angst an. Aber mehr als genug davon.

Ihr Schwesterchen habe ich gesehn und gesprochen, sie hatt mir gesagt, daß ihr das Französische besonders Vergnügen macht. Demoiselle Lehman und Paulinchen haben mir sie in allen Cathegorien gelobt, als fleißig, fügsam, gehorsam, und sonst nur gute Eigenschaften. Sie dürfen also mit ihr zufrieden sein, und sich ihrer freuen.

Da ich einmal schreibe, will ich doch auf einem[1] Ihrer früheren Briefe zurückkommen, worauf ich Ihnen sogleich antworten wollte, und es ist nicht geschen.[1] Er betraf Fr. *Hedwig*, oder Fr. *Olfers*[1] Sie scheinen hinter meinem Werben etwas besonders zu suchen, und ich muß gegen diß[1] besonders protestiren. Es würde mir wahrscheinlich selbst ungemein abgeschmackt vorgekommen sein wenn ich daß[2] bei mir bemerkt hätte was man gewöhnlich vorbild[lich] sein nennt, sondern unbekannt mit den Verhältnissen des Hauses, glaubte ich in ihr mehr Seele zu bemerken als in dem des Mädchens, die Ruhe der Seele, die reine Gesichtsfarbe schien mir ein Gemüth zu verrathen, dß von keiner Leidenschaft berührt sei, und dem vielleicht Regungen dr Sinnlichkeit ein Räthsel waren. Es geschah dß[2] Seltene dß es schien als ob sie meine Art zu scherzen verstand, was mir selten geschieht, da ich die Art und Weise andrer Leute zu Scherzen[1] nicht in meiner Gewalt habe, und überhaupt nicht den Conversationston andrer. Um so schroffer mußte es mir erscheinen dß ein Mensch wie *Pickler* es wagen durfte ihr auf so offene Art den Hof zu machen, daß gerade mit *H v Kleist* ein solches Verhältniß sein konnte. Dß ein Wesen wie d[ie]se, eine leere Stütze ohne Gemüth und Gefühl, hohl und selbstsüchtig und auch dem die Dummheit zum Gesicht heraus sah, dß grade d[ie]se es mehr als d[a]s Herz gerührt hatte, d[a]s ersehnte erträumte? Irgend eine Art von Pedant, d[e]r halb schücht[ern] sich benahm, d[e]r ein junges Blut,

---

[1] *Sic!*
[2] *Sic!* See footnote 1, p. 119.

d[a]s nichts als Lüge und Qual (?) und falsch war würde mich gar
nicht verwundert haben, aber warum gerade solch eine Art Mensch?
Darum hatt es mich gekränkt. Zugleich stand die Schwester zur
Seite, und so weiter.

Daß Ihr befreundeter *Adolph Raschen* (?) ein Töchterchen ge-
kriegt hatt wissen Sie längst, auch dß die Geburt gegen alle Erwart-
[ung] leicht und glücklich war. Noch habe ich die junge Mutter
natürlich nicht gesehn werde aber so bald als es erlaubt ist zu ihr
gehen, da es mich reht[1] herzlich gefreut hatt. – Daß die Königin von
Bayern hier ist wissen Sie auch, seit Freitg nemlich, dß am nächsten
Mittwoch die Maskerade wiederho[h]lt wird, im Schauspielsaal
welche bei Herzog *Carl* abgehalten wurde können Sie aber noch
nicht wissen. Vieleicht auch nicht die Geschichte dieser Maskerade.
Fr. v *Fouqué* wissen Sie, oder nicht, hatt vor zwei Jahren einen
dummen Roman geschrieben, d. Herzogin v *Monmorenci*, die Scene
fällt zur Zeit der Bluthochzeit. Um sich nun in Erinnerung zu bringen setzt sie es durch dß man eine Maskerade darstellen will, die Zusammenkunft d[e]s Hofs v Frankreich und d[essen?] v[on] *Navarre*,
zu *Bloise* vorstellend. Eitelkeit läßt die Personen, und die Geschichte übersehen, das in d[ie]s[e]r Zusammenkunft grade die Vermählung geklärt wurde, und d[a]s Falsche abgeschafft, welches in jener
Blutnacht endigte. Der König redet zuerst dß man seine Söhne dm
König Karl 9th vorstelle. Dencken Sie sich, der 6 Fuß hohe König
Heinrich der Vierte sollte einen ganz kleinen König vorstelen.
Gräsener(?) lehnte den Admiral *Coligny* ab. Unterrichtete Personen
können Sie denken waren über den Misgriff in V[er]zweiflung. Ich
überlegte schon, ob ich nicht irgend jemand von d[e]n jungen Damen
einen anonimen Brief schreiben soll und eben die Zügellosigkeit,
und Schändlichkeit der Weibsbilder aufdecken, welche in jener Zeit
lebten, und wozu (?) Hierodules, und Bajader gar (?) ein Hindernis
(?) sind, und auf die *contemporaines d[e]s Brantomes* verweisen –
um d[en] Scandal ausfindig zu machen. Aber des Königs Majestät
that es. Nun sind die Jahre (?) geblieb[en], und die Personen in der
Zusamenkunft[1] K[öni]g Heinrich d VIII v[on] England und Franz d
I verwandelt. Denken Sie bitte (?) Arnim hatt dabei den *Leonardo
da Vynes* gemacht. Gesehen habe ich nichts davon, weil nur der
Hof gegenwärtig war. Auch Mittwoch wird nur der Hof da sein. –
Sehr rührend soll es gewesen sein als d[e]r König lezten Freitag zum
ersten mal im Schauspiel war. Der erste Akt war vorübergegangen
ohne dß es das Publikum bemerkte. Aber im zweiten Akt nahm man
es wahr, aus d[e]r Bewegung in d[e]r Fremdenloge so wohl, als an
der Fürstin Lng… und am Gast Herzg v *Strelitz* welcher bei ihr war,
auch ein ungeheuer Lärmen anfing, d[e]r Hrz zeigte sich alsda sehr
freundlich, und d gewöhnl[iche] Lied wurde angestimmt. Man hatte

[1] *Sic!*

die Freiheit, beim Schauspiel den Sänger des Ab[en]ds mehr zu applaudiren. Die algemeine[1] Anhänglichkeit soll rührend gewesen sein, ich war nicht im Schauspiel.

Sehr soll ich grüßen v[on] *Rauch,* und Tochter. Beide sind leidlich wohl. Auch *Schad* erkundigt sich herzlich nach Ihnen. Fr. v Olfers habe ich seit ihrer Niederkunft noch nicht gesehen. Ich bin so lange nicht da gewesen dß es mir schwer wird wieder hinzukomm[en]. Ich höre neulich ist Mlle. Sonntag da gewesen. *Mad. Catalani* war hier, und auch d. Sonnt[a]g. in Gesellschaft bei d[e]r alten Beer. Hatt ihren Gesang sehr gelobt, nachher aber gesagt: *Elle est la premiere dans ce genre, mais ce genre la ne pas[1] le premier.* Daß Urtheil habe ich vortrefflich gefunden, und deshalb glaube ich dß sie es gesagt hatt.

Tausend herzliche Grüße Ihrer Schwester, (oder nehmen Sie es übel dß ich nicht Fr Gräfin sage?) so wie Ihrer Frau Mutter welcher ich auch selbst schreiben muß. Empfehlen Sie mich bestens H[er]r[n] v. *Laur.,* Steffens wird Sie selbst sehn, und behalten mich lieb. Ihr ergebenster

Friedrich Tieck.

24. Friedrich Tieck to Wilhelm von Humboldt(?) (III)

There is very little that can be added to the information already given here about Agnes' unfortunate marriage. Eggers, Rauch's biographer, speaks merely of a "spirit shattering experience" ("In Folge eines gemüthserschütternden Ereignisses") which forced Rauch to find consolation in his work in order to forget about it, and that Agnes and her father were both deceived by an "Unwürdigen" (Eggers, II, 182). In 1829 Agnes married the anatomist Johann Samuel Eduard d'Alton (1803-1854) (Eggers, *op. cit.,* II, 301 f.; *ADB,* I, 373 f.). We could not identify "Herr Weiz." On June 28, 1828 Rauch began his journey to Pyrmont, going from September 11 through Westphalia to Weimar, where he spent three days with Goethe. He returned to Berlin on September 27 (Eggers, II, 332 f.). Since Friedrich mentions that Rauch is to return to Berlin "heut Abend oder Morgen," the date of the second part of the letter may be an error for "Den 25t Sptbr 1828." This is further confirmed by the fact that Goethe's *Tagebücher* do not mention any visit by Rauch between February 23 and 25, 1828, but definitely refer to such a visit between September 23 and 25 (*Goethes Tage-*

[1] *Sic!*

bücher, XI, Weimar, 1900, 182 f., 281 f.). The "Fr. Herzogin v Cumberland" may refer to Friederike (1778-1841), daughter of Grand Duke Karl II of Mecklenburg-Strelitz. In 1815 she married Ernst August, Duke of Cumberland who later became King of Hanover (Jean T. Wilde, *op. cit.*, 113, 120, and Letter 23, above). Carl Friedrich Sohn (1805-1867) was a Berlin-born portrait-painter and etcher, who stayed with his teacher, Wilhelm Schadow, director of the Academy in Düsseldorf, from 1826 to 1830 and later taught at the Düsseldorf Academy. He produced his painting "Rinaldo und Armida" in 1827. Armida was a beautiful sorceress in Tasso's *Jerusalem Delivered*, employed by Satan to seduce Rinaldo and the crusaders. The "Wichmannsche Fabrik" refers no doubt to work from the ateliers of the sculptors Karl Friedrich Wichmann (1775-1836) and his brother Ludwig Wilhelm (1788-1859). If our assumption concerning the addressee of these letters is correct, the 'Frau Tochter' is probably Gabriele von Bülow, née Freiin von Humboldt, who married the Prussian statesman Heinrich Freiherr von Bülow (1792-1846) in 1820. His mother was the widowed Freifrau von Holwede, Maria Elisabeth von Colomb (1741-1796).

Original: Collection of E. H. Zeydel.

Berlin den 11 ten *October* 1827

Schlechter Mensch! Schlechter Mensch!!!!! So werden Sie unstrei-tig rufen, geehrtester theurer Freund, und Jedermann wird Ihnen recht geben. Wie lange habe ich Ihnen auch schreiben wollen, doch werden Sie schwerlich zu Ende lesen, ohne mich zu entschuldigen. Mit der innigsten Rührung hatts mich ergriffen daß Ihr Brief gerade an meinem Geburtstage in meine Hände kam. Auch im Fieber hatten Sie an mich gedacht, der Einzige. Keiner meiner hiesigen Bekannten hatte sich daran erinnert, auch *Rauch* und *Agnes* nicht die mich sonst immer zu besuchen pflegen, beide fehlten und über ihre eignen Angelegenheiten im Hause vergessen, oder thaten so. Ihre Krankheit hatte mich erschreckt, und ich hoffe durch Hn. *v Lauer* bald Nachricht zu erhalten, aber sein Bruder beklagt sich daß derselbe von Breslau aus seit lange nicht schreibe. Die Nähe von *Agnes* Hochzeitstage, und einige sehr dringende Geschäfte macht daß ich nicht sogleich antwortete. *Agnes* Hochzeit war am 3t *September*, und *Rauch*, und die junge Schwester des Cousinchens welches Sie kennen, und welches seit dem Frühling hier ist, reisten mit der jungen Ehebraut nach *Dresden*, oder auch noch nach *Tharand*, welches schon seit Jahren *Agnes* sich als daß[1] höchste

---

[1] *Sic!* See footnote 1, p. 119.

Glück ausgedacht hatt als junge Ehefrau dort ein paar Wochen zu verleben. Ich hatte sehr viel zu thun, auch für *Rauch* zu besorgen, so daß ich nichts weniger dachte, als nach weniger als 14 Tagen *Rauch* allein mit dem Counsinchen von dort aus zurückkam, und sich nun vor mir eine tolle furchtbare Geschichte entwickelte, die ich noch nicht recht weis wie *Rauch* es überlebt hatt, ich selbst bin krank geworden vor Gram und Aerger.

Sie müssen denken, daß gegen des jungen Mannes Sitten man nichts hatte sagen hören, er schien gemäßigt, Enthusiast für die Kunst, voller Talent, wenn gleich auch ohne Erfahrung, und ohne aber eigentlich Bedeutendes gemacht zu haben. Die jungen Männer beneideten sein Glück, daß er erhalten hatte wonach sie nicht zu streben gewagt hatten, um so mehr da durch *Rauchs* Bekanntschaft und sogleich eine Masse von Arbeiten überkam, unter ander. auch die Kapelle des Königs auszumalen, welche der Allergnädigste wie sein *Palais* hatt anlegen lassen. – Während des Brautstands hatte der junge Herr wohl Eifersucht gezeigt, aber Sie wissen die Damen nehmen daß[1] in der Regel auch nicht sich aus,[2] mancher wünschte es sogar, und die zärtlichsten Versicherungen folgen darauf, so daß Niemand drauf ein großes Gewicht legte. Aber in der Brautnacht schon, ehe die Frau zu b...(?), beschuldigt er sie der Untreu, und behauptet Ein Gerücht war schon und es hätte ihn als einen unglücklichen Mann dargestellt, daß hätte man erfahren, und *Rauch* selbst mit seinen Freunden (mich zum Beispiel, den Cousin) hätte daß[1] Mädchen einem andren Preiß gegeben, und er hätte um (?) noch Mann sein sollen, man hätte ihn als einen Dummkopf gehalten, und d[ie]ser Mann, sei der uns allen wohlbekannte Her *Weiz*, welchen er im Hause hatte als wie einen sehr liebenswürdigen Mann loben hören, und welcher auch zufällig da er sich acht Tage in *Berlin* aufhielt einen Abend bei *Rauch* war, wo ihm der junge Mann als *Agnes* Bräutigam vorgestellt wurde. Die ganze Sache kam aber erst in Schandau(?) zur Sprache. *Rauch* hält ihn für wahnsinnig grade, und suchte durch Sanftmuth zu beschwichtigen, aber dieß[3] hatte schon *Agnes* gethan. Jedoch wieß[3] ihn endlich *Rauch* von sich, und kehrte allein nach *Berlin* zurück. *Agnes* war natürlich von ihm getrennt. Alle seine Freunde haben sich erschöpft ihm Vernunft zu predigen. Es scheint aber von ihm ein ausgedachter Plan zu sein den er mit großer Beharrlichkeit durchführt, obwohl es anders gelungen ist, als er es zweifelsohne errechnet hatt. Mann[3] muß glauben, daß die Unfähigkeit wahr ist, und daß er geglaubt hatt, dem schwachen Mädchen ein Geständniß zu erpressen,

[1] *Sic!* See footnote 1, p. 119.
[2] Apparently a confusion of: "nehmen das nicht auf sich" and "nehmen sich nicht aus."
[3] *Sic!*

128

um ihn ruhig zu machen, welches sie in seine Gewalt gäbe, da daß[1] bei ihm nun zu entschuldigen nicht gelingen konnte, hatt er es übertrieben, und geglaubt mann[2] würde die öffentliche Schande, die so leicht ein Mädchen brandmarkt fürchten, und sich jedes gefal[l]en lassen. Denn immer noch könnte er drauf zurück daß er großmüthig verzeihen würde, wen[2] mann[2] ihm nur das kleinste eingestände. *Agnes* lebt also wieder im Hause ihres Vaters, Er bei seinen Eltern, die in Verzweiflung sind. *Agnes* hatt Überzeugung gewonnen, daß er ein schlechter Mensch ist, und läßt sehr ruhig die Scheidung betreiben, und daß[1] Herzlose und Lieblose in ihm ist ihr nun aus einer Menge kleiner Züge klar geworden, welche man früher nicht beachtete.

Aber welches unsägliche Leid, daß[1] alles über uns Alle gebracht kann ich Ihnen nicht sagen. Ich bin krank geworden, und fürchtete für Leib und Wohlsein *Rauchs*, der größte Theil meiner Zeit ist in Bestürzung, Nachgeben, und Unordnung und Besorgniß hergegangen, und schlimm genug daß ich nicht doppelt und vielleicht dreifach an mehreren Orten zugleich sein konnte.

Den 25t F[e]br[uar] 1828.

Zu meiner Beschämung bin ich genöthigt das Datum und Jahrzahl zu schreiben. Die selbe Rührung, nur stärker noch hatt mich ergriff[en] weil schon Zeilen an meinem Geburtstage dß[1] einzige Zeichen war dß eine menschliche Seele sich um mich kümmert. *Agnes R.* die im vorigen Jahr in ihrem Brautstand meiner vergessen hatte war diß[2] Jahr abwesend in *Pyrmont*, ist noch nicht zurück. *Rauch* war v. Kronprinz eingeladen, in *Potsdamm*, und hatt überhaupt nicht daran gedacht, wenn er gleich an andre wohl zuweilen denken kann, welche ihn gar nichts angehen. So war ich verlassen und wunderlich melancholisch mit Ihren Zeilen in der Hand, in meinem Gefühl der Einsamkeit wie ich es nur in gewissen Zeiten in Italien gefühlt habe wo ich in 6 oder 8 Monathen kein deutsches Wort hörte. Seit vorigem Jahr mußte ich zum Theil sehr fleißig sein, zum Theil viel durch Kränklichkeit abgehalten.

Am Tage im Atelier, wer mag da schreiben? wer kann es? selbst an die Freunde mit welchen man sich am liebsten unterhält? Abends dann bin ich oft, ich möchte sagen gewöhnlich so unmuthig, dß ich fürchte dß nicht viel in mein Schreiben hinein fließt und dß[1] hindert mich dann auch zu schreiben. Und soll ich auch klagen? Wer versteht die Klage des anderen? Selbst im Gespräch ist es nicht möglich dß[1] auseinander zu setzen. Was mich peinigt, hält der andere für Kinderei, und dem eigentlichen inneren Seelenzustand, den innerlichsten Wunsch, d Qual darf man nicht aussprechen. So

---

[1] *Sic!* See footnote 1, p. 119.
[2] *Sic!*

bleibt denn nichts übrig als zu schweigen, damit man nicht lästig wird, und dß[1] Schweigen was die Freunde tadeln, nicht von ihnen gerügt wird. — Jezt haben Sie aber ein paar Tage länger warten müssen durch Schuld unsrer Ausstellung, welche seit lzt Sontg begonnen hatt. Ich mußte mich beim Aufstelen[2] bemühen, und schon zweimal, der Aufsicht sicher, nemlich für *Rauch* der sich auf Reisen mit seiner Tochter umsieht, und für mich selbst. Hatte dabei die Langeweile die Fr. Herzogin v[on] *Cumberland* über zwei Stunden besuchen zu müssen. Sonst ist unsre Ausstellung diß[2] mal sehr brillant, obgleich noch nicht alles da ist. Sehr viele historische Bilder. Ein paar sehr schöne Sachen von Schadowschen Schülern aus *Düsseldorf*. Ein *Rinaldo* und *Armida*, von einem gewissen Sohn, ein junger Mensch, welches Bild dem Prinzen *Friedrich* gehört. Ich selbst habe wenig gemacht, was zur Ausstelung[2] sich eignet. P (?) der Figürchen für dß[1] Zimmer der Kronpß, stehen noch da, doch scheue ich mich fast. Ein paar Gipsbüsten, wovon eine sich in Marmor verwandeln soll. Fast nichts. Aus *Rom* hatt man uns in Marmor und Gips einige Sachen gesendet, so daß der Saal auch voll ist, von mancherlei Sachen. Besonders Marmor Büsten der *Wichmannschen* Fabrik. Auf Ihr lztes Schreiben wegen der Büste antwort ich besonders. Ich zweifle indeß dß etwas daraus werden kann da es wahrscheinlich zu theuer ist, und nicht zu rechter Zeit fertig werden kann.

Meine herzlichsten Grüße und Empfehlungen Ihrer verehrten Mutter und Frau Tochter. Wie geht es der lezteren? Ich hörte vor einiger Zeit sie sei wieder guter Hoffnung? Ist dem so?

Nun leben Sie wohl und behalten mir Ihre Freundschaft *quand-meme*. Ich kann nicht weiter schreiben, die Gedanken gehn mir ganz aus und sind alle in der Werkstatt. Ich muß fort. *Rauch* soll heut Abend oder morgen zurückkommen. Er ist zulezt bei Goethe in *Weimar* um was ich ihn beneide. Ewig Ihr treuer Fr[eun]d

Friedrich Tieck.

25. *Hinrichs to Ludwig Tieck*

Hermann Friedrich Wilhelm Hinrichs (1794-1861) was a philosopher and theologian much given to Hegel's philosophy. In 1826 he published *Grundlinien der Philosophie der Logik*, a copy of which he presented with this letter.

Karl August Böttiger (1760-1835) was an educator and archeolo-

---

[1] *Sic!* See footnote 1, p. 119.   [2] *Sic!*

gist. He became director of the "Gymnasium" in Weimar in 1791, in 1806 "Studiendirektor" in the school for pages in Dresden, and was since 1814 curator of museums there. For Tieck's relations to Böttiger, see their correspondence (*Letters of Ludwig Tieck*, 208 f. and Zeydel, 87, 234, 304, 307).

Hammer may be the Dresden landscape sketcher and copper engraver Christian Gottlieb Hammer (1779-1864).

Original: Germanisches Nationalmuseum, Nürnberg.

In der Nacht zwei Uhr allhier angekommen, und den Morgen halb sieben schon wieder auf und davon, weil mein Amt mich ruft, ist es mir leider unmöglich gewesen, Sie mein Verehrtester meinem Vorsatze gemäß besuchen zu können, und Sie freundlichst zu bitten, beiliegendes Buch als einen abermaligen Beweis meiner Verehrung und innigster Zuneigung gütigst auf – und annehmen zu wollen.

Zwar hätte es mir nimmer einfallen können, Ihnen eine Schrift über die Logik zu überreichen, wenn ich nicht überzeugt wäre, daß es nicht nur allein einen Kunsthumor, sondern auch einen wißenschaftlichen, oder Gedankenhumor giebt. In diesem Sinne dürfte Sie die Vorerinnerung zu dem Buche gewiß intereßiren, und ich bitte deshalb, dieselbe mit Ihrem Humor durchlesen zu wollen. Meine Vorlesungen über die Antigone habe ich auch bis auf den Schluß vollendet, und hoffe, auch dieselben bald selbst überbringen zu können.

Beikommende Tabelle über die Edelsteine hat mir ein Herr Fledey, der ein guter Freund von dem H von Hammer ist, zur Besorgung an d H Hofrath Böttiger übergeben, und da ich unmittelbar in meiner Eile nicht weiß, wie ich dieselbe dem H Hofrath zukommen lassen soll; so wollen Sie gütigst verzeihen, wenn ich Sie gehorsamst bitte, sie bei Gelegenheit demselben zustellen zu wollen, versteht sich mit einem freundlichen Gruß von diesem Herrn aus Wien, wo ich jetzt herkomme.

In aller Liebe und Verehrung
Ihr
Hinrichs.

Dresden den 25t Mayes
1826.

26. *Häring to Ludwig Tieck (I)*

This letter is written by the historical novelist Wilhelm Häring (Willibald Alexis) (1798-1871) on behalf of the poet and novelist

Wilhelm Hauff (1802-1827), whom he wishes Tieck would accept in his circle. As mentioned in the letter, Hauff had published *Mittheilungen aus den Memoiren des Satan* (1825), *Der Mann im Mond* (1825), a parody on the writings of Heinrich Clauren, a writer of trivial tales, which was published under Clauren's name. Hauff's publisher was fined as a result of this. Hauff's *Controvers-Predigt über H. Clauren und den Mann im Monde* came out in 1826.

Häring was a great admirer of Tieck's *Der Aufruhr in den Cevennen* (1826) and credited him with discovering in it the secret of the poetical treatment of history in novellistic form (A. Stahr, *Kleine Schriften*, I, 306; Zeydel, 294, 386).

Der Prinz von Pisa was a comedy by Häring first produced in Berlin October 27, 1825, and published in the *Jahrbuch deutscher Bühnenspiele für 1843*. Goedeke, IX, 448, considers it a play which has an artistic conception but lacks dramatic force in its execution. In performance it impressed the audience as a burlesque.

Original: DSB.

Berlin d 14ten Octbr 1826

Dr. *Wilh. Hauff* verlangt von mir ein Empfehlungsschreiben an Sie, verehrtester Herr Hofrath, dessen der Verfasser zweier Bücher, deren jedes ihm einen Namen in der Litteratur gemacht (*Satans* Memoiren, und der *Mann im Monde*, eine Pseydoclaureniade) wohl nicht bedarf. Wollen Sie ihn in Ihren Cirkel ziehn, werden Sie gewiß den aufmerksamsten Schüler gewinnen, der, rüstig zum Kampfe für das Bessere, auf dem schon mit Glück eingeschlagenen Pfade, namentlich im Süden manches leisten mag. Seine eben erschienene Controverspredigt gegen Clauren möchte ihm selbst schon Achtung erwerben.

Wird der Copist fertig, gebe ich ihm auch die besprochene Abschrift des[1] in Ihre Theaterintendantur mit; und da ich vermuthen kann, daß Sie mir wieder selbst auch durch H. *Milde* werden Auskunft über den Pr. von *Pisa*[2] bis zu seiner Ankunft haben zukommen lassen, so ersuche ich ihn als meinen höflichen Executor anzusehen, und ihm, (wenn es nicht durch Ihren H. *Nicolai* geschieht,) Ihre Beschlüße hinsichts des jährigen oder vielmehr anderthalbjährigen Aufführung mitzutheilen,[3] damit ich durch diesen glücklichen Fremden wenigstens einige Auskunft erhalte.

Eben verschlinge ich Ihre *Cevennen* und kann meine Zeilen mit

[1] Illegible word: *"OConnor"*(?).
[2] "haben" crossed out.
[3] "daß" crossed out.

keinem bessern Wunsche schließen, als daß Sie mit Beiseitesetzung alles andern doch des ehesten an eine Fortsetzung gehn, und nicht davon abgehn möchten. Ich habe das Glück, daß den erbittersten Feinden meine Producte, den *Hegelianern* auch Ihre *Cevennen* gering oder gar schlecht dünken! Da ich weiß, wie Sie über diese Urtheile lächeln können, erlaube ich mir Ihnen diesen Ausspruch unserer Weisen mitzutheilen.

Hochachtungsvoll und ergebenst
ganz der Ihrige
W. Häring

Zimmerstr. 95.

27. *Häring to Ludwig Tieck (II)*

In this letter Häring seems to be answering an offer made relative to the establishment of a journal. Such a plan is not mentioned in the biographies of Tieck. This was at a time of real opposition on the part of some in Dresden to Tieck's attitudes and criticisms.

Dr. Eduard Gans (1797-1839) was a Hegelian philosopher who in 1828 became a professor at the University of Berlin. Ernst Benjamin Salomo Raupach (1784-1852) was a literary man and playwright. Tieck hat criticized him severely in the Dresden *Abendzeitung* (*Letters of Ludwig Tieck*, 222).

For Tieck's general relations with Johann Friedrich Cotta, *cf. Letters of Ludwig Tieck*, 38 f. Cotta edited the *Morgenblatt für gebildete Stände* (1807-1865), together with two supplements. He had negotiated with Tieck about becoming a contributor, especially to the supplements, *Literatur-Blatt* and *Kunstblatt*, but nothing came of it.

On Holtei, see II, 21 above. He published *Der Obernigker Bote* (1822), a weekly, and the journal *Deutsche Blätter für Poesie, Literatur, Kunst und Theater* in collaboration (1823).

Heinrich Friedrich Ludwig Rellstab (1799-1860) became an admirer of Tieck, whom he considered after Goethe and Jean Paul the greatest German writer. In 1826 he became editor of the *Vossische Zeitung*, a post which he held for thirty-four years.

Häring edited the *Berliner Conversations-Blatt für Poesie, Literatur und Kritik* with Friedrich Förster from 1827 to 1829 and alone from 1830 to 1835. It was also called *Der Freimüthige*, but the latter appeared separately from 1836. He contributed to the *Augsburger Allgemeine Zeitung* from 1844 to 1860. Adolf Friedrich Karl Streckfuss (1778-1844) made translations from older Italian literature.

Original: DSB.

Euer Wohlgeboren

muß ich in ergebener Antwort auf Ihren mündlichen Antrag nochmals und vor Allem darauf aufmerksam machen, daß ich Ihnen von
Ihrem Unternehmen, insofern Sie in den ersten Jahren unmittelbare Vortheile erwarten, nach reiferer Prüfung, nur abrathen kann.

Zu einem Journal im gewöhnlichen Schlendrian gehören freilich
nicht außerordentliche Anstrengungen; es neu zu unternehmen
würde nun auf keinen Fall bei der Menge schon vorhandener lohnen;
es bliebe das zweifelhafteste Unternehmen, und ich würde im Fall
dieser Alternative Ihnen lieber rathen den alten Freimüthigen...[1]
vermittelst einigen Zuschusses etwas auszuputzen und auszu-
schmücken. Auf keinen Fall würde ich mich aber zur Redaction
eines Journals verstehen, das keinen anderen Zweck hat als die Zahl
der schon vorhandenen um Eins zu vermehren.

Allerdings ließe sich dagegen bei den in Berlin vorhandenen
Kräften, bei der Stellung, welche es vermöge der hier vereinigten
Bildung in Deutschland eingenommen und noch einnehmen kann,
ein außerordentliches Institut begründen, welches auf ganz Deutschland einwirkend von den bedeutendsten Folgen wäre. Dies ins
Werk zu setzen, gehören aber auch außerordentliche Anstrengungen
und jene nicht von einer Seite allein.

1. Geistige. Es genügt nicht, möglichst beliebte Arbeiter dafür
zu interessiren und ihnen Arbeiten abzukaufen; ein höheres
geistiges Interesse muß dem Unternehmen zum Grunde liegen. Alle
geistige[2] Richtungen, die sich in Deutschland entwickeln, müssen
sofort berichtet, dargestellt, erörtert werden – ob polemisch oder
anerkennend muß späterer Betrachtung überlassen bleiben, da das
erste Gesetz ist, aufmerksam auf alles bleibend, nie in geträumter
Sicherheit von schon errungener Vollendung einzuschlafen. –
Zweckmäßig scheint[3] hier die Idee: feindliche Partheien zu vereinigen; dies zwingt von selbst zum Wachbleiben.

Gegen eine Mitredacteurschaft, wie manches Unangenehme sie
auch mit sich führt, hätte ich deshalb nichts einzuwenden. Allein,
trotz dem, ist ein solches immer waches Interesse nicht wohlfeilen
Kaufes zu erhalten. Davon unterrichtet uns die Geschichte aller
Redactionen; selbst die des Morgenblattes ist im Einschlafen, wenn
nicht *Cotta* (wie mir *privatim* bekannt worden) neuerdings mit
großen Revolutionsplanen umgeht. – Vor einiger Zeit, ehe ich stand,
wie ich jetzt stehe, wäre mir eine solche Redactionsschrift, wo es gilt

---

[1] Four words crossed out.
[2] *Sic!*
[3] Corrected from "ist."

alle geistige[1] Kräfte anzuspannen, nur sich zu zeigen und festen Fuß im litterarischen Gebiet zu[2] gewinnen, sehr erwünscht gewesen; in diesem Augenblick wäre es mir lieber im Frieden (der für einen productiven Dichter große Vortheile mit sich führt) und in Ruhe zu bleiben, so daß nur besondere Vortheile mich reizen könnten, an ein solches Unternehmen zu gehen, welches, (wenigstens im ersten Jahre[3]) alle Zeit in Anspruch nimmt. Nicht das physische Arbeiten, sondern die Gedanken, welche nichts anderes aufkommen lassen!

2. Pecuniäre Anstrengungen. Ausgezeichnete Arbeiter zu neuen Anstrengungen mit den gewöhnlichen Honorarsätzen zu gewinnen, ist unmöglich. Theils erhalten sie schon in anderen Journalen weit höheres Honorar (um nur *Raupach* zu nennen, der 6 *Ldor pro* Bogen erhält) theils ist nicht abzusehn, wenn sie anderwärts mit dem gewöhnlichen schon festsitzen, wie man sie von dort ohne außergewöhnliche Anerbietung abziehen und zu uns locken soll.

Verpflichten sich aber auch mehrere zu den gewöhnlichen Sätzen von 2 *frdor*, so ist dadurch nichts gewonnen, da, je weniger man zahlt, man desto größere Quantitäten erhält. Nur *Cotta* hat den richtigen Weg eingeschlagen, indem er seine Correspondenten nicht nach Bogenzahl[4] honorirt, sondern nach dem Werthe ihrer Berichte besoldet. Woher sonst die prägnanten und pikanten Berichte. Es war der eigne Vortheil des Correspondenten, wenn er wenig und ausgezeichnetes lieferte. Daher die Bemühungen neue überraschende Wendungen in diesen Tagesberichten ausfindig zu machen, und nicht sie voll zu stopfen und zu dehnen. Sollen Correspondenzen gut bleiben, muß[5] nothwendig ein ähnliches Verfahren eingeschlagen werden.

Ich habe sehr viel litterarische Freunde und Bekannte erworben, kenne auch viele junge Talente, von denen sich manches erwarten läßt, so daß ich mich wohl im Stande fühlte gute Mitarbeiter (besonders, worauf es ankommt, rüstige) zu verpflichten, mit dem gewöhnlichen Köder für gute Arbeiter aber nicht zu locken und einmal gelockt, nicht lange zu fesseln, wenigstens nicht zu immer frischen Anstrengungen.

3. Ausdauer. M. E. muß ein mit diesem Plan unternommenes Blatt zuletzt siegen, aber nur nicht in den ersten Jahren. Dies war der Weg der Allgemeinen Zeitung und des Conv. Blattes. Wer im ersten oder zweiten Jahre muthlos wird, hat die[6] ungeheuren Aufopferungen umsonst gemacht.

---

[1] *Sic!*   [2] "erhalten" written and then crossed out.
[3] "vor" (?) written and then crossed out.
[4] "Sondern" written and then crossed out.
[5] "noth" written and then crossed out.
[6] "giebt das Spiel über" written, crossed out, and "hat die" written above it.

Nach meiner Berechnung müssen Sie noch mit 500 Exemplaren Absatz an Honorar mit zu schießen,[1] wenn nicht die Einnahmen für Inserate (?) schon alsdann bedeutend geworden. Ich rechne oberflächlich folgender Maßen.

Als Minimum für meine Arbeit als Redacteur fordere ich auf mein Theil vorläufig (d. h. wenn nicht mehr als 500 Ex. abgehen) und wenn wöchentlich 2 volle Tage erscheinen 400 rth. *p.a. Accordiren* Sie dem Mitredacteur ein Gleiches, so betragen die Redactionskosten vorläufig 800, eine keineswegs zu hohe Summe, wenn die Redacteure die oben bezeichnete Pflicht der Wachsamkeit ausüben sollen.

500 Exemplare *a* 8 rth Ladenpreis bringen nach Abzug
des 25% Buchhändler Rabatt *a* 6 rth grade 3000 rth. . . 3000.
Davon ab pro Druck und Papier von *circa* 100 Bogen
(4 Bogen kann man auf Feiertagswochen rechnen)
a 10 rth . . . . 1000.
Für die Redaction 800
blieben für Honorar v (?) 100 Bog[en] . . . . 1200 rth
womit man, auch den Gewinn vom Titelsatz auf jeden Halbbogen abgerechnet, bei einer anständigen Honorirung nicht auskäme.

Die Honorarverträge würden wir Ihnen überlassen, versteht sich unter unserm Rath und Empfehlung.

Für meine eignen Beiträge würde ich fordern, *pro Novelle*, Skizze und Erzählung unter meinem Namen *à* Bogen 4 *frdor*, für kritische Notizen und Aufsätze 3 *fr d'or*. Vor Uebereilung mit meinen Arbeiten würden Sie sich nicht zu fürchten haben, da ich sie anderwärts vortheilhafter[2] anbringe, indem ich fortwährend für kritische Arbeiten 16 Thaler 6 –[3] und 20 Thaler in den verschied[enen] Krit. *litt.* Instituten erhalten, für *Novellen* jetzt 5 oder 6 *fr dor* erhalte. Bei eigner Redaction versteht es sich, daß man weniger nimmt.

Für den Fortgang des Journales schlage ich vor, daß so oft 100 Exemplare über 500 abgehn der Redaction 1/6 der Bruttoeinnahmen dieser + 100 *Ex. a* 600 rth mit 100 Thaler zukommt. Wie viel Sie von den übrigen 5/6 = 500 rth für das Honorar verwenden wollten, bliebe Ihnen überlassen. Von diesen Konditionen würde ich, was das Aeussere betrifft, nicht abgehen. Sollte Prof. *Gans* nicht geneigt sein in Ihr Project einzugehn glaube ich bei näherem Nachdenken[4] nicht, daß der von Ihnen genannte Substitut der geeignete Mann wäre. Bei mehr günstigen Eigenschaften, die auch für die litterarisch gesellige Unterhaltung wirken, soll er doch von

---

[1] *Sic!*
[2] "vortheilhafter" written above another word which is crossed out.
[3] An illegible word.
[4] "bei näherem Nachdenken" written above the line.

einer Saumseligkeit besessen sein, welche einem solchen Unternehmen nur hinderlich wäre. Gäben Sie den Plan mit 2 Red. 2er Partheien auf, würde bei mir ein älterer, die Redaction eines dergleichen Blattes von Seiten unserer Mitter. Ges. ausgehn zu lassen, wieder aufleben. Mittel finden sich dort genügend. Herr von *Holtei* ist ein geschickter Mann dazu. Der Name eines ältern und bewährten Mannes als 3ter Redacteur auf dem Titel *zB. Streckfuß* würde dem Unternehmen Garnichts geben.

Einigen wir uns über die äussern Bedingungen, würde ich Ihnen einen vorläufigen Plan über die innere Anlage ausarbeiten.

Anderweilig arbeite ich eigentlich jetzt nur sehr wenig für Zeitschriften mit, weil dies immer die Zeit zersplittert ohne dauernde Früchte, meistens folge ich daher hierin nur der Freundschaft und Rücksichten...[1]

Ich wünschte wohl, daß Sie diese Zeilen vorläufig aufbewahrten, indem wir bei unseren Verhandlungen – wenn sie Fortgang haben – noch häufig darauf zurückkommen möchten.

Morgen Donnerstag komme ich in die Stadt, und denke daselbst auch wohl noch am Freitag zu bleiben. Donnerstag Nachmittag von 3 Uhr an trifft mich eine Antwort beim H. Director *Schadow* Kl. Wallstr 11 und 12. Billets bitte ich sonst in meiner Stadtwohnung Zimmerstr 95 1 Treppe hoch durch das Gitter zu werfen d.h. bis Freitag Abend. Sonst, abgegeben Kochstrasse 70 bei Ges. *Rellstab*, erreichen sie mich am selben oder folgenden Tage in Tempelhof. Mit aller Achtung

Euer Wohlgeboren
ergebener *W. Haering*

N.B. Die Uebernahme der Redactionschaft mit Dr. Gans kann nur in so fern erfolgen, als wir uns beide über völlig freie und getrennte Disposition einigen.

(The letters of Häring to Ludwig Tieck are concluded in Chapter III.)

28. *Amalie von Melin to Ludwig Tieck*

This is a letter of recommendation by Amalie von Melin, née von Imhoff, on behalf of Philipp Albert Stapfer (1766-1840), a Swiss statesman and scholar who was intimate with Alexander von Humboldt. Amalie (1776-1831), a niece of Charlotte von Stein and a

---

[1] Two lines are deleted at this point.

pupil of Goethe, was a member of the so-called *cour d'amour* at
Weimar. She became a novelist and student of art and had been
married to a Swedish army officer von Helvig. Since 1815 she lived
mostly in Berlin, occasionally in Dresden.

Jean Jacques Antoine Ampère (1800-1864) was a French critic,
scholar and traveler who introduced works of foreign literature to
France. He was greatly esteemed by Goethe on his first journey
to Germany in 1826. He also visited Tieck in Dresden. Whereas
Ampère wrote an appreciative criticism of *Der gestiefelte Kater* and
Der blonde Eckbert in his *Littérature et Voyages*, Paris, 1833, 315-321,
there seems to be no evidence that his project to translate these two
works, *Liebeszauber* and some other "novellen" in collaboration with
a certain M. E. Fresnel (?), ever materialized (Holtei I, 2-3, letter
from Ampère to Tieck, dated Paris, December, 1828. In his
introduction to Ampère's letters Holtei states (I, 2) that he had
difficulty in deciphering them).

For Willibald Alexis see II, 26 and 27 above. Agnes is probably
Tieck's younger daughter.

Copy: DSB.

Berlin d. 31 *März* 1828.

Nicht als ob es irgend dieser Zeilen bedürfte um einen gebildeten
Reisenden bei Ihnen einzuführen, hochgeehrter Mann, sondern
lediglich der angelegentlichen Bitte des Herrn von Stapfer Ge-
währ zu leisten, gebe ich demselben dieses Blatt für die Zeit mit, wo
er Dresden zu erreichen hofft, und damit natürlich den Wunsch
verbindet, sich Ihnen vorstellen zu dürfen. Hr. v. Stapfer aus Bern
hielt sich diesen Winter hindurch hier auf, nachdem er mit *Ampère*
aus *Paris*, *Wilibald Alexis* und A. eine Ausflucht nach Schweden
verwichenen Sommer gemacht, und da wir oft Veranlassung fanden
der genußreichen Abende in Ihrem Hause zu erwähnen, glaubt er
allzubescheiden sich mit einem Blättchen versehn zu müssen, dessen
Unbedeutsamkeit ich allzuwohl erkenne, als ihm dadurch eine bessere
Aufnahme sichern zu wollen, wie er dieselbe ohne dieses, durch
Ihre bekannte Güte und sein eignes Verdienst zu erhalten hoffen
darf – erlauben Sie mir daher nur diese Gelegenheit zu ergreifen,
um mein Andenken bei Ihnen und Ihrem geschätzten häuslichen
Kreise zu erneuern, (wobei ich meine liebe[1] Gefärthinn *Agnes*
besonders herzlich umarme) indem ich mir[2] die Fortdauer Ihres

---

[1] A space after "liebe."
[2] Some letters crossed out before "mir."

138

Wohlwollens erbittend mit der ausgezeichnetsten Hochachtung
mich unterschreibe

Hochgeehrtester Mann
Ihre
ergebenste Dienerin
Amalie v. Melin geb. *v. Imhoff*

29. Von Uechtritz to Ludwig Tieck (I)

This letter is published only in part in Holtei, IV, p. 113. Peter
Friedrich von Uechtritz (1800-1875) was a poet and jurist. He
made the acquaintance of Tieck while he was a student of law at the
University of Leipzig in 1818. In 1821 he went as lawyer's assistant
and "Referendar" to Berlin. In the winter of 1824-1825 he wrote a
tragedy *Alexander und Darius* which was performed in Dresden,
Berlin, Vienna in 1826 and published in 1827 with a preface by
Tieck. His next drama *Das Ehrenschwerdt* dealing with a family
conflict between patricians and guild members in Nürenberg was
successfully performed in 1827 in Berlin. In June 1828 he was
appointed as assessor to the district court of Trier, where he lived in
almost complete isolation.

The "Erklärung der Dreyzehn" grew out of a scandalous controversy aroused by the journalist and short story and humorous
writer Moritz Gottlieb Saphir (1795-1858) against thirteen prominent
Berlin stage poets and writers, including such names as Louis
Angely, F. Förster, Fouqué, and Häring, on the ground that they
were working against the Royal stage. The polemic lasted well
through the year 1828. The first reply of the thirteen authors, the
"Erklärung der Dreyzehn" appeared in the *Vossische Zeitung* of
March 29, 1828. It included the name of Üchtritz, although, to
judge by this letter, without his consent. One of Saphir's typical
replies in which he pilloried these writers was: "*Der lebende und
dennoch maustodte M. G. Saphir, oder: Eine Salve gegen dreizehn
Bühnendichter, einen Taschenspieler und einen einzelnen Redakteur.*
Hg. und mit Anmerkungen begleitet von Julius Curtius." Berlin,
1828. Saphir won the full approval of the great mass of his readers,
though not of the elite. In spite of his apparent victory he considered it advisable to leave Berlin for Munich in 1829 (Holtei, IV,
113; *ADB*, 30, 364 f.; Goedeke, IX, 152 f.).

The Raumer referred to is the historian Friedrich and not his
brother the geologist and geographer Karl Georg. "Dr. Förster"
was probably the poet and historian Friedrich Christoph Förster

(1791-1868) who from 1818 was custodian of the Kunstkammer in Berlin. He had been involved in 1815 in a controversy with Theodor Schmalz because of the latter's attack on the Tugendbund (*ADB*, VII, 187; XXXI, 625 ff.). The play mentioned is generally called in Germany *Der politische Kannegiesser*. It was published in 1722. The English translation of the Latin quotation "fallentia semita vitae," probably an error for "fallentis semita vitae" is "the pathway of my declining years." It occurs in Horace, *Epistolae*, I, 18, 103 (T. B. Harbottle, *Dictionary of Quotations* (Classical), London, 1897, 67). Tieck was at this time in Baden-Baden, whither the letter was addressed (*Letters of Ludwig Tieck*, 269 f.). In September 1824 August von Lüttichau succeeded Hans von Könneritz as director of the Dresden theater. On the actor Karl J. F. J. Becker, see Letter 20 in this Chapter. The actress Julie Gley came to Dresden about 1826 and left in 1830 (Friesen, I, 126-128, 153; *Letters of Ludwig Tieck*, 308).

Original: Düsseldorf Landes-und Stadt-Bibliothek.

Trier den
24. Juny 1828

Mein hochverehrter Freund.

Wie Sie wissen, bin ich zum hiesigen Landgerichte versetzt worden und Ihre Frau Gemahlin, die ich so glücklich war, auf dem Dampfschiff von Coblenz bis Bonn zu begleiten, sagt mir, daß Sie mit dieser Veränderung meines Aufenthaltes und meiner Entfernung von Berlin zufrieden seyen. Meine Entfernung von Berlin mag nun allerdings ihre guten Seiten haben, denn es ist in meinen Jahren gewiß wohlthätig, von Zeit zu Zeit in neue Verhältnisse versetzt zu werden, wenn man die frühern – ich möchte sagen – ausgelebt hat, und Berlin war zur Zeit meiner Abreise der Tummelplatz sehr unedler Streitigkeiten. Auch mein Name, den ich bis jezt von solchem Schmutze rein zu erhalten gesucht Habe,[1] ist dabey genannt worden, aber ganz ohne mein Wissen und Willen, wie Ihnen vielleicht Raumer schon mitgetheilt Haben[1] wird. Man hat ihn (so wie den Namen des *Dr.* Förster) unter die ganz verfehlte Erklärung der Dreyzehn, ohne mich vorher zu befragen, mit unterdrucken lassen. Meine Entfernung zu einer solchen Zeit konnte mir nur angenehm seyn – aber leider tritt mir das hiesige Leben nicht als ein

[1] *Sic!*

sonderlicher Ersatz für so manches, was ich in Berlin verloren habe, entgegen. Ich selber bin freylich hier noch zu unbekannt, um daruber zu urtheilen, aber die Schilderung, die mir der Rittmeister von Dobeneck, mein einziger Bekannter und ein gebildeter verständiger Mann davon entworfen hat, konnte mich nur verstimmen. Einige reiche Leute, die ein Paar große langweilige Féten geben, – die Übrigen des Abends im Weinhaus sitzend und den politischen Zinngießer von Holberg aufführend – ist eben keine tröstliche Aussicht. Nun, die Gegend ist so wunderschön und so reich an antiken und romantischen Denkmalen, daß es der Einsamkeit nicht an immer neuem Schmuck fehlen kann und für mein ganzes Leben hoffe ich doch nicht hier zu bleiben. Nur ein Paar gleichgestimmte Menschen – oder auch nur Einen – wünsch' ich von Herzen, – auch daß meine poetische Wirksamkeit nicht zu sehr erschwert würde; – Denn man lebt hier sehr abgelegen und wie von der übrigen Welt vergessen. Die *fallentia semita vitae* des Horaz liegen vor mir aber ich bin noch zu jung, um ihren Reiz ganz zu fühlen.

Ich hoffte, mein theuerster Freund, Sie noch in Dresden zu finden und bin wahrhaft erschrocken, als ich hörte, daß Sie – ich glaube den Tag vorher – abgereist waren. Es ist sehr schmerzlich, daß ich Sie vor dieser wahrscheinlich langen Trennung nicht noch einmal gesehen habe und Ihren edlen freundlichen Rath, wie Ihren Trost über so manches entbehren muß. Wenn es mir aber meine Verhältnisse irgend möglich machen, woran ich leider noch zweifle, so komm' ich im Herbst übers Jahr auf ein Paar Tage zu Ihnen nach Dresden. Was an mir liegt, soll geschehen.

Nun habe ich noch eine große Bitte Ihnen ans Herz zu legen – sie betrifft mein Ehrenschwerdt. Ich muß nämlich – äußrer Verhältnisse wegen, sehr wünschen, es in Dresden aufgeführt zu sehen. Mein jüngster Bruder macht jezt seinen[1] Offiziersexamen und Sie wissen, daß die Verhältnisse meiner Familie nicht eben glänzend sind. Mein Gehalt hier ist zu klein, um zu seiner Equipage viel beytragen zu können und es blieb mir nichts andres übrig, als ihm für den Fall einer Aufführung in Dresden, hinsichts deren ich auf Ihre Güte hoffte, das Honorar dazu zu versprechen[2] Ich selber halte von dem Stücke nicht viel und denke mit Gottes Hülfe noch einmal etwas bessres zu leisten. Mein Unrecht dabey war, daß ich den Stoff nicht nach innrem Bedürfniß, sondern nach aüßern Beweggründen, – unter die ich – Sie müssen aber nicht zürnen – auf den Beyfall rechnen muß;[3] den Sie dem Plane schenkten, bearbeitet Habe.[1] Es fehlt mir, wie ich fühle, die Fähigkeit, mein Talent zu beherrschen und ich muß daher lediglich meiner eignen Neigung

---

[1] *Sic!*
[2] *Sic!* no period.
[3] *Sic!* semicolon.

Folgen, – selbst wenn mein Verstand mir sagt, daß ich besser wählen könnte. – Das Ehrenschwerdt ist aber nun einmal auf einer der größten Bühnen Deutschlands aufgeführt worden und ich habe mich – der sehr schlechten Aufführung ungeachtet, überzeugt, daß es sich recht gut für die Bühne eignet. Ich brachte es daher in seiner letzten Gestalt mit nach Dresden, wo es weit besser in die Szene gesetzt werden kann und habe es, da ich weder Sie noch Herrn von Lüttichau antraf und es doch nicht wieder mitnehmen wollte, bey dem Schauspieler Becker, der doch wohl die Hauptrolle darin übernehmen müßte, zurückgelassen. Er sprach mit großer Hochachtung von Ihnen, aber ich merkte doch aus seinen Gesprächen, daß sowohl Er als die Gley von Ihnen abgefallen sind und überzeugte mich dadurch immer mehr, daß es ein leichtres war, mit den Puniern in Verhältnisse zu kommen und Geschäfte zu haben, als mit diesen Schauspielern.

Möge das freundliche Baden Baden recht wohlthätig auf Ihre Gesundheit wirken, die mir so theuer ist. Mit der innigsten Liebe und Dankbarkeit[1]

(The letters of von Uechtritz to Ludwig Tieck are concluded in Chapter IV.)

30. L. Voigt to Ludwig Tieck (I)

Despite considerable effort we have been unable to identify L. Voigt. It is possible that she was a sister of Amalie Voigt (1780-1840), since the maiden name of both women was Ludecus. Tieck visited Goethe with his family early in October 1828 (*Schriften der Goethe-Gesellschaft*, Weimar, 1898, XIII, 309 f., Tieck to Goethe Dresden den 30ten August 1829, *ibid.*, 381). Heinrich Wilhelm von Gerstenberg (1737-1823) was a Storm and Stress writer. Tieck had seen Gerstenberg's *Ugolino* on the Berlin stage in his youth (Zeydel, 14). The classical philologist Friedrich Wilhelm Riemer (1774-1845) was the tutor of Goethe's son and later the poet's secretary. He succeeded Böttiger as Goethe's counselor on classical matters. The poet thought highly of Riemer, regarding him not merely as a secretary but rather as a scientific assistant and a collaborator. Johanna Henriette Schopenhauer (1766-1838), mother of the famous philosopher Arthur Schopenhauer, was a novelist. From 1806 she spent most of her life in Weimar. Here she maintained an important

[1] Signature missing.

salon which was frequented by the best of Weimar society, among them Goethe and Wieland. For Gräfin Julie von Egloffstein, see Letter 2 above.

Copy: DSB.

Weimar d. 25 Mai 1828

Eine freundliche Botschaft ist mir geworden, nämlich die, daß Sie geehrter Freund hier durchreisen, sich hoffentlich Tage lange aufhalten werden! Um die Nachricht denn auch ersprießlich für mich zu machen, geb ich gleich im Voraus Kunde, wie sehr, wie gewiß ich auf Ihren Besuch rechne. Freilich wohne ich noch immer im Mansard eines Hauses der Jacobsstraße, allein ich kann auch über den ersten Stock und das Hausgärtchen verfügen, und kann Sie und die begleitenden Damen, nach Beschaffenheit des Wetters da oder dort empfangen. Gegen Goethe tret ich willig zurück, aber der liebt, so rüstig er, so geistesstark er auch ist, doch mehr, der Gesundheit wegen, zu Mittag als zu Abend Freunde bei sich zu sehen, und so hoff ich, einen Abend für mich von Ihnen zu erlangen. Kann ich auch kein andres Verdienst, keinen höhern Anspruch als Gewinst geltend machen, als die frühe Würdigung Ihres Genius, vieljährige treue Anhänglichkeit, so hoff' ich doch, Sie lassen das gelten und kommen. Mit großer Gesellschaft sollen Sie und Ihre lieben und geachteten Gesellschafterinnen;[1] denen ich mich bestens zu empfehlen bitte, nicht gequält werden; die Wenigen die ich einzuladen gedenke, würdigen Sie nach Gebühr, und sind Ihnen meistens, so wie Gerstenberg und Riemer bekannt. Die Schopenhauer ist abgereist, vermuthlich wird Gräfin Julie v. Egloffstein noch an Ihrer Gegenwart sich erfreuen können.

Schriftliche oder mündliche Botschaft belehrt mich noch über Ihre Ankunft und Ihren Besuch, den mit Sehnsucht erwartet

Ihre
ergebenste Freundin
L. Voigt.

31. L. Voigt to Ludwig Tieck (II)

This interesting letter deals primarily with a description of the festival in honor of Goethe on his eightieth birthday held in Weimar

---

[1] *Sic!* semicolon.

on August 28, 1829, and of the production of *Faust, Part I* which was given the following day. Wurzen is a town near Leipzig. "Krims," not "Krils," was the family surname before her marriage of Amalie Voigt's – and if our inference is correct – also L. Voigt's mother.

We have not been able to identify the portrait by Velasquez referred to. In his unpublished *Geschichte und Theorie der bildenden Künste* Tieck assigns to Velasquez, an artist who in Tieck's day had not been fully recognized, a place beside the great masters because of his ability as a colorist and his fidelity to nature (Zeydel, 205 f.). The editor of Spanish and Italian classics Johann Georg Keil (1781-1857) was a librarian in Weimar, then from 1814 a "Hofrat" in Leipzig.

The "Frau Gräfin" was probably Tieck's close friend, Henriette von Finckenstein. Tieck contributed Novellen regularly to Brockhaus' annual *Taschenbuch Urania*, the one in 1829 being *Das Zauberschloss* which appeared in the 1830 issue (i.e., 1829). Frau von Bardeleben was the mother of the surgeon Heinrich Adolf von Bardeleben (born 1819). She and Frau Solger, the widow of Tieck's philosopher friend, Karl Wilhelm Ferdinand Solger had dinner with Goethe on June 10, 1829. Frau von Bardeleben visited Goethe again on September 4, 1831 and February 12, 1832 (*Goethes Tagebücher*, XII, Weimar, 1901, 80; XIII, Weimar, 1903, 133, 218).

On January 19, 1829, the Braunschweig theater director Ernst August Friedrich Klingemann (1777-1831) produced Goethe's *Faust Part I* on the stage for the first time. Hannover followed on June 8 and the eightieth birthday of the poet was the occasion for various other theaters, such as Dresden, Leipzig, Weimar, and Frankfurt am Main to follow Braunschweig's example. Goethe's *Faust* was given in Dresden on Thursday, August 27, 1829, because of a superstition about producing a play on Friday, which would have been the actual date of Goethe's birthday, and was accompanied with an elucidating prolog by Tieck. In 1817 Tieck had censured the Prolog in Heaven as impious. This fact strengthened by the opposition of the Dresden prudes and the orthodox Catholic court led to the omission from the production of everything that seemed objectionable from the point of view of religion or morality. Yet Tieck's emasculated redaction, as well as a less "moral" version which he prepared for Leipzig, were promptly forbidden by the Saxon censor (Wilhelm Creizenach, *Die Bühnengeschichte des Goethe'schen Faust*, Frankfurt am Main, 1881, 29 f.; *Schriften der Goethe-Gesellschaft*, XIII, Weimar, 1898, Tieck an Goethe, Dresden den 30ten August 1829, 309 f.; Zeydel, 260). Goethe's patron and friend, the Grand Duke Karl August of Sachsen-Weimar, had died from a stroke on June 14, 1828. An interesting account supplementing what we read in this letter about the celebration of Goethe's eightieth birthday may be found in Karl von Holtei, *"Goethe und sein Sohn* Weimarer Erlebnisse in den Jahren 1827-1831," Hamburg, cop. 1924, 74 ff. The poem by Holtei (see Letter No. 21 above) is mentioned in this account, although its content is not given (*ibid.*, 77). The celebrated French sculptor Pierre Jean David D'Angers (1788-1856) had come to Weimar in 1829 expressly to model Goethe's bust. He executed it in Weimar and after its completion presented it to the poet in 1831 as a mark of his esteem. The "polnische Dichter" referred to were the important Polish romantic poet, Adam Mickiewicz (1798-1855), and his friend, another, although less important Polish romantic poet, Antoni Edward Odyniec (1804-1885). Holtei mentions the fact that they had attended the festival, as Creizenach does that they as well as David had attended the subsequent *Faust* performance, but says nothing about their giving expression to their admiration of Goethe in poetic form (Holtei, *ibid.*, 75 f., 84 f.; Creizenach, *ibid.*, 39). Goethe acknowledged the gift and letter from Ludwig I of Bavaria (1786-1868) in a draft, dated Weimar den 29. August 1829 (*Goethes Briefe*, Weimar, 1908, XLVI, 64-65). Friedrich Theodor Adam Heinrich von Müller (1779-1849) became a Regierungsrat at Weimar in 1804, a chancellor in 1815, and a Geheimrat in 1843. The painter and art historian Johann Heinrich Meyer (1760-1832) became a director of the Freies Zeicheninstitut at Weimar and a "Hofrat" in 1807. For Böttiger and Tieck's relations to him, *cf.* Letter No. 25 above. Creizenach and Holtei also give detailed accounts of the *Faust* production at Weimar (Creizenach, *ibid.*, 37 f.; Holtei, *ibid.*, 79 f.). Riemer had been given authority by Goethe to make some changes in the Klingemann production for which the poet had apparently, however, also given some suggestions. To be sure, Klingemann conceived of the play as a tragedy presenting a tragic ending for Faust, an interpretation which Creizenach rightly considers to be an erroneous one in terms of Goethe's own intentions (Creizenach, 30 f., *passim*). At Goethe's request the Weimar composer Franz Karl Adalbert Eberwein (1786-1868) had composed two choruses for the production: a chant of spirits which was to accompany the signing of the contract, and a final chorus of angels (Creizenach, *ibid.*, 39). Goethe had criticized the division of the play into eight acts (Creizenach, *ibid.*, 39). In contrast to the writer of this letter Holtei thought highly of the performance of the Weimar actress Beate Auguste Emilie Lortzing (1787-1831) in the role of Gretchen as he did of the acting of the Weimar actor Johann Karl August La-Roche (1794-1884) in the role of Mephistopheles with its ironic, cavalierlike conception (Creizenach, *ibid*, 40-41). However, Holtei also criticizes the omission of the scene presenting Faust's first conversation with Wagner (Holtei, *ibid*, 79). Tieck's

Prolog appeared independently and in Wendt's *Musenalmanach
für 1832*, p. 309. It was reprinted under the title, "Prolog zur
Aufführung von Goethes Faust an Goethes Geburtstage (1829)" in
Tieck's *Gedichte*, Berlin, Reimer, 1841, p. 582. Tieck's *Der Aufruhr
in den Cevennen* was never completed. The first two sections
appeared in 1826. We have been unable to identify the work by
Tieck which is called "Der Fischer" by L. Voigt. Could she have had
in mind the fragment of a play *Das Donauweib* written in 1808 and
published in Förster's *Sängerfahrt* in 1818, but never completed?
Frau von Mandelsloh is probably Clementine von Mandelsloh,
wife of the Kammerjunker and Regierungsrat Christian Friedrich
Carl von Mandelsloh. Goethe had dedicated a poem to her which he
entitled, "An Frau Clementine von Mandelsloh" and signed
"Weimar, am kürzesten Tage 1830" (*Goethes Werke*, ed. Heinrich
Kurz, Leipzig und Wien, n.d., I, 371). There is no record of a visit
by Tieck to Goethe after the year 1828. Frau Naumann is probably
the wife of the Jena and Leipzig mineralogist Carl Friedrich Naumann (1797-1873).

Copy: DSB.

Weimar d. 29 Aug. 1829

Ihre gütige Erlaubniß verehrter Freund, Ihnen von hier aus schreiben, sagen zu dürfen, wie wir die Reise zurückgelegt, war mir zu
willkommen, als daß ich nicht gleich in den ersten Tagen meiner
Rückkehr sie benutzt hätte, wenn ich nicht einigen Inhalt dem
Brief geben wollen, was erst heute möglich war.
    Die Reise selbst war ohne alle Abentheuer, man müßte denn es für
eins halten, daß in Wurzen zwei kleine Kinder die ganze Nacht
durch schrieen, uns um den Schlaf und zu anzüglichen Redens-
arten brachten. In Leipzig hielten wir uns wenige Stunden, meistens
bei Krils auf, der mir das schöne Portrait eines Kriegers von Velasquez gemalt, nicht besser zu rühmen wußte, als daß es Ihnen besonders gefallen. Die Sammlung, die ich vorher noch nie gesehen,
ist doch viel besser, als ich mir vorgestellt. Da sich voraussehen
ließ, daß uns im Gasthof kaum Zeit zum Essen, und gar keine zu
einem Besuch bleiben würde, trug ich dem pünktlichen Keil die
Wünsche der Frau Gräfin, wegen der Urania auf, und wenn Brockhaus sie, (was ich doch nicht glaube) unerfüllt lassen sollte, ist die
Schuld gewiß nicht an den Bestellern.
    Alle Grüße, auch die von Frau von Bardeleben, und Solger
aufgetragenen sind bestellt und werden freundlichst erwidert.
Goethe freut sich Ihres Andenkens und Ihrer Bühnengerecht-

machung des Fausts, die sicherlich mit seinen Ansichten überein-
stimmen würde, Sie würden gewiß nicht Gott den Herrn persönlich
auf die Bretter bringen. Goethe hatte sich förmlich die Feier seines
Geburtstags verbeten, der nach dem Tode seines Fürstlichen
Freundes die Bedeutung fur ihn verloren habe. Voriges Jahr hätte
man sich auch nach seinem Verlangen, diesmal es aber doch in etwas
umgangen, zwar ein enggezogener Kreis, aber doch immer 32 aß
und trank ihm zu Ehren gemeinschaftlich. In Dichten setzte man
sich nun vollends keine Schranken, weder in der Menge, noch der
Länge und die Erzeugnisse mögen ihm, der Mehrzahl nach den
erfreulichen Beweis gegeben haben, daß er selbst in seinen alten
Tagen mit diesen Dichtergenien den Wettstreit des Feuers und
Geistes bestehen könne. Holtei hat seine Verse gleich abgesungen,
ein Herr Parefy in seiner französischen Ode verstieg sich so hoch in
die Nebelregion, daß bis jetzt noch Niemand einen Sinn daraus entziffern konnte, vielleicht gehts dem jungen Pariser selbst nicht
besser. Mit ihm kam der Bildhauer David, der für Frankreich seine
Büste colossal modellirt. Ob etliche Polnische Dichter, die ebenfalls
gegenwärtig waren, sich der gebundenen Rede bei dem Mahl beflissen, ist mir unbekannt geblieben. Von früh an wimmelte es bei
ihm von Glückwünschern, Gedichten, die er doch nicht zu lesen
brauchte, Kränzen, (wir haben auch einen von Granatblüthen aus
unserm Gärtchen gewunden), zierlichen Handarbeiten und andern
Geschenken. Der König von Baiern schickte einen Torso eines
Sohns der Niobe, und einen Brief, der alle seine Gedichte über-
treffen soll, was freilich nicht außerordentlich viel sagen will. Wie
dem 80 Jährigen das lange Stehen, sprechen und sprechen hören
bekommen wird, ist die Frage, – es wäre viel, wenn es ohne jede
unangenehme Folge abginge. Geheimrath v. *Müller* ist mit seinem
kranken, hypochondrischen Sohn nach *Livorno* abgereist, wo dieser
Seebäder gebrauchen soll, – Grafin Julie v. Eglofstein war in Straß-
burg krank, und hat erst jetzt ihren Weg nach der Schweitz gewonnen.
Eine Nachricht, von der ihre Freunde nicht bestimmen können, in
wie fern ihr zu trauen sei, sagt, daß sie dem Tode nahe gewesen, und
noch jetzt ihr Zustand bedenklich gewesen. Die Schwester ist abwesend, und wäre sie auch hier, so würde das wenig helfen, weil
Mutter und Geschwister aus allzu großer Aengstlichkeit und Rücksicht, sich gewöhnlich über ihren Gesundheitszustand im Dunkel
lassen.

Hofrath Meyer, der aus Carlsbad heimgekommen, will wissen, daß
Böttiger in einiger Verlegenheit wegen der diesjährigen Kunst-
ausstellung in Dresden sei, und gewiß mag es diesmal seine Schwie-
rigkeit haben, eine lobende Anzeige abzufassen.

Heute wird das hiesige Theater, welches Sommerferien gehabt,
mit Faust eröffnet. Riemer hat ihn unter Goethes Anleitung zu-

recht gemacht, und mit einem Schluß versehen, mit dem man noch geheim thut. Sie sollen ihn aber noch erfahren, denn wenngleich ich selbst der Vorstellung nicht beiwohne,[1] hab ich doch meine Leute, die mir berichten. Ich mag mir die Ansicht Gretchens, wie sie in meiner Phantasie lebt, nicht verderben, ihre hiesige Repräsentantin hat dazu nur ein Erforderniß – Jugend!

d. 30 sten.

Wie wenig wissen doch die meisten Leute, was sie sehen! Die Seltenheit eines guten Urtheils fällt mir noch weniger auf, aber jenes hätt ich kaum erwartet. Unter den 6 Personen, die ich heute bei dem schlechten Wetter gesehen, hatte ein Knabe noch am besten gesehen, und doch gaben sich die übrigen die Miene, als kennten sie Faust fast auswendig. Vorher schon erfuhr ich, daß man die Musik zu dem Klingemannschen Faust, gleich dieser Bearbeitung verworfen, und der hiesige Musikdirector Eberwein nun dazu componirt, wovon ich mir wenig versprach, denn sie sollte nicht etwa blos Gefühle und Gedanken, nein Handlungen ausdrücken, Spatzierengehn, Wagen und Pferde-Gerassel u.s.w. und in jedem Zwischenact der sogenannten 8 Abtheilungen immer voraussagen, was zu erwarten stehe. Faust hat vieles, von der Musik begleitet, gesprochen, der Erdgeist sang, und die Lieder sind denn auch alle abgekrächzt worden, was besonders von *Mll.* Lorzing gilt, die das Gretchen noch ärger verpfuscht haben mag, als ich mir eingebildet. Sie hat das moderne Dämchen sogar im Aeußern nicht verläugnen können, kein Mützchen aufgesetzt, sondern dicke Locken vorgebunden, und die Flechten *à la Giraffe* aufgesteckt. Am La Roche Mephistopheles wurde die wiederkehrende Gebehrde getadelt mit der Hand, die Harlekin mit der Pritsche vornimmt. Wagners erstes Gespräch mit Faust ist weggefallen, desgleichen das erste Geisterchor, die[2] Hexenscene war gekürzt, die Thiere blieben weg, desgl. der Blocksberg und was sich darauf bezieht; zuletzt hat man die Höllenrosse an dem Gitter stehen, und eine Erscheinung über Goethen schweben sehen, drei Figuren, von denen meine Berichterstatter nicht wußten, was sie zu bedeuten hatten. Theatralischen Effekt scheint die Vorstellung nicht gemacht zu haben.

Sollte nicht eine überflüssige Abschrift Ihres Prologs sich vorfinden, und diese etwa gelegentlich mir zukommen können? Das klingt freilich unbescheiden, aber um solchen Genuß setzt man sich

[1] Additional "e" written, and then crossed out.
[2] "C" written and then erased.

148

schon einer schlimmen Nachrede aus. – Ihre Verehrer habe ich mit dem Trost erquickt daß Sie die Fortsetzung der Cevennen nicht blos beabsichtigen, sondern auch dann und wann sich damit beschäftigen. Die Hoffnung, und die der Vollendung des Fischers wird ja doch nicht zu Schanden werden?

Frau von Mandelsloh, der es gar schmeichelhaft gewesen, daß Sie ihrer noch gedacht, empfiehlt sich Ihnen und den Damen des Hauses, worunter wir auch Frau Prof. Solger und Frau v. Bardeleben rechnen, angelegentlichst, worum ich gleichfalls bitte. Möchte die Hoffnung, Sie, theurer Freund, künftiges Jahr bei uns zu sehen, doch keine vergebliche sein! Bis dahin hör ich denn doch wohl einmal etwas von Ihnen. Frau Naumann in der Moritzstraße wird, wie ich nicht bezweifle, meinen ihr dringend anempfohlenen Auftrag besorgt und der Frau Gräfin die Bücher zurückgebracht haben.

Es gehe mit dem Befinden so gut als es aufrichtig wünscht

Ihre
treu ergebene Freundin
L. Voigt geb. Ludecus

Die Figuren sind Engel gewesen, die dem: "Ist gerettet" noch einige Worte zugefügt haben.
(Conclusion of the letters from L. Voigt to L. Tieck).

32. Amalie Tieck to Henriette von Finckenstein

This letter is written to Henriette von Finckenstein who since 1819 had been a member of the Tieck household. Her birthday occurred on July 1, 1774. She seems to have been ill and to be spending some time at Baden-Baden with Dorothea and Tieck, where the latter spent the summer of 1828 (*Letters of Ludwig Tieck*, 321 f., 341). Professor Althoff was a physician and biographer of Bürger, whom Tieck had met as a student in Göttingen and who later was also Tieck's own physician and friend in Dresden (Köpke, I, 150; *Letters of Ludwig Tieck*, 352). Amalie herself was at Bonn visiting her sister Johanna, née Alberti, the widow of Reichardt. Despite the difficulty of having a stranger in her home and the possible danger of a rival for her husband's affections, the relations between Tieck's wife and Henriette, to judge by this letter, seem to have been quite cordial. For this entire problem, *cf.* Zeydel, 245. We could not identify the "Müllers." Except for the use of the "Charlotte Dundas" for towing purposes on the Forth and Clyde canal in 1801-1802, steamer travel did not become practicable until Robert Fulton constructed his "Clermont" in 1807. It ran as a passenger boat between New York and Albany. What a far cry between Henriette von Finckenstein's concern about riding on a steamer and our own contemporary achievement of orbital flight around the earth! For Üchtritz, see No. 29 above.

Copy: DSB.

Bonn d. 27 st *Juni* 28

Liebe Henriette!

Da dieser Brief wohl an Deinem Geburtstage ankommt, muß ich Dir doch auch mit ein paar Worten das allerschönste Glück wünschen; der Himmel gebe Dir Gesundheit und alles, was Dein Herz wünscht, wir werden den Tag Deine Gesundheit trinken, ich hoffe, Ihr denkt unsrer auch mit Liebe. Mich verlangt nun sehr nach neuen Nachrichten von Euch; ich hoffe, Deine Geschwulst, die Du in Heidelberg bekommen, ist nicht von Bedeutung gewesen, da Du, wie Dorothe schreibt, keine Schmerzen gehabt hast. Es wäre sehr unangenehm, wenn es Euch noch einen Tag länger auf der Reise aufgehalten hätte. Mir thut die Ruhe hier so wohl, daß ich es Euch auch herzlich wünschte, dieses bald zu genießen; wenn Ihr nur ein recht gutes Quartier gefunden habt, ich denke mir nun, wenn es Schwierigkeiten hatte, wird Althoff schon vorläufig gesorgt haben. Wie es uns geht, wird Dorothe Dir schon aus ihren Briefen mittheilen. Ich kann meine Schwester nicht ohne Rührung ansehen, daß mir noch die Freude geworden, sie in diesem Leben einmal wieder zu sehn; so kräftig, wie in Dresden ist sie nicht mehr, doch scheint das hiesige Clima ihrer Gesundheit zuträglich zu sein. Wir machen doch noch ziemlich viele Spaziergänge, da sehen wir schöne Aussichten. Müllers Garten hat auch eine freie Lage, und ist sehr freundlich. Das ist ein[1] Haus, wie ich uns mal eins wünschte, mit einem großen Raum hinter dem Hause, den der Wirth, der ein Zimmermann ist, zum Bauplatz benutzt, wo sich ein hübsches Quartier anlegen ließe.

Wir hatten es schon aufgegeben, morgen nach Cöln zu reisen, nun richtet es sich doch noch ein, wozu wir uns alle sehr freuen. Uns thut es nur leid, daß wir nicht mit dem Dampfschiffe reisen können, das kommt aber immer Abends dort an, und geht Morgens ab, so müßten wir, um 2 Tage dort zu sein, 3 Nächte dort zubringen.

[1] "Genuß" crossed out.

150

Versuchen mußt Du doch das Dampfschiff auch, es ist sehr bequem und angenehm eingerichtet; wer einmal damit gereist ist, will nicht mehr anders reisen, es ist hier auch noch kein Schaden damit geschehn, mehr mit der Eilpost. Uechtritz war einmal in Gefahr gewesen, und in Coblenz fanden wir eine Menge, die damit umgeworfen hatten. Uechtritz hat mir viel an Tieck aufgetragen, er hätte ihn so gern gesehen, um sich über manches zu rechtfertigen.

Ich hoffe, es ist schon ein Brief unterweges, der uns wieder Nachricht von Euch bringt, und uns sagt, wie die Bäder Dir bekommen. Von Tieck bin ich überzeugt, daß sie ihm gut thun, da er sie mit Vergnügen und Zutrauen braucht.

Müllers tragen mir auch viel Grüße und Glückwünsche für Dich auf. Der Himmel führe uns gesund wieder zusammen.

Deine Amalie

33. Rehberg to Ludwig Tieck (I)

August Wilhelm Rehberg (1757-1836), statesman and political writer, began with philosophical-literary studies but turned to administrative and political duties on behalf of Hannover. From 1814 to 1819 he was a member of its privy cabinet council and tried to introduce some reforms within the feudal structure of the country. He lost his power due to the opposition of an extreme faction of nobles and retired in 1820. For a considerable time he lived in Dresden and spent the years 1828 and 1829 in Italy. His *Sämmtliche Schriften* appeared as follows: vol. I in 1828, vol. II in 1829, vol. IV in 1831; vol. III was never published.

Rehberg was versed in ancient classical, German, English, and romance literatures, and was interested in their history, politics, and political science. He criticized Goethe for his seemingly immoral attitude and opposed Goethe's exclusion of all moral considerations from esthetic judgment as represented by him in his note to Diderot's *Rameau's Nephew*. For this reason he condemned *Stella*, *Die Wahlverwandtschaften*, and *Faust*, except for the "Zueignung," which he regarded as Goethe's most perfect piece of poetry. He had high praise, however, for *Hermann und Dorothea*, and admired *Iphigenie*, although he did not consider it a drama (*ADB*, XXVII, 571 f.).

In this regard he generally differs from Tieck who, looking upon Goethe as a poet rather than as an exemplar of noble humanity, preferred the more ingenious national and straightforward poetry of Goethe's Storm and Stress period to the less spontaneous, and in his opinion, less truthful works of his classical epoch (Zeydel, 250 f.; *Tieck and Solger*, 309 f.).

Of the many Rehberg letters at his disposal, Holtei published only three (III, 99 ff.) because Rehberg's handwriting is almost illegible. The two letters published here exist in later copies.

Tieck visited Goethe in Weimar in October, 1828, with his family. The missing word in the sentence "Von der unerwartet angeneh-men..." is probably "Einladung." It is difficult to identify the "Resolute" referred to in this line. Could it be Goethe?

The "Gräfin" is of course Henriette. But it is difficult to say whether Rehberg is sending regards to the older or younger of Tieck's daughters.

Tieck had planned in 1800 to publish a translation of Spanish dramatists, including the works of Cervantes, Calderon and Lope but dropped it when he learned that A. W. Schlegel was working on a similar project. The latter, which in its final form contained five dramas by Calderon, appeared as *Spanisches Theater* (1803-1809). While Tieck still preferred Calderon to Lope around 1800, he considered Lope since 1818 to be the greater poet and his realism a proper antidote for the theatricalness and effeminacy which he himself had unwittingly helped rear with his Romantic poetizing. Moreover, Tieck borrowed from Lope numerous motifs for his "novellen" (Zeydel, 116, 131, 237 f., 287, 385).

Copy: DSB.

16 *Juli* 1828

Seitdem ich von Ihnen theuerster Freund vor sechs Wochen durch einen Sturmwind getrennt bin, habe ich mich kaum einige Augenblicke sammeln können, einige Zeilen an Sie zu richten, die ich auch nicht an Sie gelangen zu lassen wußte. Das Ende eines[1] Aufenthalts, der mir so wohlthätig gewesen, hat mich wohl in eine ängstliche Stimmung über die Zukunft versetzen müssen. Doch habe ich im Abschiede von Dresden nur den Abschied von Ihnen empfunden. Sie haben mich in den Stunden, da ich eines heitern Genusses fähig war, durch die Beschäftigung mit Gegenständen die für mich das größte Interesse haben, aufgerichtet und vieles vergessen machen, dessen Erinnerung ich vergeblich zu entfliehn suche.

In dem Kreise Ihrer Familie und deren, die Sie auf eine so reizende Art um sich zu versammeln wissen, habe ich mich wohl befunden, und in den Tagen eines langen kranken Zustandes haben

---

[1] "meines" written and the "m" is crossed out.

die Ihrigen mich mit so liebevoller Theilnahme gepflegt, daß ich
Ihre Nähe in jedem Augenblicke empfinden mußte. Ich hatte, als
ich nach Dresden ging, nur auf Abgeschiedenheit von der Welt
gehofft, in der ich zu viel erfahren, und zu viel Kräfte zugesetzt
hatte, um ihr nicht entfliehen zu wollen: durch Ihre zuvorkommen-
de Freundschaft habe ich besseres gefunden, worauf ich nicht mehr
hoffte. In Ihrem Umgange bin ich in ein mir fast fremd gewordenes
Leben zurückgerufen. Die Erinnerung daran giebt den Jahren, die
ich vielleicht noch zu leben habe, einen eigenen Werth. Was nun
weiter? Es ist für mich in meinem Alter, andern Verhältnissen und
der Sorge für meine Kinder eine peinliche Sache gewesen zu entscheiden, wo ich den Winter zubringen solle? ich habe mich entschieden nach Italien zu gehn, um mich und meine jüngste Tochter
in der See zu baden, und sodann in Rom zu bleiben, so lange das
Klima es mir verstatten wird. Was den nächsten Frühling betrifft,
so werde ich erst dort selbst sehen, was zu thun ist. In Deutschland
kann ich keinen andern Ort wählen, als Dresden, und wenn das
Schicksal mir verstattet noch einmal selbst zu bestimmen, so sehe
ich Sie wieder. Sie sind in einer Periode voller Thätigkeit des Geistes,
da ich nur Bruchstücke einer zusammenfallenden sorgfältig zu-
sammenhalte. Sie werden mir, wenn ich aus Italien zurückkomme,
manches das wir besprochen, fertig zeigen. Schöne Zeit des Lebens,
da man Plane gereift hat und zu Ausführung tüchtig ist.

Ich zweifle nicht daran, daß Ihre Reise durchaus günstig ausge-
fallen sein wird. Von der unerwartet angenehmen[1] in Weimar habe
ich schon etwas durch meine Tochter vernommen. Sie dürfen schon
etwas wagen! hat Ihnen doch die Verbindung mit dem Resoluten
nicht geschadet.

[2]

Dieser selbst hätte sich nicht zeigen mögen. Es hat mich sehr gefreut, daß meine Verwandte und Freunde in Darmstadt so glückliche Stunden mit Ihnen verlebten. Sie werden selbst gesehen haben,
wie sehr man sich geschmeichelt fühlte, Sie zu besitzen. Von da an
habe ich Sie in Gedanken begleitet, und die Erinnerung an die
Empfindung, die der Genuß so schöner Gegenden in mir selbst
erregten,[3] ist durch den Gedanken, daß die Gräfin so etwas noch
nicht gesehen, und dabei vielleicht an mein Zureden zu der Unternehmung gedacht haben mag, verdoppelt. Ich kann nicht ausdrük-
ken, wie die Theilnahme dieser theuern Frau an mir und die Zuneigung deren Sie mich werth gehalten, auf mein für alle weibliche[3]

[1] A space after "angenehmen."
[2] A 'II' is written at this point in the copy.
[3] *Sic!*

Vorzüge sehr reizbares Gemüth gewirkt hat. Empfehlen Sie mich Ihrer lieben Tochter.

Ganz der Ihrige
Rehberg

Ich schreibe Ihnen noch vor meiner Abreise und vergesse nicht nachzusehen ob ich nicht noch etwas von Lope habe. Dieses hat eines unbedeutenden Umstandes wegen noch nicht geschehen können.

34. Rehberg to Ludwig Tieck (II)

In a letter to Rumohr of 1827 Tieck had mentioned that he possessed two volumes of Lope de Vega's comedies. These are contained in vols. I and II of the Madrid edition of 1604. It is possible the copy Rehberg was sending Tieck through the bookseller was an additional volume. In the same letter Tieck stated that he had long been working on a study of the Spanish dramatist, a project which, however, never materialized (*Letters of Ludwig Tieck*, 260 ff.).

In 1828 Tieck got out an edition of Lenz under the title *Gesammelte Schriften von J. M. R. Lenz* in three volumes. The long introduction, running well over one hundred pages and reprinted in the *Kritische Schriften* under the title "Goethe und seine Zeit" deals only incidentally with Lenz, the real topic of the paper being what the title indicates, especially the age of young Goethe. It is one of the weightiest pieces of critical writing Tieck ever did, despite its fragmentary nature (Zeydel, 249).

"Bau" probably refers to Wolf Heinrich Graf von Baudissin (1789-1878). He came to Dresden in 1827 and became one of Tieck's disciples and collaborators, especially in the field of Elizabethan literature. The "works" by him referred to here are probably the second part of Tieck's *Shakespeares Vorschule* which came out in 1829 and whose translators were Dorothea and Baudissin (*Letters of Ludwig Tieck*, 533; Zeydel, 263 f.).

Tieck had begun his readings of plays as early as 1799-1800, but they reached a culmination during his Dresden period and made him internationally famous (Zeydel, 231 f.).

Copy: DSB.

154

Sie werden, theuerster Freund, einen Brief, der Sie auf Ihrer hoffentlich weit geführten Reise nicht erreichen konnte, und den ich deswegen meiner Tochter gesandt habe, damit Sie ihn in Darmstandt erhalten möchten, entweder daselbst, oder falls Sie einen andern Rückweg genommen haben sollten, durch ihre Vermittelung erhalten haben. Jetzt nehme ich wirklich Abschied von Deutschland. Nicht von Ihnen. Die Erinnerung an die Abendstunden, die ich so oft mit Ihnen zugebracht, begleitet mich, und alles was ich in Italien zu sehen hoffe, ist Ihnen so wenig fremd, daß ich mich in Gedanken mit Ihnen fortwährend unterhalten werde, – bis dieses hoffentlich einmal in Dresden mündlich geschieht.

Ich habe hier einen Band der Comödien von Lope gefunden, den Sie durch einen Buchhändler[1] erhalten werden. Ich möchte wohl die Bedingung machen, daß Sie wenigstens eine davon übersetzen ließen, um mich damit am Abende, da ich in Dresden wieder eintreffen werde, zu empfangen.

Von meinen Schriften erscheint ein vierter Band in einigen Monaten, und wird Ihnen vom Verleger zugesandt werden. Ich empfehle mich damit noch besonders der[1] Gräfin, die sich für meinen lieben Fay so interessirte. Sie werden den letzten Aufsatz dieses Bandes, der[1] ebenfalls der Aufmerksamkeit werth schien, verbessert finden.

Dem 2ten und 3ten Band werde ich bald möglichst zu beendigen suchen, ehe das Alter mich übereilt. Ich möchte meine politischen Gesinnungen und Handelsweise gern eben so sorgfältig darstellen, als im ersten Bande meine philosophische[2] Ansichten. Endlich sollte auch noch das, was Sie in die Welt befördert haben, durch Anmerkungen über den Egmont, Iphigenia, – Faust – vollständig gemacht werden. Ob ich dieses werde leisten können, weiß ich in der That noch nicht. Wenigstens nehme ich Ihre Vorrede zu[3] und zu Lenz Schriften mit, um mich in den Gedanken fest zu halten.

Leben Sie herzlich wohl. Wenn einer von Ihnen uns einmal etwas mittheilen will, so erhalten wir es langsam aber sicher, wenn es unter meiner Addresse hieher geht.

Gedenken Sie meiner, ich bitte Sie, wenn Graf Bud[4] Arbeiten vor-

---

[1] A space after this word.
[2] *Sic!*
[3] A space after "zu."
[4] "Bud" with a space following probably indicates the inability of the copyist to decipher "Baudissins." The word "Shakspearsche" follows "Bud" and is then crossed out.

gelesen werden. Hätte ich Fortunats Käppchen, so brauchte ich dies nicht zu erwähnen.

Ganz der Ihrige
Rehberg.

In den Lope habe ich ein Blättchen mit einer komischen Anecdote von[1] Shakspear gelegt, die Sie jedoch vermuthlich schon kennen, aber nicht gebrauchen wollen.

[1] A space after "von."
(Conclusion of the letters from Rehberg to L. Tieck)

(1831-1839)

1. Adelheid Reinbold to Henriette von Finckenstein (partial)

Nos. 1 and 4 of this Chapter consist of parts of two letters, both of which are incomplete. A fragment of No. 1 is pasted into the middle of No. 4. No. 1 has no signature, while the signer of No. 4 is "M. Rehberg."

No. 1 is addressed to a "Gräfin," undoubtedly, Countess Henriette Finck von Finckenstein. See I, 7, also II, 4, 10, 31-32. The writer of this letter seems clearly to be the authoress Adelheid Reinbold (1802-1839), whose acquaintance Tieck had made before 1830. He later attempted to interest the publisher Eduard Vieweg in her behalf and brought out posthumously a complete two-volume edition of her Novellen in the Brockhaus firm under the title, *"Gesammelte Novellen von Franz Berthold* (Adelheid Reinbold). Herausgegeben von Ludwig Tieck. Erster Theil. Zweiter Theil. 1842" (*Letters of Ludwig Tieck,* 438 f.). The date of the letter, 1831, would indicate that she had settled in Dresden *before* 1834, the year ascribed by Köpke for her settlement in Dresden (Köpke, II, 88), and this is further confirmed by her request in this letter that Dorothea leave her temporary address with a "Schuster Schmidt." To judge by Köpke, she lived in the home of a simple craftsman in Dresden (*ibid*, II, 88). It is obvious therefore that her visit to Leipzig, the trip to which is described in this letter, was of a temporary nature. The first collected edition of Tieck's novellen was published by the Breslau firm of Josef Max in seven volumes (1823-1828). A new revised edition by the same publisher, in fourteen volumes, appeared in 1835-1842; volumes 1-4 had to be reprinted in 1838 and again in 1847. After Solger's death, Frau Solger came to Dresden and was a frequent guest at the home of Tieck's family (Friesen, I, 20; Köpke, II, 57 f.; *Letters of Ludwig Tieck,* 338 f., 481). Dorothea refers, of course, to Tieck's older daughter. We have been unable to identify Adelheid Reinbold's travelling companions to Leipzig. Graf Detlev von Einsiedel (1773-1861) was a cabinet minister at the Saxon court from 1813 until his fall on account of the "Dresdner Unruhen" in 1830. The latter refer to the unrest which arose as a result of the French July revolution of 1830 and led to the establishment of a constitution in Saxony in 1831. Adelheid Reinbold had written two works about these political disturbances: a dramatized novelle, *Der Prinz von Massa*, and the drama, *Masaniello*. Köpke maintains that she was liberally disposed to them, because she mailed the latter play anonymously to the Freiburg historian and liberal political leader Karl Wenzeslaus Rodecker von Rotteck (1775-1840), asking him to negotiate its publication for fear of the Dresden censorship, and because of the nature of his reply (Köpke, II, 87 f.).

Original: DSB.

Leipzig, den 21st. April 1831.

Theure Gräfin

Meine Nachlässigkeit macht daß ich Sie schon so bald mit einem Brief belästigen muß. Ich habe einen Band von Tiecks Novellen bey der Solger liegen lassen und bitte Sie gütigst zu besorgen daß er seine Stelle [i]n[1] unsres Freundes Bibliothek wieder einnehme. Zu [g]leich[1] möchte ich Ihnen noch einmal, besser als man es [in][1] dem unbehaglichen Moment eines Abschieds thut, sagen, wie innig Ihnen mein Herz Ihr Vertrauen und Ihre Freundschaft, Ihre gütige Theilnahme dankt; sagen Sie das auch unserm theuern Tieck. Als ich Sie Alle gestern [v]erließ,[1] kam es mir fast lächerlich vor, Abschied auf eine Reise von einigen Stunden zu nehmen, wenigstens schien mir ein andrer als ein heiterer Abschied wunderlich [u]nd[1] unpassend; um Tiecks Ausdrucks -mode[2] nachzuahmen, [a]ber[1] ein andrer Ort und andre Umgebungen dringen uns bald die traurige Ueberzeugung auf, daß eine Entfernung,[3] wie wenig weit sie auch sey, doch immer Ent[fer]nung[1] bleibt, glücklich wenn sie nicht zur Entfremdun[g][4] wird. Lassen Sie mich, theure Freunde, Ihrem Herzen immer so nah bleiben wie Sie dem meinigen für [immer][4] bleiben werden!

Ich bin heute Morgen um halb sechs hier angekomm[en][4] fand das Haus offen, da man mich erwartete, und Lei[pzig?][4] bey der

---

[1] Some words in the left margin are partially cut off.
[2] "-mode" above a word that is crossed out; possibly "methode."
[3] At the top of this page there is written upside down: (D)arf ich wohl Dorothechen bitten dem Schuster Schmidt bey [Name illegible] meine vorläufige Adresse bis auf weiteres, zukommen zu lassen?
[4] The right-hand margin, and with it some words or syllables, are missing.

158

Hand; die Herrschaft schlief noch. So hatte ich Ge[legen]heit[1] mich in menschlichen Zustand zu versetzen, d[enn][1] nach einer Eilwagennacht ist man meist in sehr üb[lem][1] Zustande, und suchte dann die Gesellschaft beym Früh[stuck][1] auf. Man war sehr verwundert mich schon zu sehen, man glaubte ich schliefe ganz fest, und ich wurde au[fs][1] freundlichste aufgenommen. Gustav fand ich schon und er ist der Nordamerikaner, scheint aber seit[dem][1] viel humaner und liebenswürdiger geworden zu [seyn][1] und den englischen Ton unter Türken und Persern [abge]legt[1] zu haben. Ich reiste also nun zwar nicht...[1] aber[2] mit einem Freund und Begleiter von einem Herrn Bellina, der von Odessa bis Dresden [mit][1] diesem Herrn Meyer gekommen war und mit n[och][1] zwey Herrn, einem jungen Tabackhändler Fleck, [aus][1] Dresden und einem zwar noch jungen, aber verh[eira][3] theten Mann, dessen verzweifelten Namen ich vergessen habe, das Haus gehörte ihm in welchem der Minister Einsiedel lange gewohnt hatte; letzterer war mein Nachbar auf die Nacht, und ich bitte Dorotheen zu glauben, daß sehr anständig und mit Eilwagenkunst geschlafen wurde, wie ich auch die Ehre habe ihr zu versichern, daß meine Eilwagengefährten noch immer mit großem Respect von mir Abschied genommen haben, eine Wahrheit auf die ich mir etwas zu Gute thue. Dieser Mann schien überhaupt der klügste und Interessanteste der Reisegesellschaft; das Gespräch roulirte hauptsäch[lich][3] auf die Dresdener Unruhen, und alle diese Leute sp[rachen][3] [g]anz[3] in dem Sinne von Tieck darüber. Die Herren w[aren][3] sehr artig, und nach den gegenseitigen Ausfragun[gen][3] die auf dem Eilwagen nie fehlen, und die man zw[ar][3] [in][3] die Länge ziehen, aber nie vermeiden kann, als sie erfahren hatten, daß ich zu Meyers wollte, war der Eilwagen von dem artigsten Salon nicht mehr zu unterscheiden.

So kamen wir, nach einer anfangs guten, auf die Länge uns aber doch kläglich anschlagenden Nacht, nach Leipzig, wo man sehr erzürnt über die Dresdner Unruhen ist, und mein erstes Geschäft ist, mich meinen lieben Freunden und gütigen Wirthen freundlich noch bestens zu empfehlen, und sie um Entschuldigung zu bitten, wenn dieser Geist und Witzlose Brief nach dem Katzenjammer der verflossenen Nacht schwach[?][4]

---

[1] The right-hand margin, and with it some words or syllables, are missing.
[2] "sondern" is written before "aber" but then crossed out.
[3] Some of the left-hand margin, and part of the right-hand, and with it some words and syllables are missing.
[4] In the margin there is written:
Gedenken Sie in Liebe Ihrer Ad...

2. Adolf Wagner to Ludwig Tieck (VII)[1]

The superstition Wagner refers to in this letter is probably related to that of the 'Hexenschuss' and is mentioned already 1000 years ago. According to it witches or other mighty women are supposed to have ridden through the land and have caused a sick person sharp stabbing in the skin, flesh, blood, or limbs through the throwing of spears. This superstition is originally ascribed to the storm elves. Similar behavior is also connected in certain German legends with the witches who form part of the "wilde Jagd" which is supposed to occur in the autumn, the twelve nights, or in spring (Elard Hugo Meyer, *Mythologie der Germanen*, Strassburg, 1903, 154 f., 382 f.). Rosalie Wagner (1803-1837), the oldest sister of Richard Wagner, was engaged by the Dresden court theater from 1819 and was very successful in ingénue roles. In 1836 she married the Leipzig philosopher, writer, and banker Gotthard Oswald Marbach (1810-1890) but she, unfortunately, died the following year. The note on her provided at the bottom of the first page of this letter was probably written by Holtei but was not included in his *Briefe an Ludwig Tieck*, since this letter itself was not published. Wagner's reference to Michelangelo's quotation is inaccurate. It should rather be ascribed to Guarini: "Chi non può quel che vuol, quel che può voglia," *Il Pastor Fido*, Act III, Sc. III, Amarilli; – "Who cannot what he would must e'en will what he can."

Michelangelo's celebrated saying is rather: "Come te non voglio: méglio di te non posso" – "Like thee, I will not; better than thou I cannot." It was the traditional apostrophe of Michelangelo, as he turned to gaze on the Duomo of Brunelleschi, when setting out from Florence (1542) to build the dome of St. Peter's. Rogers' "Italy" (1836), Notes, p. 269, "Beautiful Florence" (Thomas Benfield Harbottle, Colonel Philip Hugh Dalbiac, *Dictionary of Quotations* (French and Italian) London, 1901, 268; W. Francis H. King, *Classical and Foreign Quotations*, New York, [1958?], 46). The philosophical writer Albert Kreuzhage (1797-1848) published the volume accurately mentioned by Wagner, *Mitteilungen über den Einfluß der Philosophie auf die Entwicklung des innern Lebens,* Münster, 1831.

Original: SLB.

[1] Continued from page 103.

160

Verehrter Freund!

Es gehört für mich zu den heillosen Verhängnissen dieses Jahres, daß ich Sie abermals nicht persönlich begrüßen und Ihnen Aug in Auge mindestens sagen oder auch verschweigen dürfte, wie theuer Sie meinem Herzen sind. So hat mich noch zuletzt, gerade am Pfingstfeste, die Tochter des höllischen Hühnenweibs gehudelt, von welchem nicht weiter zu sprechen gleich fromm, wie ungemein und anständig ist, indem man außerdem es nur bis zu dem dermaligen französischen Schlagwort *Dieu s'amuse*, oder zum Widerwärtigen bringt!

Mich führt Ihnen diesmal meine Nichte Rosalie[1] entgegen; und bin ich Ihnen an Mädchenhand willkommener, so will ich für den gewünschten Erfolg diesmal gern das Moment des mir schmeichelhaften Glaubens an die Gültigkeit meiner Fürsprache bei Ihnen fallen lassen. Rosalie wünscht nämlich, sobald das hiesige Theaterunternehmen schließt, bei Ihnen am Hoftheater angenommen zu werden. Dazu wird sie einerseits wol von dem sehr menschlichen Wunsche getrieben, ihren Verwandten näher zu seyn und nicht abermals in die weite, jetzt so stürmische Welt hinausgestoßen zu werden; andrerseits hat sie – und dies versichert sie angelegentlichst – eben an diesen bekämpften Stürmen die Ruhe eines sichern und bescheidenen Wirkungskreises kennen gelernt, an dem irrlichtelirenden eigenen und fremden Lob über sch*wank*[en]den Werth eines unbestochenen unbefangenen Urtheils über ihr Künstlerstreben ermessen. Wie nun wir beide über letzteres denken, wissen wir; haben es auch, Sie ihr selbst, ich der Mutter unverhohlen gesagt, und so ist sie wol zu der Uberzeugung[2] gelangt, es sei besser, anspruchlos sich Ihrer Leitung und Ihrem Urtheil unbedingt zu unterwerfen, als sich in Sphären zu verirren, wo ihr der Athem ausgeht. Das wünsche ich nun ebenfalls, da sie einmal fürs erste an die Bühnenwelt gebannt ist. Damit das was von Anlage dazu ihr beschieden ist, es sei soviel oder wenig es immer wolle, mindestens unverkümmert und ungetrübt durch komödiantisches Rausch- und Schaumgold hervortrete und ihr Wahlspruch der *buonnarotische* werde: *Chi non può quel che vuole, voglia quel che può!* Mutter und Tochter müssen also hinsichtlich ihrer obigen Bekenntnisse beim Wort genommen und darin gehalten werden, damit sie theils immer mehr einsehen was ich schon weiß, daß nämlich Sie am besten wissen, wie weit sich ihr Gebiet erstreckt, daß es ihr einsichtsvollstes

---

[1] (Note at bottom of page) Rosalie Wagner, liebenswürdige Schauspielerin, als Gattin des gelehrten *Dr.O.* Marbach in Jugendblüthe gestorben.
[2] *Sic!* No umlaut.

Wohlwollen sei; sie darin zu halten und heimischer zu machen, theils dies an den Früchten erkennen. Ihnen also lassen Sie mich das gute Mädchen empfehlen mit all der Offenheit, Strenge und Wahrhaftigkeit, die Sie an mir gewohnt sind! Ich bin überzeugt, Sie werden ihr in jeder Hinsicht nützlich und förderlich seyn; und muß ihr dies gönnen, da jetzt das Bühnenwesen in der tiefsten Erbärmlichkeit dasteht als Fratze und Manier, oder als tiefste Rohheit und Unwissenheit. Zum erstenmale seit langer Zeit freue ich mich wieder, an den französischen Schauspielern doch einen Styl und eine Schule zu sehen, durch deren Anstand die stammthümliche Heftigkeit, aber gebändigt, durchschießt und die Gemüthlichkeit, wenn auch aus der zweiten Hand, der Phantasie, darum doch nicht zur vettermichelschen Plumpheit herabsinkt. Dergleichen sind aber nur Trümmer der guten alten Zeit und die maaslose, überschwänkliche neue ist nur eine Kreisende, um deren Bett wir älteren stehen und die Wehen beobachten, ohne die Geburt zu begrüßen!

Vorigen Winter ist es mir gelungen, einige gelehrte und ungelehrte Freunde für das griechische Drama lebhaft zu interessiren und einen Cursus zu beginnen, welcher, so Gott will, im nächsten fortgesetzt und durchgemacht werden soll. Es erquickt, das dargebotene Schöne, zumal von gebildeten Laien, so lebhaft aufgenommen zu sehen. Wären Sie hier, Sie würden in unserm Ihren Genuß, und wir in Ihrem Genuß und Vortrag unsern Genuß erhöhen.

Auf literarische Neuigkeiten Sie aufmerksam machen hieße wol Eulen nach Athen tragen, und Manches spricht Sie nicht an, als Dichter, was mich den Freund der Wissenschaft. Eins jedoch könnt' ich Ihnen vielleicht empfehlen, was Ihnen vielleicht doch entgangen ist, theils wegen des Verlagsorts, theils wegen des unbekannteren Names: Kreuzhage Mittheilungen über den Einfluß der Philosophie auf die Entwickelung des innern Lebens, Münster 1831. Sie werden ihm Frische und Tiefe wie Gewandtheit nicht absprechen können. Doch das Blattende mahnt, meine besten Wünsche für Ihr und Ihres Hauses Wohl anzuschließen und Ihrer wie Ihres Hauses freundschaftlichem Andenken meine Frau und mich bestens zu empfehlen. Mit unwandelbarer Liebe und Verehrung

Ihr
Alf Wagner

3. *Adolf Wagner to Ludwig Tieck (VIII)*

For Amadeus Wendt, *cf.* II, 5-9. His sister, Christiane Sophie, was the wife of Adolf Wagner. Wendt's work *Ueber die Hauptperioden der schönen Kunst, oder die Kunst im Laufe der Weltgeschichte dargestellt* appeared in Leipzig in 1831. George Berkeley (1685-1753) and Johann Gottlieb Fichte (1762-1814) represented subjective, idealistic trends in philosophy. Henrik Steffens (1773-1845) was a philosopher, natural scientist, and author. A favorite idea of Steffens which he discussed with Tieck in Dresden in 1801 and which finds expression in the latter's *Runenberg* (1802) was his belief in the existence of a mysterious, one might add, demonic relationship between nature and the life of the human soul (*Letters of Ludwig Tieck*, 156; Zeydel, 159 f.). Goethe had died on March 22, 1832. Tieck wrote an epilog to the memory of Goethe which was spoken in Dresden after the representation of *Iphigenie* on March 29, 1832, by the actors Madame Mevius, Carl and Emil Devrient and Pauli. The lines which are accurately quoted by Wagner were recited by Ludwig Pauli and occur in this epilog (*Gedichte von Ludwig Tieck*, Neue Ausgabe, Berlin, 1841, 586, 591). The Messenger in *Oedipus Coloneus* describes the death of Oedipus as "above mortals, wonderful," and Theseus reports to his children that "he (Oedipus) gave charge that no one should draw nigh unto that place, (where he died), "or greet with voice the sacred tomb wherein he sleeps." (R. C. Jebb, "*Sophocles, The Plays and Fragments* With Critical Notes, Commentary, and Translation in English Prose," Part II, *The Oedipus Coloneus*, Third Edition, Cambridge, 1900, 255, 269). The Leipzig Stadttheater was opened in 1817 under the direction of Karl Theodor Küstner (1784-1864). The 'kön. Schauspielergesellschaft' probably refers to the theater club which in the summer of 1816 concluded a contract with the Leipzig municipal council and Küstner for his taking over the management of this theater. The latter's brilliant direction continued until 1828 but was broken off due to a petty financial dispute with the municipal council. The theater was then directed unsatisfactorily by the management of the Dresden theater until 1832, when the theater director Friedrich Seboldt Ringelhardt (1785-1855) took over this task, carrying it out with distinction until 1844 (Dr. Th. Flathe, *Geschichte von Sachsen*, Gotha, 1873, III, 405 f.; *ADB*, 17, 440 f.; Ludwig Eisenberg's *Großes biographisches Lexikon der Deutschen Bühne im XIX. Jahrhundert*, Leipzig, 1903, 834). In an undated letter from Wendt to Tieck, but presumably from 1828, Wendt states that when he and his brother-in-law Wagner learned that the Dresden royal board of management had taken over the Leipzig theater for three years, they had hoped that authority in esthetic matters would be entrusted to Tieck rather than to the "impractical" actor Genast (Holtei, IV, 293 f.). Nothing seems to have come of their hopes, however. For Rosalie Wagner, *cf.* the previous letter. "Es ist dafür gesorgt, dass die Bäume nicht in den Himmel wachsen" is the motto to the third part of Goethe's *Dichtung und Wahrheit*. It first appeared in the Cotta edition of that part, Tübingen, 1814 (Goedeke, IV, 709). Alonso de Ercilla y Zúñiga (1533-1594) was a Spanish soldier and poet. He was the author of *La Araucana*, the most celebrated of Spanish Renaissance epic poems (1569, 1578, 1589, 1590). We could not trace the *Journal f. wiss. Kritik* where Wagner's review of its translation was supposed to occur. Could "Oppel" possibly be a misspelling for J. A. Apel, a Leipzig friend of Wagner? (*Cf.* II, 12 above.).

Original: SLB.

Leipzig
9 Apr. 1832.

Verehrter Freund!

In Auftrag meines Schwagers,[1] der nach den Ostertagen wieder abreiste, sende ich Ihnen mit freundschaftlichem Gruße seine 'Hauptperioden der schönen Kunst.' Ich wünschte wohl, da wir uns so lange nicht gesehen, vielleicht auch diesen Sommer nicht einmal sehen, an der Stelle dieses Buchs zu seyn, um wieder einige Tage, oder lieber noch Wochen, mit Ihnen leben zu können, statt daß ich jetzt zu Ihnen mich nur, wie Berkeley oder Fichte zur Welt, verhalte; wobei man bekanntlich nicht satt noch froh wird, indem der Idealismus höchstens eine Hungerkur ist, wodurch wir vom Leuteverkehr zum Umgang mit Natur und Menschen genesen. Aber was hat sich auch in diesen beiden letztgenannten Sphären, seitdem wir uns nicht sahen, nicht alles verändert! In der That man könnte versucht werden, den Zusammenhang oder die Verbindung des Natur- und Menschenlebens mit Steffens für eine tief grausenhafte, dämonische anzusprechen, wenn man das Tollfratzenhafte und Scheußliche beider in unserer Zeit allein festhält und nicht in Kunst und Wisenschaft den in Maas sich liebevoll und heiter haltenden Geist zurückgespiegelt und angeboren anerkennt. Darum ergriff mich Ihr Wort im Epilog zum Andenken Goethes: "Verhüte, freundlich Schicksal, Friedens Genius, Daß uns nicht vorbedeutend Prophezeiung sei; Daß jetzo dieser Hort uns ward entrückt!" Furchtbar und gewaltig. Wie aber diese fromme Scheu und leise überschleichende Bangigkeit, so ziemt dem Menschen auch das unwandelbare Vertrauen auf die Unverwüstlichkeit des Geistes in allem Wandel auf und ab. Und beide spiegeln uns ja

---

[1] *A. Wendt*. (Note at bottom of page).

Höhn wie Er so rein und klar zurück, daß ich sein Entschwinden nicht anders auffassen kann, als wie der sophokleische Theseus das des Oedipus auf *Kolonos* und der Bote, der es dort verkündet; ja die Ferne und Unnahbarkeit des Orts, wo er nicht mehr gesehen wird, ist mir nur der Hintergrund meiner Seele, aus welchem das fromme Gelübde aufging, ihn nicht wiederzusehen, um damit mir und allen, die ihn liebten, seine sichtbare Segensnähe zu sichern. Und so lebt er uns ja wahrhaft noch und immer, ja so anschaulich gewiß, daß das gemeinhin so genannte Leben Vieler mir dagegen nur ein unheimliches gespenstisches Umgehen und Schein dünkt. –

Wie schon nun bald die kön. Schauspielergesellschaft aus unsern Mauern scheiden und einer andern Platz machen, deren dauernder Bestand uns eben auch nicht verbürgt ist. Schade, daß kein fester besonnener Wille von Seiten unserer Stadtbehörden so wol, als von Seiten der kön. Intendanz das bisherige Verhältnis leitend und läuternd fortsetzte, was, meines Erachtens, leicht gewesen wäre. Dann hätte man von der ersten Seite her darum gebeten, von der letzten die Besserung des ungerathenen und hochmüthigen oder hoffärtigen Publicums zur Bedingung gemacht, so daß beide übereingekommen wären, diesem verlorenen Sohne nichts, oder nur Schauspiel, nicht Oper, Ballet, Bilderschau, Menagerien, Ringe, und Kampfspiele pp zu geben, als welches alles einzeln und wohlfeil in den Messen und in Winterszeit sehr gut zu haben ist, so würde es wohl gegangen seyn, sollte ich meinen. Nun lauern hier Viele auf den Messias Ringelhard und meine Nichte Rosalie begnügt sich, wie ich höre, mit einer weit, weit geringeren Gage, um nur zu bleiben, wo das Pöbelklatschen in der seligen Sicherheit künstlerischer Tüchtigkeit bestätigt und die heilsame Krisis der Ernüchterung nicht einmal scheinbar herbeiführt. Dem sei so! Lassen wir die Todten ihre Todten begraben!

Unseres Quandts Ankäufe entziehen ihn uns, wahrscheinlich, immer mehr. Das thut mir, der ihn mit Ihnen so liebt und schätzt, recht weh, umso mehr, da sein unruhiges Hin und Her und Hier und Dort nicht einmal in Dresden ihn auf einige Zeit festzuhalten gestattet, wie doch besuchende Freunde es wünschen müssen. Wer nur Euch beide hier hätte! Ersetzen kann Euch ja hier Keiner, nicht einmal einstweilen entschädigen. Ja, ja, es ist freilich dafür gesorgt, daß die Bäume nicht in den Himmel hineinwachsen.

Vor einiger Zeit las und studirte ich *ex officio*, behufs einer Anzeige von einer Übersetzung für das *Journal f. wiss. Kritik, Don Alonso de Ercilla Araucana*. Wie? können Sie bald dort lesen, oder auch nicht lesen, weil Sie es nicht brauchen, um mit mir vermuthlich übereinzustimmen. Überhaupt habe ich, trotz alles leiblichen neckenden Unwohlseyns, diesen Winter viel gelesen und gearbeitet. Schade, daß ich mich nicht bei meinem guten Oppel auf dem Lande wieder erholen kann! Wir Menschen stehen wie Soldaten in der Schlacht, die fallenden Nebenmänner sind bloß die Vorboten unseres eigenen endlichen Falls. Aber das thut auch nichts; man lernt das *de die in diem* nicht als leidiges Heidenthum etwa verschmähen; sondern immer mehr die Ewigkeit als wahre Gegenwart fassen und schätzen.

Grüßen Sie herzlichst von meiner Frau und mir Ihr ganzes Haus! Bleiben Sie uns gesund und ein Hort und schreiben, oder gedenken Sie mein nur halb so liebend, als Ihrer

Ihr
Alf Wagner.

(Conclusion of the Letters of Wagner to L. Tieck).

4. Frau M. Rehberg to L. Tieck (partial)

The signer of this fragment is probably the wife of August Wilhelm Rehberg (1757-1836). She was a daughter of the famous jurist Höpfner of Giessen and was highly regarded by all on account of her rich intellect. She and her husband stayed between the years 1820 and 1828 in Dresden. It may be interesting to note that before her settlement in Dresden Adelheid Reinbold, according to Köpke, had found a friendly reception in the Rehberg home, and that this had an important influence on her development (Köpke, II, 86). What is written about *Henry V* probably refers to an occasion when Tieck read this play in Dresden. "Goethes Leben" is probably a reference to some passages which Frau Rehberg disliked in *Dichtung und Wahrheit* (1811 f., the fourth part of which did not appear until 1833). Her views may well be compared with those of her husband in his essay on "Goethe und sein Jahrhundert" (Bron's *Minerva*, August, 1835). Here Rehberg judges Goethe's works according to moral rather than esthetic standards, as already discussed in the commentary to II, 33. Although the novelle *Die Wundersüchtigen* (1829) is merely of antiquarian interest today, Rehberg's high praise of it is typical of the contemporary attitude (Zeydel, 299). The scene between the fasting somnambulist and her husband Sangerheim, in which she pleads with him to give up his contacts with a deceptive, wonder-working "lodge" to which he belonged and censures his own fraudulent behavior, is described in a later portion of the "novelle" (*TS*, XXIII, 262 f.). It was this woman who through her somnambulistic visions discovered the missing document of the Geheimrath Seebach, a character in the "novelle" who was involved

166

in a costly trial, and whose satisfactory solution could only be established by this means (*Ibid.*, 159 f., 190 f., 267). Tieck's thought in the "novelle" is that miracles *do* exist but are not the expression of the spurious, superstitious dealings of wonder-workers. Rather, they are marked by faith in God, and are an expression of everyday life itself (*Ibid.*, 170 f.). The use of this device actually does contradict Tieck's persistent attack in the "novelle" against such means of discovering the truth.

Original: DSB

das seligste Gefühl der Menschenbrust ist. – Nachdem s]¹ dieses Dritten blieb uns eine unruhige, mißmuthige Stimmung, die wir nicht anders zu bannen wußten, als indem [w]ir aufs Gerathewohl einen Theil unsers *Shakespeare*....,² aufgetragen und ein paar Scenen lasen. Es war [z]ufällig Heinrich der Fünfte und der kräftige, tragische Geist, der uns gleich entgegenwehte, hob uns aus unsrer tiefen Niedergeschlagenheit empor. – Warum, woher, diese Wirkung von unsers Freundes psychologischer Dar[s]tellung seines Dichters, die so tief eingreifend, so meister[h]aft gedacht ist, daß man fühlt, er habe sich ganz mit ihm identificirt. – Etwas dem Aehnliches habe ich damals empfunden, als ich Goethes Leben gelesen hatte. Mein Ideal war zerstört, und ich sah nur den Menschen mit all seiner Thorheit und seinen Schwächen, und lange Zeit gehörte dazu, eh ich meinen Goethe wiederfinden konnte. – Dieses und manches Andre würde ich in Dr. mit unserm Freunde am Theetische durchsprechen, und ich sehe seine freundlichspottende Miene, indem er mich reden hört, die sich dann in den Ausdruck der milden Nachsicht und Gutmüthigkeit auflöst, indem er mich belehrt. – Die Wundersüchtigen, ist die Novelle, die R. am höchsten schäzt, und dem Besten von T. zuzählt. Auch diese haben wir zusammen mit Bewunderung und dem höchsten Interesse gelesen, und bey ihr ists uns am Unbegreiflichsten, wie etwas so tiefgedachtes,³ so philosophisch ausgeführtes in solcher Eile hat entstehen können! Es muß schon lange reif in T. s Geist gelegen haben. R. nennt es die tüchtigste, zermalmendste Philippica gegen den Aberglauben gerichtet. Die Scene zwischen der fastenden *Somnambule* und ihrem Manne ist von der größten tragischen Wirkung und hat uns Alle tief erschüttert. – Nur über die Eine Stelle möchte R. den Freund befragen: "Glauben Sie wirklich, daß ein verlornes Document durch eine *Clairvoyante* ka[nn] entdeckt werden?" Ueber dieses und andres würden sie sich indeß bald verständigen, und ich kann nur imm[er]

¹ The left-hand margin, and with it some words and syllables, are missing.
² 'Shakespeare' is followed by an illegible word.   ³ *Sic!*

wiederholen: Könnten wir uns sehen und sprechen! Doch es ist ja thöricht, immer wieder auf das Unmögliche zurück zu kommen, an Wünschen zu hängen, deren Erfüllun[g] sich immer weiter in die Ferne zieht. Denn unser Arzt will für R. nichts Anders als eine Reise in ein südlich[es] Bad, wenn wir anders reisen. – Seit wir wieder im Vaterlande sind, macht seine Gesundheit keine Fortschritte, seine Arbeiten noch weniger, und das hat traurigen Einfluß auf seine ganze Stimmung. Am meisten quält ihn ein Schmerz im rechten Arme, an dem alle Experimente scheitern, die nur die Nerven aufrege[n] und nicht helfen! Der Arzt glaube, er habe einige Verwandtschaft mit dem *tic douloureux* und räth zur Geduld, die dem lebhaften, thätigen Manne schwer wird. Die Hoffnung, Ihnen von R. s Befinden etwas Bessers sagen zu können, war eigentlich das, was mich bis jezt vom Schreiben abhielt, und, nun ist doch nach Monaten noch Alles auf demselben Punckte und ich kann mich nur an den Trost halten, daß das Ueble auch nicht progressiv geht. – Unsrer lieben Freundin Solger senden wir herzliche Grüße, auch Helene grüßt die guten Kinder mit uns, sie schreibt gewiß, wenn sie nur erst die Confirmationsarbeiten überstanden hat. – Ihren Damen empfehlen Sie uns wohl zu freundlicher Erinnerun[g].

Leben Sie wohl, recht wohl, theurer Freund!

Ihre *M*. Rehberg

5. Löbell to Ludwig Tieck (I)

Johann Wilhelm Löbell (1786-1863) had met Tieck as early as 1810, and during the last thirty years of the poet's life was one of his most intimate friends. He was born in Berlin, taught history at the War Academy in Breslau and then in the "Cadettenhaus" in Berlin. In 1831 he became professor of history in Bonn. His best known work is a history of Gregory of Tours, referred to below. The present letters supplement those written between 1822 and 1846 which Holtei has published (II, 240 ff.). To Löbell is dedicated volume VI of the *Schriften* (Reimer), which contains the first part of the novel *William Lovell*. A short but comprehensive appreciation of Tieck after his death appears by Löbell as an appendix to Rudolf Köpke's biography of Tieck under the title "Geheimer Rath Loebell in Bonn an den Verfasser." (Köpke II, 259-265, dated "Bonn, 30. December 1854.").

To judge by the letter cited below, Löbell stayed while in Dresden in the rather uncomfortable room occupied by Raumer when he visited that city. Tieck describes it as "freilich unbequem, 4 Treppen

168

hoch." It was also occupied during visits by such old friends as Uechtritz and Piesker (Tieck to Max "Am Östertage, 40," *Letters of Ludwig Tieck*, 396).

Original: UBL Bonn.

Bonn, den 21ten *Februar* 1833.

Endlich, theuerster Freund, sehe ich ein Mittel, meine große Sehnsucht, Sie nach manchem Jahr ein mal wieder zu sehen und zu genießen, zu befriedigen. Ein Geschäft wird mich in den Osterferien nach Berlin führen, ich will den Umweg über Dresden machen, um einige Tage bei Ihnen verweilen zu können. Wie ich mich schon im voraus darauf freue, kann ich gar nicht ausdrücken! Doch muß ich freilich vorher wissen, ob es eine Zeit ist, in der ich Ihnen gelegen komme. Ich würde schon um den 12 ten März von hier abreisen, es kommt daher Alles auf eine m ö g l i c h s t s c h l e u n i g e Antwort von Ihnen an. Antworten Sie mir daher ja s o g l e i c h nach Empfang dieses Schreibens, oder wenn sich dieß nicht thun lassen sollte, so lassen Sie mir s o g l e i c h antworten. Ich bitte so d r i n g e n d a l s m ö g l i c h darum, mit zwei Zeilen ist es ja abgethan – ja oder nein. Nur wenn ich einen Brief von Ihnen erhalten habe, kann ich mich bestimmt entscheiden, meinen Weg über Dresden zu nehmen, doch würde es mir höchst schmerzlich seyn, Ihnen vorbeizugehen.

Da es mir sehr darauf ankommt, meine Reise so ökonomisch als es sich thun läßt, einzurichten, so wäre es mir sehr lieb, wenn Sie mir in Ihrer Nähe irgendwo, auf 8 Tage etwa, ein möblirtes Stübchen mietheten, wodurch ich das kostspielige Gasthausleben vermeide. Vielleicht haben Sie selbst ein Räumchen.

Nochmals bitte ich, beantworten Sie diesen Brief an dem Tage, wo Sie ihn erhalten, und halten Sie dieses Dringen nicht für kindisch. Alles andere mündlich, vorläufig die besten Grüße an die Ihrigen.

Ihr treuer Freund
Loebell.

6. *Löbell to Ludwig Tieck (II)*

Christlieb Julius Braniss (1792-1873) was a professor of philosophy at the University of Breslau. The correspondence between Braniss and Tieck is published in Holtei, I, 90 ff. Professor Braniss wrote an enthusiastic epilog to the second edition (Breslau, 1841) of Tieck's novel *Vittoria Accorombona.*

Gustav Friedrich Waagen (1794-1868) was Tieck's favorite nephew. After a long trip through the Netherlands he went to Berlin in 1823 to assist in establishing the museum of which he became director in 1830. He is the author of various works on art. For correspondence between Waagen and Tieck *cf.* Holtei, IV, 158, and *Letters of Ludwig Tieck*, 145 f., 431 f., 534.

For Friedrich von Raumer see II, 4 above, and for Henrik Steffens III, 3.

Original: UBL Bonn.

Berlin, den 16ten *April* 1833.

Was werden Sie von mir gedacht haben, theuerster Freund, daß Sie bis heute auch nicht ein Wörtchen des Danks von mir vernahmen! Wenn Sie aber hören werden, wie unglücklich es mir hier ergangen, wie unfreundlich mich unsere Vaterstadt nach mehrjähriger Abwesenheit begrüßt hat, werden Sie mich entschuldigen. Ich war nämlich kaum drei oder vier Tage hier, so bekam ich die fatale Grippe, die mich nöthigte mehrere Tage im Bette zu bleiben. Dann dauerte es noch acht bis zehn Tage, wo ich matt durch die Straßen schlich, und mich in dem bunten Gewirr der Besuche noch immer in einem halbfieberartigen Zustand befand. Erst seit einigen Tagen ist die Krankheit bis auf wenigen Schnupfen und Husten verschwunden. Denken Sie sich nun, wie mir ein bedeutender Theil der ohnehin nicht sehr langen Zeit geraubt ist, und viele alte Bekanntschaften und Verwandtschaften, größten Theils höchst unerquicklich, und doch nicht ganz zu übergehen. Ueberall soll ich essen, einen Mittag, einen Abend zubringen, was meistens aber so langweilig, als zeitraubend, als meiner[1] Gesundheit nachtheilig ist. Dazu kommt der Fehlschlag meiner Erwartungen und Aussichten. Man hatte mich Unbefangenen schon in Bonn überlistet, und meiner persönlichen Erscheinung Berichte über mich vorausgesandt, welche die ungünstigste Stimmung hervorgebracht haben.

Mitten in der Verstimmung, welche Alles dieses hervorbringen mußte, hat es doch auch nicht an erfreulichen und erfrischenden Momenten gefehlt. Ich rechne dahin vor Allem, daß ich einen alten, sehr lieben Freund aus Breslau, den *Professor Braniss*, ganz unerwartet hier fand; die Stunden, die ich mit *Waagen*, seit zwei Tagen nun auch mit *Raumer* verleben kann. Auch die Zeit, die ich hier und da für das Museum gleichsam stehle, geht nicht ohne Genuß und Frucht vorüber. – Einiger anderen wackern Freunde nicht zu ge-

---

[1] Written over "der," which is crossed out.

170

denken. Steffens und die seinigen nach mehreren Jahren wiederzusehen, hat mich herzlich gefreut, doch gehen sie eigentlich nicht
viel aus. Der Pietismus wird wenigstens nicht einseitig getrieben.
Steffens hat sich in seiner Manier wo möglich noch mehr befestiget,
er spricht fortwährend ohne zu hören, und macht dadurch ein
eigentliches Gespräch unmöglich. Sie werden ihn wol bald wiedersehen, da von einem Ausfluge nach Dresden in den Pfingstfeiertagen
die Rede ist.

Ach, würde es mir doch nur auch recht bald ein mal wieder so
gut! Wie großen Dank, mein theuerster Freund, bin ich Ihnen doch
schuldig für Alles was Sie mir mit so herzlicher Freundschaft und
Liebe in Ihrem Hause gewährt haben! Den besten, edelsten Theil
dieser Schuld abzutragen, würde mir auch in den günstigsten Verhältnissen immer unmöglich bleiben, und so gerathe ich immer
tiefer und tiefer in Ihre Schuld, mit deren Größe nur meine Dankbarkeit, aber doch wenigstens diese, wächst.

Empfehlen Sie mich den Freunden und Freundinnen; und
erhalten Sie Ihre theure Freundschaft

Ihrem
Loebell.

7. *Löbell to Ludwig Tieck (III) Original: UBL Bonn.*

Bonn, den 11ten November 1834.

Theuerster Freund, ich schrieb Ihnen den 25ten October, wenige
Tage nach meiner Rückkehr, und habe bis heute noch keine Zeile von
Ihnen gesehen, eben so wenig hat mir Dorothea geschrieben, worauf
ich mit solcher Sicherheit rechnete. Was soll ich davon denken?
Ich habe Sie krank verlassen, Sie und Dorothea versprachen mir,
ich sollte in ganz kurzer Zeit Nachricht von Ihrem Befinden haben.
Von Tage zu Tage erwarte ich die Stunde, wo der Briefträger zu
erscheinen pflegt, mit steigender Spannung und immer vergebens.
Sollten Sie kränker geworden seyn? Sollte Niemand Muße zu
einigen Zeilen finden? Ich will diesem Gedanken nicht Raum geben,
aber meine Besorgniß wächst, darum bitte ich Sie dringendst, wenn
noch immer kein Brief an mich abgegangen ist, ja nicht länger zu
zögern, sondern mich endlich aus der peinlichen Ungewißheit zu
reißen und mich zu beruhigen. – Allen die freundlichsten und
herzlichsten Grüße. Leben Sie wohl!

Ihr
treuer Freund
Loebell.

8. Löbell to Ludwig Tieck (IV)

The book is probably his *magnum opus, Gregor von Tours und seine Zeit, vornehmlich aus seinen Werken geschildert,* published in 1839; see also introduction to No. 5 above. The "Vorlesungen" refer to *Vorlesungen über die Entwickelung der deutschen Poesie von Klopstocks erstem Auftreten bis zu Goethes Tode.* This was never completed; only two volumes were published during Löbell's lifetime, 1856-1858. A. Koberstein published the third part posthumously in 1865.

In connection with Tieck's so-called "Servilismus" Köpke says (II, 79 ff.): "Noch heftiger waren die Angriffe auf die romantischen Dichter, die jetzt den vollen Rückschlag ihrer eigenen Einseitigkeit erfuhren. Sie hatten Ritterthum und Mittelalter besungen und oft carikirt, dafür wurden sie als Träger des Servilismus, als Feinde des Volks bezeichnet..." Concerning the attitude of *Jung Deutschland* to Tieck, it may be said that their attacks were extremely one-sided. Zeydel states that "it is a pity that their campaign was conducted with so little discrimination that it tended to destroy not only the reprehensible but also the better elements – the light buoyancy and charming winsomeness – of his finest poetry, and with them the high cultural values which had been in their ascendency ever since 1748." (Zeydel, 335; *cf.* also 235 f.)

Wolfgang Menzel (1798-1873) was editor of Cotta's *Litteratur-Blatt.* He wrote *Die Geschichte der Deutschen,* 3 vols. 1824-1825; *Die deutsche Litteratur,* 2 vols., 1828; *Deutsche Dichtung von der ältesten bis auf die neueste Zeit,* 3 vols. 1858-1859. He also wrote countless critical and other treatises, articles, and the like. Frequently he was a hostile and caustic critic, but on the whole, despite the criticism reported in this letter, a warm admirer of Tieck. In the second edition of his *Die deutsche Litteratur,* Stuttgart, 1836, IV, 144 f., Menzel criticizes what he considers to be Tieck's negative tendency to irony. However, he thinks very highly of the lofty character portrayal in his "Catholic" works, placing it much higher than the modern "Douanjanerie" of Goethe's confused egoistic characters. Six letters from Menzel to Tieck covering a period from 1828 to 1839 are published in Holtei, II, 340 ff. Six letters from Tieck to Menzel between 1828 and 1841 are published in *"Briefe an Wolfgang Menzel.* Für die Litteraturarchiv-Gesellschaft herausgegeben von Heinrich Meisner und Erich Schmidt," Berlin, 1908.

Edmund Burke, the powerful champion of the American colonists in their relations with their mother country, lived from 1729 to 1797.

Karl Gutzkow (1811-1878) was one of the leaders of the Young German movement. He wrote novels and dramas. The publisher Friedrich Nicolai (1733-1811) was a champion of rationalism.

Tieck had begun his career with Nicolai but soon turned against the kind of writing demanded by him in favor of romanticism.

The following "novellen" were written by Tieck in 1834: *"Die Vogelscheuche*, Märchennovelle in fünf Aufzügen" published in *Novellenkranz für 1835*, Berlin; *"Das alte Buch und die Reise ins Blaue hinein.* Eine Märchennovelle in fünf Aufzügen" in *Urania auf das Jahr 1835;* *"Der Wassermensch*, Novelle" in *Gesammelte Novellen* I; *"Weihnacht-Abend*, Novelle" in *Gesammelte Novellen* II. The *Gesammelte Novellen* appeared in fourteen volumes, Breslau, 1835-1842.

"Ritter Blaubart, ein Ammenmärchen in 4 Acten von Peter Leberecht," appeared in 1797.

For Karl Immermann see II, 6. Sixteen letters from him to Tieck are published in Holtei, II, 48 ff. Immermann had produced *Blaubart* in Düsseldorf on May 3, 1835 (*Letters of Ludwig Tieck*, 414).

Original: UBL Bonn.

Bonn, den 10ten *May* 1835.

Ich kann nicht unterlassen, geliebtester Freund, mich ein mal wieder in eine unmittelbare schriftliche Berührung mit Ihnen zu setzen, obgleich ich den ganzen Winter hindurch vergebens auf ein Wort des Trostes von Ihnen geharrt habe, dessen ich so sehr bedurft hätte. Es geht jetzt mit meiner Gesundheit wieder, freilich noch nicht ganz gut, aber es ist doch das alte Geleise, in welchem ich mich nun seit fünfzehn Jahren bewege, wieder eingetreten; und – so trübe auch in anderer Beziehung die Zukunft noch vor mir liegt – ich habe wieder Muth und Lust zum Arbeiten. Nun übersehe ich aber auch erst vollkommen, wie groß der Zeitverlust ist, den ich durch die Unthätigkeit dieses Winters erlitten habe. Im Winter hätte ich meine Zeit ungetheilt meinem Buche widmen können, und es könnte jetzt fertig seyn. Nun ist es kaum weiter gediehen, als bis zu dem Puncte, den Sie kennen, meine Zeit muß ich mehrfach theilen, ich kann bei dieser Arbeit nicht ungestört bleiben, dadurch geht ihr an Fluß und Rundung viel ab, und daß ich hier und da von der Frische der ersten Conception eingebüßt habe, merk ich auch schon. So kann ich den Verlust, den mir dieses böse halbe Jahr verursacht hat, wol einen unersetzlichen nennen.

Der Zustand unserer Litteratur flößt mir immer mehr theils Ekel, theils Gleichgültigkeit ein, und indem ich mich bereite, in diesem Sommer ein mal wieder die Geschichte derselben seit Klopstock in öffentlichen Vorlesungen vorzutragen, werde ich inne, daß diese neuere Litteratur, die vor dreißig Jahren noch eine im großen innern

Zusammenhange begriffene, sich in der Gegenwart fort entwickelnde, war, nunmehr eine gänzlich vergangene ist. Man könnte sie eine vollkommen abgeschloßne nennen, wenn Sie, theuerster Freund, nicht noch auf eine so großartige Weise in diese Zeit herüberragten. Sie sind ihr noch gegönnt, als eine gewaltige Warnung für diese Abgefallnen und Fremden, weil der Herr den Tod des Sünders nicht will, sondern daß er lebe und sich bekehre. Aber an diesem Geschlechte scheint Alles verlohren, es würde nicht hören, und wenn Einer von den Todten auferstünde und predigte. Welch ein Wechsel der Zeiten! Als Sie mit Ernst und Spott für alle die großen Geister stritten, denen die Beschränktheit die patriotischen Rechte verweigerte, damals als der Blödsinn derer noch zu bekämpfen war, welche Shakspeare für zu plebeiisch und unmanierlich hielten, um ihn neben die Alten zu setzen; damals hießen Sie ein Revolutionär, Jakobiner und Niveleur in der Litteratur. Jetzt, wo das junge Deutschland ein wahres Niveliren treibt, ein eben so unsinniges[1] als verderbliches, wo Göthe und Heine neben einander genannt werden; jetzt stehen Sie im Centrum, was sage ich? als ein Serviler der rechten Seite werden Sie verlästert. Der tolle Wagen dieses litterarischen Terorismus geht indeß in einem so reißenden Sturze fort, daß er nun wol bald zerschmettert im Abgrunde liegen muß. Vor fünf Jahren nannte Sie Wolfgang Menzel, in einer Musterung der Parteien, unsern litterarischen Burke, groß und mächtig, aber einseitig den Fortschritten des Zeitgeistes abhold. In diesen Tagen ist mir ein Blatt von Gutzkow in die Hände gefallen, einem besonders wüthenden Wortführer der Radicalen, worin er eben diesen W. Menzel dem patriotischen Deutschland denunciert als den Repräsentanten des *Tiers parti*, der nur aus Lauheit und Bequemlichkeit Alles verderbe, und weder Republik noch America wolle. Wenn wir noch zehn Jahre leben, so werden wir dieses thörichte Volk bei der nüchternsten, hausbackensten Prosa ankommen sehen, und ich glaube im Geiste schon den Nicolai zu sehen, der die Geißel über sie schwingt und dem sie sich willig fügen.

Damit Sie aber sehen, daß ich auch meinerseits zu den Unverbeß[2] lichen und Hartnäckigen gehöre, so füge ich noch hinzu, daß ich alles dieses tollens[3] Wesens wegen doch die mittelmäßige Philisterei, die sich mit einigem Geschicke die Dinge anzugreifen breit macht, nicht um ein Haarbreit höher schätzen kann.

Ich höre mit großem Vergnügen, daß Sie im Winter zwei Novellen geschrieben haben, die wir bald zu lesen hoffen dürf[en]. Was Sie schreiben, ist ja unter allem neu Herauskommende[n] die einzige

---

[1] Comma deleted.
[2] A break in the right margin has cut off "er."
[3] *Sic!*

Erquickung. Haben Sie denn auch die Hand an einige von den mannichfaltigen Dingen gelegt, mit deren Verheißung Sie mir das Herz erweitert haben?

Als ich in den eben verlaufenen Ferien eine Woche in Düsseldorf war, wurden fast nur Opern gegeben, und leide[r] konnte ich die Aufführung Ihres Blaubart nicht abwarten. Vom Schauspiel habe ich daher nur eine Probe bekommen, die für ein ordentliches Urtheil über die Dinge, die dort geleistet werden, unzureichend ist, mir aber doch gezeigt hat, daß Immermann die Schauspieler zu einem sehr exactem[1] Auswendiglernen und zum Zusammenspiel nöthigt. Es ist merkwürdig, daß dieser dämonische Mensch der *ratio comoeda* so imponirt, daß sie aus Furcht vor ihm Anstrengungen macht, die sie sonst so sehr scheut.

Wie schön wäre es, wenn Sie dieses Blatt zu einer recht schnellen Antwort bewegte, wenn [es] Sie zu einigem Briefwechsel bewegen könnte. Ihr in seiner Einsamkeit solcher Erfrischung höchst bedürftiger Freund.

Das herzlichste Lebewohl!

Loebell

9. *Löbell to Ludwig Tieck (V)*

Ida von Lüttichau was the wife of the General Director of the Hoftheater in Dresden (*cf.* II, 4, 20, 29) of which Tieck was made "dramaturge" in 1825.

Löbell was largely responsible for the revision of Karl Friedrich Becker's well-known *Weltgeschichte für Kinder und Kinderlehrer* (9 vols. Berlin, 1801-1805), two editions (the second in four reprints) of which appeared under his supervision. The publisher was the Berlin firm of Duncker und Humblot. For "Gregor von Tours" see III, 8 above.

The "Tischler" refers to *Der junge Tischlermeister* (in seven sections) begun in 1811, completed in 1836), Berlin, 1836.

Luiz Vaz de Camoëns was the important Portuguese poet (1524-1580) whose tragic fate has frequently been poetically treated. Tieck's work is *Der Tod des Dichters*, 1833, on which Köpke (II, 82 f.) makes the following comment: "Einen wahrhaft volksthümlichen Dichter verherrlichte er in Camoens, der getragen von einem glänzenden, ritterlichen und ruhmreichen Volksleben, in dessen Mitte verkannt, still und einfach, ja als Bettler lebt, der zufrieden, den Ruhm seines Vaterlandes, das sich nicht dankbar erwies, besungen

---

[1] *Sic!*

zu haben, mit dessen Unabhängigkeit stirbt." *Cf.* also Zeydel, 305 f.

"Die Jacobi" is probably the wife of Friedrich Heinrich Jacobi (1743-1819), Betty, née von Clermont (familiarly called "Ma-machen"), born near Aachen and died in 1784. She was a very intelligent woman and highly esteemed by Goethe. For Tieck's relations to her husband *cf. Letters of Ludwig Tieck,* 124 f., 168, 174.

For Friedrich von Üchtritz see II, 29. His dramatic poem, *Die Babylonier in Jerusalem* appeared in 1836. It was apparently not meant for the stage.

Original: UBL Bonn.

Bonn, den 28t. *Mai* 1836.

Geliebter, theurer Freund, eben wollte ich der Frau von Lüttichau wieder schreiben und sie um Nachrichten bitten, als zu großer unverhoffter Freude endlich ein mal ein Brief von Ihnen selbst einging und mit so herrlicher Aussicht. Ich will gar nicht zweifeln, daß Sie kommen, daß ich Sie hier umarmen werde. Nach Baden zu Ihnen zu reisen wird mir leider unmöglich seyn, da die Badezeit, wenigstens die Ihre, in die Mitte des akademischen Semesters fällt. Dagegen will ich den, freilich nun noch ganz ungewiß und aus der Ferne gehegten, Plan im Herbst nach Dresden zu kommen, noch nicht völlig aufgeben, denn daß man Sie hier nur im Fluge wird genießen können, sehe ich freilich voraus.

Mit Ihnen wieder herzliche Worte wechseln zu können, wird ein Sonnenblick in den Kummer und die Leiden seyn, die mich, und von mehr als einer Art, fast fortwährend bedrängen. Mein Gesund-heitszustand ist sehr übel, in den[1] anderthalb Jahren, seitdem ich das letzte mal bei Ihnen war, habe ich fortwährend gekränkelt, bald in stärkerem, bald in geringerem Grade, im Ganzen aber so, daß das Leiden mehr als je ein *Continuum* ist, meine Kräfte sehr abgenom-men haben, die Entbehrungen, die ich mir auflegen muß, um nur einigermaßen durchzukommen, viel größer sind, als die, welche Sie kennen, und oft schon übertrieben genannt haben. Weiß der Him-mel, wie lange es mit einem so mürben Körper noch dauern kann. Dazu kommt eine unbeschreibliche Last von Geschäften. Da es[1] auch mit meinen Einkünften kläglich steht, habe ich den Antrag des Verlegers seine Weltgeschichte von neuem durchzuarbeiten, nicht von der Hand weisen können, diese Arbeit, um deren Be-schleunigung ich aufs äußerste gedrängt werde, kreuzt sich nun mit den Belgischen Reisebriefen, die ich noch immer nicht habe vollen-

---

[1] A word is crossed out.

den können. Uebernommen habe ich sie weniger um über die Zustände dieses Landes zu sprechen, als um endlich so manche Gedanken über verschiedne Gegenstände des höheren Lebens unter die Leute zu bringen, da ich, bei vorgerückten Jahren und immer schwächerer Körperkraft, die Hoffnung, sie in besonderen Büchern auszuführen, immer mehr aufgeben muß. Urtheilen Sie nun selbst, ob es bloß zagende Sorgfalt ist, welche die Erscheinung des Gregor von Tours verhindert; doch hoffe ich, in nicht gar zu langer Frist wieder an dieses Buch gehen zu können.

Ihren Tischler habe ich durch einen Zufall erst in diesen Tagen erhalten, und so ist er noch beim Buchbinder, und ich habe noch nichts davon als die Aussicht ihn zu genießen und mich daran zu erfreuen. Des Anfangs, den ich vor zwölf Jahren in der Stadt Gotha gelesen, erinnere ich mich allerdings noch sehr wohl. Verzeihen Sie aber, wenn ich Ihnen grade heraus sage, daß es mir ein Lächeln abgenöthigt hat, mich von Ihnen zu den strengeren Kritikern in Bezug auf Ihre Werke gerechnet zu sehen. Desto besser für Sie – und für alle Ihre weiseren Freunde, – wenn Sie nichts von dem tiefen Verdruße empfinden, den jene schriftliche[1] und mündliche[1] Kritiken über Ihre Werke fortwährend erregen. Aber Sie wissen es ja, es stört Ihre großartige Ruhe nur nicht, und eben so wenig Ihre Schöpfungskraft. Haben Sie sich denn nicht selbst mitgeschildert im Camoens, undankbaren und verblendeten Zeitgenossen gegenüber?

Ihre Grüße an Ihre hiesigen – Freunde habe ich theils bestellt, theils soll es noch geschehen. Die *Jacobi* sehe ich nie, die N.[2] hat mir aber versprochen, die Bestellung zu machen. Sie selbst hat mir für Sie überschwengliche Dinge aufgetragen, und wenn sie so plaudert, macht sie sich selbst weis, sie glaube an das, was sie sagt. Im Grunde ist sie gutmüthig, und bereit, was sie in ihrer Lügenhaftigkeit und Uebereilung fehlt, wieder gut zu machen, aber in ihren Urtheilen erstaunlich *confus*, so daß sie meint, es gehöre zum vornehmen Ton: die Alten, Shakspeare, Göthe anzubeten – das Andere ist dann so so. Diese Leute glauben immer am sichersten zu gehen, wenn sie neue Productionen, über die sich noch kein Urtheil gebildet hat, schlecht finden. Als Uechtritz mir seine Babylonier, die ich im Ganzen trefflich finde, sandte, versammelte ich so viele Personen, als das Zimmer nur irgend fass[en] wollte, es durch eine Vorlesung hier bekannt zu machen. Da wußte dann die N.[2] nichts Besseres zu thun als mit Nachbarn und Nachbarinnen höhnend zu flüstern. – Das bleibt Alles natürlich streng unter uns.

So eben läßt sie mich wissen, daß sie Ihnen in den Tagen in Namen und Auftrage von Tante Lene selbst schreiben würde.

---

[1] *Sic!*
[2] A name is crossed out.

Ich rechne entschieden darauf, daß Sie mir über Ihre Herkunft noch eine bestimmte Nachricht geben.

Herzlichst grüße ich die Ihrigen und die Grafin. Ihre[r] lieben Frau wünsche ich von ganzem Herzen baldige völlige Genesung. Die Meinige empfiehlt sich bestens.

Grüßen Sie mir doch auch Fr. v. Lüttichau, wenn sie von Ihrer Abreise schon zurück ist, und mahnen Sie sie mir bald zu schreiben.

Und nun leben Sie wohl und erhalten Sie Ihre Liebe

Ihrem
aufrichtigsten Freunde
Loebell

10. *Löbell to Ludwig Tieck* (*VI*)

Löbell's reference to Tieck's presence in Baden calls to mind that Tieck suffered a serious accident in the summer of 1836 near Heidelberg which spoiled his visit that year (*cf.* Köpke, II, 91 f., and *Letters of Ludwig Tieck,* 413.).

For the Gräfin *cf.* I, 7, II, 4, 10, 31-33.

Original: UBL Bonn.

Bonn, den 7t. *August* 1836.

Sie müssen, geliebtester Freund, nun schon einige Zeit in Baden seyn, und Ihre weiteren Reiseprojecte werden mit Bestimmtheit gemacht seyn. Es liegt mir sehr viel daran jetzt zu wissen, wann ich Sie hier in Bonn erwarten darf. Denn eine Ferienreise ist mir außerordentlich nöthig, unerläßlich, und ich muß nunmehr – es ist die höchste Zeit – meinen Plan entwerfen können. Ich muß ins Weite, mich täglich bewegen, viele Fußpartien machen können. Doch kann ich keinen Entschluß über die einzuschlagende Richtung, Zeit der Abreise u.s.w. fassen, bis ich von Ihnen bestimmte Nachrichten habe. Schreiben Sie mir also, ich bitte dringend, solgleich,[1] und bezeichnen Sie mir so bestimmt als Sie können, die Tage und Orte, denn wenn Sie vielleicht dennoch erst ganz vor Kurzem nach Baden gekommen seyn sollen, und die Wiederabreise sich verzögern muß, so wäre die Möglichkeit vorhanden, daß ich Ihnen entgegen käme.

[1] "dringend" is underlined twice, "sogleich" three times.

Wie sehr sehne ich mich, Vieles vertraulich mit Ihnen zu besprechen, über den Tischler, persönliche Verhältnisse, u.s.w.! Heute drängt mich die Zeit außerordentlich, und ich füge nichts hinzu, als die dringende [1]Wiederholung der obigen Bitte. Leben Sie wohl und empfehlen Sie mich der Gräfin angelegentlichst. Von Ihren Töchtern ist, wie ich höre, dies mal keine mit Ihnen. Von Frau v. Lüttichau habe ich bis heute noch keine Zeile. Ich hoffe, daß nicht irgend ein neues Leiden die Veranlassung ist.

Ihr
treuer, herzlichster Freund
Loebell.

11. Löbell to Ludwig Tieck (VII)

Tieck's letter, to which this is a reply, was, it seems, written by another hand.

Tieck had apparently not informed Löbell of his accident in Heidelberg but merely complained of an attack of the gout or rheumatism. He had first been attacked by this ailment in 1804-1805 in Munich and a second time more viciously in 1809 to 1810, crippling his erect, elastic figure for life (Zeydel, 172 f., 186) He apparently suffered periodically from this ailment from this time to the end of his life.

Original: UBL Bonn.

Bonn, den 21tn. *August* 1836.

Ich beklage herzlich, theuerster Freund, daß Sie an den Folgen Ihres Unfalls noch immer leiden. Sie sind ausgereist, sich Erleichterung der Gicht zu verschaffen, und haben Sie[2] sich in verstärktem Maße zuziehen müssen. Das böse Wetter der letzten Tage wird Ihnen auch nicht nützlich seyn.

Treten nicht ganz unvorherzusehende Hindernisse ein, so werden wir irgendwo zusammenkommen. Ich befinde mich indeß zwischen Thür und Angel. Kommen Sie hieher erst den 6tn. oder 7tn., so fürchte ich, es wird mir für eine etwas längere Reise zu spät, denn ich muß den Winter über so viel vollenden, daß ich über den Anfang des October hinaus nicht wegbleiben kann.

[1] A word or syllable crossed out before "Wiederholung."
[2] *Sic!*

Ich kann vielleicht schon den 2t. fort. Am folgenden Morgen bin ich in Mainz, und kann, wenn es darauf ankommt, noch am Abend desselben Tages in Heidelberg eintreffen. Ich erwarte nun Ihrer freundlichen Zusage gemäß bis Ende dieser Woche das Bestimmte, denn morgen über acht Tage, den 29tn., spätestens müßte ich meine Einrichtungen treffen können. Schreiben Sie mir, wo ich in Mainz oder Heidelberg nach Ihnen fragen soll, und ob ich den Umweg über Frankfurt und Darmstadt machen soll, um es auch dort zu thun, und wo an diesen Orten. Ich hoffe, wir können auf diese Weise an einem oder ein paar Orten ein vier bis fünf Tage zusammenseyn, und unsere Leiden in den Gesprächen etwas vergessen. Sollten Sie Ihre Cur in Baden verlängern müssen, so bleibe ich dort bei Ihnen, und ginge bis Heidelberg wieder mit zurück.

Gott befohlen, theuerster Freund. Erhalten Sie Ihre Liebe

Ihrem treuesten
Loebell.

Der Schreiberinn Ihres Briefes
empfehle ich mich bestens. –

12. *Löbell to Ludwig Tieck (VIII)*

Löbell writes that he is planning to set forth to Mainz on Friday to meet Tieck. There he expects to receive a letter from Tieck informing him of the latter's whereabouts or else to learn of this on his further journey. The meeting is apparently to occur either in Heidelberg or in Baden.

Original: UBL Bonn.

Bonn, den 28tn. *August* 1836.

Theuerster Freund, ich habe mich nun so eingerichtet, daß ich Donnerstag, den 1". September, abreisen kann, wenn ein starker, ziemlich angreifender Katarrh, der sich seit einigen Tagen zu meinem gewöhnlichen Uebel gesellt hat, mich bis dahin so weit losläßt, wozu mir der Arzt die beste Hoffnung macht.

Ich komme dann Freitag in aller Frühe nach Mainz, erkundige mich nach einem Brief von Ihnen, und gehe gleich weiter nach Heidelberg, wo ich dann Abends eintreffe, und wenn noch nicht Sie selbst, doch in jedem Falle ein Blättchen zu finden hoffe, welches mich bestimmen wird, ob ich weiter nach Baden gehe, oder Sie in *Heidelb.* erwarte, es sey denn, daß der Brief in Mainz mich schon hinreichend belehrt.

Und so wäre denn alle Aussicht vorhanden,[1] uns zu sehen und doch wenigstens ein paar Tage mit einander zu[2] verleben. Leben Sie wohl, und mögen Sie Ihre Badecur glücklich und ersprießlichst vollenden.

Ihr
treuester
Loebell.

13. *Löbell to Ludwig Tieck (IX)*

The sad event referred to in this letter is the death of Tieck's wife on February 11, 1837 (Köpke, II, 93). For Löbell's book see the introduction to his letters in III, 8 above. Concerning Karl Immermann see II, 6, and III, 8. Karl Julius Ferdinand Schnaase (1798-1875), an art historian and jurist, belongs with Kugler, Waagen and Rumohr to the founders of the modern history of art. He lived for some time in Düsseldorf, belonging to the circle of Immermann, Schadow, Uechtritz and Löbell. Schnaase's chief work is *Geschichte der bildenden Künste* (1843 f.). Holtei (III, 370), published one letter by Schnaase to Tieck, dated December 1, 1840. On Raumer see II, 4.

Original: UBL Bonn.

Bonn, den 21t. *Februar* 1837.

Gestern, geliebter Freund, erhielt ich einen Brief von Frau von Lüttichau mit der Nachricht von dem betrübten Ereigniß in Ihrem Hause. So vorbereitet Sie längst seyn mußten, ist es doch ein erschütternder Schlag für Sie, dessen Stärke ich ganz mit Ihnen empfinde. Sagen Sie, ich bitte darum, Ihren Töchtern, daß ich an ihrer tiefen und gerechten Trauer den innigsten Antheil nehme; die **wahren** und ächten Tröstungen werden in ihrem Innern seyn.

Wenn Sie ein halbes Stündchen der Muße und Sammlung finden, so schreiben Sie mir einige Zeilen über mein Buch, und lassen Sie

---

[1] "alle Aussicht vorhanden" is repeated and then crossed out.
[2] A word written and then crossed out.

mich hierin hinter Immermann und Schnaase nicht zurückstehen. Es liegt mir außerordentlich viel[1] daran, daß es geschieht, ehe Raumer zu Ihnen kommt, denn dieser scheint nur Differernzpuncte hervorheben zu wollen, über die Sie entscheiden sollen; ich aber bin höchst gespannt zu wissen, welchen Eindruck es auf Sie gemacht, ehe Sie Anklagen vernommen haben. Schelten Sie mich nicht kindisch und zudringlich; Sie können es gar nicht wissen und glauben, was mir Ihr Urtheil bedeutet und welchen Einfluß es auf fernere Arbeiten haben kann.

Verzeihen Sie, wenn ich heute weiter nichts schreibe. Ich habe zwar nicht die Grippe, leide aber sonst wieder körperlich sehr, und bin durch litterarische Arbeiten über alle Maßen gedrängt.

Der Gräfin die besten Grüße. Leben Sie wohl und behalten Sie lieb

Ihren
herzlichsten Freund
Loebell.

14. Loebell to L. Tieck (X)

Original: UBL Bonn.

Bonn, den 4." *Juli* 1837.

Ihren Brief vom März, theuerster Freund, habe ich nicht beantwortet, weil eine ordentliche Erwiederung ein kleines Buch erfordern würde, und daher beschlossen, sie bis zu mündlichen Gesprächen mit Ihnen, nach welchen ich mich ohnehin wieder sehr sehne, aufzusparen. Schon vor acht Wochen habe ich darüber an Frau von Lüttichau geschrieben, und sie gebeten mir zu sagen, ob ich Ihnen im bevorstehenden Herbste mit einem Besuche gelegen kommen würde. Sie hat mir aber bis jetzt nicht geantwortet, und die Zeit ist da, wo man seine Reisepläne entwerfen muß. Ich wende mich daher nun unmittelbar an Sie mit dieser Frage, ob ich Sie im September in Dresden treffe, und ob ich Ihnen kein unwillkommner Gast seyn würde. Thun Sie mir den Gefallen, mir so bald als möglich eine Antwort zu ertheilen. Ich habe jetzt so sehr selten Briefe von dort, und bin oft herzlich bekümmert, von Ihrem und der Ihrigen Wohlergehn nichts zu wissen. Unsere Tage sind gezählt, es kommt mir oft so vor, als ob die Welt immer öder und öder würde, und es ist gewiß nicht Recht, daß man sich schon im Leben fast so behandelt,

---

[1] Underlined twice.

als ob man gestorben wäre. Lassen Sie uns, wenn es angeht, ein mal wieder einen recht lebhaften Austausch von Gedanken und Gefühlen erleben, oder vielmehr, lassen Sie mich wieder recht viel von Ihnen lernen, und durch Sie erfrischt und gestärkt an neue Arbeiten gehen. Unter den besten Grüßen, an die Gräfin und Ihre Töchter

Ihr
herzlicher und treuer Freund
Loebell

15. *Löbell to Ludwig Tieck (XI)*[1]

Concerning *Gregor von Tours* see III, 8 above. Joseph von Görres (1776-1848) was an influential publicist, but just as much censured as praised. His character and influence are difficult to judge. He wrote on a variety of subjects, among them Europe, Germany, the French Revolution, Christian mysticism, and older German literature, editing among other works the *Deutsche Volksbücher*. He was a revolutionist and an absolutist at the same time. He gained fame as a spokesman of the nation against the French influence during the Napoleonic days and the reaction following in its wake, and again as the champion of the German Catholics. As a result of his agitation in the latter capacity he was forced to flee to Strasbourg. A letter to Tieck from there is published in Holtei, I, 236.

The political troubles in the Rhineland to which Löbell refers, and which came to a head in Cologne, were caused by the incorporation of that region into Prussia, and its consequent strong Protestant influence in a predominantly Catholic environment. Görres took a prominent part in the developments there.

Concerning the Becker history of the world see III, 9. "Mendoza" may refer to the comedy *Der neue Mendoza* by Lenz (1774). Joseph Max is Tieck's Breslau publisher. "*Evremont*, ein 'Roman von Sophie Tieck Bernhardi" was published by Max in 1836. The Himburg edition of Goethe (first edition, Berlin, 1775, 1776, in three vols., third in 1779, in four volumes) was unauthorized but widely circulated.

Original: UBL Bonn.

---

[1] Concluded on p. 218.

Sie haben es doch nicht gehalten, das Wort, welches Sie mir mit so vieler Entschiedenheit gegeben hatten, theuerster Freund, das Versprechen mir Nachrichten zu geben. Soll ich Ihnen sagen, wie sehr ich mich danach sehne, wie mich verlangt, zu wissen, wie es Ihnen ergeht, was Sie treiben und arbeiten? Dessen bedarf es gewiß nicht. Sie haben die Ueberzeugung, daß ich ganz an Ihnen hänge, daß Ihre Freundschaft die vorzüglichste Stütze für einen Einsamen, Ihre Worte der nachdrücklichste Trost für einen fast Lebensmüden sind.[1] Ich weiß wol, daß ich nicht unschuldig bin an dieser Gemüths-stimmung, aber die Welt, die mich mißversteht und von sich stößt, ist in diesem Verhältniße doch der schuldigere Theil.

Körperlich verlebe ich einen sehr traurigen Winter, in vielen Stunden bin ich ganz unfähig zum Arbeiten, meine Geschäfte sind zerstreuend, ich kann es nicht lassen, mich für meine wenigen Zuhörer immer von neuem grämlich zu präpariren, und so rückt der Gregor von Tours nur langsam vor. Aber es ist doch kein Tag ohne einige Zeilen daran vergangen, und so hoffe ich doch diese mühselige Arbeit im Frühling zu beenden.

Was haben Sie zu den Vorfällen gesagt, die unsre Provinz zu einem der Mittelpuncte europäischer Aufmerksamkeit gemacht haben? Wie viele Verblendung und Leidenschaft hat sich hier wieder kund gegeben! Welche unergründliche Confusion aus Unwissenheit, böser Absicht, und dem traurigen Gemisch von persönlicher Erbitterung und Selbsttäuschung. Dieser Görres, der sich groß gesäugt hat an der Wiedereinsetzung des Mittelalters in seine Rechte durch Protestanten, thut jetzt als ob das Alles seine Weisheit wäre, und als ob wir Anderen noch dem Jacobinismus verfallen seyen,[1] von dessen Joche er doch durch die befreit ist, die er nun so schamlos schmäht. Und so sind wir denn wieder auf einen Punct gekommen, den Lessings Zeitgenossen für unmöglich gehalten haben würden; Alles wird wieder erbitterte Partei, Secte, Schule, und der Himmel weiß, in welche Gräuel uns der losgelaßne Fanatismus noch stürzen wird.

Am 20. October des vor. Jahres, zwei Tage nachdem ich Ihnen meine Wiederankunft in Bonn gemeldet, schickte ich die ersten sieben Bände der Beckerschen Weltgeschichte[2] durch Buchhändler-gelegenheit an Sie ab. Schreiben Sie mir doch, ob sie Ihnen zugekommen sind. Von den Büchern, die Sie mir schicken wollten, dem *Mendoza*, und den Bänden der Himburgschen Ausgabe von Göthe ist mir bis zu diesem Augenblick nichts zugekommen. Sollten Sie

---

[1] Written above the line.
[2] "an Sie ab" written and then crossed out.

dieselben abgeschickt haben, so melden Sie es mir doch; vielleicht ist das Päckchen irgendwo liegen geblieben, und es läßt sich noch auffinden, wenn Sie mir die Buchhandlung nennen, der Sie es zur Besorgung übergaben. Leider ist auch von *Max* der *Evremont* nicht eingegangen, den ich sehr zu haben wünschte, und den hier Niemand besitzt.

Nochmals also bitte ich dringend um Nachrichten, wenn es auch[1] nur einige Zeilen seyn sollten, und um kurze Andeutung dessen, was das Publicum, und also vor Allem Ihre Freunde zunächst von Ihnen zu erwarten haben.

Lachen muß ich, wenn ich[2] mich erinnere, daß ich Ihnen in meinem letzten Briefe eine Tinte empfohlen habe, die nur am ersten Tage so gut schien, nachher aber auf dem Papiere eine ganz abscheuliche Farbe annahm, die gegenwärtige bewährt sich schon besser.

Leben Sie wohl und empfehlen Sie mich bestens der Gräfin und Ihren Töchtern. Herzlichst

Ihr treuer
Loebell.

(The letters from Löbell to Ludwig Tieck are concluded in Chapter IV.)

16. Rogge to Ludwig Tieck (I)

Friedrich Wilhelm Rogge (1808-1889) was born in Rankendorf in Mecklenburg-Schwerin. He was of illegitimate birth and suffered much want in his childhood. While he complains against the allegedly unfair criticism by Dr. Christiany (Christiani) of his play *Bianca Vanezzi* in Letter 20, Chapter III, below, it was actually Christiany, a superintendent in Lüneburg, who supervised his studies and made it possible for him to complete his secondary education. After attending the University of Göttingen from 1829 to 1833 but without taking his final examination, he worked as a private tutor in the area of Mecklenburg and then in Schwerin, so successfully that the hereditary Grand Duke Paul Friedrich made him teacher of his two children in English and French. He prepared himself for this position by visiting Paris and London in 1836, making the acquaintance of Heine and Börne in the former city. When the grand duke ascended the throne in 1837 he made Rogge the government librarian, and on his death in 1842 his successor, Friedrich Franz II, continued to show him favor. Rogge remained in this post until 1859, when he voluntarily retired with a pension. He

[1] Written above the line.
[2] A word crossed out.

185

then taught in Bremen until 1861 and until 1863 in Hannover. From 1866 he was engaged in editorial activity, staying chiefly in Frankfurt am Main from about 1873.

Rogge was interested in the historical drama in the manner of Shakespeare, publishing his first tragedy, *Kaiser Friedrich Barbarossa*, in 1833. Under the title *Krone und Liebe* (1838) there appeared two dramatic works, *König Manfred* (second edition, 1849) and *Bianca Vanezzi* (second edition, 1849). He also published the tragedy *Kaiser Heinrich IV* (1839). His *Bianca Vanezzi* is perhaps his best work (*ADB*, 53, 424-426, Franz Brümmer).

The following letters are a tribute to Tieck's reputation both as the greatest living German author of the time and to his influence as "dramaturge" of the Dresden theater with the title of "Hofrat" from 1825 to 1842.

To judge by the letters, Rogge's financial distress apparently affected his character. His change of tone from deference to reproach, as his appeals to Tieck to help him find a publisher for *Manfred*, or to return his manuscript, remain unanswered, suggests an interesting human reaction. This tone improves when Tieck finally returned the manuscript with frank comments on the play. Rogge also consults him about the possibility of producing *Bianca Vanezzi* but admits that both of these plays are closet dramas. He resents the charge that he has plagiarized Shakespeare. He does not seem to have written a play on Queen Elizabeth of England.

On Theodor Winkler see especially II, 19. He seems to have been a personal friend of Rogge. For Amadeus Wendt see II, 5-9. Arnold Hermann Ludwig Heeren (1760-1842) was a professor of history in Göttingen. On Raupach see II, 27. The "Herzogin von Orleans" mentioned in III, 20 was a member of one of the branches of the French royal house, related to Louis Philippe.

Rogge's comment on the resemblance in manner and style between Jean Paul Friedrich Richter, whom Tieck knew personally, and Sterne is generally established.

The full title of the book mentioned as the source for a large part of *Bianca Vanezzi* is *Heath's Book of Beauty*, London, 1833-1847. It was edited by L. E. L[andon] in 1833, then by Marguerite Gardiner, Countess of Blessington, who also continued it as *The Book of Beauty* (1848-1849).

The reference to Emperor Henry IV (1056-1106) probably relates to his abdication, forced by his son Henry V. The "Herzogin Louise" was a member of the Mecklenburg-Schwerin line. Napoleon had met both Goethe and Wieland. Tieck's relations with Frederick William IV of Prussia are dealt with in Chapter IV below.

The originals of all the Rogge letters (except IV, 16) are in the SLB. IV, 16 is in the DSB. It is a copy.

Hochzuverehrender Herr Hofrath!

Zu dem Brief Ewr. Hochwohlgeboren hab' ich mich sehr gefreut, da
er so wohlwollend und liebevoll war und um so mehr als ich nun
eigentlich gar keinen mehr vermuthen war. Vielleicht ist bei der
Ankunft dieses Briefs in Dresden der Ihrige bereits erfolgt und ich
wiederhole sonach die Bitte, die ich früher an Sie that, daß mir doch
womöglich durch Ihre Vermittlung zu dem Manuscripte des Königs
Manfred ein leidlicher Verleger gefunden werden möchte. Ich
schrieb Ihnen ganz offen, daß ich durch äußere Verhältnisse, ganz in
pecuniärer Hinsicht auf mich selbst beschränkt, gezwungen wäre,
mich an Ihr Wohlwollen zu wenden und auf Ihre Nachsicht dagegen
vertrauen möchte. Es könnte ja möglich sein, daß Sie das Stück
nicht ganz ohne Werth fänden, in welchem Alter es geschrieben,
wissen Sie freilich und in wie fern in demselben die Hervorbringung
eines Probehaltenden Kunstwerkes überhaupt möglich sein dürfte,
auch wenn aus meiner Arbeit Ihnen nur so viel entgegentritt als
nöthig ist, um Sie zu überzeugen, daß ich gern etwas zu Verherr-
lichung des Hohenstaufischen Geschlechts habe beitragen wollen,
so bin ich hinlänglich belohnt. Auch bin ich bei der Ausarbeitung
des *Manfred* nicht wie bei der des *Barbarossa* zuwege gegangen,
sondern wurde von andern Grundsätzen geleitet. Ich weiß aber,
daß Sie ein besondres Interesse für die Geschichte des Mittelalters
hegen, und aus disem Grunde, so wie aus einem and[re]n Ihnen
früher vorgetragenen, wandte ich mich zu Ihnen.
Sollten Sie also in Wahrheit etwas Empfehlendes, was Sie mit
Ihrer Autorität verbürgen und beschützen könnten, finden an
meiner Arbeit, so bin ich des Übrigen wegen unbesorgt und glaube,
daß Ihnen die Erfüllung meiner Bitte nicht schwer fallen kann.
Aber, verehrter Hofrath, eilen Sie dann, so viel Ihnen möglich, Sie
haben gewiß nie das Peinliche einer so abhängigen Lage gefühlt, wie
der meinigen und bedenken Sie zu meiner Schonung, daß Geben
seliger ist denn Nehmen und bitten oft schwerer wird als gewähren.
Ach, ich rede zu Ihnen, als ob ich ein Recht dazu hätte; aber seien
Sie versichert, daß ich stets mit dankbarer Verehrung an Ihnen
hangen und Ihrer liebend gedenken werde, auch in spätern und wie
ich sagte, besseren Lagen als die jetzige. Ich empfehle mich aufs
Neue Ihrem gütigen Wohlwollen und bin mit steter Hochachtung

Euer Hochwohlgeboren
untergebenster
Friedrich Wilhelm *Rogge.*

17. *Rogge to Ludwig Tieck (II)*

Schwerin den 18 *Nov.*
1834.

Hochverehrter Hofrath!

Sie werden gütigst entschuldigen, wenn Ihr alter Mahner nach einem Zeitraum von mehr als vier Monaten sich einmal wieder schriftlich bei Ihnen einfindet, um zu erfahren, was Sie zu seinem Besten über das Ihnen übergebene Manuscript desselben verfügt haben oder wenigstens, was Sie ihm in Hinsicht dessen rathen und anheim geben möchten. Ihr Brief ließ mich hoffen, daß Sie, Ende *Augusts* in Ihrem Dresden wieder eingetroffen, einige Stunden der Durchsicht meines Stückes widmen und Sie mich dann mit dem, was Sie für dasselbe thun wollten oder könnten, bekannt machen würden. Vielleicht haben Sie die Güte gehabt, meinethalben Schritte zu thun und Sie warten vielleicht Selbst noch das Resultat desselben, so daß ich aus diesem Grunde bis jetzt vergebens auf einen freundlichen und beruhigenden Brief von Ihnen gewartet und gehofft habe. Sie, lieber verehrter Herr, wissen wie nun beinah drei Vierteljahr verflossen sind, ohne daß ich meinen gewiß natürlichen Hoffnungen auch nur um einen Schritt näher gekommen bin und deßwegen denk' ich oft, "Der Tieck ist doch kein so freundlicher und gütiger Mann, als du ihn dir immer gedacht hast, es müßte ihm sonst ein Leichtes sein, dir in dem, worum du ihn so viel gebeten hast, behülflich zu sein und wie mancher junge Mann hat sich in ähnlichen Lagen an berühmte Namen gewandt und sie haben ihm Bahn brechen helfen." Ich bin Ihnen zuweilen ganz böse, aber das dauert nicht lange, weil ich nicht gar egoistisch werden möchte und wenn Sie mir auch nur mein Manuscript zurücksenden wollen und das recht bald, so will ich Ihnen nur recht gut gesinnt bleiben. Ein etwaiges Schreiben von Ihnen würde mich jetzt in S c h w e r i n[1] treffen, wo ich einstweilen privatisire und Unterricht gebe. Zugleich ersuch' ich Sie zu entschuldigen, wenn ich Sie, um doppeltes Porto zu ersparen, um die Besorgung des einliegenden Briefchens an Hell angehe. Voll Hochachtung und Ergebenheit empfehl' ich mich als

Ihren
gehorsamsten
F. W. Rogge.

S c h w e r i n[1]

---

[1] "we" underlined.

18. Rogge to Ludwig Tieck (III)

Schwerin, den 8. *März*
1835

Geehrtester Herr Hofrath!

So unangenehm es Ewr. Wohlgeboren sein mag, so wiederholt be-
lästigende Briefe von mir zu erhalten, so darf ich doch versichern,
daß es mir noch weit unangenehmer ist, sie Ihnen zu schreiben.
Ich habe bereits so viel Porto ausgeben müssen dieser Angelegenheit
wegen und wenn Sie bedenken, daß ein Brief von hier nach Dresden
einen halben Gulden kostet und ich das Wenige, was ich besitze,
mühsam durch Stundengeben mir erwerben muß; so werden Sie
überzeugt sein, daß ich nur mit Schmerz und Demuth Ihnen diesen
Brief als den letzten zu übersenden mich entschließen konnte. Ihr
Betragen gegen mich kann ich und werd' ich in meinem Leben nie
entschuldigen. Sie mögen so ausgezeichnet und berühmt sein,[1] wie
Sie wollen, so viel zu thun haben als es ein Mann nur immer haben
kann, kein Mensch in der Welt wird Sie entschuldigen, daß Sie
einen jungen, in jeder Hinsicht einsam und verlassen dastehenden,
Mann, der Ihnen mit der größten Offenheit und unbeschränktem
Vertrau[en] entgegen kam, Ihnen das Schmerzliche seiner Lage
schilderte und sich, um Ihren Beistand bittend, an Sie wandte,
fremd wie er Ihnen war, so bitter getäuscht und muthgebrochen in
sich zusammen sinken ließen. Gott im Himmel, ich wollte nichts
davon sagen, wäre meine Lage nur irgend erträglich gewesen und
hätte nicht meine Hoffnung einzig auf dem Verkauf einer Arbeit
beruht, die ich in Ihre Hände legte, ohne nur im Entfertesten[2] ein
solches Schicksal zu ahnen. Ich glaube, man mag Sie in dieser
Hinsicht oft belästigt haben, gewiß hat man das, aber wie ich oft
gesagt, that ich unrecht darin, so durfte ich doch von der Billigkeit
eines Jeden erwarten, daß Sie, mein Angliegen ablehnend, mir mein
Manuscript zurücksandten und mir nicht beinahe ein ganzes Jahr
hindurch, trotz der dringendsten Bitten und Zuschriften, mein
Eigenthum vorenthalten würden, die Rückgabe desselben war doch
das wenigste, was ich mit Zuversicht erwarten konnte und auch die
ward mir nicht. Der Hofrath Wendt sprach oft von Ihnen mit mir
und rühmte mir Ihre Güte, der alte Heeren sagte, *Tieck* kann und
wird sich der Sache annehmen und gewiß, Herr Hofrath, einem
Mann, d[er] auf diesem Felde eine so unangefochtene Autorität
besitzt, mußte das ein Leichtes sein, und ich sagte oft, wenn *Tieck*
will, so kostet ihm das keine zwei Zeilen, und jeder Buchhändler in

---

[1] Written above the line.
[2] *Sic!*

Deutschland wird ihm entgegenkommen. Wie leicht war es Ihnen wenigstens, Herr Hofrath, es zu irgend einem Resultat zu bringen, und doch waren Sie nicht zu bewegen, so herzlich ich immer bitten mochte. Und ist den[1] das Stück so gar nichts werth? Aber gut, Sie wollen mir es nicht zurücksenden, mir nicht schreiben, Sich[1] nicht erklären, was soll ich machen? So hören Sie denn, behalten Sie mein Manuscript in Gottes Namen, ich werd' es neu abschreiben in acht bis vierzehn Tagen und es dann irgend einem zuverläßigen Buchhändler zusenden, und versuchen, was ich erreichen kann, und fürchten Sie nicht, daß ich mich über Sie beschwerden werde, öffentlich wenigstens nicht. Wenn meine Briefe nicht immer so ehrfurchtsvoll und conventionell abgefaßt, wie Sie das billig hätten erwarten können, so bitt' ich Sie deßhalb um Verzeihung, Geringschätzung war es nicht, und noch weniger hab' ich Sie je beleidigen wollen. Leben Sie herzlich wohl, es ist wahr, ich hoffte viel auf Sie, Sie mögen ein guter Mann sein, aber gegen mich sind Sie es nicht gewesen, Gott segne Sie!

F. W. *Rogge.*

19. *Rogge to Ludwig Tieck* (*IV*)

Schwer*in*, den 21 *Juli*
1835.

Herr Hofrath!

Der Hofrath Winkler, dem ich meine dritte Tragödie *"Bianca Vanezzi"* zur etwaigen Aufführung auf der Dresdener Bühne übersandt habe, schreibt mir, daß das Gelingen di[e]ses Versuchs lediglich von Ihrer Beurtheilung des Stücks abhinge, indem Sie mit der Prüfung aller eingesandten Arbeiten der Art beauftragt wären und daß Sie gegenwärtig meine Tragödie schon seit einiger Zeit bei Sich hätten. Mein König Manfred ward mir mit einem Briefe von Ihnen gegen Ostern dieses Jahres zurückgestellt, ich hatte aber bereits ein gebrochenes Schreiben an Sie abgesandt, was mir nachher leid that, da ich, wie ich mich erinnre, vielleicht unartig darin gegen Sie war, obwol ich auch nicht leugnen kann, daß Sie mich etwas arg auf die Probe stellten. Meine Versuche, den Manfred für ein Honorar von[2] 20 Louisd'or unterzubringen, sind sämmtlich fehlgeschlagen und Alle kamen darauf zurück, ich sollte ihn erst über die Bühne

---

[1] *Sic!*
[2] "zw" written and then crossed out.

gehen lassen, aber wie das anfangen da Raupach in Berlin die Bühne gänzlich beherrscht und ich durchaus keine *Connectionen* besitze? Wissen Sie keinen Rath? Nun, hör' ich, können die Stücke dort auch ein Jahr liegen, eh' man Antwort bekommt, du lieber Himmel, was soll ein junger Mann da machen? Wenn Sie die *Bianca* zur Aufführung für geeignet halten und anempfehlen wollen, so bitt' ich Sie, dies nicht früher als Ende *Augusts* zu thun, damit sie Anfang *Octobers* zur Aufführung käme und ich dann dieselbe vielleicht auch den andern Bühnen verkaufen könnte. Versprechen Sie Sich[1] nichts davon für die Bühne, so bitt ich Sie dagegen, sie durch Th. Hell mir zurück zu senden und wenn Sie können, recht bald, ich will beide Stücke dann um jeden Preis zusammen herausgeben. Nun noch eine Bitte, Sie sagen ja, ich hätte Talent, finden Sie dies an der *Bianca* bestätigt, so wiederhol' ich, worum ich Sie früher bat, nennen Sie mir einmal einige Stoffe, von denen Sie gern möchten, daß sie ein junger Mann von Talent bearbeitete – bitte, bitte, thun Sie's, ich will Ihnen dafür recht gut sein und daß ich es aus Liebe zur Kunst thue, sehn Sie wohl, denn Geld hab' ich mit meiner Poesie noch nicht verdient. Und dann schreiben Sie mir auch ja, wie Ihnen die *Bianca* gefällt, ob sie besser ist als der Manfred, ich wüßte das gern. Für Ihr Urtheil über den Manfred dank' ich sehr, Ihre Offenheit thut mir wohl, denn vom Einem, der es versteht, nehm' ich Alles an und eingebildet bin ich nicht. Nur nehmen Sie mir nichts übel, ich bin mehr offen als galant und ich habe Sie immer sehr geehrt, sein Sie diesmal besser gegen mich; wollen Sie das? Aber nur ganz offen und lassen Sie Sich[1] durch nichts bestechen. Voll Hochachtung

Ihr
gehorsamster
Fried. Wilh. *Rogge. Dr*

20. *Rogge to Ludwig Tieck* (*V*)[2]
Schwerin, (in Mecklenburg,) den 4 *Nov.*
1837

Mein lieber Herr Hofrath!

Ich las heute den Brief wieder durch, den Sie mir vor zwei Jahren zu schreiben die Güte hatten, als eben ein gewiß erzürnter Brief von mir an Sie unterwegs war. Sie erinnern Sich[1] vielleicht meiner

[1] *Sic!*
[2] Concluded on page 236.

damaligen Verhältnisse und ich hoffe zu Ihrer Güte, daß Sie mich in etwas entschuldigen werden. Sie wünschten in Ihrem Briefe, daß ich Ihnen für die Zukunft immer mein Vertrauen bewahren möchte, und, nun, theurer Herr Hofrath, hier sehen Sie, daß ich es thue. Als ein Beweis dessen übersend' ich Ihnen als Andenken das letzte und einzige Examplar von meinem "Kron' und Liebe", das ursprünglich für die Herzogin von Orleans bestimmt war und dessen Absendung aus albernen politischen Gründen unterblieb. Die Stücke sind Ihnen vielleicht bekannt, Sie haben mir über den Manfred Manches geschrieben, frei und offen, wie ich es gern habe und Ihr Urtheil und Ihre Autorität erkenn' ich an, denn ich weiß, daß Sie so etwas verstehn. Nun aber haben wir hier ein zweites Stück die *Bianca Vanezzi* was sagen Sie zu dem? Wir wollen von Vornherein bei diesem Stücke, dem Manfred, wie der *Bianca* von der Bühne abstrahiren und sie nur als poetische *Productionen* betrachten. Den Weg, den ich bereits im Barbarossa einschlug, noch ein halber Knabe damals, habe ich in diesen Arbeiten mehr ans Licht zu stellen versucht, ich weiß, man wird in der Kritik hart mit[1] mir umgehn, den[2] ich habe die Bahn eines zu großen Meisters zu betreten gewagt, um so davon zu kommen; allein dieser Weg ist bei mir Ueberzeugung und kann man denn *Jean Paul*, Ihren alten Freund, darum tadeln, weil er[3] Sterne's (*Sterne's*) Manier und Stil schrieb und beides sich anzueignen suchte? Es hat der *Dr Christiany*, den ich persönlich kenne, in den kritischen Blättern der Börsenhalle am 16 October d. J. mich auf eine sehr maliciöse Weise bei dieser Seite zu fassen gesucht; er nennt die *Bianca* weiter nichts als eine jämmerliche Nachahmung von *Romeo* und *Julie* und kümmert sich um die historische Geltung der Karaktere in Manfred nicht in[2] Mindesten. Gut, der Rest der *Bianca* ist aus *Heath's book of beauty* der *Lady Blessington*, da er mir gefiel, warum sollt' ich ihn nicht bearbeiten? Weil ein Ball darin vorkam, wie in *Romeo* und *Julie*? Aber soll den[2] Jemand den Fall Kaiser Henrichs IV nicht bearbeiten, weil er vielleicht hier und da an Lear streifen würde? Gleichwohl kann ich irren und ich kann nicht leugnen, ich möchte wol einmal aus Ihrem Munde hören, was an meinem Streben in der *Bianca* verwerflich sei, ob Sie sagen werden geh so fort und das Übrige wird sich finden oder steh ab davon, du gehst irre.

Wenn ich also die Bitte wagen dürfte um Ihre Meinung, so würde ich mich sehr glücklich fühlen; allein ich will Ihre rei[n]? wahre Herzensmeinung und keine Gnade, den[2] es ist mir darum zu thun, die Stimme eines Mannes von Gewis[sen] zu hören. Allein dis[2] ist nur ein Wunsch von mir und wenn Zeit, Befinden und Studium bei

[1] Written above the line.
[2] *Sic!*
[3] A word crossed out after "er."

192

Ihnen das nicht erlauben, so kehren Sie Sich[1] nicht weiter an mich.

Nun zu etwas Anderm. Denken Sie, ich bin drei Monate in *London* und eben so lange in *Paris* gewesen, im vorigen Jahre nämlich. Meine Situation ist nicht übel, ich bin bei Hofe hier Lehrer des Englischen bei dem Erbgroßherzog Friedrich gewesen und bin es jetzt auch bei der Herzogin *Louise*. Ich habe Prinz Friedrich, der jetzt in *Dresden* ist, viel von Ihnen erzählt und daß Sie unser größter jetzt lebender Dichter wären, er solle Sie ja besuchen. Ja, sagte er, wenn ich ihn so *incognito* sehen könnte. Da erzählte ich ihm, wie der Kaiser Napoleon in Person zu Göthe und Wieland gegangen sei und diesen Männern seine Bewun[d]rung bewiesen habe. Ja, sehen, meinte er, wollte er Sie doch, wenn nur sein Gouverneur es ihm erlauben[2] wollte. Der Prinz hat ungemein viel Kopf; Sie brauchten ihn nur zu sehn und sein Aufen[t]halt in Dresden wird vielleicht für die Zukunft von den größten Folgen sein für Kunst und Wissenschaft. Wollen Sie mir[3] einmal die Freude machen und einige Zeilen an mich schreiben, so ersuch' ich Sie, dieselbe nach Prinz Friedrich seiner Wohnung zur Besorgung zu schicken, wie ich Sie denn bitte die Einlage dahin zu befördern.

Ich hätte große Lust ein Stück zu schreiben "Elisabeth von England" und den Stoff mit Essex zu wählen was halten Sie davon?

Doch Adieu für Dies Mal, Sind Sie mir auch nicht böse? Voll Hochachtung und Bewundrung für Sie

Ihr
D F W Rogge

(The letters from Rogge to Ludwig Tieck are concluded in Chapter IV.)

21. *Jan Rudolf Thorbecke to Ludwig Tieck (II)*[4]

In his second letter Thorbecke regrets that a visit by Tieck to Baden-Baden at this time (*cf.* Köpke, II, 91) prevented a longer meeting between him and Tieck in Dresden. Thorbecke married Solger's youngest daughter Adelheid in 1836. The "Gräfin" is Henriette von Finckenstein, frequently referred to (I, 7; II, 4, 10, 31-33). The "Hofräthin" is Tieck's wife.

Original: SLB.

[1] *Sic!*
[2] Very faintly written.
[3] "ein Mal" written and then crossed out.
[4] Continued from page 47.

Verehrtester theurer Freund!

Ich wollte Ihnen schon längst schreiben, um die Kürze und das Unvollständige unsres Zusammenseyns, soviel meinerseits möglich, zu ergänzen. Erst als ich Dresden bereits verlaßen hatte, fühlte ich vollkommen, wie wenig ich Sie gesehn und wie ungenügend die Mittheilung gewesen war. Grösstentheils war Ihre Badereise Schuld. Sie kamen so spät zurück. Als Sie da waren, zeigte sich Ihre Freundschaft wie immer; die meinige vielleicht nicht so offen und innig, als sie ist. Hier finge meine Schuld an, wenn sie nicht vielmehr die wäre eines neuen Verhältnißes, das sich unterdeß ergeben hatte. Sie haben nun wohl schon vernommen, daß an Ihres Indianischen Mädchens, an Adelheids Liebe mein höchstes Glück geknüpft ist. Warum ich Ihnen dies nicht gleich selbst vertraute? Verehrtester Freund, Sie werden es natürlich finden, wenn Sie mir das im künftigen Jahr aufzuklären gestatten. Die Entscheidung war noch so neu, die Schüchternheit der Geliebten so groß, jede nur geahndete Aufmerksamkeit auf ihr Wesen und Geheimniß machte sie so ängstlich, daß ich glaubte in den ersten bewegten Tagen des Wiedersehns den Finger auf den Mund halten zu müssen.

Warum ich nun Ihrer Güte wenig entgegenzukommen schien, zerstreut, und selten in Ihrem Hause war, bedarf bei Ihnen der Rechtfertigung nicht. Zurückhaltung war es nicht; es war Abhaltung; und, wie ich denke, wie Sie denken, die triftigste von der Welt. Gesellschaft ist in solchen Tagen ein trennendes Element. Man will sich nur in Einem Wesen gewahr werden. Man lebt nur mit der inneren Wonne, die man zu umfassen noch nicht vermag. Mir in's besondre waren, wegen der nahen Abreise, die Stunden gezählt; jeder Abzug war Verlust; auf die Gegenwart und den Genuß weniger Wochen folgte eine zehnmonathliche Entfernung.

Ich freue mich zu denken, daß Ihre und der Gräfin Freundschaft die Solger zu schützen fortfährt gegen vielfachen Zudrang wohlgemeinter, doch verwirrender Theilnahme. Der Solger wäre soviel ablehnende Kraft, als sie Anziehendes hat, wohl zu wünschen. Man zerrt sie herum, und weiss oft nicht, was man bei einer so zarten und reizbaren Frau anrichtet, wenn man ihre Ruhe stört. Auch in diesem Fall, mit Adelheid, wird unbedachte Einmischung nicht fehlen. Die Gräfin wird dann ihr Schild seyn.

Im folgenden Jahr ist, was in diesem hemmte als Geheimniss, frey und offen. Je beschränkter das jetzige Leben mit Ihnen war, desto voller und freudiger wird es sich dann ergiessen. Ich bitte, daß Sie,

---

[1] N.B. The entire letter is written in Roman script.

daß die Gräfin mich unterdeß in liebreichem Andenken behalten. Empfehlen Sie mich der Hofräthin und den Töchtern auf das freundlichste.

Mit herzlicher Verehrung
Ihr ergebenster Freund
J. R. Thorbecke

22. Carl Gustav von Brinkman to Friedrich Tieck

This letter is addressed to Friedrich Tieck. We could not, however, discover the letter to which it is a reply. Carl Gustav von Brinkman (1764-1847) met Ludwig Tieck in Berlin through a mutual friend, Wilhelm von Burgsdorff, in the autumn of 1794. Brinkman was secretary of the Swedish legation at Berlin from 1792 to 1799 and was engaged in various diplomatic services for Sweden in Germany from 1801 to 1807. For correspondence between him and Ludwig Tieck, cf. February 28, 1835, and November 17, 1835, cf. Holtei, I, 41, and O. Fiebiger in *Euphorion*, Ergänzungsheft XIII, 1921, 62 f.

Despite considerable effort we were unable to identify the poem quoted in this letter.

On Caroline von Humboldt, née von Dacheröden and her husband Wilhelm, see I, 10. Thule (in Latin, Ultima Thule) was ascribed variously and mysteriously to Norway, Iceland, or more probably, Mainland, the largest of the Shetland Islands. The "Freiheits-besoffenen" refer no doubt to the political agitators of the Young Germany movement, an agitation which was released by the Paris July revolution of 1830.

The bust of the celebrated actress Friederike Auguste Konradine Unzelmann (1760-1815) was made by Friedrich in 1802 and still stands in the Goethemuseum in Weimar. The bust of the actress and singer of the Weimar theater, Henriette Karoline Friederike Jagemann (see I, 11 above) was made in 1803; the busts of the lady in waiting Frau Caroline Friederike von Berg née von Häseler (1760-1826) and of her daughter Gräfin von Voss were made in the years 1801 to 1802 (Hildebrandt, *ibid.*, 33, 37, 50, 54, 152, 153 f., 160, 181, 182). For most of the other busts mentioned, see Hildebrandt, *passim*.

Friedrich had made a bronze medaille relief of Rahel Antonie Friederike von Ense, née Levin (1771-1833) in the year 1796. Rahel died on March 7, 1833. Her husband, Karl August Varnhagen von Ense (1785-1858) published her letters and papers in *Rahel. Ein Buch des Andenkens für ihre Freunde*, Berlin, 1834. This bears in the frontispiece a steel engraving of Rahel by C. E. Weber. In the nineties Wilhelm Humboldt, Brinkman, young Ludwig and Friedrich Tieck, and Ludwig's friend Wilhelm von Burgsdorff belonged to the literary circle, the center of which was Rahel Levin (Fiebiger, *op. cit.*, 67; Hildebrandt, 5 f.; *Letters of Ludwig Tieck*, 136 f., 428 f.; Hannah Arendt, *"Rahel Varnhagen,* Lebensgeschichte einer deutschen Jüdin aus der Romantik," München, 1959, 61 f., 285). The bust of Rahel which Friedrich, according to Brinkman, was supposed to make on the basis of an old cast, apparently never materialized.

Ludwig Tieck's *Schriften(TS)*were published in 28 volumes by Reimer in Berlin, 1828-1854.

The Swedish sculptor Bengt Erland Fogelberg (1786-1854) made statues of Greek and Norse mythological figures and portrait statues of bygone Swedish heroes, such as Gustavus Adolphus. As Brinkman correctly says, Fogelberg studied modeling under Bosio in Paris in 1820. Johan Niclas Byström (1783-1848) was also a Swedish sculptor who made colossal statues of the kings of Sweden for Stockholm, but he was most successful in portraying women and children. The former lived from 1821 permanently in Rome and the latter spent most of his life there, dying in Rome on March 13, 1848. Friedrich stayed in Rome from 1805 to 1809, and again in 1811.

The statue of Frederick the Great to which Brinkman refers, later took the form of the colossal equestrian statue by Rauch. The first sketch was made in 1825 and the actual work on it proceeded from 1840 to 1851.

Original: DSB.

Stockholm den *Januar* 1835

Was werden Sie von mir denken, liebster Tiek![1] – Das schlechteste wäre noch zu gut! – daß ich Ihren höchst angenehmen und freundschaftlichen Brief so spät beantworte? Den "geehrtesten Herrn," der darin auftritt, mag Ihnen Gott vergeben! denn ich hoffe doch, das[2] sich zwischen so alten, vertrauten Reise- und Lebens-Gefährten keine Titel je eindrängeln werden. Ich könnte zwar allerlei Entschuldigungen anführen; daß Ihr Brief sehr langsam gereist war, ehe er bei mir ankam; daß ich lange kränklich gewesen, und dergleichen. Das taugt aber zu nichts; denn eigentlich sind alle Entschuldigungen nur faule Fische, die man[3] keinem an-

[1] Most of the spaced words are only partially underlined. They ars spaced here in full.
[2] *Sic!*   [3] Written above the line.

bieten, und keiner annehmen müßte. Also Verzeihung, und Gnade! mein bester Freund! Trägheit des Geistes und der Feder ist wenigstens kein Fehler des guten Herzens, und das meinige grüßt Sie mit so frischer Hochachtung und Freundschaft, wie solche nur je in *Berlin*, oder *Paris* empfunden wurden. Welch eine Welt schöner, rührender, schmerzlicher Erinnerungen eröfnete[1] mir nicht Ihr Brief! und zugleich, welch eine Kunstwelt, wo Ihr Ruhm stritt und streben wird, wenn von unsern ehemaligen Umgebungen wenig mehr übrig sein wird, als der unsterbliche Lorbeerkranz Ihres Bruders? Doch eben war es ein herrlicher, genußreicher Kreis, in dem wir damals lebten; Wir waren glücklich -was schon viel sagen will, und wir bildeten uns wenigstens für das schöne Leben, für Freundschaft und reinen Geschmack an allem Schönen und Guten der sittlichen, wie der geistigen Menschheit.

"Nicht allen gönnte die Natur[2]
der Künstler hohes Glück:
zu bilden auf des Schöpfers Spur
ein ew' ges Meisterstück!
der ein volkommnes seiner Art
der Nachwelt stets ein Muster ward."
"An dem im Anblick noch entzückt,
der späte Schüler steht
und in des Meisters Seele blickt,
und stumm von dannen geht,
indeß sein Herz den seltnen Geist
mit lautem Puls glückselig preist!" –

Die ersten der Hierbesung[n]en seid Ihr, beneidenswerthe Gebrüder Tiek! die andern sind wir -und ein ganz schlechtes Los ist es doch auch nicht, den Zauber der Kunst und der Dichtung ganz rein, bewundernd und neidlos zu empfinden mit jedem Pulsschlag des innern Lebens! Diesem allein verdanke ich wenigstens meine unverkümmerte Jugend; und ehrlich kann ich Ihnen versichern, daß in mir noch nicht die mindeste Veränderung vorgegangen ist, seitdem wir uns zuletzt, – oder wohl gar zuerst sahen. Noch geniesse ich mit gleich frischem Sinn und Auge alle Schöpfungen des Bildners – er mag das Höchste und Lieblichste darstellen durch den Meisel, durch Farbe,[3] oder hellerklingende Töne. Eben so unermüdet betreibe ich auch noch[4] alles, was mich sonst so innig und traulich an das edlere Leben fesselte – Denken, Dichten, Lieben und Lernen – freilich bloß "zu eigener

---

[1] *Sic!*
[2] Most of the words in the first four lines are underlined.
[3] "der" crossed out. [4] "fort" written and the crossed out.

Beruhigung," – wie Frau v. *Humbold* einmal sagte, wenn ich ihr eine Menge Sächelchen mittheilte, die ich doch immer des Drucks[1] für unwürdig hielt.

Aber diese innere Beruhigung, dieser tägliche, ja stündliche Genuß des Lebens – ist das denn so gar wenig? Bei Gott nicht! und ich möchte wenigstens mit keinem blossen Zeitungs oder Kalender-Berühmten tauschen. Sie sollten nur meine Wohnung von 8 geräumigen Zimmern sehen, die zu einem förmlichen Museum nach und nach verwandelt worden ist, wo ich bald nicht mehr weiß wo ich noch irgend ein Buch, eine Büste, eine Vase, oder einen Kupferstich[2] anbringen könnte; und dabei die herrlichste, weiteste Aussicht! und vor meinen Fenstern frische Baumgänge, wie die *Berliner* Linden! Wäre ich da nicht ein Narr, wenn ich mich schon mit dem Alter, oder gar mit dem Tode gemein machte? Beides sind im Grunde niederträchtige Abarten des Lebens, und ich will nun einmal ungestört fortleben, wenigstens[3] – bis ich sterbe. Verloren habe ich mehr, als der quatschsüchtigste Französische Ausgewanderte, durch meine endlose Verbannung aus dem Vaterlande meines Geistes und meines Gemüts nach dieser äussersten Thule des kalten Lebens und des unfruchtbaren Denkens. Aber ich selbst bin mir wenigstens geblieben, und ich tröste mich, wie jener alte Weise über den Verlust seiner Büchersammlung: "ich hätte mein ehemaliges Glück, und den Reichtum meiner Bildung schlecht benuzt, wenn ich nicht auch – entbehren gelernt hätte – "wie ein Weiser." –

Sie sehen also, mein Lieber! daß Ihr alter Freund nicht ganz unwürdig ist, mit Ihrem heldenmütigen Fortschreiten, und Ihren neusten Kunstwerken bekannt gemacht zu werden, und ich kann Ihnen nicht lebhaft genug danken für die Mittheilungen über Ihre Arbeiten und über[4] den Kunstreichthum Ihres herrlichen *Berlins*. – Sie, "glückliche Sklaven eines so freisinnigen Königes"! wie unsre Freiheitsbesoffenen meinen; weil Sie bloß Weisheit, Wissenschaft und anmutige Lebensverhältnisse[5] besitzen, nicht, wie wir, statt[6] aller dieser Üppigkeit: Zank und Streit und einige 50 Schmäh-Zeitungen haben, und grundgesezliche Freiheit, alles umzukehren, ohne weder der geistigen, noch der bürgerlichen Welt irgend eine schöngebildete Seite abgewinnen zu können. Doch auch dies wird wohl vorüber gehen, wie die Cholera; Ein unglückliches Geschlecht vernichten,

---

[1] Underlined twice.
[2] "anbrin" written and then crossed out.
[3] At this point a "2." is written in the left-hand margin of the manuscript.
[4] "die" crossed out.
[5] "sie" written and then crossed out.
[6] "Zank" written, crossed out, and "statt" written in its place.

198

aber doch, ohne die feste wohlgeordnete Menschheit für die Zukunft entwurzeln zu können – Sie sehen mit der l e e r e n, h o h l e n F r e i - h e i t des U m w ä l z e n s bin ich ungefehr noch eben so befreundet, wie – in *Paris*.

Jammerschade! wenigstens für die Entfernten, daß I h r e K u n s t nicht so b e w e g l i c h, nicht so r e i s e b e q u e m ist, wie die M u s e. Mit Ihrem B r u d e r kan[1] man doch fortleben; und w i e lebe i c h mit ihm! inniger und vertrauter, als je in der Wirklichkeit! Welch ein M a h l e r, welch ein W e i s s a g e r, ja welch! ein Z a u b e r e r für Herz, Geist und Verstand, welch ein Vertrauter für jede Stimmung des innern Lebens! O, grüssen Sie ihn ja von mir, so – u n e n d l i c h, wie meine Ehrfurcht vor seinem hohen Genius, so h e r z l i c h, wie meine Liebe zu dem edlen Menschen ist. –

Beinah wehmütig habe ich die bloß schriftliche Bekantschaft[1] mit Ihren neueren Arbeiten gemacht, ohne irgend eine derselben mit Augen bewundern zu können. Von Ihren vortrefflichen Brustbildern besitze ich immer noch die *Unzelman, die Jageman, Grfin Voss*, Frau *v. Berg*, und *Berzelius*, die ähnlichste, die ich noch je sahe; dann inhalb[1] erhobener Arbeit die Frau *v. Pereira, Alex. Humboldt*, und S p r a a k e n dessen Sie sich wohl aus *Paris* erinnern.

Nur die ich so schmerzlich vermisse, die Frau von *V a r e n h a g e n* hatte man mir Leider! entwendet, als man mir meine übrigen Habseligkeiten von *Berlin* hersendete. Sie haben ja nun doch eben einen alten Abguß von der Gräfin Sparre bekommen; und ich hoffe Sie werden ein treffliches neues Kunstwerk daraus verfertigen. Es versteht sich, mein bester Freund! daß i c h auf eins der ersten Abdrücke r e c h n e; denn das können und werden Sie einem solchen Verehrer der Kleinen nicht versagen. Allein da mir die *Sp.* gesagt, Sie würden einige Exemplare auch in B r o n z e abgiessen lassen, so bitte und beschwöre ich Sie inständigst m i r e i n s o l c h e s Pracht- stück ebenfalls' zu *kome-*[2] men zu lassen, es mag Millionen kosten. Ich s c h m a c h t e darnach; denn nur von Ihnen war die edle Merk- würdige getroffen; mit dem Stahlstich vor *Varnhagens* Ausgabe ihres Nachlasses kann ich mich nicht recht versöhnen. – Auch s i e sollte mir v o r a n g e h e n! D a s hatte ich wirklich nie befürchtet; denn trotz ihrer immer empfindlichen Gesundheit kam es mir immer so natürlich vor, daß s i e f o r t l e b e n müßte. Über wenig Todesfälle habe ich so schmerzlich getrauert. Wir waren so innigst vertraute Freunde gewesen, und ich hatte ihrem überlegenen Geist, und ihrem anziehenden Umgang unendlich viel zu verdanken! Ich hoffe, daß ihr Andenken in *Berlin* noch gebührend geliebt und geehrt ist. Ach! S i e[3] verdiente doch durch ihr H e r z nicht weniger,[4] als durch

[1] *Sic!*   [2] *"kome-"* (*Sic!*).
[3] "war" written and then crossed out in front of "verdiente."
[4] At this point a "3." is written in the left-hand margin of the manuscript.

ihren ausgezeichneten Geist, und[1] man muß sich freuen, daß ihr liebes Bild durch einen Künstler wie Sie noch aufbewahrt wird. – Die eigenthümlichen Gesichtszüge ihres Innern wird keiner in dem geringsten ihrer Bruckstücke verkennen; wenn ich gleich vielleicht sparsamer und strenger bei der Auswahl derselben gewesen wäre; so bald das Werk einmal für die allgemeine Lesewelt bestimmt wurde.

Es wäre wohl angenehm zu wissen, welche Bilder Sie von berühmten oder lieben Männern der Unsrigen verfertigt haben; denn noch seh' ich keine so sprechend ähnliche, wie die Ihrigen. Und solche Gipsabdrücke wäre[2] doch nicht unmöglich zu bekommen. Sie müssen nämlich wissen, daß ich samle, so lange ich lebe, weil ich gerne will, daß alle meine Siebensachen auch nach meinem Tode nicht aus einander gesprengt werden sollen; da ich sie alle nebst meiner ganzen Büchersamlung (über 7,000. Bände!) der *Upsali*schen Universität zu vermachen gedenke. – Sie haben doch wahrlich ein schönes Künstlerleben geführt nach dem, was Ihr Brief mir auch nur flüchtig darüber mittheilt. Doppelt beruhigend muß es für Sie sein nun alle diese gesammelten Schätze der Kunst und des Wissens so schön niederlegen zu *können* in den Schooß des Vaterlandes, und dort Ihre Tage so würdig zu verbringen. In manchen Rücksichten muß *Berlin* doch seit der Wiederauferstehung des Staates viel gewonnen haben; wiewohl manche[3] bemerkt haben wollen, daß im Ganzen das Gesellschaftliche Leben nicht ganz den[4] nämlichen Reiz hätte, wie zu meiner Zeit in so manchen geistreichen Kreisen. – Ihr Bruder scheint ja *Dresden* zum beständigen Aufenthalt gewählt zu haben. Wie weit ist es gekommen mit der Ausgabe seiner sämtlichen Schriften? Ich besitze die ältern Ausgaben beinah alle; aber als ich die neue bestellte sagte mir mein Buchhändler, man hätte noch die Vollendung derselben abzuwarten. – Sie sehen ich erlaube mir sogar Fragezeichen in der hoffnungsvollen Voraussetzung, daß Sie mich wieder mit einigen Zeilen erfreuen werden. Ich werde alsdann auch meine nun wieder eingeübte Feder nicht ruhen lassen. –

Seit kurzem haben wir einige schöne Marmorwerke von unserm vorzüglichsten Bildhauer, Fogelberg, erhalten. Ich weiß nicht, ob Sie etwas von ihm gehört haben. Er ist viel später nach *Rom* gegangen, nachdem er zuvor 1820. in *Paris*, wo er unter Leitung des Baron *Bosio* gearbeitet. In *Rom* soll er seitdem gewaltige Fortschritte gemacht haben, und sehr fleissig gewesen sein. – Er wird bei uns nicht mehr als der Nebenbuhler Byströms angesehen, sondern als dessen unstreitiger Besieger. Den leztgenannten

---

[1] "von" written and then crossed out.   [2] *Sic!*
[3] "mir" written and then crossed out; "bemerkt" written above it.
[4] "näh" (?) written and then crossed out.

200

müssen Sie noch in *Rom*[1] gekannt haben. Er hat auch sehr viel gearbeitet, – und was auch nicht zu verachten ist, sich ein nicht unbedeutendes Vermögen dadurch erworben. – Vielleicht hat sein
Genius etwas Nordische Kälte beibehalten. Fogelberg ist un-
leugbar lebendiger im Ausdruck und hat mehr Seele in der Darstellung. – *Byström* ist übrigens sehr liebenswürdig und munterlaunig
im Umgang, und es thut mir Leid, daß er vor kurzem wieder nach
Rom zurückgegangen ist, wo er doch lieber arbeitet als hier.

Es ist doch merkwürdig, daß bei Euch nie etwas aus dem grossen
Denkmal geworden ist, das schon zu meiner Zeit Friedrich dem II.
zugedacht war.

Und nun, mein edler Freund! leben Sie wohl und glücklich – dem
Ruhm, der Freude und der Freundschaft, und wenn Sie jemals die
Blicke Ihres Geistes nach dem fernen Norden wenden, so gedenken
Sie meiner und der alten Zeiten wieder mit unveränderten Gesinnun-
gen.

Ihr
v. Bri[nkman]

23. Häring to Ludwig Tieck (III)[2]

This letter should be dated 1837 since Tieck's wife, to whose death
Häring refers, died that year. Although four sections of *Der Aufruhr
in den Cevennen* were planned, only two appeared (1826).

Häring's novel *Das Haus Düsterweg* appeared in 1835. Here he
probably refers to *Die Hosen des Herrn von Bredow*, which came
out in 1846. For Baudissin see II, 34. His *"Ben Jonson und seine
Schule*, dargestellt in einer Auswahl von Lustspielen und Tragödien,"
partly inspired by Tieck, appeared in 1836.

Ben Jonson's *Alchemist* was printed in 1610.

"Mossinger" is no doubt a misspelling for Massinger, who wrote
the tragedy *The Duke of Milan* (1623). For Holtei see II, 21. He
became known as a reciter of Shakespearean plays. After leaving
Berlin for Silesia, Paris, and other places, he returned in the spring of
1827, living there until 1830, and after a year's engagement at the
Darmstadt court theater, returned to Berlin in 1831. A period of
wandering through various cities was followed by his appointment
as manager of the theater in Riga in 1837 (Goedeke, IX, 496 f.).

"L. R. Scholz" refers perhaps to the wife of Friedrich Scholz, a

---

[1] "geert" (?) written and then crossed out.
[2] Continued from page 137.

friend from Holtei's student days in Breslau. According to Holtei he was "Stadtgerichts-Direktor" in Oels; he praises him for his unassuming appreciation of literature and his tolerant sterling character (Holtei, *Vierzig Jahre*, Berlin, 1844, III, 30 f.).

Julius Eduard Hitzig (1780-1849) was a book dealer and author who opened a successful publishing house in 1808. Tieck corresponded with him in 1815 about a manuscript from the Shakespearean period which Tieck had borrowed from him for purposes of study (*Letters of Ludwig Tieck*, 140).

On Schinkel see I, 14. Probably with the "Schauspielhaus" in Berlin in mind, Tieck had corresponded with him in 1825 about the possibility of renovating the Dresden theater. This project was not completed until 1841, however not Schinkel but Gottfried Semper accomplished it. The building was destroyed by fire in 1869 (*Letters of Ludwig Tieck*, 312 f.).

A new series of Häring's "novellen" appeared under his pseudonym: Willibald Alexis, *Neue Novellen*, Berlin, 1836, 2 vols.

Copy: DSB.

Berlin d 16 März 1827[1]

Hochgeehrtester Herr und Freund!

Mit tiefem Bedauern hörte ich erst neulich bei Raumer von dem großen Verluste, der Sie betroffen. Ich lese so wenig öffentliche Blätter und kenne[2] verhaltnißmäßig so selten in Kreise von literarischer Berührung, daß mir viele Nachrichten, die dahin schlagen, oft sehr spät erst zukommen. In einem so geschlossenen Kreise, wie der Ihrige, wo freundliche, lange Gewöhnung jedem Gliede seinen bestimmten Platz anwies, wird der Verlust doppelt fühlbar sein. Ich selbst glaubte kaum, wie ich die Seelige die wenigen Male bei meinem letzten Besuche in Ihrer Mitte gesehen, daß sie noch lange der Krankheit zu widerstehen Macht haben würde. Einem schnellen und ruhigen Tod nach solchen Leiden halte ich für ein Glück. Auch das plötzliche Abscheiden Ihrer alten, treuen Dienerin, die so durchaus zum Hausstande gehörte, muß ein wirklich schmerzliches Ereigniß gewesen sein.

Haben Sie wieder Ruhe und Stimmung gewonnen zum Arbeiten, und weckten diese traurigen Fälle vielleicht wieder die Lust, wirklich an den zweiten Theil der Cevennen zu gehn?

[1] A copyist's error; see above.
[2] Probably the copyist's error for "komme."

Nach langem Brachliegen, was mit den Baurechnungen und deren Revisionen sehr natürlich zusammen hängt, hat sich endlich auch bei mir wieder die productive Ader gezeigt. Ein Roman ist im Werke, der da anfängt, wo das Haus Düsterweg aufhört. Aber die Aufgabe ist, mich in's Heitere durchzuarbeiten; wie dies gelingen wird, ist eine andere Sache. Vor allem muß die Politik gänzlich daraus fortbleiben.

Graf Baudissins *Ben Jonson etc.* hat mich sehr erquickt. Das ist eine Kost für einen erschlafften Magen. Welch ein prachtvolles Stück, der Alchimist! *Mossingers*[1] Herzog von Mailand hat hat[1] mich so angezogen, daß ich damit umgehe, es für die Aufführung zu bearbeiten. Gelingt es mir, so bin ich so frei, es Ihnen zu übersenden. Holtei hatte, wie Sie wissen werden, hier einen außerordentlichen Succeß als öffentlicher Vorleser. Die Pforten beider Theater blieben ihm dagegen verschlossen. Eine neue, sehr ehrenwerthe scheint sich ihm dagegen in Riga zu eröffnen. Gebe der Himmel, daß er ausharrt, wenn es gelingt. Nur dünkt mich immer, Rußland wird Todespforte für den Ruf jedes deutschen Gelehrten und Künstlers, wer dem lockenden Geldrufe folgt. Freilich hat unser Freund vielleicht nicht mehr viel einzusetzen. Ich meine nicht Ruf, sondern schöpferische Lebenskraft. So innerlich verwüstet, wie seit seiner Herkunft erinnere ich mich noch nicht ihn gesehen zu haben. –

Es war hier ein mörderischer Winter, der Todesfälle,[2] Selbstmorde[2] und – Arm und Beinbrüche in Fülle gebracht hat. Daß unsre Freundin, die *L. R. Scholz* das Bein gebrochen, werden Sie wissen, *Hitzig* brach die Schulter, an demselben Abende *Schinkel* die Hand. Es sind nicht die einzigen Fälle aus meiner Bekanntschaft.

Ich erlaube mir Ihnen beifolgend die beiden neuesten Bände meiner Novellen dankbarlichst zu überreichen. Es sind nicht alles neue Sachen, doch dürften Sie die wenigsten davon kennen. Mit dem aufrichtigsten und herzlichsten Wunsche, daß, wie Sie Ihren physischen, Sie auch Ihren psychischen Schmerz verwinden mögen, und uns bald erfreuen mit einer großen Arbeit

hochverehrtester Freund
Ihr
treu ergebenster
W. Haering.

(Conclusion of the letters from Häring to L. Tieck).

---

[1] *Sic!*
[2] Final "n" crossed out.

24. *Holtei to L. Tieck (II)*[1]

We could not identify the *Zigeuner* with absolute certainty. It is not listed in available sources on Holtei. The work referred to may be *Der Zigeuner*, a romantic opera in four acts, 1832, written by Eduard Devrient (Eduard Devrient, *Dramatische und dramaturgische Schriften*, Leipzig, 1846, III, 337-443; *ADB*, 47, 669).

Holtei had married the actress Julie Holzbecher in 1829. Marie was a daughter of Holtei by his first marriage with the actress Luise Rogée. The "Schauspieldirectrin Foller" is probably the person Holtei calls Faller in his memoirs. She was the widow of the travelling actor-entrepreneur Faller and had made Holtei's acquaintance before the beginning of 1834 in Berlin. He and his wife played a number of "Gastrollen" with her troupe in Frankfurt on the Oder in that year and in 1836. Holtei also performed with her troupe in Glogau, Schweidnitz, and Liegnitz. Frau Faller remained a faithful friend of the Holteis to the end of her life. Holtei had a very high opinion of her intelligent, loyal, and amiable character (Karl von Holtei, *Vierzig Jahre*, Berlin, 1844, IV, 63 f.; Breslau, 1845, V, 171 f., 179 f.; Breslau, 1846, VI, 5 f., 32, 314 f.; Goedeke, IX, 496 f.).

Since Immermann's novel *Die Epigonen* came out in 1836, the present letter, as well as the note that follows it, possibly was written not long after – perhaps in 1837.

Copy: DSB.

Sonnabend.

Soeben komme ich von kurzem Laufe in der wohlthätigen Wärme heim und erfahre durch Marie, daß Sie, mein allzugütiger und liebevoller Gönner, abermals so freundlich der Zigeuner gedenken wollten. Meine Frau ist in den Händen der alten ehrlichen Schauspieldirectrin F o l l e r, die uns aus Schlesien einen transitoritischen[2] Besuch machte. Ich befinde mich besser, verdanke jedoch dieses Bessersein einer zum D u r c h b r u c h gekommenen Hämorrhidal Kolik, mit der meine Magenschleim-Leiden gewöhnlich abziehen, mit der ich aber öfterer Berufungen an heimliche Oerter wegen, nicht in Gesellschaft gehen kann und darf.

Bis morgen hat sich dieser Zustand, der seit gestern Abend anhält, gewiß gegeben, und wenn uns dann Ihre Thüre noch offen steht, so werden wir sehr glücklich sein.

Ihr dankbar getreuer
v. Holtei.

---

[1] Continued from page 117.   [2] *Sic!*

Die Epigonen habe ich, zu Hause sitzend, durchgelesen, und bin ganz erstarrt und erstaunt. Daß das Ding da hinaus wollte, hätte ich gar nicht geahnt.

25. Holtei to L. Tieck (III)

This note was probably written in Dresden.

Holtei asks to be excused from attending a reading by Tieck due to physical incapacity and the need to perform the following day.

For its probable date, see the preceding letter.

Original: Wiener Stadtbibliothek.

Mein Zustand wird immer unleidlicher, und ich will mich daher heute in Gottesname der Nymphe des Dampfbades in die Arme werfen. Leider kann ich vor 6 Uhr kein Bad nehmen; sollte ich also bis sieben nicht ausgelitten und ausgerungen haben, so dürfte ich wohl kaum wagen in die Vorlesung hineinzuplatzen. Morgen spielen wir; – ich müßte also Ihr Angesicht bis übermorgen entbehren. Gott gebe, dß mir dann besser ist.

Ihr
getreuer
v. Holtei

Montag

(Conclusion of the letters from Holtei to L. Tieck).

26. Gervais to Ludwig Tieck

E. Gervais is not recorded in the accessible biographical reference books. It is doubtful whether his drama *Astolf* was ever published. Its theme seems to have had some relation to the epoch of Hermann I, landgrave of Thüringen (1190-1217). He was a friend of the minnesingers and built the Wartburg where the legendary contest of minstrels is supposed to have occurred in 1207. On Karl August Förster see II, 20. Tieck's *Dichterleben* (see II, 8) is the only belletristic work which materialized as a result of his Shakespeare studies. It consists of three "novellen": *Dichterleben* (1824), with a prolog, *Das Fest zu Kenilworth* (1828) and a second part (1829), and may be considered a sort of repository for the unused materials of his book on Shakespeare. *Der junge Tischlermeister* was planned, probably in 1796, as a pendant to *Sternbald*, begun in 1811, ready for printing in 1819, and actually published in 1836. It is not as great as Gervais claims here. Instead of the glorification of the German artisan, a sort of Romantic "Wanderroman," as originally planned, it turned out to be a curiously uneventful, loquacious "Reisenovelle." The dramaturgic ideas which Gervais derived from this "novelle" may probably be referred to Tieck's championing of the devices of the Elizabethan stage. For *Evremont*, the novel by Tieck's sister Sophie, see No. 15 above.

Copy: DSB

Wien d 8ten *Sept.* 1837.

Hochwohlgeborner Herr!

Höchst zu verehrender Herr Hofrath!

Die freundliche Aufnahme in Ihrem Hause, die ich als schönste Reiseerinnerung unvergeßlich in meinem Gedächtniß tragen werde, Ihr huldreiches Wort beim Abschiede, das Erhaltung Ihrer Freundschaft und Wohlwollenheit mir zusicherte, macht mich so dreist, Ihnen, höchst zu verehrender Herr Hofrath, noch einmal meinen Astolf vorzulegen, den ich in einigen Mußewochen, die ich den historischen Forschungen über die Thüringer Landgrafen, namentlich über den auch von Ihnen als Förderer deutscher Poesie hochgestellten Hermanns[1] I abgewonnen, ganz von Neuem umgearbeitet habe. Alle Winke, die Sie mir zur Veränderung des Metrums und des Inhalts gaben, habe ich benutzt, um dem Richtigern, Vollendetern nachzustreben. Ob ich's getroffen, überlasse ich nun abermals Ihrem Gutachten. Das Manuscript enthält noch einige Abänderungen in Parenthesen und Zusätzen, die für die Bühnenaufführung und für spätern Druck mir geeignet schienen; sie werden das Lesen des unveränderten Manuscripts nicht erschweren, das ich in allen Nüancen Ihnen vorzulegen wünschte. Meine ergebenste Anfrage geht nun dahin, ob in gegenwärtiger Gestalt (mit oder ohne Abänderungen) mein Astolf Ihnen bühnengerecht erscheint, und ob eine Aufführung auf der Dresdner Bühne Ihrem geneigten Urtheil und Wunsche entspräche. So weit ich die Bühnen Deutschlands kennen lernte, – und ich sah die meisten, – fand ich keine – (die Wiener kenne ich noch zu wenig) – die Anforderungen, wie ich sie mache, näher käme, als die Dresdner. Schon das ließe mich sie für mein Drama wünschenswerth machen. Vor Allem aber ist's Ihr

[1] *Sic!*

206

Urtheil, welches, wenn ich reüssirte, mir einen Schatz von Belehrung und Anweisung gewährte.

Wie stark mein Interesse an dramatischer Kunst ist, davon wünschte ich Sie durch den Plan zu einer Dramaturgie und einen Versuch über das heutige Drama, die ich durch Herrn Professor *Förster* zu überreichen so frei bin, zu überreden. Ich schmeichle mir in der Tendenz dem nahe zu kommen, was Sie, Hochverehrtester, einst in Ihren dramaturgischen Blättern so wahr ausgesprochen, was leider aber von Bühnendirektionen und Publikum noch zu wenig befolgt wurde. Auch ich darf nicht mehr hoffen, – und mir fehlt Ihr großer Name – doch nur rütteln und unablässig rütteln an dem morschen Bau muß endlich – wem[1] es auch gelingen mag, – denselben niederwerfen. Ist Ihnen noch das Theater, was es damals war, oder doch nicht ganz gleichgültig geworden, so werden Sie Versuche, wie ich sie praktisch und theoretisch gewagt habe, nicht ganz unberücksichtigt lassen, und beiden Ihre freundliche Unterstützung nicht versagen. Mein sehnlichster Wunsch ist für ersteren eine Bühne, für letztern einen Verleger zu finden, um sie dem Publikum vorzuführen. Sie, Hochverehrtester, könnten beide Wege zu dem guten, oft betrogenen, doch ich hoffe nicht unver-[2] unverbesserlichen Publikum mir öffnen. Nicht wahr? Sie thun es gern, und weisen eine Bühne und einen Verleger durch huldreiche Empfehlung mir zu, wenn meine Produkte selbst im Stande sind, sich Ihnen zu empfehlen. Ein Paar Worte Ihrer Gesinnung lassen Sie wohl nach Wien, wo ich bis Anfang October verweile, mir zukommen. Gleichzeitig bitte ich um Zurücksendung der 2 Hefte Gedichte und des ältern Manuscript Astolf. Ihre freundliche Theilnahme und allerkannte Humanität läßt mich glauben, daß Sie meinem Ansinnen nicht zürnen, und meinen Bitten, wenn es angänglich, Gewährung nicht versagen werden.

Und nun noch eine Anfrage, die Sie mir gestatten mögen. Welche Gaben bringen Sie heur den sehnsüchtig wartenden Sterblichen aus den Räumen der Himmlischen mit? Ist's Shakspear, den Sie uns neu erschaffen in Werken und Leben? Sie sprachen mit mir von 4 größern Novellen, in denen der große Dichter der Held werden sollte. Ist noch[3] keine in diesem Jahre zu hoffen? Ich schwelgte von Neuem in den 2 vorhandenen, besonders im 2ten Theil, der mir immer durch Inhalt, Charaktere und die bedeutungsvolle Katastrophe der liebste geblieben. Ihr junger Tischlermeister bleibt, – und muß wohl bleiben – einzig in seiner Art, und etwas im Gegenstande Aehnliches erwarte ich nicht mehr von Ihnen. Ich kann's

---

[1] Corrected from "wenn."
[2] First two syllables underscored. The whole word is written on the next page, not underscored.
[3] "kei" written and then crossed out.

nicht beschreiben, wie mich dieser Bernhard interessirt, und alle Charaktere, wie wahr, wie vortrefflich durchgeführt; wie richtig jede Steigerung der Empfindungen, Neigungen und Abneigungen, jede Verirrung im Kreise der raffinirten Welt, die dennoch nicht im Stande ist, ächte Kraft und Adel in dem Unerfahrenen zu erdrücken. Das Mädchen in Franken und Bernhards zweimaliges Erscheinen bei ihr übt Zauberkraft. Solche Dichtungen sind nur Ihnen eigen. Könnte ich noch einmal mit Ihnen plaudern, wie im vorigen Sommer über "Dichterleben." Für meine Dramaturgischen Studien und Ansichten verdanke ich Ihrem jungen Tischlermeister ungemein viel. Vereinfachung der Form der Bühne und große, sehr große Erweiterung ihres Inhalts halte ich für die nöthigsten Bedürfnisse einer bessern Zeit. Haben Sie die Hoffnung daran aufgegeben? Ich dächte, allgemach ließe sich vorschreiten. Was sagen Sie zu meiner Schauspielerakademie? Der Gedanke ist keinesweges neu; doch ich glaube, so zusammengestellt mit andern Dingen, die der Rede werth sind, könnte er von Neuem Anklang finden, und wenn man den Leuten unaufhörlich und von allen Seiten in die Ohren läutet, müssen sie doch endlich aufwachen. Sehr wünschte ich, Sie läsen mein Wort über das heutige Drama, und sagten auch mir ein Wörtchen darüber. Praktisch mag sich wohl vieles schwer ausführen lassen, wovon die Theorie so leicht dünkt und so nahe liegt. Der vortreffliche Roman Ihrer seeligen Frau Schwester wird doch wohl beendet? Oder ist er's schon? auf Reisen kann man schwer mit der Litteratur Stich halten. Nie fand ich in dem Werke einer Damenfeder so viel Ruhe, Klarheit, Gedrängtheit, ungezwungene Verknüpfung neben einem so viel bewegten Leben, so trüben Erscheinungen, so tief verschlungenen Fäden der Begebenheiten, so mannigfaltigen Charakteren als im Evremont. Ich bin auf das Ende äußerst begierig. Sie kennen es, und werden es nicht grausam dem Publikum vorenthalten. Doch ich frage, bitte, fordre zu viel. Nur noch die eine größte Bitte schließe ich ein, daß Sie, höchstverehrtester Herr Hofrath, Ihre freundliche Wohlwollenheit nicht entziehen dem, der sich unterzeichnet

in tiefster Verehrung
Ew. Hochwohlgeboren
allergebenster
E. Gervais

27. *Rückert to L. Tieck*

The writer of this letter, Friedrich Rückert (1788-1866), the well-known German Romantic poet, was from 1827 to 1841 professor of Oriental languages at the University of Erlangen. He was then called to the University of Berlin. Tieck apparently never met him. He had, however, been interested in Rückert's *Geharnischte Sonette* (1814), for in a letter to Reimer of January 7, 1817, our poet had asked the latter to send three copies of this patriotic collection to him (*Letters of Ludwig Tieck*, 66 f.). We have been unable to identify the Dr. Morell whom Rückert introduces here to Tieck. Bergamo is a city in Lombardy. Tieck's interest in Shakespeare was lifelong. He was chiefly attracted by Cervantes from 1793 to about 1799. Tieck's translation of *Don Quixote* which appeared in 4 volumes in Berlin from 1799-1801, is still regarded as a standard translation and deserves a place near A. W. Schlegel's *Shakespeare* as an important literary achievement (E. H. Zeydel, *Ludwig Tieck and England*, Princeton, 1931, 3f., 7 f., 10 f., 16, 17f., 47; Zeydel, 114 f.; *Tieck and Solger*, 179).

Copy: DSB.

Erlangen d 29 Marz[1] 38

Hochverehrter Herr Hofrath!

Herr Doctor *Morell*, von Geburt ein Italiäner aus Bergamo, von Erziehung und wissenschaftlicher Bildung ein Deutscher, dessen Umganges ich mich diesen Winter hier zu erfreuen hatte, will jetzt Dresden besuchen, und dort natürlich auch Sie. Er möchte gern vieles von Ihnen lernen, besonders über *Shakespeare* und *Don Quixote*, auch von dem letztern ein Bildnis Ihnen zeigen, und bittet mich um diese Zeilen, die ihm den Zutritt zu Ihnen erleichtern sollen. Doch, ein Ihnen persönlich unbekannter – ich hatte das Unglück Sie einmal hier zu verfehlen – kann ich Ihnen auch keinen Unbekannten empfehlen, hoffe aber, daß er schon selbst sich Ihnen empfehlen werde, und benutze nur für mich diese Gelegenheit, Ihnen die hohe Achtung zu versichern, mit der ich lebenslang war und seyn werde

Ihr
ergebenster Verehrer
Friedrich Rückert

---

[1] *Sic!*

28. Eduard Brinckmeier to Ludwig Tieck

The addressee of this letter, Johann Peter Ludwig Eduard Brinckmeier (1811-1897), was an author, editor, translator, Spanish literary
historian, business man and linguist. From 1835 to 1839 he was editor
of the *Mitternachtszeitung* in Braunschweig. The copy of Tieck's
portrait which he plans to publish in his paper, and for which he
asks Tieck's permission here, is probably the famous one by Karl
Christian Vogel von Vogelstein (1788-1868), who was professor
at the Art Academy in Dresden and a friend of Tieck since 1820.
Tieck did not contribute to Brinckmeier's paper.

Caroline Bauer (1807-1878), an actress, gave her first performance
as a guest in Dresden in 1835 (Friesen, I, 190). In March, 1838, she
had accepted a steady engagement in Dresden, where she stayed
until 1844 (*Letters of Ludwig Tieck*, 416 f.).

Dr. Karl Köchy (1800-1880) was from 1843 to 1856 "Intendan-
turrat" of the theater in Braunschweig and much interested in the
stage. Tieck recognized in him a lyricist of great native ability and
of attractive personality (Holtei, II, 189). In 1823 Köchy had
attempted to obtain a post for Grabbe with the theater in Kassel
(*cf.* the letter of recommendation from Köchy to the regisseur
Gassmann in Kassel, dated Berlin, March 19, 1823, based on *Christian Dietrich Grabbes sämtliche Werke*, ed. by Eduard Grisebach,
Berlin, 1902, IV, "Grabbes Leben," XX).

Original: DSB.

Braunschweig d 20 *Novbr.* 1838.

Hochwohlgeborner Herr,
Hochgeehrter Herr Hofrath!

Verzeihen Sie gütigst, wenn ich es wage, einige Bitten an Sie zu
richten. Den Muth dazu geben mir Fräulein Bauer und mein Freund
Dr. Köchy, welche Beide Ihre wohlwollende Güte nicht genug zu
rühmen wußten.

Fräulein Bauer erfreute mich kürzlich durch ein mir so äußerst
werthvolles Geschenk: – Sie übersandte mir Ihr Portrait, hochgeehrtester Herr, das wirklich, ungemein ähnlich sein soll. Zu
Anfang des nächsten Jahres, nun möchte ich, mit Bewilligung des
Verlegers, zu meiner Mitternachtzeitung als artistische Beilage
ein Portrait geben, und was könnte ich meinen Lesern Werthvolleres
schenken, als das Ihrige? Zuvor möchte ich mir Ihre freundliche
Erlaubniß auswirken, und das wäre denn meine erste Bitte.

Ferner möchte ich Sie herzlich um einen, wenn auch noch so kleinen Aufsatz pp. aus Ihrer Feder und mit Ihrem Namen bitten. Was es auch sei, ich werde mich dadurch sehr geehrt und beglückt fühlen. Es ist die Zeit da, wo auf das Neue Probenummern ausgesandt werden müssen, und solange mich auch die Furcht, Ihnen lästig zu werden, zurückhielt, die Zeit drängt zu gewaltig, und ich habe mich zu sehr an die Hoffnung, diesen Lieblingswunsch in Bezug auf meine Mitternachtszeitung erfüllt zu sehen, gewöhnt, als daß ich eine Bitte noch länger verschieben könnte, die mit eben so viel Angst, als freudiger Zuversicht an Sie zu richten wage.

Entschuldigen Sie freundlichst die Kürze und Verworrenheit dieses Briefs.[1] Ich bin krank und bin von heftigsten[2] Kopfweh gepeinigt. Eine kleine Zeile jedoch, mit einer Antwort von Ihnen würde mich sehr glücklich machen. Und mag Ihnen auch die Meinung eines so unbedeutenden Menschen, wie ich bin, gleichgültig sein, dennoch bitte ich Sie, überzeugt zu sein, daß ich nie aufhören werden,[2] mich mit der aufrichtigsten Hochachtung und Verehrung zu nennen

Hochgeehrtester Herr
Ihren gehorsamsten
Ed. Brinckmeier

Adresse
Dr. E. Brinckmeier
Redacteur der Mitternachtzeitung.
Braunschweig

29. *Amalie Voigt to Friedrich Tieck (III)*[3]

Rosalie Falk (born 1803) was the daughter of the satirical writer and founder of a famous orphanage in Weimar, Johannes Daniel Falk (1768-1826). He had settled in Weimar in 1798 and was a friend of Wieland, later of Goethe. His daughter edited her father's *Erinnerungsblätter aus Briefen und Tagebüchern gesammelt*, von dessen Tochter Rosalie Falk, Weimar, 1868. We could not identify Frau von Ferring. Joseph Wilhelm Eduard d'Alton (1772-1840) was a naturalist, archeologist and art historian. He lived from 1809 to 1810 in Weimar. In 1818 he came to Bonn as professor of natural history and the history of art and stayed there until his death.

---

[1] "Briefes" written and the second "e" is crossed out.
[2] *Sic!*
[3] Continued from page 47.

Goethe had a high opinion of him and corresponded with him chiefly about osteology.

By "August Stollberg" is meant Goethe's friend Auguste Stolberg (1753-1835), the sister of the counts Stolberg, associated with the "Hainbund." In 1783 she had married the Danish diplomat Count Bernstorff. Goethe corresponded with her in 1775, 1776 and 1823, his earlier letters being in an impassioned style. The error is due to the copyist of this letter.

Copy: DSB.

Weimar d. 12ten *Jan.* 1839

Monologe im Trauerspiel werden oft vielen, Monologe im Brief-wechsel zwar nur einem aber desto ärger, desto gewisser lästig, und so hätte ich vollen Grund, Ihnen, mein, bis auf einen gewissen Punkt geschätzter Freund, nicht zu schreiben, zumal mich nichts zu dem Glauben berechtigt, daß Ihnen an meinem Briefe etwas gelegen sei. Schwerlich wird im neuen Jahr die Lust Ihnen kommen mir ein schriftliches Zeichen Ihres Andenkens zu holen. Einen mündlichen Gruß wollte im vorigen Herbst Gräfin Karoline von Egloffstein bei Ihnen einholen, verfehlte Sie aber in Ihrem Atelier. Die Zusammen-kunft mit Rosalie Falk hat auch nicht statt finden können, was in dem großen weitläuftigen Berlin nun gar nicht zu verwundern ist. Aber eigentlich schrieb ich bloß, um Ihnen dafür zu danken, daß Sie meine Empfehlung gelten ließen und so artige Billets Rosalien schrieben, wie diese es rühmt. Sie hofft auf Ihre Bekanntschaft, und doch fürchtet sie, Ihre Zeit in Anspruch zu nehmen, die Sie am Ende noch Unbedeutenden, als Sie es nun nicht ist, ein Theilchen davon schenken. Eine günstige Konstellation wird Sie zuletzt doch noch mit ihr zusammen bringen.

Die Anwesenheit der Frau v. Ferring verdrießt hier viele Leute, mich nicht zu vergessen; es ist doch nur Hochmuth, daß sie den gesunkenen Zustand in dem Winter, wo das merklicher ist, zeigen wollen. Grade das Mißgeschick sollte Mutter und Tochter fester an den Mann binden, der seine Sorgen einsam tragen muß, ohne häusliches Wohlbehagen, ohne Plage bei zweimaliger Krankheit, ohne daß nur die geringste Vorsorge getragen wurde, ihm häusliche Bequemlichkeiten zu verschaffen und hausmütterliche Obliegen-heiten zu thun, die im Voraus sich einrichten ließen, um die er sich nie bekümmerte.

Wissen Sie nicht, wie es um *d'Alton* in Bonn steht? Man sagt, er habe ein nicht zu operirendes Gewächs im Halse, das ihn jedoch meines Bedünkens schon längst getödtet haben müßte, wenn er vor einem halben Jahr so schlimm war, als man es machte. Die wenigen Bekannten, die ich in jener Gegend hatte, sind theils todt, theils zerstreut, die Frau *d'Alton* könnte mit Ihnen im Briefschreiben ein Paar ausmachen, und so schweigen mir alle Nachrichten von dorther. Verlängert mir Gott das Leben, so komme ich wohl noch einmal nach Berlin, wo ein freundliches Gesicht von Ihnen erwartet

Ihre
unveränderte Freundin
Amalie Voigt.

Göthes feurige Briefe an August[1] Stollberg haben Sie doch wohl gelesen?

(Conclusion of the letters from Amalie Voigt to Tieck).

[1] A light line is drawn through the "Aug" of this word.

CHAPTER IV

(1840-1871)

1. Julius Mosen to Ludwig Tieck

The writer of this letter, the poet, narrative writer, and dramatist Julius Mosen (1803-1867) practiced law in Dresden from 1834 to 1844. He frequently visited Tieck's home but an intimate relationship did not develop between them. Perhaps this was due to the fact that Tieck regarded him as belonging to the camp of "das junge Deutschland". Tieck had little use for this new generation of writers as may be seen in his letter to Heinrich Theodor Rötscher of May 2, 1847: "Also – *Birch-Pfeiffer* ist jezt die Loosung, und *Gutzkow, Laube, Mosen*, – und wer weiß, wer noch? – Daß ich aber in diese Societät nicht hinein passe, müssen Sie mir doch eigestehn." (*Letters of Ludwig Tieck*, 523). A. Schwartz, on the other hand, who wrote the article on Mosen in the *ADB*, defends him against the charge of being biased in his dramatic writing. He considers his plays to have been characterized by historical fidelity, and to be of a serious, noble nature (*cf. ADB*, 22, 367).

It is difficult to determine the name of the drama Mosen submitted to Tieck. During his Dresden period the former wrote the following plays: the historical tragedies, *Otto III, Die Bräute von Florenz, Wendelin und Helene, Der Sohn des Fürsten*, and *Herzog Bernhard von Weimar*.

In 1840 Mosen became engaged to Minna Jungwirth, a daughter of a Landgerichtsdirector, and married her in 1841. A cultivated person, she took a profound interest in her husband's creative writing, and, although occasionally very ill herself, nursed him faithfully during the many years of his ensuing paralysis.

Strehlen is a village near Dresden. Here Mosen had a summer home which soon became the center of stimulating intellectual intercourse and a hospitable haven for visiting poets and writers.

Karl Immermann died in 1840, as stated here. For further information concerning him, *cf.* II, 6, also, III, 8, 13, and 24.

The background to the reference to Frederick William IV's recognition of Tieck is the following:

On August 2, 1840, Tieck at Raumer's suggestion, sent the king a copy of his new novel *Vittoria Accorombona* with a letter which had been drafted by Raumer. This brought a prompt and very cordial holograph from the king, a gift of one hundred Friedrichd'or and an invitation to Potsdam. On August 28, the Berlin "Intendant", Count Redern, approached Tieck with the request for a prolog to commemorate the double celebration of the coronation and the king's birthday on October 15. About the same time he learned that he would receive an annual compensation of one thousand talers in addition to traveling expenses if he agreed to spend two months of each year at Sans Souci. He followed up this promising "lead" by composing the prolog. The sequel could, of course, not yet be known to Mosen. However, it found the ruler's favor and at the official festival of homage on the king's birthday, this prolog was spoken by Auguste Crelinger in the royal Schauspielhaus antecedent to a festival performance of Goethe's *Tasso*. As is known, Tieck at the king's invitation later became a permanent resident of the Prussian capital and continued to enjoy the royal favor until his death. Mosen's suggestion that Tieck might give a public reading of his play calls to mind the latter's celebrated "Leseabende". They were conducted in Sans Souci as they had been in Dresden, but proved successful only for a brief time due to the lack of interest of the court circles, including the king (Zeydel, 324 f., *Letters of Ludwig Tieck*, 466 f.).

Copy: DSB.

am 1 *Sept.* 40.

Hochverehrtester Herr Hofrath,
    theurer Gönner!

Ganz betrübt bin ich, denn eben wird mir gesagt, unser Immermann wäre gestorben. Ich kann es und will es nicht glauben; es wäre zu entsetzlich! Und wenn es auch nur falsches Gerücht ist, so erregt es mir doch alle die traurigen Gedanken von der Nichtigkeit dieses Lebens, welche oft mörderisch mich anfallen. Ich wollte Ihnen so viel Fröhliches sagen über die herrliche Anerkennung Ihres Wirkens, welche der fürstliche König von Preußen Ihnen vor aller Welt kund gethan hat, was doch wieder einmal an bessere Zeiten erinnert, und nun zieht sich Alles in dem Gedanken zusammen: Gott lasse Ihnen mit frischer Gesundheit lange, lange den Seegen eines ruhmvollen Lebens genießen! Das beiliegende Stück, ich mag kaum davon reden, wünsche ich hier zur Aufführung zu bringen. Mein Schreiber hat es schlecht abgeschrieben; ich lasse jetzt eine bessere Abschrift besorgen, wenn Sie vielleicht später es vorlesen wollten.

Die Bitte um gütige Bevorwortung wage ich auszusprechen, da dieses Stück, wenn ich mich nicht irre, besser ist, als das vorige. Da ich jetzt alle Zeit, welche mir die Geschäfte übrig lassen, meiner Braut in Strehlen weihe, welche Ihr Fußleiden sehr am Gehen hindert, so werden Sie mir Nachsicht schenken, wenn ich diesen Sommer Sie seltener sehen konnte.

Bleiben Sie mir um so mehr gewogen, je herzlicher[1] es sich angelegen sein läßt, selbst an öffentlichen Orten meine Arbeiten herunter zu setzen. Meinetwegen! – aber es ist doch schlecht!

Wie immer mit ausgezeichneter Hochachtung und Verehrung

Euer Hochwohlgeboren
ergebenster *Jul. Mosen.*

2. *Theodor S. Schliephake to Ludwig Tieck*

The philosopher and historian Theodor S. Schliephake (1808-1871) was invited to the faculty of the University of Brussels as professor of the history of philosophy in 1837 and stayed there for five years. In 1843 he went to Wiesbaden as tutor to the children of Duke Wilhelm von Nassau, and in 1856 to Idstein as director of the Nassau State Archives. From 1857 he taught at Heidelberg. His chief works are: *Die Grundlagen des sittlichen Lebens* (1855), *Einleitung in das System der Philosophie* (1856), *Geschichte von Nassau* (begun in 1866; of this work he completed three volumes but died before he could see the fourth through the press; Professor Karl Menzel in Bonn took over the publication of this volume and finished the work in three additional volumes). The "youthful effort" probably refers to lyric poems. *Der Tod des Dichters* first appeared in 1833 in the *Novellenkranz auf das Jahr 1834*, Berlin.

Copy: DSB.

Brüssel, *rue du cerf* 5 d. 5 Dec. 1840

Hochwohlgeborner Herr,
Hochgeehrtester Herr Hofrath!

Wenn das Gefühl aufrichtiger tiefster Verehrung mir gebietet, vor dem Manne, welcher der Gegenstand derselben ist, in stiller be-

---

[1] A space after "herzlicher."

scheidener Ferne zu bleiben, so wird dagegen dem Ausdruck dankbarer Ergebung ein näheres Vorrecht zugestanden, die Schranke der Unbekanntschaft, den Zwischenraum der Jahre zu überschreiten. Eingedenk der hohen Güter, die der Genius Ihrer Dichtung uns in herrlicher Fülle geschenkt hat, wage ich es, bei Ueberreichung eines jugendlichen Versuches in dem Felde der Poesie, Ihrem Eigenthum, mich der allgemeinen Stimme des Vaterlandes anzuschließen, das in Ihnen den Vertreter seines Geistes und Gesanges, den Verkünder seiner wahrsten Gefühle, seiner Liebe, Begeisterung, seines dichtenden Muthes erkennt.

Mir wurden Ihre Schriften früh, beständig und für immer ein Quell des Lebens, eine Wurzel geistigen Daseins; ich fand in Ihren Schöpfungen eine bleibende Heimath, worin alles Denken, alles fröhliche Hoffen der Jugend sich begab, um dem Getriebe der lärmenden, sieglosen Parteien, und der grübelnden Gefangenschaft derer zu entgehen, die unserer Zeit, was sie besitzt, und der Zukunft, was ihr schönstes Gut ist, – ein deutsches Wort und Lied, – abläugnen und verkümmern möchten. Für mich wurde jedes Ihrer Werke ein lebendiger Zeuge unerschöpflicher, dichterischer Gegenwart; ich sah in der Fülle dieser Dichtungen die Grenzen umfaßt und befestigt, in denen Ton und Gedanke, Bild und Wahrheit, Geschichte und ewig blühender Traum sich umschlingen, sich bewegen, sich stetig erneuen. Mit welchem Gefühle begrüßte ich, begrüßten so Viele, die durch gleiche Liebe, durch gleiche Huldigung gegen Ihre Muse mir vertraut waren, Ihr Buch von des Dichters Tod! Wir erkannten in dieser Novelle einen neuen vollen Aufgang der Sonne deutscher Poesie. Wir erfreuten uns dieser Gabe, wie man des Morgenroths, der glühenden, reichen, schnell leuchtenden Knospe des Tages, der schönsten Frucht des wachsenden Jahres sich erfreut.

Und welcher Stand, welches Alter ist Ihnen nicht in tiefster Pflicht zugethan; der Sie die Weihe, den adelnden Stempel der Muse jedem Kreise menschlichen Betriebes, menchlichen Glückes ertheilen. Mein Wort ist ein schwaches, einzelnes in der Stimme der Völker, denen Ihr Name theuer, hochgeehrt ist.

Möchte es, wenn nicht ein voller Ausdruck, doch ein wahres Zeichen der Ehrfurcht, der vollkommensten Ergebung sein, mit der ich bin und verharre

Hochwohlgeborner Herr
Ihr unterthänigster, tiefstverpflichteter Diener
Th. Schliephake.

3. Geheimer Kabinettsrat Dr. Müller to L. Tieck

This letter is written by the Privy Councillor of the Cabinet, Dr. Müller to Tieck and goes back to the early negotiations of King Frederick William IV for inviting Tieck to Berlin. It follows a letter from Tieck to Dr. Müller, dated Dresden, d. 22. Novbr. 1840, in which Tieck requests that the king inform him when he is to pay him his respects. He suggests the summer as the most suitable time due to his sickly condition. Tieck actually did come to Sans Souci in the summer of 1841 and was well received by the king (Fischer, 110 f.; Köpke, II, 105).

Original: HA.

Copia

Nachdem ich von dem Inhalte Ihres Schreibens vom 22. d. *M. S.* Majestet in Kenntniß gesetzt habe, soll ich Ihnen verehrter Herr Hofrath eröffnen, daß Sie den Zeitpunkt wählen sollen, wo Sie sich wohl oder weniger leidend fühlen und Ihre Ankunft hier anzuzeigen oder anzufragen ob keine Hindernße in der Allerh. Person des Königs dabei statt finden. Auf diese Weise meint der König würde es Ihnen am wenigsten lästig seyn. pp

Ih
gez. *Müller*

Berlin den 5tn Dezember 1840.
An den Herrn Hofrath *T i e c k*
   in *Dresden*

Verz. in Archiv(?)
K. Schauspiele.[1]

35251.

4. Löbell to Ludwig Tieck (XII)[2]

Tieck's novel "*Vittoria Accorombona*, ein Roman in fünf Büchern," appeared in Breslau in 1840. C. J. Braniss wrote an epilog to the second edition (1841). See III, 6. The dissonance which Löbell sees in Jean Paul's *Siebenkäs* (1796-1797), Goethe's *Wahlverwandtschaften* (1809) and *Vittoria Accorombona* as reflections of their time

---

[1] Written more faintly and in another hand.
[2] Continued from page 185.

may refer to the conflict between the demands of the ideal or emotional world and those of everyday reality.

The explanation for Löbell's veiled reference to the happy change in Tieck's fortune is to be found in the invitation of King Frederick William IV of Prussia to Tieck to come to Sans Souci. See Nos. 1, 3 above. After Dorothea's death Tieck accepted the invitation. See Köpke, II, 103 ff. and Zeydel, 324 f.

Original: UBL Bonn.

Bonn, den 3tn. *Januar* 1841.

Theuerster Freund,

meines Versprechens, Ihnen über die *Vittoria* zu schreiben, wäre ich eigentlich vollkommen quitt,[1] denn eine Dedication, auch eine hinterrücks gemachte, ist doch einer Antwort werth. Dennoch kann ich es nicht übers Herz bringen, es Ihnen nicht ins Gesicht zu sagen, wie sehr jenes Buch mich entzückt hat. Sie haben hier wieder einen großartigen Beweis meines Satzes geliefert, und ich kann den nur beklagen, der im Besitz ich weiß nicht welcher ausgebreiteten Gelehrsamkeit über das Italien des sechzehnten Jahrhunderts meinen könnte, er könne aus Ihrem Gedicht nicht Geschichte lernen. Das weiß ich mit voller Gewißheit, so wenig es auch sagen will, daß meine historischen Anschauungen sich dadurch erweitert haben. Von dem ächten Poeten lernt der Historiker immer, und wenn er auch selbst Poet wäre. Ich sage nichts von den neuen Blicken, die wir hier in jene wunderbare Verschlingung von Seligkeit und Schmerz thun, die das tiefste Räthsel unsres Daseyns ist – lösen kann dieses Räthsel kein Sterblicher, aber es immer wieder von neuem anders stellen, so daß diese unendliche Mannigfaltigkeit von Formen des Aufgebens uns in die geheimsten Falten unseres Bewußtseyns schauen, und immer achtungsreichere Tiefen darin gewahren läßt, das kann nur der Dichter, und ich verstehe ihn auf diesem Gebiete der ganzen Eigenthümlichkeit meiner Natur nach so viel mehr als den Philosophen, daß ich mir weit lieber diesen in jenen, als jenen in diesen übersetze. – Ich will, wollte ich sagen, dieses hier hicht weiter ins Auge fassen, weil es etwas Allgemeines ist,[2] nicht aus dem Gesichtspunkte des Speciellen Ihrer Aufgabe zu betrachten. Setzen wir aber jenes wunderbare und räthselhafte Bei- und Ineinanderseyn in das Italien jener Zeit, und setzen wir Charaktere wie *Vitto-*

[1] Written above the line.
[2] Two words crossed out.

219

ria und *Bracciano,* so müssen sie sich mit Nothwendigkeit so entwickeln, und ihre äußeren Schicksale sind nicht weniger als durch
den Charakter ihrer Umgebungen durch das Product ihrer Eigenthümlichkeit und des sie bildenden Zeitgeistes bestimmt[1] und der
Spiegel ihres[2] inneren.[2] Dies nun ist aber auf meinem Standpunkte
der wahre Einigungspunkt von Geschichte und Poesie, und weil nur
Wenige sich auf diesen Standpunkt stellen können oder wollen, sehe
ich einem Haufen von Mißverständnißen entgegen. Die meist[en]
Leser können sich nun ein mal von dem Wahne nicht lo[s] machen,
daß der Dichter in seinen großen und tiefen Charakteren auch[3] hat
Ideale zeichnen wollen, die immer das Rechte wollen und das Rechte
thun.

Noch Eines. Sie haben ja doch nun auf Ihre Weise auch Wahlverwandtschaften gedichtet. Ist das nicht ein Beweis von der
Gewalt, mit welcher diese Dissonanz in unsre Zeit eingreift? Jean
Pauls Siebenkäs, Göthes Wahlverw. und Ihre Vittoria zusammen-
zustellen, wäre eine Aufgabe, an[2] der sich merkwürdige Phasen
unserer Poesie erläutern ließen.

Ich habe Ihnen zu den schönen Blumen, die Ihnen auf den Weg
Ihres äußern Schicksals gestreut worden sind, nicht besonders Glück
gewünscht. Meiner innigen Theilnahme, meiner Freude und Rührung waren Sie doch gewiß.

Ich will nun sehen, ob Sie sich auch rühren lassen können.
Grüßen Sie die Gräfin und Ihre Töchter herzlich von Ihrem treuesten

Loebell.

(Conclusion of the letters from Loebell to Ludwig Tieck).

5. *Prince zu Sayn-Wittgenstein-Hohenstein*
to King Frederick Wiliam IV

The writer, Prince (originally Count) Wilhelm Ludwig Georg zu
Sayn-Wittgenstein-Hohenstein (1770-1851) was associated since
1794 with the court of Berlin. After the coronation of Frederick
William IV he took no part in politics but served as the financial
adviser and supervisor of the royal budget in charge of the king's
private treasury. When Tieck settled at Berlin he received his
pension from Wittgenstein and enjoyed his special favor. There are

---

[1] Several words written and then crossed out; "bestimmt" is written over
the first crossed out word.
[2] Written over a word crossed out.
[3] A word crossed out.

220

four letters from Tieck to Wittgenstein from the years 1845 to 1849 in *The Letters of Ludwig Tieck*, pp. 524-528. The present note serves as a covering memorandum concerning information which Johann Ludwig von Jordan (1773-1848), the Prussian ambassador in Dresden since 1819, had been commissioned to discover concerning the financial circumstances of Tieck. The "Anlage" mentioned as being enclosed in the note is not preserved in our photostat. However, according to Fischer, Jordan reported that Tieck originally received an annual salary of 600 Thaler as "dramaturge" at the Dresden court theater but that this had been increased to 800 Thaler after four years (Fischer, 113).

Original: HA.

ad acta.
6/11/41.

Ew. Königl. Majestät haben mir in *Sans-souci* den gnädigsten Befehl zu ertheilen geruht, über die finanzielle Stellung des Hofrath *Tieck* in Dresden nähere Erkundigungen einzuziehen: ich habe deshalb an den Gesandten *von Jordan* geschrieben und hierauf die in der unterthänigsten Anlage befindliche Notitzen von demselben erhalten.

S 102.[1]
26746.   ?[2]
Berlin d. 5ten[3]
  Abri[4] 1841.

W/z Wittgenstein

6. and 6.a Ludwig Tieck to an Englishman

6. and 6.a belong together. It is difficult to determine the name of the addressee. It was an Englishman or possibly an American, bearing tribute to the virtually international fame which Tieck had achieved in his later years, as reflected by an acquaintance with such figures as Coleridge and Carlyle in England, and Ticknor in America.

[1] Written and then crossed out.
[2] Some illegible word.
[3] Underlined twice.
[4] *Sic !*

The death of his daughter, Dorothea, occurred on February 21, 1841. Although Tieck still had a six months' lease on his apartment at the Altmarkt, he could not bear to remain in the abode in which he had experienced so much grief, and moved to a new apartment in Dresden. At this time Tieck received an invitation from the Prussian king, Frederick William IV, who had already invited him once before, to visit Potsdam in the summer and supervise the production of *Antigone*. In May he departed from Dresden, leaving explicit written instructions to Frau Solger, Eduard von Bülow and Baron Wilhelm von Ungern-Sternberg for the arrangement of his huge library in the new quarters. But he did not go to Berlin directly; at first he headed west, stopping apparently for rest and recreation at Heidelberg, Baden-Baden, and Darmstadt (*Letters of Ludwig Tieck*, 449 f.; Zeydel, 322 f., 325; Köpke, II, 105).

Original: Columbia University Library.

Geehrter Herr,

Sehr leid thut es mir, daß ich Ihr *Mscpt.* so lange zurück gehalten. Hätten Sie eine Vorstelung[1] davon, wie viele Sachen mir von ehrenden Vertrauten zugesendet werden, fast alltäglich, so würden Sie meine Entschuldigung vielleicht gelten lassen, dß Ihr Aufsatz sich in der grossen Masse verlohrn, wieder gefunden und wieder verlohren wurde. Dazu kam nun Krancheit,[1] der Todesfall meiner Tochter, Kummer und Gram, und auch obenein der Wechsel meiner Wohnung, ein Umziehn mit vielen tausend Büchern und die Vorbereitung zu einer nothwendigen Badereise. Auf meiner Rückreise von *Baden-Baden* hoffte ich Ihnen nun im *Julius* Ihr *Mscpt* selbst zu überreichen, und dabei Ihre persönliche Bekanntschaft zu machen, und dies war die Ursach der lezten Verzögerung. Dabei müssen Sie doch zu meiner Entschuldigung in Erwägung ziehn, dß Sie mir Ihre Abhandlung freiwillig sandten, wobei Sie freilich nicht voraussezten, dß Sie so lange Zeit Ihr Werk würden entbehren müssen. Vielleicht treffen wir uns in *Francf.* oder *Darmstadt* um uns mündlich besser zu verständigen.

Mit grosser Hochachtung
Dresden   Ew. Wohlgebrh
den 13. *May*   ergebenster
      1841.   *L. Tieck*

[1] *Sic!*

222

Dear Sir

I am very sorry that I have kept back your manuscript so long. Had you any idea how many things are sent me almost daily, you would perhaps accept my excuse that your essay was lost, found, & lost again among the mass of papers. Added to that came illness, my daughter's death, trouble & anxiety & then a change of apartments, a move with many thousands of books & the preparation for a necessary journey to a watering-place. On my return from Baden-Baden I hoped to hand over to you your manuscript & at the same time to make your acquaintance & this was the reason for the final delay – In my excuse you must also take into consideration that you sent it to me of your own account although of course you did not presume that you would have to do without your work for such a long time
With kind[1] regards

Yours sincerely
L. Tieck[2]

7. Friedrich Tieck to a Courtier

Originally Rauch was supposed to prepare the bust of the famous Dutch altar painter Jan van Eyck (1390?-1441) for the Walhalla of the then crown prince Ludwig of Bavaria, but gave it up because the price agreed upon would not cover the costs. Ludwig, who had meantime ascended the throne, transferred the execution of this bust in 1825 to Friedrich Tieck. The latter completed it in 1834, as he did that of field marshall August von Gneisenau (1760-1831) for the Walhalla between the years 1821 and 1826 (Eggers, II, 358 f.; Hildebrandt, 64 f., 105). The reason why he speaks here, as late as 1842, of sending off these busts only now is that the Walhalla was not finished until 1842. The addressee is an official at the court of Ludwig I in charge of art collections.

Original: Columbia University Library.

---

[1] "est" is written after "kind" and then deleted.
[2] This letter is written entirely in Roman script. The translation is probably the work of the addressee or of one of his associates.

Berlin den 1ten *August* 1842.

Euer Hochwohlgebohren

Verehrtest[es] S[ch]reiben von 21ten *Juli* beehre ich mich zu beantworten, daß ich mit der Vollendung der Büste des Feldmarshall *Gneisenau* beschäftigt bin, und dß diese Büste so wie die des *Johann van Eyk* in acht, höchstens zehen Tagen von hier abgehen könne, also unmittelbar nach dem Abgange der Statuen der *Victorien Rauch*. mit deren Einkistung man beschäftigt ist.

Indeß muß ich bemerken, daß Seine Majestät noch nicht die Gnade gehabt haben zu bestimmen, wie die Innschriften[1] an den Büsten heißen sollen, und ich warte deshalb gehorsamst mir schleunigst hierüber eine gnädige Antwort zu verschaffen.

Sollte diese Antwort und Allerhöchster Befehl nicht vor Vollendung der Büsten eintreffen, so werde ich die eine *Johann van Eyck*. *Maler*. eingraben, die von der Büste *Gneisenau* aber fehlen lassen, damit solche nach Befehl seiner Majestät an Ort und Stelle gemacht werden kann.

Hochachtungsvoll

Euer Hochwohlgebohren
gehorsamster
Professor *Friedrich Tieck*
Bildhauer.

8. *Friedrich Adolf Freiherr von Willisen to Dr. Müller*

While preparations for the performance of *Medea* were begun as early as October, 1842, it was not performed until August 7, 1843, due chiefly to the refusal of Mendelssohn and Meyerbeer to write the incidental music (Fischer, 119-121; *Letters of Ludwig Tieck*, 467, 482 f.). The present letter is written by the Prussian courtier and Flügeladjutant of King Frederick William IV, Friedrich Adolf Freiherr von Willisen (1798-1864), to Dr. Müller. In it he seeks to clarify a misunderstanding to the effect that Meyerbeer had ever wished to compose the setting to the chorus of the tragedy. He refers in the letter to one which he encloses from Tieck, probably the one dated "Berlin, den 5. März 43." addressed to Dr. Müller, in which Tieck stated that Meyerbeer had visited Tieck four or five weeks ago and had definitely refused to undertake this task because

---

[1] *Sic!*

he regarded it as simple and backward. Taubert, however, had already previously volunteered to do the setting but Tieck had refused him because of a rumor, apparently also credited by the king, to the effect that Meyerbeer would undertake it. Tieck then states that the king will give Müller the commission to inform Meyerbeer that he is being relieved of the obligation of composing the chorus of the tragedy and also to inform Taubert about this matter (Fischer, 119 f.; *cf.* also *Letters of Ludwig Tieck*, 483, probably written in March, 1843, where Tieck informs Küstner of Mendelssohn's and Meyerbeer's unwillingness to do the setting, and expresses his desire to give the task to Taubert). In the present letter the misunderstanding is explained and Taubert is given the commission in the name of the king. As far as one can gather from its rather illegible nature, a marginal note from Müller to Tieck informs the latter that this has been attended to. Meyerbeer, the well-known opera composer, was from 1842 to 1848 "Generalmusikdirektor" at Berlin. Wilhelm Karl Gottfried Taubert (1811- 1891), best known as a composer of children's songs, wrote, in addition to the music to the choruses of *Medea*, that to Tieck's *Gestiefelter Kater* and to *Blaubart*.

Original: HA.

an H. *Tieck*

Verehrter Hr.
ich mache Ihnen hiermit bekannt, dß ich mit *Taubert* gesprochn habe. Er geht mit Freudigkeit ans Werk. und aüßerte daß er sofort mit Ihrem Versprechen so machen werde.
So bald ich kann, komme ich selbst zu Ihnen um mich nach dem Zustand Ihrer Gesundheit zu erkundign

Ihr
pp.
M

den 11 Maerz 1843.
2516
E. 11/3 *Mandirt*

ab d 12/3.

Ew Hochwohlgeboren

habe ich die Ehre auf Befehl Sr[1] Majestät zu sagen, daß als ich Sr *M.* den Wunsch des G HR/*Tiek* ausdrückte daß Sr[1] *M.*[ajestät] gefallen möchten daß H *Taubert* möchte die Musik zu den Chören der *Medea* componiren dürfen Sr

---

[1] The "r" is underlined twice.

Majestät erwiderten: es sei *M.
Beer* aufgetragen dieser hätte es
nicht abgelehnt, er würde es
also wohl machen. Ich schrieb
dieses *Tieck* und erhielt darauf
beiliegende Antwort, die ich S r[1]
Majestät vorgelesen habe und
aus der Sie auch ersehen werden wie sehr *Tieck* wünscht, daß
Taubert diese Arbeit übertragen werde. S r[1] Majestät wollen
auf diesen bestimmt ausge-
sprochenen Wunsch von *Tieck*
eingehen, tragen mir aber auf,
Ihnen die ganze Sache anzu-
tragen, damit Sie nun dem
allen die gehörige Form gäben
und *M. Beer* sagten daß der
König ihn von der Arbeit ent-
binden und *Taubert* daß er sie
ihm übertrüge und *Tieck* daß
dieses geschehen sei

5322.2[?]

Mit größter[2] Hochachtung
und Ergebenheit

Berlin $\frac{5}{3}$ 43.

A[2] *Willisen*
K Schauspiele[3]

[4]

. . . .

9. *Friedrich von Uechtritz to Ludwig Tieck (II)*[5]

In February, 1829, Uechtritz was transferred to Düsseldorf, where
he came in contact with Immermann, Schadow and a whole circle
of artistic persons, and where his least successful drama, *Rosamunde*,
was composed in 1830. It was published in 1834. "Rittmeister von
Meirink" is probably Heinrich Eugen von Meyerinck (1786-1848),

[1] The "r" is underlined twice.
[2] Blurred.
[3] Written very faintly.
[4] A partially blurred, almost illegible postscript, written in another handwriting, follows. It reads approximately as follows: Die Seite macht uns
wohl gelehrt, doch diesmal sie wo sie nicht hingehört.
[5] Continued from page 142.

226

who took part in the Wars of Liberation from 1813 to 1815, from which he was discharged as "Rittmeister." In 1818 he was in charge of the forestry district of Grünberg an der Elbe, in 1823 he was transferred to Lödderitz, and in 1845 he became "Oberforstmeister" in Stettin.

Tieck had become seriously ill following his final journey to Dresden in September, 1842, to arrange for the shipment of his effects to Berlin. On his return to Potsdam late in the autumn he suffered a stroke and was on the point of death. Not until the end of the year could he, completely broken in health, move to his winter apartment in Berlin (Köpke, II, 108, Zeydel, 327. For Löbell see III, 5-15 and IV, 4. Lauban (since 1945 called Luban) is a town in Lower Silesia.

Original: Düsseldorf Landes-und Stadt-Bibliothek.

Hochverehrter Freund

Die Überbringer dieser Zeilen, Rittmeister von Meirink und seine liebenswürdige, für Poesie und Kunst lebhaft empfindende Frau gehören hier zu unserm nächsten Freundeskreise. Ich habe daher im Vertrauen auf Ihre so oft gegen mich bewiesne Güte dem Wunsche, denselben das Glück Ihrer Bekanntschaft zu verschaffen, nicht widerstehen können und erlaube mir, um freundliche Aufnahme für Dieselben zu bitten.

Mit innigster Theilnahme habe ich vernommen, daß es mit Ihrem Befinden besser und besser geht und Sie sogar Ihre Vorlesungen, wenigstens im vertrauten Freundeskreise, wieder begonnen haben. So hat sich denn die schreckliche Vorstellung einer dauernden Lähmung der Sprachwerkzeuge, die mich im vorigen Jahre so namenlos ängstigte, als ich bei meinem Bruder in Lauban die erste Nachricht von Ihrem Krankheitsanfalle erhielt, als völlig unbegründet erwiesen.

Mit Loebell hoffe ich in den nächsten Wochen zusammenzutreffen und mir dann von Ihrer gegenwärtigen Art zu leben recht viel erzählen zu lassen. Was uns Düsseldorfer angeht, werden Sie durch Herrn und Frau von Meirink die sichersten Nachrichten erhalten.

Indem ich bitte, mich der Frau Gräfin auf das innigste zu empfehlen verharre ich mit gewohnter Verehrung und Liebe

Ihr
F Uechtritz

Düsseldorf
7. September
1843

(Conclusion of the letters from Üchtritz to L. Tieck).

10. *Dr. Müller to L. Tieck*

Karl Theodor von Küstner (1784-1864) became "Intendant" of the royal theaters in Berlin and Potsdam in 1842, Tieck immediately becoming his assistant. For the history of their relations which progressively grew worse, *cf. Letters of Ludwig Tieck*, 462 f., 467, 482 f. Since the spring of 1843 Tieck used to spend his summer months in a house near Sans Souci which had been put at his disposal and furnished at royal expense (Fischer, 121). At other times when apparently the weather was too cold, he lived during the last ten years of his life in a house at 208 Friedrichstrasse in Berlin (Köpke, II, 124).

Original: HA.

Potsdam, den 28ten *Mai* 1844.
An
den Königlichen Geheimen
Hofrath
Herrn *Tieck*
Hochwohlgeboren
in
Berlin.

abg   28/5
mit 1 Anl:

Ew: Hochwohlgeboren beehre ich mich Ihre Immediat-Eingabe versehen mit der freundlichen Königlichen Marginal-Genehmigung ganz ergebenst zu übersenden. Ich denke es wird nichts weiter bedürfen als eine Communikation an Herrn *von Küstner*. Wir hoffen darauf Sie, verehrter Freund, bald den unsrigen nennen zu können, aber Sie haben Recht gehabt die jetzt eingetretenen kalten Tage vorüber gehen zu lassen.

Herzliche Grüße von allen Ihren Verehrern

Ihr
treu ergebenster
[gez.] *Müller*.
K. Schauspiele

X
12012

11. *Frederick William IV via Dr. Müller to Küstner;*
Dr. Müller to L. Tieck

12. *Dr. Müller to L. Tieck*

The following two letters or rather drafts of letters relate to negotiations in connection with the production of Tieck's *Blaubart*. The first is a reply to Tieck's letter to Dr. Müller, dated "Den 24. Januar 1845," in which Tieck requests that the play not be given before a private audience invited by the king, as was the case with *Antigone*, *Medea*, and *Sommernacht*, but in the regular theater (Fischer, 127). However, the king informed Küstner through Dr. Müller that the first performance of *Blaubart* was to take place in the concert hall of the Schauspielhaus before an invited audience, and Dr. Müller so informed Tieck as well (No. 11). Küstner on the same day reported that on the basis of a proposal made by him and Humboldt in agreement with Tieck, the king had approved the first performance of *Blaubart* for the Schauspielhaus at Berlin and that it was to be open to the general public. The whole scenic and the new decorations, Küstner stated, were calculated in agreement with Tieck for the Schauspielhaus, so that it was now quite impossible to present *Blaubart* in the concert hall. Küstner, therefore, inquires whether the production is to take place publicly or before an invited audience and adds that a production before an invited audience was something unprecendented in the Schauspielhaus. The king then decided that the production be a public one as he did not wish to send out invitations for a production in the Schauspielhaus (Fischer, 127 f.). According to No. 12, however, the king had decided to have *Blaubart* produced in the concert hall after all and before an invited audience. The production occurred on February 1, 1845 – a discrepancy with the dating of No. 12 – and Taubert composed the music for it. A second production was supposed to take place on February 5 but was not given due to the illness of a certain actor by the name of Weiss (Fischer, 128).

Original: HA.

Den Februar[1] 1845.

An den Gen. Int. der
  Schauspiele *v. Küstner*.

Ich bestimme hierdurch, daß die bevorstehende erste Aufführung des Blaubarts von *Tieck* a u f dem kleinen Theater

---

[1] "Januar" was written, crossed out, and "Februar" is written in its place.

selbst geschrieben und datirt.[1]

An den K. Geh. Hofrath pp.
H. *Tieck*
hochwohlgebh.

863
A not.
2059.

im Konzertsaale des Schau-spielhauses, und zwar unter Einladung der Z u s c h a u e r in Meinem Namen, Statt finden soll, und gebe Ihnen die weitere Veranlassung hiernach anheim.

Z. A. W.[2]

Des Königs *M*aj. haben nach angenommenem Vortrage Ew. p. geehrten Schreibens vom 24. v. *M*.[3] zu bestimmen ge-ruhet, daß die erste Auffüh-rung des Blaubarts a u f pp. Z u s c h a u e r im Namen Sr.[4] *M*aj. Statt finden solle, und darnach das Erforderliche an den *H*. Gen. *Int. v. Küstner* erlassen, wovon Ew. p. g. r. zu benachrichtigen ich nicht er-mangele.

Nam.[en] Sr.[4] *Excellenz.*
M

Berlin, den 3ten Februar 1845.
Des Königs Majestät hatten[5] nach angenommenem Vor-trage Ew. Hochwohlgeboren geehrten Schreibens vom 24ten v. *M*. zu bestimmen geruhet, daß die erste Auf-führung des Blaubarts auf dem kleinen Theater im Konzertsaale des Schauspielhauses und zwar unter Ein-ladung der Zuschauer im Namen Seiner Majestät Statt finden solle, und darauf das Erforderliche an den Herrn General Intendanten *von Küstner* erlassen,[6]

[7]

863
Es ist jedoch vom letztern Sr. Majestat vorgestellt worden, daß die Aufführung im kleinen Theater nicht

---

[1] An illegible word is written here.
[2] The whole above note has a line drawn through it.
[3] "d." written, crossed out, and a "v." is written above it.
[4] The "r." is underlined twice.
[5] "haben" written, crossed out, and "hatten" substituted in its place.
[6] The lines "woran Ew. Hochwohlgeboren ganz ergebenst zu benachrichtigen ich nicht ermangele." were written, and then crossed out.
[7] "Berlin, den ten Februar 1845." written, and then crossed out.

950S.   statt finden könne, weil die Dekorazion dazu nicht paßte,
n?d. *Sh.* und vorgeschlagen worden die Aufführung mit Einladung
abg 3/2. im Schauspiel Hause statt finden zu lassen. Dies haben
aber Sr Majestät verweigert, weil das Schauspielhaus dem
Publikum nicht entzogen werden dürfe und dies auch noch
nie geschehen sei. Es blieb daher nichts anders übrig als
die Aufführung des Blaubart in gewöhnlicher Art statt
finden zu lassen. Wie sehr wünsche ich, daß Ihre leichte
Unpäßlichkeit ganz vorüber gegangen sein möchte, ist
dies geschehen dann folgen wir nur gern Ihrer Aufforde-
rung Sie bei sich zu sehn,
     Mit Aufrichtigkeit und Freundschaft

                            Ihr
An   ganz ergebenster
den Königlichen Geheimen Hofrath pp   *M*
Herrn *Tieck* Hochwohlgeboren.
2059.   K. Schauspiele

13. *Flügeladjutant von Willisen* (?) *to Dr. Müller* (?)*;* *Dr. Müller to Küstner and L. Tieck*

This letter is incomplete and is accompanied by a marginal note by
'M' (i.e., Dr. Müller) addressed to Küstner and Tieck. The reference
in the early portion of the letter is not clear. However, Meyerbeer
was the general "Musikdirektor" at Berlin from 1842 to 1848 and
this probably pertains to some activity in connection with his
official duties. The second portion has reference to a projected
performance by Tieck of Shakespeare's *Henry V*. In a letter,
mentioned by Fischer from Flügeladjutant von Willisen to Dr.
Müller, dated April 12, 1845 (12. 4. 45), Müller is commissioned to
inform Tieck and von Küstner of the king's wish to have this play
performed with an old English stage setting and to urge Küstner to
cooperate fully with Tieck. The present letter is perhaps a second
copy of the above. This project was not carried out due to Tieck's
ailing condition (Fischer, 128 f.).

Original: HA.

Berlin, den 14ten April 1845.

Ew Excellenz
habe ich die Ehre anliegend auf Befehl Sr Majestät des
Königs ein Schreiben des Gen. Mus. Dir *Meyer Beer* zu
übersenden. Sr Majestät kennen den Inhalt und wollen

12/4/45 über die zu gebende Antwort mit Ew Excellenz Rück-
3209 sprache nehmen
B   Ferner haben Sr Majestät mir folgende Aufträge
1 ertheilt.
2   Da Sr Majestät wollen daß *Heinrich der Fünfte* von
abg *Shakespeare* mit altenglischer Theater Einrichtung so bald
14/4. als es ins Werk gerichtet werden kann, gegeben werde[n]
soll, so möchten Ew Excellenz gefälligst dieses im Aller-
hochsten[2] Auftrag an H. *v. Küstner* und *Tieck* schreiben
und ersterem sagen, daß er alles was letztere[r] hierzu
wünsche nach allen Kräften unterstützen und zur Aufführung bringen möge.
8304.   Dann möchten Ew Excellenz die Gefälligkeit haben...

Between *"Berlin*, den 14ten April 1845." and the body of the fore-
going letter the following is inserted:

An

den H. General Intendant der Schauspiele H. *v Kustner*[2],
Fr und Herr Geheim Hofrath H. *Tieck* hochwohlgebohr[en]

Sr Majestät wünschen, daß *Heinrich d V*. von *Shakespeare*
mit altenglischer Theater Einrichtung, so bald als es ins
Werk gerichtet werden kann, gegeben werde. Indem ich
Ew. Hochwohlgebohr[en] von diesem Allerhöchst[en]
Wunsche in Kentniß setze soll ich zugleich hinzu fügen
daß es in der Absicht Sr Majestät liege, daß der Hr
General Intendant das nach allen Kräften unterstützen
und zur Aufführung bringen möge was der Geheime
Hofrath *Tieck* zu diesem Project für
zweckmäßig halten
wird

M.

---

[1] An illegible word is written here.
[2] *Sic!*

14. Friedrich Adolf Freiherr von Willisen to L. Tieck

For the background to the performance of *Medea*, *cf*. Letter 8, for the reference to *Henry V*, *cf*. no. 13. Fischer quotes in a letter from Tieck to the king, dated "Berlin, den 17. Mai 1845," a statement that Tieck is still unclear concerning the king's commands in regard to *Oedipus at Colonus*. He further reports that Mendelssohn has been ready for more than a year with the musical composition and recommends the dialogue in accordance with the translation of Fritz (i.e., Fritzsche). He considers his translation excellent and mentions that he has even recommended him previously for the post of theater-secretary (Fischer, 130). In the present letter the king through von Willisen gives his consent to Tieck's requests. *Oedipus at Colonus* was performed on November 1, 1845, in the Theater des Neuen Palais before the king, his court, and some of the most distinguished representatives of art and science, as had already been the case with *Medea* and *Antigone*. Mendelssohn had previously selected the Donner translation for the choruses and the dialogue connected with the music. For the rest of the play the translation by Fritzsche was used which had employed five-foot iambic meter instead of the trimeter (Fischer, 131). The translation of the dramas of Sophocles by Johann Jakob Christian Donner (1799-1875), the major work by an outstanding translator of Greek and Roman poets and dramatists, was published in 1838 and 1839 and reached its eighth edition in 1875. The full title of the work by Franz Volkmar Fritzsche (1806-1887) was Franz Fritze[1]: "*Sämmtliche Tragödien des Sophokles*. Metrisch übertragen." It appeared with a preface by Tieck in Berlin, 1845.

Original: HA.

Berlin, 20 Mai 1845

An	Des Konigs[1] Majestät haben
den Kön. Geh. Hof[2] Rath	mit Bedauern aus Ew. hoch-
Herrn *Tiek* hochwohlgeboren	wohlgeboren Vorstellung v *Me-*
hierselbst	*dea* ersehen, daß der rauhe
	Winter auch bei Ihnen in Be-
	ziehung auf Ihre Gesundheit
	seine Kraft behauptet hat,
	hoffen und wünschen jedoch,
4165	daß die wärmere Jahreszeit,

---

[1] *Sic!*
[2] "Kng"(?) written, crossed out, and "Hof" is written above it.

A. mdt:
21/5 abges.

11002.   X

wenn sie nun erst endlich[1] wieder gekehrt seyn wird, Ihren Schmerzen und Leiden ein Ziel setzen werde. In Betreff des von Ihnen angeregten Punkts bin ich beauftragt, Ihnen mitzutheilen, daß des Königs Majestät die Aufführung des Heinrich V. bald möglichst und jedenfalls im Laufe des Sommers wünschen dieselbe soll hier in Berlin, und jenach Ihrer Bestimmung im Opern- oder Schauspielhause Statt finden

Ebenso ist es auch Absicht *Sr. M*ajestät, daß[2] das Oedip zu Kolonos bald möglichst in Scene gesetzt werde und die erste Aufführung, wenn die scenische Anordnung es gestattet, aufs Theater des neuen Palais erfolge. Auch haben *Sr. M.* gegen die Wahl der *Fritze*schen Übersetzung[3] nichts zu erinnern.

Hiernach werden Sie wohl das Weitere mit Herrn *v. Küstner*, der so weit ich weiß, bereits von den Intentionen *S. M.* unterrichtet ist, besprechen. Insofern Sie aber noch für nöthig halten, daß an[4] Herrn *Mendelssohn* wegen der[5] Musik zum Oedipus geschrieben werde, sehe ich einer gefälligen Benachrichtigung ergebenst entgegen.

Indem auch ich meinestheils von Herzen wünsche, daß das Frühjahr Ihnen völlige Genesung bringe, zeichne ich mich

[1] "endlich" written above the line.
[2] "die Aufführung" written and then crossed out.   [3] *Sic!*
[4] "mit" written, crossed out, and "an" written in its place.
[5] "über die" written, crossed out, and "wegen der" written in its place.

234

mit vollkommenst[er] Hoch-
achtu[n]g

Ew Hochwohlgeb
ergeb
F W

15. Dr. Müller to L. Tieck

The bibliographical details of the work sent by Dr. Müller with this
note to Tieck in the name of the king are as follows: Mary Cowden
Clarke, *Complete Concordance to Shakespeare*, London, 1845. It was
issued for the first time in 1844-45, serially in eighteen parts (William
Jaggard, *Shakespeare Bibliography*, New York, 1959, 567).

Original: HA.

Potsdam, den 23. Oktober 1845.
    An
den H Geheim[en] Hofrath
    Tieck. Hochwohlgeb.

Ew. hochwohlgebhr[en] übersende ich hierbei im Auftrage des
Königs Majestät die[1] Forsetzung des *Complete Concordance of
Shakespeare* ganz ergebenst

I[hr]
M.

10/10/44

7586
    B
    2

abg 23/10 mit 1 Heft.

25128.   X

---

[1] The following words are inserted with a " + " in the margin: "so eben ein-
gegangene."
[2] An illegible word.

16. *Rogge to L. Tieck (VI)*[1]

Schwerin den 23 Nov. 1845.

Hochverehrter Herr Geheimer Hofrath!

Nach einem Zwischenraum von mehreren Jahren erlaube ich mir gehorsamst, Ihnen einmal wieder als Ihr unveränderter Verehrer und Bewunderer einen poetischen Gruß von mir zugehen zu lassen und Ihnen den innigen Antheil zu bezeugen, den ich an der Huldigung nehme, die Ihnen ein hochgebildeter, kunstsinniger König in so schöner Weise zollt. Mir aber wünsche ich daß die Götter mir Gelegenheit geben mögen, ihren Liebling noch oft, wenn auch nur aus der Ferne, zu begrüßen.
In tiefster Verehrung

Ihr
unterthänigster
Dr.[2] F. W. *Rogge.*

(Conclusion of the letters from Rogge to L. Tieck).

17. *Boas to Ludwig Tieck*

Eduard B. Boas, the writer of this note, was born in Landsberg in 1815 and died in 1853. In 1837 he wrote *Deutsche Dichter,* a collection of "novellen." He also wrote *Reiseblüten aus der Oberwelt* in two volumes (1834), *Reiseblüten aus der Sternenwelt* (1836) and *Reiseblüten aus der Unterwelt* (1836). He had been for some time under Romantic influence. He also published *In Skandinavien. Nordlichter* (1844). Tieck's *Dichterleben* had been republished in 1844. A three-act drama *Shakespeare* (1836) by Braun von Braunthal, is based upon the first part. A novel by H. C. König (1839), a drama by Holtei (1840) and Wildenbruch's *Christoph Marlowe* (1884) also owe much to Tieck (Zeydel, 291). Boas's comedy, however, is not available.

Copy: DSB.

---

[1] Continued from page 193.
[2] The "r" is underscored twice.

Hochverehrter Herr Geheimrath!

Ihr blühend schönes "Dichterleben," aus dem bereits so viele Schriftsteller Anregung geschöpft haben, gab auch mir den Stoff zu beifolgendem Lustspiel; das ich ehrfurchtsvoll in Ihre Hände lege. Empfangen Sie dasselbe mit der Ihnen eigenen Milde als einen schwachen Ausdruck meiner innigisten Dankbarkeit, und genehmigen Sie die Versicherung der unauslöschlichen Liebe und Verehrung

Ihres
ganz ergebensten
D r[1] *Boas.*

18. *From a Prussian courtier (Geheimer Kabinettsrat Illaire?) to L. Tieck*

The Darmstadt composer Karl Ludwig Armand Mangold (1813-1889) had written to the king on December 3, 1846, requesting a performance of his opera *Tannhäuser*. It had already been produced at Darmstadt on May 17, 1846. The request had been submitted to a Kabinettsrat. But since Küstner disliked the opera because of its religious processions and other ecclesiastical elements, it was not performed. Tieck took an active interest in the affair. In several letters he recommended the opera to Geheimer Kabinettsrat Illaire and went to the trouble of suggesting changes in the text. These changes, Tieck believed, would give it a more secular flavor and thus make its performance possible. The events of 1848, however, made the production impossible. The following draft of a letter from a Prussian courtier, possibly Geheimer Kabinettsrat Illaire, to Tieck was written during the course of the negotiations for the production of the opera (Fischer, 158-162; *Letters of Ludwig Tieck*, 541 f.).

Orginal: HA.

[1] The "r" is underscored twice.

Berlin, den 6. Januar 1847
An des H Geheimen Hofraths
pp

    Herrn *Tieck* hochw
    43.
    Hr
     M F W
     abg 6/1
     mit. 1 Buch

welchen Sie zu seiner Zeit der
Ergebniß [6]notificiren wollen,

27911

Des Königs Majestät haben sich auf meinen Vortrag Ew p(?) erhaltenen Schreibens vom 28. v. *M.* einverstanden erklärt dß[1] der hiebei zurückgehend[e] Text zur Oper: *Tann-haeuser* nach Ihrem Vorschlage abgeändert werde und Sie Sich zu diesem Behuf mit dem Componisten brieflich benehmen. Dem Herrn G. I. *von Küstner*[2] habe ich[3] hievon vorläufge[4] Mittheilung[5] gemacht und ermangele nicht Ew p dies ergebenst zu erwiedern
       W d ge. KRaths[?][7]
       An

19. Ludwig Tieck to Kettembeil

This letter is typical of many others and serves as an example of Tieck's frequent contacts with book-dealers on account of his extensive bibliophile interests. As the address of the letter indicates, G. F. Kettembeil was a publisher in Frankfurt am Main. He had taken over the Herrmann publishing house of that city in 1827. A personal friend of Grabbe's, he brought out a considerable number of the latter's works: his *Dramatische Dichtungen*, 2 vols., 1827; his *Don Juan und Faust*, 1829; his *Hohenstaufen*, vols. 1 and 2, 1829, 1830; and his *Napoleon oder die hundert Tage*, 1831 (*ADB*, 9, 534; Goedeke, VIII, 637; *Christian Dietrich Grabbe's sämtliche Werke*, ed. Eduard Grisebach, Berlin, 1902, IV, "Grabbe's Leben", XIII, XVI, XVIII, XXIII, XXVI, XXVII, XXIX, XXXII).

    It is possible that the "Logier" referred to is B. Lögier who had lived as a person of private means in Augsburg, and published two volumes of *Dramatische Werke*, Augsburg und Leipzig, 1815-17. Some more recent plays are also contained in the *Original-Theater*, 1-2 B. (Augsb. 1820) (Johann Georg Meusel, *Das gelehrte Deutsch-*

---

[1] "Sie" written and then crossed out.
[2] A mark like '/\' is written after "Küstner" and a similar mark is placed before "welchen" . . . "wollen", in the left-hand margin.
[3] "dies" written, crossed out, and "hievon" written above the line.
[4] *Sic!*   [5] "Mitzutheilung" written and the "zu" crossed out.
[6] "beko" written, and then crossed out.   [7] Signature difficult to read.

land im neunzehnten Jahrhundert, Aus Meusel's Nachlasse herausgegeben von Johann Samuel Ersch, VI, Lemgo, 1821, 566).

Original: Columbia University Library.

Ew Wohlgebohrn

ersuche ich, die bezeichneten Nummern für mich in der bevorstehenden *Auction* erstehn zu lassen.

Was die Rechnung von 23 Th. betrifft, so muß ich Ihnen melden,
daß ich sie schon im J. 1846. den 6 tn *May* bei Herrn *Logier* be-
richtiget habe, wie dieser Herr Ihnen auch in seinem nächsten
Briefe bestätigen wird. Ihre vielfachen Geschäfte werden Ihnen
diese Kleinigkeit aus dem Gedächtnisse verwischt haben.

Ich hatte gehofft, Sie im verwichenen schönen Sommer wieder in
Frankf. begrüssen zu können, aber meine Gesundheit war so wan-
kend, daß ich keine Reise unternehmen konnte. Vielleicht geht
es mir im nächsten Jahre besser, und gönnt mir das Schicksal dann
auch die Freude, den *Rhein, Frankf.* meine Freunde in *Darmstadt*
und auch Sie wieder zu sehn.

Mit größter Hochachtung

Berlin	Ew. Wohlgebohrn
den 9tn *Januar.* 1847.	ergebenster,
Friedrichs-Strasse, *208*	*L. Tieck.*

Address: An den
       Buchhändler Herrn
       Kettembeil, Wohlgebohrn
       frei
           Frankfurt
           am Mayn

20. *Philipp Eduard Devrient to Ludwig Tieck (I)*

For Philipp Eduard Devrient, see II, 18. After February, 1846, he
served as "dramaturgischer Beirat" in Dresden. His *Geschichte der
deutschen Schauspielkunst* appeared in 10 volumes, 1846-74;
another edition, in 5 volumes from 1848-74 (revised in 1 vol., Berlin,
c. 1929). Of this edition the first three volumes appeared in 1848,
volume IV in 1861, and volume V in 1874. *"Das Nationaltheater des
neuen Deutschlands* Eine Reformschrift" appeared in 1849. "Ladenberg" refers to the Prussian Kultusminister Adalbert von Ladenberg
(1798-1855).

Copy: DSB.

Dresden 28/12 1848

Erlauben Sie, mein hochverehrter Freund und Meister, daß ich Ihnen den dritten Band meiner Geschichte der deutschen Schauspielkunst überreiche und Sie nun an das Versprechen mahne, welches Sie mir bei meinem letzten Besuche gaben: das Buch, sobald es abgeschlossen, in einem Zuge zu lesen und Noten dazu nieder zu schreiben. Es ist nicht allein meine lebhafte Begierde, Ihre Ansicht über meine Arbeit kennen zu lernen, nicht die Belehrung, welche ich mir davon verspreche; es ist das Interesse der Sache, das mich so dreist macht, Ihr freundlich gegebenes Versprechen Ihnen vorzurücken. Ich bin überzeugt, daß Sie in diesen Noten, die Ihnen, angeregt von der Lectüre, leicht von der Hand gehen werden, einen Schatz aus der Fülle Ihrer Kenntniß und Erfahrung aufhäufen werden, der wohl nie wieder zu hoffen ist. Die großen Männer der Nation wenden sich ja immer mehr von der Schaubühne ab; wer wird denn wieder so viel Studium, so viel ernste und umfängliche Forschung auf dem Gebiete der Dramatik mit so großem ausübenden Talente verbinden? Wann wird in einem Individuum Wissenschaft und Kunst sich in dem Maaße wieder durchdringen? Lassen Sie Sich daher erbitten, verehrter Mann, und schenken Sie dem Gegenstande, der in meinem Buche zum erstenmal ausführlich behandelt wird, der Entwickelungsgeschichte der Schauspielkunst Ihre volle Theilnahme. Ich wünschte, Sie hätten diese drei Bände bereits überstanden, bevor Ihnen eine Flugschrift in die Hände geriethe, die freilich, gedrängt durch die Umstände, ebenfalls zu Neujahr erscheint. Es ist eine Arbeit, zu welcher der Minister Ladenberg mich schon im August aufforderte, nämlich behufs einer Reorganisation aller Künste, ihm meine Ansichten und Vorschläge über die Gestaltung zu sagen, welche für einen höheren Kulturzweck dem Theater zu geben sei. Meine Reformvorschläge mußten natürlich sehr radical ausfallen. Verschiedene Umstände vermochten mich zugleich damit in die Oeffentlichkeit zu treten; das Schriftchen erscheint unter dem Titel: "Das Nationaltheater des neuen Deutschlands." Wie gesagt, ich wünschte, Sie sähen es nicht eher, als Sie aus meinem Buche meine Anschauungsweise des Entwickelungsprocesses ganz kennen gelernt; es würde Ihnen dann Manches gerechtfertiger erscheinen, was so für sich selbst Ihren Ansichten vielleicht entgegensteht. Ich glaube mit meinen Reorganisationsvorschlägen ganz auf dem Boden unserer geschichtlichen Entwickelung zu stehen. Es versteht sich übrigens von selbst, daß ich nicht im Geringsten erwarte: man werde in Berlin auf meine Vorschläge eingehn; ich habe nur beantwortet, was man mich gefragt hat.

Lassen Sie mich nun hoffen, daß meine Sendung Sie so frisch und heiter finden möge, als ich Sie im November antraf; die Erinnerung daran hat etwas sehr Erfreuliches für mich, ich hoffe, ich darf mir Sie in diesem Humor und dieser Lebendigkeit fort und fort denken. Erlauben Sie mir auch an eine immer gleiche Freundlichkeit Ihrer Gesinnung für mich zu glauben und nehmen Sie die Versicherung meiner unwandelbaren Verehrung und Anhänglichkeit.

Eduard Devrient.

21. Philipp Eduard Devrient to Ludwig Tieck (II)

About the middle of the century Tieck had asked for copies of his letters to Devrient. In this letter reference is made to these copies. In a letter after the death of Tieck, Devrient states that these should be found among Tieck's papers. Devrient writes from Karlsruhe April 10, 1853: "... daß ich auf Tiecks Wunsch ihm schon vor Jahr und Tag Copien seiner Briefe an mich gesandt habe. Sie sind von meiner eignen Hand und werden sich unter seinen Papieren finden." (Mitteil, aus dem Litteraturarchiv in Berlin, Neue Folge 1, Briefe an Rudolph Köpke, Berlin, 1909, 12).

Karl Friedrich Werder (1806-1893), philosopher and poet, wrote De Platonis Parmenide (1833) and Logik (1841). Among his friends were Boeckh, A. von Humboldt, and Ludwig Devrient. He was interested in the stage and associated with Varnhagen von Ense, Rahel, Zelter, Felix Mendelssohn-Bartholdy, Tieck, Grabbe, E. T. A. Hoffmann and others. For the "Lüttichaus," cf. II, 4, 29; III, 9, 10.

In 1824 King Frederick William III of Prussia married morganatically his second wife Gräfin Auguste Harrach (1800-1873). He gave her the title of Fürstin von Liegnitz.

Copy: DSB.

Dresden 6/4 1849

Mein hochverehrter Freund!

Hier übergebe ich Ihnen, was Sie durch Werder von mir verlangt, die Copien der Briefe, welche ich von Ihnen empfangen habe. Ich habe die Abschriften selbst gefertigt, weil ich die Briefe nicht aus der Hand geben mochte, einem Abschreiber vielleicht auch Manches nicht verständlich gewesen wäre, und endlich, weil es mir lieb war, mich ihrer noch einmal dabei recht ausführlich zu erfreuen. Neh-

241

men Sie vorlieb mit meiner Handschrift, ich habe mich möglichster Deutlichkeit beflissen. Ein einziges Wort im ersten Briefe habe ich doch nicht zu lesen verstanden, ich habe es darum mit Bleistift durchgezeichnet; Sie werden meine Unbehülflichkeit am schönsten beschämen, wenn Sie die richtige Deutung mir, wenn auch nur durch Werder, mittheilen. Ihr Exemplar meiner Kunstgeschichte wird unser Freund Ihnen bereits zurückgestellt haben. Ich sage ihnen nochmals meinen herzlichsten Dank für die aufmerksame Theilnahme, mit welcher Sie mein Buch gelesen haben; die Zustimmung und der Beifall, den Sie an mehreren, und gerade wichtigen Stellen, ausgedrückt, gereichen mir zur allergrößten Genugthuung. Mein Verhältniß zu Ihnen erklärt es hinlänglich, daß Ihre Billigung mir die werthvollste aller andern möglichen sein muß. Ich bin gewiß, daß ich durch mündliche Erläuterungen mich von mancher Mißbilligung, die Sie ausgesprochen, befreien würde, ja ich glaube, daß wenn Sie nur meiner Darstelling des historischen Entwickelungsprozesses so viel Vertrauen geschenkt hätten, um dieser zu folgen, d. h. wenn Sie das Buch von vorn an und nicht von hinten herein gelesen hätten, Sie würden mit der Stellung und Geltung, welche ich den Richtungen und Persönlichkeiten anweise, mehr einverstanden gewesen sein, weil Sie vielleicht auf das Verhältniß des Einzelnen zum Ganzen, wie ich es aufgefaßt, mehr eingegangen wären. Alsdann wäre Ihnen mein Plan: den Umfang des nachtheiligen Einflusses der Iffland'schen und Göthe'schen Schule im Verlauf der letzten 30 Jahre (also in einem IV Bande) darzuthun, wo er sich in der That erst vollständig geltend machte, augenscheinlich gewesen; was ich Ihnen erst in einem unserer Gespräche in Berlin berichtigen konnte. Erlauben Sie mir also immerhin, es zu beklagen, zu meinem Trost und zu meiner Ausrede es zu beklagen, daß Sie den Vorsatz, den Sie mir im November äußerten: das Buch nicht eher zu lesen, als bis Sie die drei Bände hinter einander in einem Zuge lesen könnten, geändert hatten. – Ueber manche Einzelheiten hoffe ich mich mündlich rechtfertigen zu können, wenn ich vielleicht bald wieder nach Berlin komme; im vierten Bande aber, dessen Bearbeitung ich im Begriff bin zu beginnen, werden Sie finden, was Sie im Dritten vermißt haben, denn ich habe ja, je länger je mehr mich ganz mit Ihren Ansichten über den gegenwärtigen Kunstzustand conformirt.

Vielleicht wird mir's so gut, Sie bald, und hoffentlich in erfreulichem Wohlsein und der gewohnten geistigen Frische wieder zu sehen. Meine Frau und Tochter empfehlen sich Ihnen angelegentlich.

ganz der Ihrige
Eduard Devrient

Vor drei Tagen habe ich bei Lüttichaus Ihren Blaubart vorgelesen und die Gesellschaft, welche sich um die Frau Fürstin v. Liegnitz gesammelt hatte, durch die reiche Jugendfrische dieses Gedichts sehr erfreut und bewegt. Es war eine lebendige Vergegenwärtigung Ihres Geistes in dem Kreise derer, die Sie die Ihrigen nennen können.

Ed. Dt.

(Conclusion of the letters from Philipp Eduard Devrient to Ludwig Tieck).

22. *Friedrich Tieck to Salomon*

The nine-volume edition of *Shakespeare's dramatische Werke,* Uebersetzt von A. W. v. Schlegel, ergänzt und erläutert von Ludwig Tieck appeared in Berlin between the years 1825 and 1833. It was not translated by Tieck but by his daughter Dorothea and by Count Baudissin. Tieck's own contribution consisted of training his two translators, supervising their work, and providing brief introductions and a scanty commentary (Zeydel, 266). Two later editions followed: a twelve-volume edition which appeared in Berlin between the years 1839 and 1840, and a third twelve-volume edition which appeared in Berlin between the years 1843 and 1844. Salomon had nothing to do with the publishing of the Schlegel-Tieck Shakespeare. This was brought out by the Reimers, and Salomon was a dealer. Friedrich may have referred either to the second or the third edition. In the second paragraph, Friedrich refers to his brother's Schriften (*TS*) (20, not 15 vols., Berlin, Reimer, from 1828 on). Fifteen appeared in 1828-1829, the rest from 1843 on. The notation to the addressee would lead one to the conclusion that this letter was written on October 4. The year, however, is indefinite: presumably some time in the 1840's. *Leben und Tod der heiligen Genoveva,* together with *Der Abschied* and *Rothkäppchen,* is in Vol. 2.

Original: Columbia University Library.

Geehrtester Herr und Freund.

Schon vor mehreren Monathen laß[1] ich in der Zeitung daß Sie eine neue Ausgabe der *Shakespear* Uebersetzung veranstalten,[1] Nun habe ich im vorigen Sommer mein Exemplar weggeben[1], daß[1] heißt ver-schenken müssen.

[1] *Sic!*

Ich wollte Sie daher gehorsamst bitten mich unter die Subscribenten, für ein Exemplar auf Velin Papier ein zu schreiben, und mir gütigst die schon erschienenen Bände zuzusenden.[1]

Eine zweite Bitte muß ich der ersten noch hinzufügen.

Ich besitze nemlich ein Exemplar ebenfalls *Velin* Papier, von den 15 Bänden der Schriften meines Bruders. Einem Freunde hatte ich hiervon den zweiten Theil die *Genoveva* enthaltend abzuliefern, und sich denselben stehlen lassen, also mich darum gebracht.[2]

F.

Er versprach mir natürlich daß[3] Buch wiederzuschaffen, hatt[3] es aber eben so naturlich nicht gethan. Es sind darüber beinahe zwei Jahre verflossen und mein Exemplar ist zu meiner Trostlosigkeit incomplett.

Meine gehorsamste Bitte ist nun mir daß[3] Exemplar gütigst wieder zu ergänzen, und mir diesen zweiten Theil auf *Velin* wieder zukommen zu lassen.

Hochachtungsvoll

Eur Wohlgebohrn
ergebenster
Friedrich Tieck.[4]

23. *Gustav Adolph Schöll to Ludwig Tieck*

The present letter shows Tieck's interest during his final years in his correspondence which he had in a measure prepared for publication before his death. The archeologist, art critic, and literary scholar, Gustav Adolph Schöll (1805-1882) came to Weimar in 1843 as director of the ducal art collections. He remained here for almost forty years. Schöll's efforts to obtain Tieck's letter to Goethe evidently proved unsuccessful. A letter, dated, Berlin, June 10, 1798, from Tieck to Goethe, was published, however, in the *Schriften*

---

[1] This paragraph has a line drawn through it.
[2] In this paragraph the matter beginning with "Einem Freunde" and ending with "darum gebracht", similarly has a line drawn through it.
[3] *Sic!*
[4] On the fourth sheet of this letter the following notation appears:

    Chr. Friedrich Tieck
    der Bildhauer.
    4/10

Address: *Hrn D.Salomon.*
    Westfälischestr. 63.
    Berlin-Halensee.

der Goethe-Gesellschaft, Weimar, 1898, volume 13, by Carl Schüdde-kopf and Oskar Walzel, pp. 290-291. It accompanied Tieck's sending to Goethe of the first part of his *Franz Sternbalds Wande-rungen*, an action in which he had become encouraged through A. W. Schlegel (*ibid.*, 21, 320, 378). This was acknowledged by Goethe in a "Concept," dated "Mitte Juli 1798" (*ibid.*, 291). All in all 18 letters were published in this edition of Tieck-Goethe corres-pondence, dating from 1798 through 1829 (*ibid.*, 290-312). The Dr. Voigt whom Goethe's heirs had named their authorized representative for permitting access to Goethe's archives may have been the Ilmenau book dealer Bernhard Friedrich Voigt (1787-1859), a son of the mineralogist and "Bergrat" Johann Karl Wilhelm Voigt (1752-1821). The latter in turn was a brother of the Weimar statesman Christian Gottlob von Voigt (1743-1819).

Fearing with some justice that material might be taken from Goethe's archives, as had actually happened in the case of Chan-cellor Müller, his heirs obtained permission from the government to forbid the examination of Goethe's room and collections in 1840. In 1842 they petitioned the government that nothing further should be borrowed from the archives without their consent. The heirs, these "junge Herren," were Walter (1818-1885) and Wolfgang Maximiliam von Goethe (1820-1883), the sons of August (1789-1830) and grandchildren of the poet. Friederich von Müller (1779-1849))was the distinguished chancellor whom Goethe protected and who published the essays "Ueber Goethes ethische Eigentümlich-keit," "Goethes praktische Wirksamkeit" and "Gespräche mit Goethe." Frau Riemer, née Karoline Ulrich, was the friend of Goethe's wife since 1809. F. W. Riemer, Goethe's secretary and the tutor of his son August (see also II, 30), married her in 1814. Friedrich Apollonius von Maltitz (1795-1870) was from 1841 the Russian chargé d'affaires in Weimar. The Paris February revolution of 1848 led to an open rebellion in Berlin on March 18, 1848, and the promise by Frederick William IV of a liberal constitution. This promise, to be sure, was not fulfilled. Similar outbreaks occurred in May 1849 in the Palatinate, Baden, and Dresden. Tieck's *Minne-lieder aus dem schwäbischen Zeitalter*, 1803, was of inestimable in-fluence in calling attention to Middle High German poetry, and one of the most important factors, for example, in arousing Jakob Grimm's enthusiasm for early German literature (Zeydel, 168, 367; *cf.* also, Joseph Brüggemann, *L. Tieck als Übersetzer mittelhoch-deutscher Dichtung*, 58, 62).

Original: DSB.

Es gereicht mir zum herzlichen Verdruß, Ihre Zeilen vom 16 Dezember v. J, hochverehrter Freund, so schändlich spät zu beantworten und obenein den Auftrag, in dessen Verfolgung ich die lange Zwischenzeit hingehen ließ, nicht erfüllen zu können. Den Bevollmächtigten der Götheschen Erben, Dr. Voigt mußte ich wiederholt angehen und mahnen, bis er endlich im Götheschen Archiv nach dem von Ihnen bezeichneten Briefe des Jahrs 1798 oder 99 suchte. Daß er wirklich einen Nachmittag mit einem ehmaligen Sekretär Göthes unter den Papieren suchend zugebracht hat, weiß ich bestimmt, wie gründlich und geschickt aber gesucht worden, kann ich nicht sagen. Er versichert nun aber durchaus, aus diesen Jahren sei kein Schreiben von Ihnen zu finden gewesen, obwohl aus späteren eine ziemliche Anzahl. Ich würde mich dabei nicht beruhigt und selber gesucht haben, hätten nicht die jungen Herrn von Göthe in ihrer incrustirten Empfindlichkeit gegen Weimar und die Welt ein für allemal verboten, daß das Archiv von einem andern lebenden Wesen betreten werde als von ihren Betrauten, die sehr selten, und von den Ratten und Mäusen, die gewöhnlich darin hausen. Ich bin bei diesen jungen Herren schlecht angeschrieben. Ich habe vor einiger Zeit den Versuch gemacht, mich bei ihnen des alten Kanzlers von *Müller* anzunehmen, den ihr Großvater stets zu seinen Getreuen gerechnet hat, und den sie mit Füßen treten. Die Folge war, daß sie nun auch über mich den Haß ausdehnten, zu welchem sie das peinliche Gefühl des Mißverhältnisses ihres Namens und ihres Werthes umzubilden bemüht sind. Sollte aber nicht Wolfgang, als er in Berlin war, sich Ihnen genähert haben? Durch einige Zeilen an ihn nach Wien (auf der Freiung, im Römischen Kaiser) könnten Sie vielleicht veranlaßen, daß er auf eine wiederholte sorgfältige Nachsuchung im Archiv dränge.

Mit Frau Riemer ist es mir leider um nichts besser ergangen! Durch eine, wie ich mir schmeichelte, wohlberechnet vorsichtige psychiatrische Behandlung hatte ich ihren Sinn so weit erweicht, daß sie mir versprach, sie wolle den Brief noch einmal durchlesen und dann, wo möglich, mir eine Abschrift erlauben. Hernach wollte sie sich mit Freunden benehmen und mir schriftlich das Resultat kundgeben. Dann sprach mich Katarrh, Grippe, Fieber vierzehn Tage in's Haus und Bett. Schriftliches kam Nichts. Als ich wieder ausgehen konnte und sie heimsuchte, hatte sie nichts als Entschuldigungen. Was ich auch vorstellte: sie verschanzt sich recht nach Wittwenart hinter die vorgebliche Gesinnung ihres Seligen. Sie wisse, daß er die Veröffentlichung[1] des Briefes nicht billigen würde, und sein Wille sei ihr heilig. – So steh ich denn, verehrter Freund, wider mein Hoffen und nach langem Warten ganz mit leeren

---

[1] "ihr" crossed out.

Händen vor Ihnen! Oder nur insofern nicht mit ganz leeren Händen, als mir schon vor längerer Zeit Staatsrath von *Maltitz* (der Russ. Geschäftsträger an userm Hof) das hier beigeschlossene Sonet mit der Bitte übergeben hat, es "als einen Gruß an den Meister und Gönner" Ihnen zu senden. Ich hatte ihn gebeten, auf die Frau Riemer zu Gunsten meiner Absicht zu wirken, da er dem alten Riemer stets mehr Zärtlichkeit als ich begreiflich fand bewiesen und auch für sie freundliche Aufmerksamkeit fortgesetzt hatte. Aber auch der Diplomat hat nichts ausgerichtet!

Daß Sie einen Brief von mir in Ihre gewiß bedeutende Sammlung aufnehmen, mich in's Denkmal Ihrer Freundschaft einreihen wollen, empfinde ich dankbar als eine Auszeichnung, die mir wird. Vielleicht verdien' ich es zum Lohn dafür, daß ich der freien, lautern Poesie immer noch wahrhaftig und möcht' ich sagen, kindlich anhing in einer Zeit, wo die ganze Wirklichkeit ihr immer fremder wurde, ihr Widerschein mir noch Auge und Brust füllte, während er den Boden, auf dem ich stand, verlassen hatte. Sie, Verehrter, konnten Ihr ganzes Leben der Dichtung weihen, konnten sichtlich verbunden mitgehen in einem Festzuge, der mit einanderfolgenden, zusammenstimmenden Chören über unser Vaterland hinwallte. Wir, Nachgebornen, richteten uns auf an diesem Glanz, an diesen Klängen; wir meinten, es solle immer so fortgehen und auch für uns müsse der Augenblick des Eintretens in den Reigen, des Einfallens in den Chor noch kommen; und Manche von uns merkten es sehr spät, daß der Festtag der Götter vorüber sei – wer weiß wie lange, bis ein ähnliches Fest wiederkehren kann! Nun hatten wir doch noch die Satisfaction, in den Kreisen der Tempel, die wir nicht weiter verschönern konnten, wenigstens mit dem Federwedel in der Hand als Neokoren oder mit der Verzeichnißrolle als Pausaniase uns aufzuhalten. Für diese bescheidene, verdünnte Priesterschaft des Schönen war ein kleines Publikum noch da. Jetzt aber ist es auch damit aus, seit der Erfindung der Volkssouveränität. Zwar, so herzlich schlecht unser Volk in die ungewohnte Freiheit sich findet, so plump es über's Ziel hinausgetaumelt ist, so gewiß es, wenn es auf den Beinen nicht will, auf der Nase wieder rückwärts wird gehen müssen: so glaub' ich darum nicht, daß es mit der deutschen Bildung, mit dem Lebenslauf des deutschen Geistes am Ende sei. Ich glaube, daß unsre Nation auch diese Entwicklungskrankheit überstehen und dann in ein neues schönes Lebensalter treten wird. Aber wie lange die Curzeit dauern werde, ist eine andre Frage. Und so lange die währt, wird eine schlimme praktische Rhetorik wohl wenig Andacht zur Poesie aufkommen lassen. Nun, desto reiner wird von der düstern, rauhen Trübe dieser Wintergährung das Bild der glänzenden spiel – und genußreichen Jahrszeit sich abheben, der Sie angehören; und wie, nach einer Zeit der Vergessenheit, Sie auf

247

die Minnesänger zurückgekommen sind und sie als einen unster-
blichen Frühling wiederentdeckt haben, so wird ein spätes Geschlecht auf Sie zurückkommen und in Ihnen und Ihren Genossen[1]
nach einer Zwischenzeit rauher Gewöhnungen mit einer neuen Lust
den Frühling und seine lauen blütenschwangern Hauche wiederent-
decken. Ich möchte diese künftig Glücklichen beneiden; Eins aber
hab' ich vor ihnen voraus, was für sie nur Sage sein wird und worum
sie uns Gewesene beneiden werden – Ihre Vorlesungen, diesen
Zauber, der in diesen Tagen der Phantasie-Ebbe immer noch mit so
rascher, frischer Sicherheit die prosaische Wirklichkeit zu Nichts
verbrennen und die ewigjunge Poesie zur vollen Gegenwart machen
konnte. Wie Sie mir da mit tragischen Erschütterungen die Seele
bewegt und gestreckt und in komischen Erquickungen sie gebadet
haben, kann ich nie vergessen; denn diese Katharsis hat nachhaltig
auf die Gesundheit meiner ganzen geistigen Constitution gewirkt.
　　Mögen die Bewegungen Berlins Zügel und Geleise finden! Mögen
Sie dort recht lange in einem unentweihten Äther weilen, und ich zu
guter Stunde Ihre Schwelle begrüßen dürfen!

Ihr
treu ergebner
A. Schöll.

Weimar
　　den 3 Februar 1849.

24. *Agnes Alberti to King Frederick William IV*

This and the following letter concern themselves with Tieck's death.
In the first one Tieck's daughter, Agnes Alberti, notifies the king in a
letter written at 8 o'clock in the morning of her father's death which
occurred at 6 1/4 on the same day. The second is a draft of a letter
written to Agnes Alberti in the name of the king in which he
expresses his sympathy at her loss. The letters are mentioned by
Fischer, p. 141, but they are not published.

Original: HA.

---

[1] "die" crossed out.

1

Theilnehmde Antw.　　Allerdurchlauchtigster, Großmüthigster
　　　　　　　　　　　König!

In

2(?)/5 (?)　　　　　　Allergnädigster König und Herr!

　　　　　　　　　Euer Königliche Majestät Huld und Gnade
hat den Lebensabend meines theuren Vaters so mild erhellt, ihm
die schweren Leiden der letzten Jahre so wohlthuend erleichtert,
daß es meine heiligste, mir überkommene Pflicht ist, Allerhöchst –
dieselben von dem traurigen Ereigniß seines Todes in Kenntniß zu
setzen: er starb heute Morgen 6 1/4 Uhr. –
Die letzten Gefühle seines treu ergebenen Herzens waren inniger,
tief empfundener Dank gegen Eure Majestät, und ich raffe nach
diesem bittern Schicksalsschlage meine ersten Kräfte zusammen,
um Euer Majestät dies Herzensvermächtniß des Dahingeschiedenen
zu übergeben. –
8311.
Um meine Empfindungen des Dankes und der Ergebenheit zu
Euer Majestät für alle die meinem geliebten Vater erwiesene Gnade
auszusprechen, fehlen mir jetzt die Worte.

　　　　　　　　　　　　　　Euer Königliche Majestät
　　　　　　　　　　　　　　allerunterthänigste
　　　　　　　　　　　　　　Agnes Alberti
Berlin d. 28ten April 1853.　　geb Tieck.
　　　früh 8 Uhr.

25. King Frederick William IV to Agnes Alberti

Original: HA.

Potsdam, den 9tn *Mai* 1853　　Mit großer Wehmuth habe Ich
An *Agnes Alberti* geb *Tieck*　　Ihre Anzeige von dem Tode
　　　　　　　　zu　　　　　　Ihres trefflichen Vaters emp-
　　　　　　　　　Berlin　　fangen und versichere Sie Mei-
　　　　　　　　　　　　　　nes innigsten Beileides an sei-
　　　915.　　　　　　　　　nem Verlust. Die hochbegabte
　md. ³*Sch*　　　　　　　　und liebenswerthe Persönlich-

¹ Some indecipherable letters crossed out.
² Some indecipherable letter precedes the date.
³ The matter from "915. through 6/5." was written and then crossed out.

6/5.

mdt *Rg.*

8/5.

ab.   10/5.

R

keit des Entschlafenen wird sein Andenken nicht minder Meinem Herzen,[1] als die herrlichen Schöpfungen seines Geistes[2] [unvergessen erhalten][3]

Z A.W

In (?)

5/5

8311.   X

Acta specl. Versorgungen.

26.-36. Additional Letters from and to Agnes Alberti

The following eleven letters written between the years 1853 and 1871 consist of seven written by Agnes Alberti to Rudolf Köpke, one by her to Bülow, two, presumably by Köpke, written to her, and a letter written by her to a member of the Solger family. The first ten are concerned chiefly with arrangements in connection with the bringing out of Tieck's "Nachlass," and his correspondence. The "Nachlass" was not published in full by Köpke, but what he did publish appeared in his *Nachgelassene Schriften*, Leipzig, 1855, 2 vols. The correspondence was published partly by Holtei (see Abbreviations). The Solger correspondence mentioned in the eleventh letter may have been material which was suppressed in the original two-volume edition of Solger's *Nachgelassene Schriften und Briefwechsel* which Tieck brought out with Friedrich von Raumer in Leipzig, 1826, in the first volume of that edition. This material presumably later reached the Prussian State Library of Berlin. The entire correspondence was published by Percy Matenko in his edition, *Tieck and Solger*. It contains twenty-nine additional unpublished letters in Berlin and three letters which were published separately by Holtei, IV, 44-50. The originals of the latter three letters are in the Sächsische Landesbibliothek in Dresden.

On Agnes Alberti, Tieck's second daughter, see Chapter II, 18.

---

[1] "[−]" written above "Herzen."

[2] The following is marked by a '+' and inserted in the margin: (It comes after the following matter which was later crossed out: "Licht (?) bringen, und auch die späte Nachwelt seiner in Ehren gedenken wird") "ihm auch für die späte Nachwelt ein bleibendes Denkmal gestiftet haben" After this in turn the following is written in the text and then crossed out: "seinen Namen der Nachwelt werden."

[3] At this point the following is written and then crossed out: "Möge seine Seele in Frieden ruhen!"

Born in 1802 she did not possess the literary ability of her older sister Dorothea. She married her cousin Gustav Alberti, a son of an older brother of her mother, in 1842. She settled in Waldenburg in Silesia, where he owned a factory (Zeydel, 170, 323). To judge by these letters she did not understand much about the problems involved in dealing with a "Nachlass" but drove a hard bargain, seeking to derive as much financial benefit as she could from her father's literary remains. She was consequently a source of much trouble and misunderstanding in her relations with the persons involved, such as Köpke, Bülow, the publisher Brockhaus, and probably, the publisher Max.

Ernst Rudolf Anastasius Köpke (1813-1870) taught history at the University of Berlin from 1846 to the time of his death. He made Tieck's acquaintance in 1849 and in long conversations was initiated into so much of the poet's private life as the latter wished posterity to know. These colloquies, supported by Tieck's voluminous correspondence, biographical portions of his writings, reports and assistance from friends, and the like, formed the basis of Köpke's biography (cf. Köpke, XII f.). As has already been mentioned, Tieck's "Nachlass" was also brought out by him in the same year.

It appears from Letters 29 to 34 that a year elapsed after Tieck's death before Köpke resumed work on Tieck's letters. His time was taken up meanwhile with the deceased author's biography and the bringing out of his "Nachlass." His reason for doing this was that he believed that the matter would best be served, if he brought these two works out first, and he informed Agnes of this fact (Letter 31, p. 264 f.). She, however, ignored this explanation. Under the pretext that being involved in the two projects mentioned above, he was not specially interested in bringing out Tieck's correspondence, Agnes, rather arbitrarily, asked Köpke to give up his project of editing it. She also rejected Brockhaus as publisher ostensibly because he did not seem to be interested and asked Köpke to pass the material on to Max in Breslau because of his greater proximity to her home (Letter 30, p. 261) Köpke's natural resentment and disappointment are evident in these letters. Another example of Agnes' attitude may be seen in the strange misunderstanding of Köpke's refusal to take any fee to reimburse the copyist W. Reichert for his work on Tieck's letters and offering it as a contribution for Tieck's monument. He was moved to this action both by a sense of gratitude to Tieck and a justifiable feeling of pique at Agnes' rejection of his collaboration (Letter 29, p. 260; Letter 30, p. 262; Letter 31, p. 263 f.). A relatively slight misunderstanding also occurred in connection with the reading by Köpke's sister of Tieck's letters. In this case, it was Köpke rather than Agnes who seems to have been at fault (Letters 30, p. 261; 31, p. 264; 32, p. 267).

It seems that Max planned to publish Tieck's letters under the editorship of a certain Dr. Geyder. The latter printed four fragments in the *Deutsches Museum von Prutz*, 1864, No. 25, p. 890 ff. However, after considerable delay Max returned them unused. No further negotiations were apparently undertaken between Agnes and Köpke, and the letters remained unpublished until almost ten years later. Economic distress following upon the death of her husband compelled Tieck's daughter to reconsider publication. The letters were entrusted to her father's friend Karl von Holtei (II, 21), (II, 27), (III, 2), (III, 23-25) who brought out a part of them in the aforementioned *Briefe an Ludwig Tieck* with the Breslau publisher, . Eduard Trewendt. He utilized many other letters which he found among Tieck's papers for his *Dreihundert Briefe aus zwei Jahrhunderten*, Hannover, 1872 (*Cf.* Lüdeke, *Aus Tiecks Novellenzeit*, 200 ff.; *Briefe an Rudolf Köpke* (*Mitteilungen aus dem Literaturarchive in Berlin*. Neue Folge 1. Berlin, 1909), hrsg. v. E. Schmidt und H. Meisner, 30 f.; *Letters of Ludwig Tieck*, 273 f., 316, 317).

For further information concerning Tieck's relations to Bülow, and the publishers Brockhaus and Max, *cf.* the comments on the individual letters where references to them occur: on F. A. Brockhaus, see II, 8, 15 and on Max II, 8, 20; III, 1 and 15.

Originals: All in DSB.

26. *Agnes Alberti to Rudolf Köpke*

Ludwig Tieck occupied a house in Friedrichstrasse 208, Berlin, during the last ten years of his life. Friedericke was presumably the faithful housekeeper, mentioned by Köpke, who had belonged to Tieck's household for more than twenty-five years (Köpke, II, 120, 124, also *Letters of Ludwig Tieck*, 572). The Brockhaus referred to here is Heinrich (1804-1874) who had taken over the famous Leipzig publishing firm of his father, F. A. Brockhaus, after the latter's death in 1823. For Tieck's general relations to the Brockhauses *cf.* II, 15, above. For Agnes' relations to him in connection with Tieck's "Nachlass" *cf.* the general introduction to this group. Friedrich von Raumer has been frequently mentioned above. In contrast to Agnes, Köpke represents him as being Tieck's most intimate counselor in all practical matters during his last Berlin period (Köpke, II, 137). The Reimer referred to here must have been Georg Ernst Reimer who had taken over the Berlin publishing house of his father, Georg Andreas Reimer, upon the latter's death in 1842. See II, 4, and the present letter. He continued to enjoy the patronage of a large number of prominent authors until his own death in 1885. Among other works, he completed the publication of the twenty-volume edition of *TS* (1828-1846), rounded out from 1844-46 the twenty volumes by publishing twelve "novellen" in volumes 17-20 (reprinted in 1852 with the sub-title *Gesammelte Novellen* I-IV) and supplemented them in 1853-1854 by eight additional volumes of "novellen" (Zeydel, 282; *Letters of Ludwig Tieck*, 47 f.). *Die Sommernacht*, written in 1789, is a romantic verse-playlet in one act, in which Shakespeare as a sleeping youth is endowed by Titania and Oberon with the transcendent gifts of imagination and poetic inspiration. Despite its early date, it is one of Tieck's loveliest works. A chance reading of the playlet by Tieck in 1847 to a group of friends, among them Eduard von Bülow and Albert Cohn, impressed Bülow so much, that he published it in the *Rheinisches Taschenbuch* for 1852 (i.e., 1851). It was then reprinted by J. D. Walter in 1853, and in Köpke's *Nachgelassene Schriften*, 1855, I, 3 ff. (Zeydel, 22f.; Goedeke, VI, 34).

Waldenburg d. 28 t. Juli (1853)

Verehrtester Herr Professor!

Wie soll ich Ihnen danken, daß Sie, trotz der vielen Bemühungen in jeder Weise, und trotzt[1] des Opfers Ihrer gewiß sehr kostbaren Zeit welche Sie dem Andenken meines theuren Vaters mit so liebevoller Hingabe weihen; sich nun auch bemüthen[1] mir, die ich in diesen Dingen natürlich sehr unkundig, die ganze Sachlage, wie Ihre Pläne für den zu erfolgenden Druck, gütigst noch schriftlich so klar und schön deutlich zu machen, für welchen herrlichen Brief ich Ihnen innig danke. Jeden Punkt desselben zu beantworten ist mir zwar heute unmöglich und erscheint mir auch, da ich der Feder sehr wenig gewachsen, als unnütz; indem ich schon mitte September nach B zu kommen gedenke um dann das liebe, theure Haus meines Vaters für immer zu schließen. – Ein anderer Hauptpunkt meines Kommens wäre dann aber auch mit Ihnen, theurer Herr Professor, Alles noch einmal zu besprechen und möglichst für die Folge zu bestimmen und ich bitte Sie daher, (falls Sie es schon jetzt wissen können,) meiner guten Friedricke, die auf einige Wochen jetzt zu mir kommt, die Zeit zu nennen wo Sie wieder in Berlin sind. Durch Veranlassung Ihrer Entfernung von Berlin, die ich nach Fs Briefe für eine bedeutende hielt, und dann wieder durch ihr Miß-verstehen meines Briefes, wurden Sie von Friedricken für die Zeit

[1] *Sic!*

253

um Rückhändung der Papiere *etc* gebeten, was Sie doppelt befrem-
det haben muß, da auch ich, wie wohl ein jeder, davon überzeugt
seyn muß daß es für Feuer, wie für andere Gefahren, wohl kein
sichereres Haus als das Ihrige geben kann. – Sehr erfreut hat mich
was Sie mir über Brockhaus schreiben, den ich seit so vielen Jahren
als treuen Verehrer meines Vaters und Freund unsres Hauses an-
sehe; und dessen etwas kalter und nur geschäftmäßiger Brief an
Raumer nach Vaters Tode, mich deshalb nicht freundlich berührt
hatte; indem es mir schien daß er den ganzen Druck von Vaters
Nachlaß als[1] etwas ziemlich Unbedeutendes ansähe, und noch ehr
als eine Gefälligkeit von seiner Seite. Diese hätte ich nun nie in
Anspruch genommen, da ich überzeugt war daß gewiß alle größeren
Buchhandlungen Deutschlands (der Corector von Reimer sprach
auch gleich darüber,) mit Freuden meines Vaters letze[2] Sachen
drucken würden. – Ganz reizend finde auch ich Vaters liebliche
Jugenddichtung die Sommernacht, doch ist diese, was Sie vielleicht
nicht wissen, schon einmal im Rheinischen Taschenbuch 1851
abgedruckt worden. – Nehmen Sie noch einmal, verehrter Herr
Professor, meinen innigen Dank für Vergangenheit und Zukunft;
sollten Sie vielleicht erst im October zurück kehren, oder es auch
wegen Brockhaus Zurückkunft, dem Sie auch Alles noch einmal
vorlegen wollen, zweckmäßiger finden; so überlasse ich es vielleicht
F allein die sämtlichen Dinge in Ordnung zu bringen, und käme
dann spedter[2] nach B. Unser theurer Freund Raumer ist durchaus
unpractisch in Geschäften, und ich würde ihn nie in solche ver-
wicklen. –

Mit Hochachtung und Ergebenheit Ihre
Agnes Alberti

Darf ich Sie bitten mich den verehrten Ihrigen zu empfehlen. –[3]

27. *Agnes Alberti to Karl Eduard von Bülow*

The "harter Schlag" must refer to Agnes' shock at her father's
death. Since this occurred on April 28, 1853, the year of the present
letter must be 1853. Karl Eduard von Bülow (1803-1853) made his
home in Dresden in 1838 and became a disciple and admirer of Tieck.
Practically all his literary work thereafter bears the impress of
Tieck's personality. (*Cf.* also the introduction to this group of

---

[1] Written above the line.
[2] *Sic!*
[3] Written in the left-hand margin.

letters.) That he was interested in Shakespeare is attested to by the fact that von Bülow published an anthology entitled, *Altenglische Schaubühne*, I (1831), containing three Elizabethan plays, and assisted in the financial negotiations with Reimer in connection with Tieck's edition of *Shakespeares dramatische Werke* (*Letters of Ludwig Tieck*, 342, 347). Considering the general warmth of Bülow's relations to Tieck, the fact that Bülow was one of those persons to whom Tieck had entrusted the task of assisting in the removal of his library, as well as his furniture from Dresden to Berlin (*Letters of Ludwig Tieck*, 449 f., 481 f.) one is rather surprised at Agnes' cold attitude to his request. But, *cf.* the following letter. Pyrmont is the spa in northwestern Germany.

Waldenburg d 9t August.

W Herr von Bülow!

Seit gestern Abend in Besitz Ihres Briefes, eile ich Ihnen denselben umgehend zu beantworten, so schwer ich mich auch sonst zum Schreiben entschließe; und besonders nach so hartem Schlage, der mir nächst dem tiefen Schmerz, auch noch so manche Sorge hinterließ, der i c h durchaus nicht gewachsen bin; und deshalb auch alles Literarische dem theuren Freunde meines Vaters Herrn Professor Köpkes Güte übergeben habe, der mit größter Kenntniß und Umsicht eine so große Liebe für meinen Vater verbindet, daß ihm diese Last eine theure ist; doch dieser ist jetzt in Pirmont und auf einer weiteren Reise begriffen von der er erst mitte September zurück zu kehren gedenkt; und ich kann Sie also nur d r i n g e n d ersuchen: von der von Ihnen genommenen Abschrift einiger Bogen aus Vaters Werk über Shakspeare in k e i n e m F a l l e Gebrauch zu machen und selbe drucken zu lassen; da der ganze literarische Nachlaß meines Vaters natürlich nur mit meinem Wissen und Bestimmungen und auch nur vereint erscheinen wird. – Auch werden Sie ja als Literat am besten wissen, daß nur den Nachkommen oder Erben dieses Recht zukommt. Was den nochmaligen Abdruck des ohnedies wunderbaren Geschenkes eines Manuscriptes meines so überaus gütigen Vaters betrifft, so müssen Sie selbst am besten wissen ob Sie auch noch jetzt das Anrecht dazu haben, und bitte ich Sie, deshalb jedenfalls erst bei H P[rofessor] Köpke anzufragen. –

etc etc.

28. Agnes Alberti to Rudolf Köpke

The work by Bülow on "V" (Vater?) referred to in this letter was probably a projected biography on Tieck. According to Lüdeke, 202 f., Köpke had been disturbed by the rumor that Bülow, who had died in the same year as Tieck, had left a manuscript for a book on Tieck. Visits to his widow – Bülow had married his second wife, Luise von Bülow-Dennewitz in 1849 – and later reflection convinced Köpke, however, that, although he had not seen the manuscript, it could not be important, and that Bülow's plan was never carried out. At any rate, there is no evidence of such a work in available sources. "Johann" refers to Johann Glaser, Tieck's butler in his declining years. The author had a high opinion of him. He sought the help of King Frederick William IV to provide for him, which the monarch promised to carry out (Zeydel, 334; *Letters of Ludwig Tieck*, 476 f.; Köpke, II, 145). As may be seen from this letter, the king was true to his word. Unfortunately, Johann later proved unworthy of Tieck's trust in him (*cf.* Letter 36, p. 273). The monument referred to here was an effort started a few months after Tieck's death by his friends, among them Herman Grimm, von der Hagen, Häring, Humboldt, Köpke, Rauch, Raumer, and Reimer, to raise funds, through public subscription, for a monument in his memory. It proved, however, unsuccessful (Zeydel, 335 f.). At Köpke's request Agnes promises to send an unidentified "guten Manne" a "portrait" of Tieck. This is probably Stieler's life-size portrait of him. It hung in the living room of the Berlin home where Tieck lived during the last ten years of his life (Köpke, II, 124). Köpke's biography, 2 vols., and Tieck's *Nachgelassene Schriften* 2 vols., were both published by Brockhaus in 1855. To judge by this letter the biography was to be published first. Lüdeke, however, states that they were published side by side, apparently before the third of October of that year (Lüdeke, 203; *cf.* also Köpke's preface to *Ludwig Tieck's nachgelassene Schriften* (I, xxv f.), dated "Berlin, im Januar 1855," where Köpke states that the biography was also already completed, and hopes that it will soon be published, and that Köpke had planned to publish the "Nachlass" before; and Letter 31, p. 264). The family of Solger were of course personal friends of the Tiecks and lived in Dresden after Solger's death. See above II, 3, 6, 10, 18, 20 and III, 1. Marie was the oldest of Solger's daughters (*Tieck and Solger*, 96, 121, 142, 151, 174, 275); Adelheid is perhaps the name of Köpke's sister. Their father was Friedrich Karl Köpke (1785-1865). In 1817 the latter became professor of German language and literature at the Joachimsthal Gymnasium in Berlin, a position which he retained until his retirement in 1857.

Waldenburg d: 12t Februar (1854)

Verehrter Herr Professor!

Verzeihen Sie einer etwas sehr verspedteten[1] Antwort auf Ihr
gütiges Schreiben vom 18t Septemb; aber es lag in demselben nichts
Nothwendig zu Beantwortendes vor, und indem Ihnen, verehrter
Mann, durch den Nachlaß meines theuren Vaters schon so viele Zeit
in Anspruch genommen wird, ziehe ich es immer vor Ihnen dann
wenigstens dieselbe nicht[2] noch durch unnötige Briefe zu kürzen;
doch jetzt, nach so langer Zeit, ist es mir Bedürfniß Ihnen über
Einiges wieder meine Ansichten mitzutheilen;
Gewiß fanden Sie es sehr hardt[1] vom mir daß ich Bülow auf diese
Weise schrieb; aber erstlich konnte ich nicht ahnden daß dies gerade
der letzte Brief so nahe vor seinem Ende; auch war es nicht nur
dieser Brief auf den[3] ich ihm antwortete; sondern wir fanden es[4] von
jee[1] her nicht passend daß er sich gerade zu Vaters intimsten Freunden zählten,[1] und es kamen durch ihn viele nur hingeworfene Ansichten meines Vaters auf ganz andere Weise zur Offentlichkeit;[5] ich
sah mit Schrecken voraus daß dies bei seinem jetzigen Werke über V,
besonders um sich selbst dadurch ein *relief* zu geben, im erhöhten
Maaße der Fall seyn würde. – Doch höhere Mächte bestimmen oft
so anders als wir kurzsichtigen Wesen fürchten oder hoffen. Seine
zweite Frau liebe ich sehr und doppelt da meine Schwester mit der
innigsten Liebe an ihr hing; diese Verbindung würde sie unglücklich
gemacht haben. –
Die Angeleg.[6] mit dem Denkmal ist seit Sie mir davon schreiben
nun auch schon ins Leben getreten; und mit großer Freude folgte
ich Ihrem Wunsch meines Vaters Bild dem guten Manne zu schicken
um es dort in das Zimmer wo er geboren zu hängen, sobald ich nach
Berlin komme soll dies mit mein erster Gang seyn es dort zu sehn. –
Sehr groß finde auch ich die Gnade des Königs gegen Johann,
mögte er dieselbe nur immer in wahrer Pietät für den so gnädigen
König und für meinen Vater anerkennen. Durch Friedricke höre
ich daß kürzlich Brockhaus in B war; und sich wie ich verstand auch
bemüthe[1] den Nachlaß von *Bulow*[1] zu veröffentlichen, doch
schreibt F[1]; es sey davon überhaupt bis jetzt nicht viel vorhanden.
In Beziehung von Vaters Nachlaß wünsche er erst die Biographie
dann die Schriften heraus zu geben, obgleich Sie es eigentlich

[1] *Sic!*
[2] Written above the line.
[3] "dem" corrected to "den."
[4] Written above the line.
[5] "und" written and then crossed out.
[6] Some word written, crossed out, and "Angeleg[enheit]" written over it.

257

anders bestimmt hätten, doch nun würde es wohl seiner Ansicht nach geschehn. Sie sind gewiß v i e l zu gütig, lieber Herr Professor, in dieser Sache Ihre Ansicht nicht zu behaupten; auch ist ja B in k e i n e r W e i s e genöthigt den Nachlaß überhaupt heraus zu geben; auch schrieb er m i r seit Vaters Tode noch keine[1] Zeile, und ehe dies nicht geschieht, und er dann überhaupt einen bestimmten Contract darüber macht, scheint er mir auch nicht große Lust zu dem Druck[2] zu haben, was mir noch in Vaters Seele ein schrecklich trauriges Gefühl, und besonders da ich überzeugt bin daß viele andre Buchhandlungen sich darum reißen würden meines Vaters *letzte* Sachen zu drucken. Ich kenne[3] Brockhaus schon gewiß seit 25 Jahren, und wir Alle hatten immer nur Grund ihn s e h r zu schätzen und zu lieben; aber bei dieser Sache finde ich, sein Benehmen sonderbar und wie ich es von ihm am wenigsten erwartet hätte. –

Mein Mann ist jetzt, Gott sei Dank, wieder ganz hergestellt, doch wir verlebten im Herbst schwere Tage und Monathe, indem auch nach allen Mitteln und gänzlichem Zurückziehen von allen Geschäften das böse Uebel so lange Zeit nicht weichen wollte; er empfiehlt sich Ihnen angelegentlichst. –

Ich hoffe daß auch Sie wie Ihre verehrte Familie diese Zeilen wohl antreffen mögen, der Winter ist mit seinem Wechsel von Wärme und dann wieder starken Frost für viele Naturen nicht günstig. – Wie ich zu meiner Freude hörte geht es unsern Dresdner Freunden Solgers gut, und beglückt Sie besonders der Aufenthalt ihrer[4] Enkelin die ein reizendes Wesen seyn soll, in diesem Winter sehr; doch Ihre Frl Schwäster[5] hört wohl auch brieflich Alles durch Marie, darf ich Sie bitten Frl Adelheid schönstens von mir zu grüßen und mich Ihren werthen Eltern bestens zu empfehlen.

Ihre Ihnen dankbar
ergebene
Agnes Alberti.

Ich hoffe mit Bestimmtheit in diesem Frühjahr Sie in B aufzusuchen.

---

[1] Underlined twice.
[2] "überhaupt" written and then crossed out.
[3] Some unreadable word is crossed out here.
[4] "Ihrer" corrected to "ihrer."
[5] *Sic!*

258

For the account of Agnes' role in bringing out Tieck's correspondence, and other matters at issue between Agnes and Köpke, see the general introduction to this group of letters. It may be assumed from their contents that the unsigned letters 29 and 31 were written by Köpke, We have dated No. 29 ahead of the others because of the logical sequence of its contents, placing it before No. 30. No. 31 for internal reasons should read 2/7/54, *not* 2/7/64. In this letter Köpke states that a year has passed since he began to work on the letters – a delay caused by his involvement with the bringing out of Tieck's biography, as well as his "Nachlass" – and moreover by his being occupied on them with Tieck almost to the time of the latter's death (No. 31, p. 263) in 1853. No. 32 must be dated, at the very earliest, 1854, *not* 1845, since Agnes complains in it that she had not heard from Brockhaus ten months after her father's death (*ibid.*, p. 266).

29. Rudolf Köpke to Agnes Alberti

Max always showed Tieck extreme kindness and fairness. The same, unfortunately, can scarcely be said of Tieck's treatment of Max (Zeydel, 282; *Letters of Ludwig Tieck*, 317). For Max' role in bringing out Tieck's correspondence, *cf.* the general introduction to this group, pp. 251 f. Ludwig Tieck was born on May 31, 1773. For the efforts in connection with setting up a monument for him, *cf.* the introduction to Letter 28.

Gnädigste Frau![1]

Ein unerwartet eingetretenes geschäftliches Hinderniss macht es mir unmöglich, mich Ihnen heute bei Ihrer Abreise, wie ich es gewünscht hätte, persönlich zu empfehlen. Indem ich Sie gehorsamst bitte dem gemäss mein Ausbleiben entschuldigen zu wollen, habe ich zugleich die Ehre Ihrem Befehle nachkommend, Ihnen die ersten 15 Bände der Briefsammlung zu übersenden. H. Max und sein literarischer Gehülfe dem Sie das Redactions-Geschäft anvertrauen wollen, werden dadurch in den Stand gesetzt werden sich von der Beschaffenheit der Briefe vollkommen zu[2] unterrichten und zugleich die Auswahl zu beginnen. Ich bemerke nur noch, dass die

[1] The entire letter is written in Roman script.
[2] At this point in the letter the word "überzeugen" is written, and then crossed out.

259

rothen Striche durch welche eine bedeutende Anzahl von Briefen hervorgehoben ist,[1] von meiner Hand sind. Ueber jeden dieser Briefe habe ich mit Ihrem Vater ausführlich Rücksprache genommen, und aus ihnen sollte dann eine schliessliche Auswahl[2] für den Druck getroffen werden.

Denn auch hier findet sich noch Manches was für das Publicum nicht geeignet sein dürfte. Die zweite Hälfte der Sammlung haben Sie vielleicht die Gewogenheit mir noch auf einige Wochen anzuvertrauen, schon für den Abschluss des Nachlasses selbst ist es wünschenswerth sie zur Hand zu haben. Ich werde indess nicht verfehlen auch diesen Theil so bald als möglich abzuliefern. –

Sie haben den Wunsch ausgesprochen zu erfahren welche Auslagen ich für die aus dem Nachlasse angefertigten Abschriften gemacht habe. Ich bin daher so frei die Quittung des Abschreibens bei zu legen. Wir schreiben heut den 31ten Mai, der fast ein halbes Jahrhundert hindurch ein Feiertag für viele Freunde und Verehrer gewesen ist. Ich glaube das Andenken dieses Tages äusserlich nicht besser ehren zu können als wenn ich Sie ersuche, gn: Fr: den Betrag der Quittung für das Denkmal zu verwenden, welches wir Ihrem grossen Vater errichten wollen, nicht um ihn sondern um uns selbst zu ehren.

Mit dem ergebensten Wunsche dass Ihre bevorstehende Reise von den besten Erfolgen begleitet sein möge, habe ich die Ehre zu verharren e. t. c.

30. *Agnes Alberti to Rudolf Köpke*

"Meine Schwester" refers to Dorothea, who had died in 1841. As has been noted, Tieck never gave her the recognition for her work on his literary projects which she should have had. See also Zeydel, 144, 264 f., 268, 282, and 322; *Letters of Ludwig Tieck*, 29, 316; *Tieck and Solger*, 110.

Bad-Landeck d 9tn *Juni* 1854.

Geehrter Herr Professor!

Es war mir unmöglich Ihre werthen Zeilen die ich am 31tn in Berlin von Koffern und Gepäck umringt erhielt, dort sogleich zu beant-

---

[1] "sind" is written, crossed out and "ist" is written above it.
[2] "Rücksprache" is written, crossed out, and "Auswahl" is written below it.

worten; weshalb ich sehr um Entschuldigung bitten muß;[1] Dann
nur einen Tag auf der Durchreise in der Heimath, finde ich erst
heute ein ruhiges Stündchen. – Sie hatten zwar die Güte mir die
Abschriften der Briefe zu übersänden,[1] doch fühle ich ihren Zeilen
eine gewisse Gereiztheit an, was mir recht schmerzlich ist; und die
ich um so weniger begreifen kann, da ich aus Ihrem eignen Munde
wie von Andern hörte, daß Sie gerade kein so großes Gewicht auf den
Briefwechsel überhaupt legen, und als bloße Pietätssache für meinen
Vater betrachtet sind auch vielleicht zu wenige Briefe von ihm
selbst dabei. Auch Brockhaus scheint hauptsächlichen Werth auf
die Biographie zu legen, worin er auch ganz Recht haben mag:[1]
Doch da ich sehe wie viel sich mein Vater mit den Briefen beschäftigt, was schon diese mühsame Sonderung der Jahre, die
schönen Einbände und endlich die Masse der Abschriften beweisen,
so halte ich es für meine Pflicht so viel an mir liegt sie auch so bald
als möglich dem Druck zu übergeben. Ueber ein Jahr ist verflossen,
in welchem es bei Ihrer Herausgabe von meines Vaters Biographie
und den Bemühungen die Sie mit dem Ordnen des Nachlasses hatten,
Ihnen natürlich unmöglich war auch schon damit zu beginnen. –
Ich entbehre unterdeß den Genuß in den abgeschriebenen Briefen
lesen zu können, welche Lectüre Ihrer Fräulein Schwester, wie sie
mir schon vor längerer Zeit sagte, sehr genußreiche Stunden gewährte; wo ich oft vergebens bei manchmal so undeutlicher Handschrift[2] die Manuscripte zu entziefern[1] suchte. Auch ward mir in
diesem Jahr sehr klar wie wenig sich geschäftliche Briefwechsel für
mich eignen, und wie viel ich in solchen mißverstanden; so daß
ich es für einen Hauptvortheil für mich ansehen würde, (ob ich
gleich nicht zweifle daß auch Brockhaus den Druck übernommen,[3])
wenn Max ihn verlegte, wegen der großen Nähe Breslaus wo ich
bei nöthigen Anfragen *etc* stadt[1] vielen hin und her Schreibens in
einigen Stunden seyn kann; auch sind so manche Briefe meines
Vaters wie andrer Freunde, meiner Schwester *etc* dabei[4] die ich
denn dort gleich als solche am besten bezeichnen kann. – Daß nun
aber Max, ehe er sich auf irgend etwas einlassen kann die Sache
sehen muß wissen Sie selbst am besten, und warum sollte er sich mit

[1] *Sic!*
[2] On both margins of this page there is written the following: On the left side
in the margin we find: (preceded by a circle): "die wie Sie wissen werden sich
garnicht zum Drucke eignen, und"; On the right: "verlegen würde."
[3] A cross occurs at this point in the letter, and refers to the following which is
written in the left-hand margin: "wenn er sich auch nicht ganz klar dafür
aussprach, ob er sie gern verlegen würde."
[4] A circle occurs at this point in the letter and refers to the matter reproduced
in footnote 2, above.

den Manuscripten bemühen, da so leserliche Abschriften vorhanden. Bis jetzt ist er noch nicht im Besitz der Sachen, die mit einem von hier nachgeschicktem[1] Briefe erst heute von Waldenburg abgehn. Ich bin nun sehr begierig auf seine Antwort und ob er sie gern verlegen wird, (was für mein Gefühl eine Hauptsache.) Oder vielleicht auch garnicht. –

Brockhaus steht zwar ohne Zweifel mit Ihnen in Briefwechsel, doch werde auch ich ihm in diesen Tagen schreiben, da ich ihm auf seinen letzten Brief noch die Antwort schuldig bin. –

Sollten Sie sich von meiner Seite durch irgend etwas gekränkt fühlen, so ist mir dies sehr leid, und Sie können, werther Herr Professor, wenigstens dann überzeugt seyn, mir dies reichlich vergolten zu haben. Indem Sie nemlich, da es Ihr Zartgefühl verletzt, mich bitten, mich für Ihre gehabten Bemühungen jedes Dankes zu enthalten, welches Gefühl ich auch gewiß zu würdigen weiß; schenken Sie mir den Tag darauf 10 Fd, ich kann mich leider nicht anders ausdrücken; denn ausgelegtes Geld nicht wieder nehmen ist ein Geschenk desselben. Auch konnten Sie wohl annehmen daß ich auch andere Mittel und Wege finden würde mich bei dem Denkmal meines Vaters zu betheiligen; wie dies ja auch Ihnen und einem jeden frei steht. –

Obgleich ich mehrere Wochen hier verweile, bitte ich Sie doch mir gütigst die übrigen Bände der Briefe, wie auch meines Vaters-Nachlaß, wenn Sie selben beendet, nach Waldenburg zu adressiren, da mein Mann mir alles Nöthige hieher schickt.

Hochachtungsvoll
Ihre ganz ergebene
Agnes Alberti.

Beifolgend 10 Fd. für d Abschreiber W *Reichert*.

31. *Rudolf Köpke to Agnes Alberti*

2/7/64.[2]

Gn: Fr:

Vorgestern am 30 Juny, habe ich die zweite Hälfte der Briefe hier auf die *N: M:* Eisenbahn gegeben und ich darf voraussetzen dass Sie beim Empfang dieses Briefes von der Ankunft meiner Sendung

[1] *Sic!*
[2] The entire letter is written in Roman script. For the correct date see introduction to Nos. 29–32.

bereits unterrichtet sind; oder dass dieselbe doch binnen kurzer Zeit erfolgen werde. Ich habe geglaubt diesen Theil des Nachl: nicht länger zurückhalten zu dürfen, somit ist es mir freilich noch nicht möglich gewesen die für den Druck bestimte[1] Auswahl aus den übrigen Papieren hinzuzufügen wie es ursprünglich meine Absicht war;[1] Indess ist auch diese Arbeit dem Abschluss nah und ich glaube bestimt[1] versprechen zu können dass diese Papiere vor Ablauf des J: in Ihren Händen sein werden. Max wird dann das M: in der Gestalt erhalten dass es nur auf ihn ankommen wird ob der Druck sogleich beginnen solle. Ich bitte Sie davon überzeugt zu sein dass ich selbst das lebhafteste Interesse daran habe diese Angelegenheit zum Schlusse zu fördern und den Nachlass der Öffentlichkeit übergeben zu sehn, noch bemerke ich dass ich den Bänden welche die Copien der Briefe enthalten, zwei Mappen mit Originalien hinzugefügt habe. Es sind Br: aus sehr verschiedenen Zeiten, theils von Ihres Vaters Hand, theils an ihn gerichtet; sie waren unter den übrigen Papieren zerstreut aus denen ich sie herausgesucht und zusammengestellt habe. Sie liefern namentlich für die letzten Jahre einen beachtenswerthen Nachtrag. Endlich habe ich Ihnen auch meinen gehorsamsten Dank dafür abzustatten dass Sie meine Bitte gewährt und die Gewogenheit gehabt haben, den Rest der Br: bisher in meiner Hand zu lassen.

Soviel hätte ich zur Sache zu bemerken. Die Verhandlungen welche ich bisher mit Ihnen, gn: Fr: über einen Gegenstand zu führen die Ehre hatte, der für uns beide von hoher Bedeutung ist, haben in der letzten Zeit eine so eigenthümliche Wendung genommen dass ich Sie ersuchen muß mir noch einige Bemerkungen über mein pesönliches Verhalten zu gestatten. Vielleicht wird ein offenes Aussprechen auch jetzt noch dazu beitragen können die Missverständnisse zu lösen die ich mit Ihnen tief beklage. Sie fühlen meinem letzten Briefe eine gewisse Gereizheit[1] an. Habe ich darin irgendwie gegen die Form verstossen so bitte ich Sie mir Ihre Verzeihung nicht vorenthalten zu wollen. Dass Ihre Mittheilungen mich in eine gewisse innere Bewegung verstzeten kann ich der Wahrheit gemäss nicht in Abrede stellen, und ich glaube das wird erklärlich sein. Ein halbes Jahr hindurch hatte ich mit Ihrem V: jeden Brief den ich aus der Masse angezeichnet hatte, besprochen, in einigen Zeilen die er während seiner letzten Krankheit an mich richtete, bezeichnet er mich als seinen Gehilfen bei dieser Arbeit; er giebt mir den Auftrag die interessantesten Bände auszuwählen und an Brockh. zu senden; das letzte Wort welches er wenige Tage vor seinem Tode an mich richtete, betraf diese Br; so war natürlich wenn ich mich zu denselben in einer innern Beziehung der Pietät

---

[1] *Sic!*

fühlte und die Herausgabe derselben als ein Vermächtniss ansah. Jetzt wird diese Arbeit plötzlich ohne Vorbereitung aus meiner Hand genommen, wie hätte mich das nicht innerlich berühren sollen? Ich glaube meine Bewegung wird unter solchen Umständen verzeihlich erscheinen. Ich sage dies nur um mein Verhalten zu erklären, Sie gn: Fr: haben in diesem Falle ohne Zweifel gemäß[3] nur Ihrem Rechte[1], gehandelt[2,4][1] und ich würde der Letzte sein dr das in Frage stellt; ich muss sogar einräumen selbst veranlasst zu haben was jetzt geschehn ist. Allerdings ist ein Jahr verflossen und ich habe für die Briefe nichts thun können. Doch ich habe hier nach bester Ueberzeugung und nach dem Rathe der alten Freunde Ihres Vaters gehandelt. Ich glaubte mit diesen die Sache würde am Besten gefördert werden wenn meine Erinnerungen mit dm N: zu gleicher Zeit erschienen. In dieser Ueberzeugung wurde ich um so sichrer als ich nicht unterlassen habe, Ihnen die erforderlichen Mittheilungen darüber zu machen. In Ihrem Schweigen schien eine Bestimmung zu liegen. In diesem Sinne ging ich weiter bis freilich die Thatsachen mich unzweideutig überzeugten dass ich geirrt hatte. Doch würde ein Wink von Ihnen hingereicht haben jenen Plan aufzugeben und mit einem andern zu vertauschen der sich Ihres Beifalls vielleicht mehr zu erfreuen gehabt hätte. Indess erkenne ich gern an, es ist auch so gut wie es jetzt gekommen ist; und da die Herausgabe der Briefe jetzt unter Ihren Augen vor sich[2] gehn wird so sind dadurch auch meine vielleicht zu grossen Besorgnisse vollständig gehoben. Sie nehmen Veranlassung, gn: Fr: der genussreichen Stunden zu erwähnen welche meine Schw: bei der Lectüre der copirten Briefe gehabt habe, während Sie sich vergebens bemühten die undeutlichen Handschriften der Originale zu entziffern. Ich erlaube mir darauf zu bemerken dass meine Schw: an den Unterhaltungen mit I: V: über die Br: Antheil genommen und mehrere derselben auf dessen ausdrückliche Erlaubniss gelesen hat. In dem jetzt verflossenen Jahre hat sie die Briefe nicht in Händen gehabt. Ich habe mich zu dieser Bemerkung verpflichtet gehalten damit meine Sch: wenigstens diesen Misverständnissen[3] fern bleiben möge. Endlich ist noch ein Punkt übrig. Sie messen der Bitte welche ich mir in Bezug auf die Quittung des Abschreibens erlaubte eine kränkende Absicht bei. Aber unmöglich, gn: Fr: konnte meine Meinung sein, Ihnen ein Geschenk machen zu wollen wenn ich Sie bat eine Geldsumme die ich nicht annehmen konnte zum Denkmale Ihres Vaters zu verwenden.

[1] These numerals are in the text.
[2] "ersche" written, crossed out, and "vor sich" written above it.
[3] *Sic!*

Ich konnte aber diese Summe unmöglich annehmen weil ich mich soeben erst hatte überzeugen müssen dass mein ganzes Verfahren Ihren Beifall nicht habe. Am 31t Mai schien mir die getroffene Auskunft die nächstliegende. Aus diesem Gesichtspunkt allein habe ich gehandelt; ich habe daher auch die 10 rth unter Angabe jenes Datums ohne Namen der Sammlung für das Denkmal überwiesen. Somit schliesse ich diese Erörterungen die ich so unerfreulich sie auch sind doch meinerseits zur Aufklärung der Missverständnisse auf welche Sie wiederholt hinweisen, nöthig erachtet habe.[1] Dass sie eingetreten sind, bedaure ich mit Ihnen von ganzem Herzen. Gewiss gehört es zu den niederdrückenden Erfahrungen des Lebens dass sich Irrungen und Missdeutungen auch zwischen diejenigen drängen welche in reiner und lauterer Absicht einem Ziele entgegen gehn. Ihnen, gn. Fr. wie mir liegt der N: Ih: V: in gleicher Weise am Herzen; ich kann nichts sehnlicher wünschen als dass im Interesse der gemeinsamen Sache mein offnes Wort zur endlichen Beseitigung dieser Missverständnisse beitragen möge.

32. *Agnes Alberti to Rudolf Köpke*

In this letter Agnes acknowledges the receipt of the preface and "Nachlass" from Köpke, on which he had begun to work during the year following Tieck's death (cf. No. 31 p. 264). The first volume of Köpke's edition of "*Ludwig Tieck's nachgelassene Schriften*, Auswahl und Nachlese," 2 vols., Leipzig, 1855, contains principally dramatic and lyric writings which range from 1789 to 1807. It includes, however, also five poems at the end of the volume, dating from a later, principally the Dresden period; volume two, with the exception of a "Märchen-Novelle" fragment, "Der Hüttenmeister," dated "before 1841," contains novellistic and critical writings from 1791 to 1825. Henry Lüdeke, *Das Buch über Shakespeare*, Halle a. S., 1920, xxii ff., disagrees with some of Köpke's datings for the selections about Shakespeare, placing them earlier. For Köpke's laudatory but discriminating preface to this work, *cf. ibid.*, I, pp. V-XXVI, which is dated "Berlin, im Januar 1855." Gräfenberg (called Gräfenberk, in Czechoslovakia) is a spa in what was formerly Austrian Silesia.

---

[1] "haben" written, and then the "n" is crossed out.

Leider ist es mir erst heute möglich Ihnen, geehrter Herr Professor,
meinen innigsten Dank für das Uebersandte zu sagen; es war mir
zwar in der kurzen Zeit, da ich gern Alles gleich am folgenden Tage
an Max schicken wollte, nicht möglich den ganzen Nachlaß durch-
zulesen, doch Ihr herrliches Vorwort las ich mehrere Male, und es
rührte und erfreute mich innig, wie Sie in so edler und treffender
Weise diese letzten, (oder vielmehr ersten,) Schriften meines Vaters
dem Publikum vorführen. – Schon Ihre Worte geben, auch ohne es
gelesen zu haben, ein so klares Bild des Ganzen; und Alles was Sie
über Vater selbst sagen, ist so tief empfunden, das Ganze so vortrefflich abgefaßt, daß es fast lächerlich erscheint, daß auch ich
Ihnen meine Empfindungen über etwas ausspreche von dessen
Vortrefflichkeit und Gelingen Sie selbst gewiß, wie alle Freunde und
Kenner, durchdrungen seyn müssen. –
Auch über den Briefwechsel erhielt ich bis jetzt noch keine Antwort von Max, da er unwohl geworden, und sich zur Zeit als ich
selber nach Breslau schickte in Gräfenberg zur Kur befand, von wo
er nun erst kürzlich zurückgekehrt. – Ich bin begierig was er mir
nun über beide Sachen schreiben wird; und nach der mit Brockhaus gemachten Erfahrung bin ich nun auch schon auf Alles
gefaßt, und werde mich über nichts mehr wundern. – Sie werden
sich selbst noch erinnern, daß B, ob er gleich annahm daß er Alles
verlegen würde, doch zehn Monathe lang nach Vaters Tode, und
nachdem ich mich auch erboten ihn in Berlin bei seiner Durchreise
zu sprechen, keine Zeile an mich schrieb; bis dies endlich am 24
Febr, und ich glaube noch auf Ihr gütiges Erinnern, geschah; ganz
offen beantwortete ich ihm darauf diesen Brief, und nachdem dann
noch der ganze Winter verging war es wohl sehr natürlich daß ich,
da ich öfter in Breslau bin, auch einmal mit einem andern Buchhändler sprach. Das Resultat dieser Unterhandlung theilte ich
Ihnen mit, und es war die erste Hauptbedingung dabei, daß **Max**
Alles sehen mußte ehe er sich bestimmt darüber aussprechen **konnte**.
Dies war der Grund, daß ich das Ihrer Güte anvertraute nun **nach**
Breslau übergehen ließ da Max gleich auch das ganze Ordnen und
die Herausgabe davon übernehmen wollte. Zugleich wußte ich,
daß Sie auf den Briefwechsel überhaupt kein so großes Gewicht
legten und bei Ihrem so fein fühlenden Charakter und ganzem
Wesen; da sich doch gewiß manches Anstoß erregende in den Briefen
befindet, vielleicht Ihnen das Ganze mehr Noth und Sorge, als
Freude gemacht haben würde. –

---

[1] For the correct date see introduction to Nos. 29-32.

Nun will ich nur noch 2 Punkte Ihrer werthen Zeilen näher er-
örtern. Fürs Erste bitte ich, denken und sagen Sie nur ja nie, daß
ich jetzt irgend etwas bei der Herausgabe leiten oder thun werde,
dies müßte jedem der mich kennt und wie ich nie in solchen
Dingen so bewandert, höchst lächerlich erscheinen; ich werde nur in
aller Bescheidenheit die Briefe meines Vaters, meiner Schwester und
einiger Freunde die ich für die Oeffentlichkeit nicht passend finde
mir zurück erbitten, und über Dinge wo ich gefragt werde meine
Ansicht sagen da bei der Nähe auch Alles leicht zu besprechen ist.
    Zweitens haben Sie mich darin ganz mißverstanden daß ich es
gleichsam als eine Art Vorwurf erwehnt,[1] daß auch Ihre Fräulein
Schwester die Briefe gelesen. Erstlich weiß ich sehr wohl daß schon
mein Vater sie auch ihr mitgetheilt, und darum beglückte es mich
gerade sehr daß sie sich so daran erfreut, womit der Gedanke in
Verbindung kam, daß wenn sie auch garnicht gedruckt würden, wir
uns dann wenigstens hier auch an den Abschriften erfreuen könnten. –
    Sollten Sie mich noch in irgend einer andern Weise mißverstanden
haben, so würde mich dies doppelt betrüben, da ich Ihnen zu so
vielfältigem Dank verpflichtet bin. Ich weiß sehr wohl wie nahe Sie
meinem Vater in den letzten Jahren standen und bin Ihnen für das
schon Empfangene wie auch schon im Voraus für Ihre Biographie,
auf die ich mich unendlich freue, dankbar; und bleibe mit dankbarer
Verehrung

Ihre ergebene
Agnes Alberti.

33. Agnes Alberti to Rudolf Köpke

This letter was written in 1854 rather than in 1855 as indicated by a
later librarian. Agnes speaks of her current negotiations with
Brockhaus about Tieck's "Nachlass" as occurring only a year after
her father's death. Brockhaus' rather niggardly offer to Agnes for
the publication of the "Nachlass" is probably to be explained, as
she infers, by the uncertain conditions caused by the impending war.
The mention of the possibility of war refers to the troubles in
Schleswig-Holstein which were already threatening to come to a
head and came to a crisis in 1855 when Danish nationalists forced
Frederick VII to proclaim the Danish constitution as valid for both
duchies. While the difficulties were removed in 1858, the ratification
by Christian IX in 1863 of a common constitution for Denmark and

---

[1] *Sic!*

Schleswig led to the war of Prussia and Austria against Denmark in 1864. Apparently, a favorable settlement had been reached with Brockhaus before the next letter (No. 34, p. 270). Agnes is no doubt correct in her assumption that Tieck's popularity had declined at this time. This fact may also be seen in the failure of the already mentioned attempt by Tieck's friends to erect a monument to his memory through public subscription.

Waldenburg d. 7 May
(1855)[1]

Verehrter Herr Professor,

Gewiß hette[2] ich Sie nicht schon jetzt wieder mit meinem Briefe heimgesucht, wenn ich nicht sehr bald nach dem Ihrigen, auch einen Brief von Brockhaus erhalten, dessen Inhalt ich Ihnen mitzutheilen eile.

Er schreibt sonst mit gewohnter Freundlichkeit, und Pietät für meinen Vater; so daß es mir doppelt unbegreiflich erscheint, daß er, trotzdem er selbst den Nachlaß als literarisch bedeutend bezeichnet; aber – außer die[2] Kosten des Druckes, nichts dafür honoriren will, und mich nur auf einen vielleicht möglichen Gewinn verweist den er dann mit mir theilen will. Ich beantwortetete[2] ihm nun eben diesen Brief und schrieb ihm offen meine Ansichten; daß ich erstlich unter solchen Bedingungen wie die aller unbekanntesten-Literaten es wohl thun müßten, meines Vaters Nachlaß weder bei ihm noch sonst würde drucken lassen; indem ich es auch nie begreifen würde, daß der Name eines Mannes wie mein Vater, dem alle Buchhändler immer das brillanteste Honorar gaben, nun nach einem Jahre schon so ganz vergessen seyn sollte, daß dieser bedeutenden[2] Nachlaß unbeachtet vorüber gehen oder erscheinen würde; denn ein Werk was nur wenige kaufen und lesen, kann natürlich ein Buchhändler auch nicht honoriren eine ganz natürliche Folge wenn es so wäre, wovon ich mich aber nie überzeugen werde. Auch wäre meine Person dann dabei ja[3] garnicht betheiligt und bedürfte es kaum einer Anfrage bei mir, da ich weder die literarischen Bemühungen selbst übernehmen konnte, sondern Alles Ihrer Güter[2] übergab; und eben so wenig den Druck leiten kann; so werden Sie mir Recht geben, daß dann auch *Bülow* wie jeder Andre den Nachlaß ganz ohne mein Wissen, könnte drucken lassen. – Glauben Sie aber ja nicht, verehrter H Professor, daß ich deshalb B gereizt schrieb,

---

[1] On the date, see the introduction to this letter.
[2] *Sic!*
[3] "auch" written and then crossed out.

oder ihm überhaupt zürne, es ist mir zwar sehr unangenehm, in dieser Angelegenheit, die ich glaubte, einen ruhigen, gewöhnlichen Verlauf gehen würde, nun plötzlich Alles so ganz anders zu finden; doch das geht wohl öfter im Leben so. Auch denken wir sind die kriegerischen Aussichten vielleicht ein Grund, daß B einen solchen Nachlaß nur für den Augenblick als etwas so Unbedeutendes ansehen kann, daß er mir diesen Vorschlag macht, denn käme Krieg könnte er wohl sehr Recht haben. – So muß man denn Alles in Ruhe abwarten. –

Mein Mann empfiehlt sich Ihnen sehr, auch er würde nie zugeben daß ich auf diese Weise etwas von Vater drucken ließe, auch ist dies ja ein Zeichen, daß die Lesewelt sich nicht sehr danach sehnt und es kaum beachten würde, mir ein höchst tragischer Gedanke, wie vergänglich ist aller Ruhm. –

Indem ich Sie bitte mich Ihrer verehrten Familie zu empfehlen, bleibe ich

Ihre ganz ergebene
Agnes Alberti.

34. Agnes Alberti to Rudolf Köpke

The date "1854" occurring in the letter is supplied by another hand, probably by a later librarian. According to Lüdeke, the "Nachlass" (presumably *Ludwig Tieck's Nachgelassene Schriften*) as well as the biography appeared side by side before the third of October, 1855 (*Cf.* the introduction to No. 28). "Marie S" probably refers to Marie Solger, the oldest daughter of Tieck's close friend (See No. 28, above).

Waldenburg d. 30 November
(1854)

Geehrter Herr Professor!

Ihnen nochmals für Ihre freundlichen, gütigen Zeilen dankend, übersände[1] ich Ihnen, Ihrem Wunsch gemäß, Ihr herrliches Vorwort, leider noch ungedruckt wie ich es vor zirka 5 Monathen von Ihnen zugeschickt erhielt; wie Sie sehen folgt auch der ganze Nachlaß gleich mit, den Raumer mir so freundlich räth ihn doch auch dem Druck zu übergeben,[2] dies auch mit Ihren Wünschen

---

[1] *Sic!*
[2] "und" written and then crossed out.

übereinstimmt; und Brockhaus (nicht mehr schmollend) wie er sich so nett gegen Raumer geäußert, den Drück[1] übernehmen wird; doch ist es gewiß wünschenswerth daß Sie das Ganze nochmals durch sehen, falls Herrn Max' Confusion sich auch hierauf erstreckt, und etwas verloren seyn sollte, doch ich ordnete nun Alles und scheint es mir ja beisammen zu seyn. – Zu welchem Fall ich Sie dann bitte es gütigst in meinem Namen an Brockhaus zu übersänden.[1] Sie werden denken, dies hätte 4 Monath früher geschehn können, und man sieht daraus aufs Neue, daß Damen nicht dazu passen, Geschäfte zu führen. – Leider muß ich Ihnen Recht geben. – Darf ich Sie bitten Ihre Fräulein Schwester von mir zu grüßen und falls sie noch mit Marie S correspondirt sie zu bitten diese von mir zu grüßen und zu erinnern daß ich noch lebe, denn sie beantwortete mir einen Brief vom März bis jetzt noch nicht, was mich recht betrübt. – Auch Ihren verehrten Eltern bitte ich mich zu empfehlen indem ich stets bleibe

Ihre dankbar ergebene
Agnes Alberti.

35. *Agnes Alberti to Rudolf Köpke*

We can only conjecture the exact nature of Agnes' complaint about Köpke's account in his biography of the care given to her mother during her last illness. This situation, particularly the devoted care that her sister Dorothea gave her mother, is described sympathetically and in some detail (Köpke, II, 92 f.). Is it possible that Agnes resented the fact that she was not mentioned in this connection, and was referred to otherwise so little in the biography? (*Cf.* the very brief mention of her marriage, as well as the short reference to her attendance on her father during his last days (Köpke, II, 120, 145).)

As for Frau von Lüttichau, Fiebiger states that according to Tieck the latter had planned in 1849 to publish a considerable number of letters from her to himself because of her literary views on his books and writings. He planned to publish them anonymously but with her consent. Nothing came of this plan, however, and the fate of the letters is unknown. According to Fiebiger this was evidently due to her modesty and, as Agnes also assers in this letter, to her aversion to publicity (Otto Fiebiger, *Ludwig Tieck und Ida von Lüttichau in ihren Briefen* (Mittheilungen des Vereins für Geschichte Dresdens, Heft 32, Dresden, 1937, 12).) Her attitude may further

---

[1] *Sic!*

be attested to by the fact that she was satisfied with Köpke's two line reference to her in his biography as a close friend of the family (Köpke, II, 58), despite Tieck's apparently considerable indebtedness to her for his appointment to his position as a dramaturge in Dresden (Friesen, I, 15; Fiebiger, *op. cit.*, 7).

Waldenburg 1 December
1855.

Hätte ich gewußt daß ich Ihnen, geehrter Herr Professor, das Exemplar Ihres Buches verdankte, wäre es meine Pflicht gewesen Ihnen schon früher zu schreiben, es wurde mir solches aber mit einigen Exemplaren des Nachlasses als von Brockhaus selbst zugeschickt und so kommt mein Dank zu Ihnen erst etwas spedt,[1] indem ich aufs Neue durch Unwohlseyn abgehalten; und vereint sich nun zugleich mit dem Dank für Ihre gütigen Zeilen die ich in voriger Woche erhielt. – Von Raumer hörten Sie in wie hohem Grade mich Ihr Werk befriedigte und entzückte, ein Urtheil was Ihnen auch von Allen die meinem Vater so nahe standen oder ihn kannten und liebten sehr natürlich erscheinen wird. Doch Raumer hat Ihnen auch das Wenige was ich darin vermißt nicht verschwiegen, da dies aber meine eigne, unbedeutende Person betrifft muß ich noch einmal darauf zurück kommen, um von Ihnen nicht mißverstanden zu werden, was ich durch eine Aeußerung ihres Briefes veranlaßt befürchten muß; Sie sagen nemlich: Selbst Frau von Lüttichau sey mit Ihrem Verfahren sie[2] betreffend ganz einverstanden. Erstlich war es für diese, ihrer ganzen Stellung in der Gesellschaft nach immer der schrecklichste Gedanke jee[1] öffentlich genannt zu werden oder ihre Briefe gedruckt zu sehn, und dann können Sie diese geistreiche Frau, von der allein sich wohl fast ein Buch schreiben ließe, wohl nicht mit mir und den gewöhnlichen Beziehungen zur Familie zusammenstellen, denn dies ist ganz Sache des Gefühls und hätte auch ich dies weniger vermißt, da es nicht der Zweck des Buches, wenn mich nicht die Stelle bei Gelegenheit der Pflege meiner Mutter verletzt hätte, doch kann ich Ihnen versichern daß dies zwar der erste Eindruck war, ich aber auch für die Folge nie eine Aenderung oder Ergänzungen welches Letztere auch wohl nur Ihr Scherz seyn kann, in dem so gelungenen Werke wünschen würde. – In der Hoffnung Sie spedter[1] einmal wieder in Berlin zu begrüßen bleibe ich

Ihre ganz ergebene
Agnes Alberti.

[1] *Sic!*
[2] Corrected from "Sie."

36. *Agnes Alberti to Fräulein Solger* (?)

This letter is probably written to an ummarried female member of the Solger family in Berlin. Agnes seeks to defend herself against the false accusation that she had thrown some of Solger's correspondence, left among Tieck's literary remains, into the rubbish heap. She places the blame on Johann, who, as it turns out here was anything but the reliable servant Tieck had taken him to be (*cf*. No. 28 above). To judge by this letter, Agnes' attitude to the literary remains of her father seems to have been an ambivalent one. On the one hand, she seems to have preserved some of his correspondence, such as that between Tieck and Solger. This material, apparently, was rescued in some way by the addressee's brother, for an additional batch of twenty-nine letters later found its way to the Prussian State Library in Berlin (concerning this matter, and a general account of the publication of this correspondence, *cf*. the general introduction to this group, p. 250). On the other hand she suppressed letters by others, such as those relating to Lenz. As is known, Tieck had brought out an important three-volume edition of the Storm and Stress writer, Jakob Michael Reinhold Lenz (1751-1792), the *Gesammelte Schriften von J. M. R. Lenz* in Berlin in 1828 (*Letters of Ludwig Tieck*, 49, 319, 334; Zeydel, 249). Agnes' motive for this behavior is not given here but may be inferred from No. 32, where she writes that she asks for the return of certain letters by her father, sister, and some friends which she does not consider suitable for publication (No. 32, p. 267). In a letter to Professor Körner of December ,1930, Anna Bernhardi expressed the view that most of the intimate letters which may have been written by Tieck, were destroyed by Agnes after his death. This view is based on the very letter we are editing (Zeydel, 241, 378) and is substantiated by it. Schöneberg, now called Berlin-Schöneberg, was until 1920 an independent town located southwest of Berlin.

Waldenburg 14t Mai 71.

Liebes Fräulein,

Erst heute komme ich dazu, Ihren Brief vom 7t. zu beantworten, was mir nun sehr lieb; da ich gestern durch einige Zeilen von Friedrike, die bei Ihnen war, erfahren: Daß M Solger Ihnen geschrieben, und ja über die Sache beruhigt sey. Denn Sie ersehen aus meinem ersten Briefe daß Solgers mir dabei die Hauptsache. Wenn ich zwar jetzt sehr selbstverleugnend wohl annehmen kann, daß diese Ruhe auf meine Kosten. Da Sie jedenfalls doch auch ihnen

272

vom Feuer oder Müllhaufen schreiben, denen Wichtiges und Unwichtiges durch meine Hand anheim fiel; wie leicht also dadurch auch der seit 30-40 Jahren vermißte Solgersche Briefwechsel. – Wie mir M Solger auch neulich schrieb, daß als sie 1847 und 1850 bei Vater in B wohnte, dieser ihr selbst die Schübe bestimmt wo sie die Papiere suchen könne, doch sie selbe nirgends fand. – So kann ich es mir also nicht anders denken; als daß ein so-[1]durchtriebener Mensch wie dieser Johann, der Vaters großer Güte so gänzlich unwürdig; und in einer Zeit und Wirrniß der Auflösung so musterhafter Papiere, wo alle Schränke offen seyn müssen *etc*, vielleicht einen Theil des *Solg* Briefw fand, und ehe er Ihren H Bruder herzu holte, dieselben[2] unter den Müllhaufen mischte, mein Handeln noch doppelt *pikant* zu machen; denn mein Dortseyn in dieser Zeit war ihm überhaupt höchst unbequem. – Da ich also den Zusammenhang wie Ihr H Bruder zu den Schriften Allen kam, nicht ahnden konnte; war doch die Annahme daß mein Vater sie geschenkt höchst natürlich. – Und ist es auch mein Gefühl die theuren Todten ruhen zu lassen. – Doch würden auch Sie trotzdem, im gleichen Falle, nicht,[3] zugeben, daß Sie, bei vollem Bewußtseyn, beschuldigt würden Dinge vernichtet zu haben wie die Solgerschen Papiere, auf die schon seit 30 Jahren gefahndet wird. Indem wir auch j e d e s genau geprüft, und ich würde auch heute wieder in selber Weise verfahren, und halte es für die [ei]nfache *Pietet* Briefwechsel der verschiedenst[en] Art wie ich sie vorfand, gleich zu vernichten. So auch der gute Lenz, der wie Andre in Masse vorhanden, denn wie sollte i c h dazu kommen, Sachen die bei meinem Vater oft 30 Jahr geruht nun noch mit nach Schlesien zu nehmen. –

Sehr irren Sie übrigens: Daß es mir bei meinen Jahren, und Holteis Alter, der sehr dafür danken würde, auch falls etwas *litterarisch* Wichtiges dabei wäre, nur in den Sinn kommen könnte, dies irgendwie zu benutzen; so habe ich in d i e s e r Beziehung auch nicht das Mindeste verloren, und hat diese Sache wohl auch somit ihren Schluß gefunden. –

Möge Gott uns bald vollen Frieden, und warmen Frühling schenken; daß man wieder etwas aufathmen könne.

Ihre
Ag Alberti Tieck.

Abermals schicke ich Ihnen diesen Brief durch Fickchen, da Sie Ihre Adresse nicht bemerkt, und ich in allen Dingen pünlich[1] bin, somit auch hierin, wenn auch wohl Schöneberg nicht so groß. –

---

[1] *Sic!*
[2] "dieeselben" written, and the second "e" is crossed out.
[3] "nicht," is written above the line.

CHAPTER V

(1792-1828)

Tieck and his sister Sophie

The relationship between Ludwig and Sophie Tieck was much closer than that of the ordinary brother and sister. It was not merely a bond of brotherly and sisterly love but also that of kindred spirits. Throughout her life (1775-1833), she was the object of his love and a source of deep anxiety, even after their paths had divided. Her almost consuming love for him early in life grew into resentful bitterness after their parting and evidently persisted to the end of her days.

As children they were inseparable companions and playmates, sharing all their joys and sorrows, for they were by nature very much alike. Sophie was of a bright and cheerful disposition with a ready tongue and quick wit (Köpke, I, 19). Almost two years older than she, Tieck assumed the rôle of "big brother" early in life, educating and training her. He guided her intellectual development by teaching and advice as well as by good example (*ibid.*, 155 ff.). She became his sympathetic confidante and eager pupil, looking up to him in great admiration and even adoration. She soon gave evidence of a keenness of intellect which made her an excellent critic, and it was not long before she followed in his footsteps by writing verses of her own. They showed each other the products of their poetic attempts, helping and encouraging each other through frank criticism. That Tieck thought highly of her ability in this direction is shown by the numerous occasions on which he invited her candid opinion of his later works. Under the tutelage of her brother there was thus opened before her a new world which made her restless within the confines of her home. Tieck therefore began to plan with her for the day when they should live together in their own circle outside of the restrictions of the parental roof (*ibid.*, 155-6). Sophie's happiness depended upon the fulfillment of this dream – she clung desperately to the brother who had promised to make it a reality.

Since the stimulating companionship of Ludwig had become such a necessity to her very existence it was naturally a sorrowful experience for her to have Ludwig leave Berlin. No one took his departure for Halle more to heart than she (*ibid.*, 155). After he had gone, she spent her time until very late at night in writing to him and in sewing, knitting, and preparing the laundry for him. But in spite of the miles between them, she remained the confidante of his plans and hopes. Tieck was thoughtful enough to urge his Berlin friends, Wackenroder and Bernhardi, to call upon her frequently. They showed her Tieck's letters and his works and supplied her with reading material. Sophie's love for her brother was so intense that she tried jealously to monopolize him, being envious of those who shared his interest or time. Tieck repeatedly assured his lonely sister that he loved her as much as it was possible to love anyone, but he added to her unhappiness by not keeping his promises to come home for a visit. She therefore began to feel neglected by him, and this feeling on her part led to a series of slight misunderstandings which did not diminish as time progressed.

Her tendency to become jealous of those who might occupy some of his time and affection is evident in Sophie's attitude toward two young women with whom Tieck became acquainted in his youth. Sophie was delighted to help her brother bring one of these ladies ("die Weller" in the letters below) to the realization that Tieck was not in the least interested in her heart. After Tieck's engagement to Amalie Alberti in 1796, it seemed that the misunderstandings between him and Sophie increased. She was annoyed when her brother wrote her but a short note from Hamburg in the summer of 1797, while on a visit with Amalie, which kept him from her in Berlin. That this jealousy, which was based on the fear of losing the smallest fraction of the affection of the one person in the world who was dearest to her, flowed out of her love for him, Tieck realized full well.

After Tieck's return from the University of Göttingen Sophie's most cherished dream became a reality, for she and her brother were established in their own home near the Rosenthaler Tor. Here for two years, that is, 1795 and 1796, there gathered about them the leading men and women of the literary and artistic world of Berlin (*ibid.*, 198). Sophie shared not only her brother's home but also his literary work. Under cover of anonymity she contributed to the *Straußfedern* in 1797 and in 1800 to Bernhardi's *Bambocciaden*.[1]

After these beginnings, she wrote an essay *Lebensansicht* for the

---

[1] Her numbers in the *Straußfedern* and the *Bambocciaden* are reprinted in *Reliquien, Erzählungen, und Dichtungen von A. F. Bernhardi und dessen Gattin S. Bernhardi, geb. Tieck.* Herausgegeben von deren Sohne Wilhelm Bernhardi. Altenburg, 1847. *Cf.* Herrigs Archiv. Bd. 33[1863], p. 153f.

Athenaeum in 1800 (III, 205 f.) and poems for the Schlegel-Tieck *Musenalmanach* for 1802.[1]

Tieck's enthusiastic and appreciative praise of her literary efforts was a source of great encouragement to her. Of her fairy-tales, which were published in 1802, he wrote her very favorably. In a letter to his brother Friedrich, he commented glowingly on the poetic qualities of her novel *Evremont* which he published after her death (*Letters of Ludwig Tieck*, 353 f.). His critical judgment of her writings points to certain similarities in the spirit pervading the works of both Sophie and Ludwig.

After 1796 an estrangement between Tieck and his friend and former teacher Bernhardi became inevitable and the afore-mentioned misunderstandings between Sophie, Ludwig, and Amalie seemed to draw Sophie closer to Bernhardi. This relationship culminated in their marriage one year after Tieck's marriage to Amalie. That there was some truth to the rumor that Tieck practically foisted his sister upon Bernhardi and that she consented to the marriage only reluctantly,[2] is revealed in Sophie's letter of December 26, 1805, to A. W. Schlegel (*Krisenjahre*, I, 252-68). Although Sophie and Malchen were far from fond of each other, Ludwig remained in affectionate correspondence with his sister, who continued to be closely associated with him in his literary interests and projects. This proved to be of particular significance for Sophie, because her marriage was an unhappy one. Ludwig again assumed the role of "big brother," in an effort to help Sophie in her marital problems by having a "heart to heart" talk with her husband in the hope that Bernhardi's behavior would improve. Tieck offered his sister comfort and shelter in her distress.

With the appearance of August Wilhelm Schlegel in Berlin in 1801, Sophie began to be less dependent upon Ludwig for support and sympathy. And when Schlegel moved in with the Bernhardis he became the liaison between Sophie and Ludwig, as she was frequently too ill to write letters. Schlegel grew unusually close also to Sophie's parents and was regarded as a son by her mother, who was especially grateful to him for his loving concern for her distraught daughter (*Krisenjahre*, I, 274). Sophie depended on him and

---

[1] Sophie's major works are: *Julie Saint Albain* (novel in two volumes). Dresden, 1801; *Wunderbilder und Träume in elf Mährchen*. Berlin, 1802, and Königsberg, 1823; *Dramatische Phantasien* (three romantic plays). Berlin, 1804; *Egidio und Isabella* (a tragedy) in the *Dichtergarten von Rostorf* (K.C.A. v.Hardenberg). Würzburg, 1807; *Flore und Blanscheflur* (romantic poem in twelve cantos, with a foreword by A.W.Schlegel). Berlin, 1822; *Evremont* (novel in three volumes, edited by Ludwig Tieck). Breslau, 1836, and second, improved edition with the title *St.Evremont*, 1845.
[2] *Cf. Ausgewählte Schriften von K.A.Varnhagen von Ense.* (Ed.L.Assing). Dritte vermehrte Auflage, Leipzig, 1871, I, p. 33 f.

her brother Friedrich in the most trying period of her life. Schlegel, by advice and encouragement, guided her step by step to the point of leaving her husband in 1804 and traveling to Italy for the restoration of her health. In November, 1804, Sophie requested Ludwig to stay with her in Weimar during Friedrich's absence in Berlin (whither he had gone to settle his and Sophie's affairs), for she feared a threatened visit from Bernhardi. A return to her husband was intolerable to her because she felt humiliated and debased by him. She considered herself innocent of any blame in her predicament and, in that respect, akin to Marie Alberti (Ludwig's sister-in-law) whom Bernhardi had seduced (Hildebrandt, 161-4). When Bernhardi, in turn, accused Sophie of having besmirched his honor by her friendship with Schlegel and Knorring, she was so stunned that she became seriously ill. She barely escaped Bernhardi by fleeing suddenly late in December. Tieck caught up with her and Knorring in Gotha and then accompanied them to Munich, where they were to wait for Friedrich to join them for the journey to Italy. According to Friedrich, Ludwig considered himself fortunate to get away from the sandhole (Ziebingen) and had no intention of informing Malchen about this trip to Italy with his sister.[1] At this time, Ludwig, who did not return to Ziebingen until late in 1810, was estranged from his wife whom rumor linked with Burgsdorff (Zeydel, 186 f.). An interesting account of Tieck's relations with Malchen, the Countess Henriette von Finckenstein, and Burgsdorff is given by M. Thalmann.[2] Burgsdorff, whom Zeydel describes as a dapper, dashing young Lothario- likable, generous and wellmeaning, but a reprobate (Zeydel, 170), seems to have been responsible for stirring up some of the discord among, and against, the Tiecks. The keenly perceptive Dorothea Schlegel pointed this out to her husband in a letter from Köln in 1807, when she heard of the gossip about Sophie, Tieck, and Malchen. In Dorothea's opinion, Sophie's influence on Tieck was bad, "but Burgsdorff was to blame for many of these predicaments. About ten years before, he liked to think of himself as a Mephistopheles and he may have arranged matters accordingly. Tieck's neglect of his wife made this easy enough for Burgsdorff."[3] That there was truth in the rumors concerning Malchen and Burgsdorff is shown by the following words written on August 14, 1810, by Charlotte Ernst to her brother A. W. Schlegel: "Die Tieck ist hier gewesen mit Burgsdorf, ihr jüngstes Kind ist ein getreues Abbild von Burgs-

---

[1] Brentano to von Arnim, December 26, 1804 (Steig, I, 124).
[2] In *Ludwig Tieck, der Heilige von Dresden. Aus der Frühzeit der deutschen Novelle*. Berlin, 1960, pp. 1-15 (where, on p. 8, the year of Ludwig's visit to Sophie in Vienna is incorrectly given as 1806 instead of 1808).
[3] J. M. Raich, *Dorothea Schlegel und deren Söhne Johannes und Phillip Veit. Briefwechsel*. Mainz, 1881, pp. 215-17.

dorf, und auch läugnet sie nicht ihr Verhältniß, wer von ihren Freunden sie darum frägt, ich habe es umgangen. Burgsdorf habe gewiß für sie gesorgt, auch wenn er sterben sollte, hat sie gegen jemand gesagt. Uebrigens liebt er seine Frau zärtlich, ihr ist es auch wohl, sie scheint gar nicht in einer gepreßten Lage, kurz es ist alles zufrieden, durch ein ander, als wenn es so seyn müßte" (*Krisenjahre*, II, 156-159). Sophie told Caroline about a sort of "Gemeinschaft der Weiber" that had been introduced in the Ziebingen estate of Burgsdorff (Schmidt, *Caroline*, II, 555).

In Munich both Sophie and Ludwig fell seriously ill, she with fever, convulsions, and hemorrhages, and he with so severe a case of gout that he had to be lifted and carried about. Yet both managed to continue their literary projects, Tieck, for the most part, on a revision of his *Nibelungen*, which necessitated visits to the library, and Sophie completed the first draft of her tragedy *Egidio und Isabella*, which was published in 1807. After three months in Munich, their funds were depleted in spite of Tieck's efforts to obtain a sum from the publisher Dieterich in Göttingen (*Letters of Ludwig Tieck*, 88-90). Knorring and his Hungarian friend Natorp came to their financial assistance. Anxious to keep the children out of Bernhardi's reach, and, at the same time, to meet Schlegel in Rome, Sophie continued on her way in March, 1805, leaving her still incapacitated brother behind (*Krisenjahre*, I, 193 f.). Ludwig was, however, tenderly cared for by Rumohr, later also by Friedrich who had been delayed in Berlin through his own illness there. Ludwig was not well enough to travel on until July 2nd, when he set out on the journey that ended in Rome on August 4th. Upon his arrival, Ludwig looked thin and walked with a cane (*ibid.*, 224 f.). When he left Rome a year later, his health was much improved, but his brother, his sister, and Knorring were in dire straits, for he had been a heavy drain on their resources, and, in addition, had irked them with his indifference to the serious harm done them by Burgsdorff and Malchen through the malicious gossip they spread about them in Ziebingen and in Berlin. Friedrich reports that Ludwig, "as usual," used a great deal of money, stayed longer than he should have, lived on the "Mark, Bluth und Thränen" of the others in the household, and, unmoved by their plight, reproached them for not giving him "reich genug Essen und Taschengeld" (*ibid.*, 449 ff.). Ludwig found Malchen's complaint that Sophie had "kidnapped" him "quite natural." The pressures from Ziebingen for Ludwig's return home were so "insulting" to Sophie that she wished he would leave Rome (*ibid.*, 326-35). (He stayed till August, 1806, however.) Sophie and those close to her suffered much as the result of the rumors emanating from Germany and Rome. Malchen was held responsible for the refusal of Knorring's father to send money to

Rome, and Burgsdorff for arousing the animosity of Wilhelm von Humboldt (the Prussian resident minister in Rome) against Sophie in her struggle to keep her children. She unwittingly broke a strict Prussian law that prohibited the removal and the educating of boys outside of the country without the permission of both the government and the father. Although Sophie obtained the consent of the king, allowing her two years in Italy, Bernhardi's rescript for the return of the "kidnapped" children at once carried more weight with von Humboldt, who demanded that Sophie either return her sons to their father immediately or give a written pledge to return with them to resume her marriage by April (1806). The personal physician of the Austrian Archduchess Maria Anna (sister of the emperor and Sophie's benefactress in Rome) issued a statement for Sophie indicating that the state of her health was such that a return to northern regions could prove fatal to her, and resumption of marital relations was impossible for her (*ibid.*, 259). Friedrich, too, was hurt by the gossip, for he received only a trickle of commissions and was consequently too poor to buy the materials he needed for more substantial sculptures. He was accused of extorting, at Sophie's bidding, the hard earned money of other artists, in order to provide her with money to squander. And she was stung by references to her as one who came from the "Hefen des Pöbels und wolle nun hier die Dahme spielen" (*ibid.*, 364). Sophie did, in fact, play the lady extravagantly and ostentatiously in her efforts to "live up to" what she considered their "station." Her social ambitions made her a rival of Caroline von Humboldt. News reached Germany that two opposing factions of the German colony in Rome had formed, one around Sophie Bernhardi and the other around Frau von Humboldt (Schmidt, *Caroline*, II, 500).

Ludwig and Sophie had a serious quarrel over the copying of the manuscript of her long epic poem *Flore und Blanscheflur* which is based on the medieval work of Konrad Fleck. Both she and Schlegel wanted this done by Schlegel since he had given her the inspiration for it in one of his Berlin lectures and considered it a "liebliches Gedicht, welches Ihren Ruhm als Dichterin unfehlbar völlig entscheiden wird." But Ludwig insisted on doing the copying and revising of the manuscript, without first giving her the opportunity of making her own corrections, and then dawdled over it. Schlegel was anxious to have it in order to make suggestions regarding language and versification ("Ich schickte Ihnen dann, wo ich noch anzubringende Vortheile in Sprache und Versbau bemerkte, meine Vorschläge"), and Sophie, impatient with Ludwig's delaying tactics, finally took the manuscript away from Tieck by force with his scathing criticism of her work and of her poor poetic insight and ability ringing in her ears. In relating this incident to

Schlegel, she added, "Sie sind der einzige Mensch der meine Gedichte corrigiren soll." She planned to revise it and then send it to Schlegel, but only after Tieck had left Rome (*Krisenjahre*, I, 295 f. and 304). Sophie described her conversion to Catholicism in December, 1805, to Schlegel (*ibid.*, 252-68), but seems to have kept it a secret from Ludwig, who was in Rome at the time. Since she had once harbored the idea of joining the church for a while in order to win the protection of the prelates and the archduchess in Rome in her battle to keep her children, it is doubtful whether she was sincere in this step. Her life and writings disclose neither real reverence nor religious convictions. Despite the denial of Tieck's conversion (Köpke, II, 283 f.), there appears to be enough evidence for the belief that he did become a convert (*cf. Krisenjahre*, III, p. 148, ll. 20 ff.).

About five months after Ludwig's departure from Rome, Knorring also left in what proved to be a futile attempt to obtain money by cashing in his mother's inheritance (Schmidt, *Caroline*, II, 483-4 and 491). The elder Knorring's refusal to turn such a large sum over to his son prevented Knorring's return to Rome and plunged Sophie and Friedrich into deepest despair, for their credit was exhausted. Sophie was ill in bed for twelve weeks (*Krisenjahre*, I, 369 ff., 396 ff., and 434 f.). Leaving her impoverished, almost ruined brother to face their still unpaid commitments alone, Sophie slipped, penniless, out of Rome early in September, 1807, in order to join Knorring in Prague. On her way there, she stayed for a week with the Schellings in Munich. Caroline believed that Sophie intended to bring her divorce case to a conclusion from Prague (Schmidt, *Caroline*, II, 512). Shortly after Sophie's arrival in Prague, the poverty-stricken Knorring decided to visit relatives in Vienna, in order to negotiate for funds. After a lonely winter in Prague, Sophie grew restless and depressed. She felt the longing to be near A. W. Schlegel, who, though in the retinue of Mme. de Staël, was giving a series of lectures in Vienna.[1] Sophie reached Vienna about the middle of March, 1808, and again presided over an elegant home which she shared with Knorring (Bernhardi, I, 23 ff.). Here Tieck spent an evidently pleasant summer with his sister, after which he accompanied her to Munich in October. Their brother Friedrich visited them there briefly, and in the spring of 1809 returned to occupy a home with them at the Max-Joseph-Platz (Hildebrandt, 62 ff.).

Two months after their arrival in Munich, Bernhardi suddenly appeared in their home, with the police, to demand his children.

---

[1] J. Körner, *Briefe von und an A. W. Schlegel*. Gesammelt und erläutert durch Josef Körner. Zürich, Leipzig, Wien, 1930, II, p. 94.

Ludwig strained every effort to reach a compromise with Bernhardi, permitting Sophie to keep the younger son, Felix Theodor. On Christmas day Bernhardi took Wilhelm away (*Krisenjahre*, II, 3-6). Although the divorce was granted in 1807, with the children being awarded to Bernhardi, the legal arrangements regarding Felix dragged the final settlement of her affairs with Bernhardi out to late 1809 or 1810 (*ibid.*, 130 f.). The shock of Bernhardi's conduct and the negotiations with him left their permanent mark on Tieck. He became paralyzed and helpless again, and when alone, wept with pain. Even before this incident, Sophie had been so ill that she was not expected to live much longer (Steig, II, 242 and 244 ff.), and now Tieck and Sophie were unable to help each other. (Bettina's aid in nursing Tieck at this time is well known.) Sophie was even too weak to be happy about her marriage to Knorring, which apparently took place right after July 1, 1810, while Tieck was at the baths. She wrote Schlegel that she was marrying Knorring not only to protect Felix but also because Knorring's father believed the false rumors of her marriage to Knorring and now wanted his son to bring his bride home. So, for the sake of the seventy-five-year-old Knorring, the rumor was to become a reality but had to be kept secret at all costs. In the same letter, her instructions to Schlegel regarding Felix, in the event of her death, seem to indicate that he was Knorring's, not Bernhardi's, son (*Krisenjahre*, II, 140-3).

The intimate affairs of the Tiecks were well known in Munich, as is seen in the correspondence of Caroline Schelling (Schmidt, *Caroline*, II, 536 ff.) and Bettina Brentano (Steig, II, 210 ff.). It was common knowledge that Ludwig and Sophie quarreled incessantly when alone and that Sophie's extravagance made her a poor manager of a household. Of Tieck it was said "daß er stets auf Kosten des Nächsten lebte" without repaying his loans, especially the one from Savigny (Schmidt, *Caroline*, II, 546). Sophie was generally disliked and distrusted, whereas Tieck was indulgently considered "ein anmuthiger und würdiger Lump" (*ibid.*, 545-6 and Steig, II, 325-6; *cf.* also Zeydel, 186-7). As in Rome, Ludwig seemed selfish and inconsiderate, expecting his sister and his brother to give him the best of everything without his contributing anything. The others were forced to practice self-denial. Poor Friedrich was kept from his work not only by Ludwig's tyrannizing behavior but also by Sophie's insistence that he (Friedrich) spend his time with her "from morning till night." In a moving letter to A. W. Schlegel (*Krisenjahre*, II, 170-5), Friedrich tells of Ludwig's querulous attitude at this time. Ludwig complained that Knorring was not providing sufficient funds, though he himself increased their expenses and tortured his sister by finding fault with the food and his living quarters. Repeatedly, he blamed Sophie for his illness, which, he maintained, his anger at Bernhardi's arrival had brought upon him.[1] He precipitated such violent scenes, when they were unable to spare the money he wanted for visits to the baths, that Friedrich vowed "dies Leben hatt den Bruder aus meiner Seele auf lange verbannt" (*Krisenjahre*, II, 171). He found Tieck's carping hard to understand, as he had been provided for so well, even outfitted with a new wardrobe. Sophie accused Ludwig of trying to come between her and Friedrich, in order to divert the latter's largesse to himself (Ludwig). Friedrich felt, much to his sorrow, that his brother's conduct brought about an insurmountable breach between them. And Knorring wanted Ludwig never again to enter his home (*ibid.*, 142).

Though Ludwig's poor health and family problems may account for some of his outbursts against Sophie, their quarrels seem to have deeper roots. As early as 1800, Tieck confessed, in a letter to Sophie, that he has often been cruel to her, that a real demon possesses them in their dealings with each other so that they hurt rather than love one another and later can only regret it (Krebs-Runge, 160 ff.). Dorothea Schlegel noted his lack of courtesy in speaking to his sister.[2] This unkindness on the part of Tieck was probably in Schlegel's mind when he suggested to Sophie that she should live apart from her brother Ludwig when he came to Rome (*Krisenjahre*, I, 210 ff.). Sophie also had a personality weakness that contributed to the friction between her and Ludwig, namely, her blunt and harsh judgement of people and things. In her Letter No. 44 below, she admits that she has tried in vain to conquer this fault. It was, however, her dangerous hold on the softhearted younger brother that incensed Tieck most in Munich. In Italy Ludwig had begun to realize that Sophie's tendency to monopolize her brothers' time and money, despite her association with the wealthy Knorring, was dangerous for them. Whereas Ludwig had managed to extricate himself from too close relations with her, Friedrich's career was now suffering as a result of the sacrifices Sophie demanded of him. The bitterness with which Ludwig spoke of the manner in which Sophie ruined Friedrich's life (*Letters of Ludwig Tieck*, 164 and 556), shows what might have happened in his own case, had he permitted Sophie to dominate him in the same way. Ludwig's remonstrances with her for almost wrecking the career of the artist brother resulted in a break in the relations between Ludwig and Sophie, which became permanent after her removal to the Esthonian estate of her husband in 1812. In a letter to Count Yorck, February, 1853,

---

[1] *Cf.* Zeydel, 186, where dissipation and overindulgence are given as contributory factors in Tieck's illness.
[2] Letter of November 4, 1799, to Sophie Bernhardi (Wieneke, *Caroline und Dorothea in ihren Briefen*. Weimar, 1914, pp. 305 ff.).

Tieck had this to say of his quarrels with Friedrich and Sophie in Munich: "Da ich den Bruder öfters warnte und der Schwester im Jahre 1809 ernsthafte Vorlesungen hielt, daß sie nicht so das Glück und den augenscheinlichen Beruf des Bruders zerstören sollte, warf sie einen bittern Haß auf mich, schilderte mich allen Menschen als den gröbsten, lieblosesten Egoisten, wodurch sie mir im Auslande und der Heimath sehr viel geschadet hat" (*ibid.*, 556). For Sophie the prospect of seeing Ludwig again in 1820 was not without some measure of trepidation. She wrote Friedrich in January, 1819: "Ist es nun nicht traurig daß mann bei so vielen guten Aussichten niemals mit Heiterkeit und Hoffnung an den Bruder denken kann? Wäre es nicht himlisch schön wenn mann mit ihm leben könte wie mit andern Menschen? Und ist es nicht betrübt daß mann seine Ankunft beinahe fürchten muß und daß mann schon jezt in der Seele Vertheidigungsmasregeln nimmt?"[1] It is also interesting to note the comments Sophie von Knorring made to her son between 1812 and 1816 in regard to Tieck. Felix Theodor was paying his mother a visit at this time and reports that, in discussions dealing with the art and literature of the day, she usually found severe fault with Ludwig (Bernhardi, I, 151).

After Ludwig's departure from Munich in 1810 he occasionally learned of Sophie's affairs through his brother, but he had only one letter (not perserved) from her himself, just before the start of her long trip to Germany in 1820 (*Letters of Ludwig Tieck*, 184-5). Much to Tieck's consternation, the Knorrings arrived with a retinue and in their own carriage drawn by nine horses (*ibid.*, 555; Bernhardi, I, 187 ff.; Köpke, II, 21). The only letter from her to Ludwig after their Dresden meeting seems to be our Letter No. 46. Though she disappeared from his active horizon, Sophie left a great sorrow in his heart, for neither his love for her nor his concern for her welfare ceased. Not only she, but also her sons, Felix Theodor and Wilhelm, brought much care and some illness into Tieck's life. Three years after her death, as was noted above, Tieck published her novel *Evremont* and saw to a second edition of it in 1845.

Sophie never found happiness because of her own peculiar nature. Friedrich Schlegel, in a letter of May 12, 1813, to Ludwig, said of her: "Sie hat gewiß herrliche Geistesanlagen; aber Leidenschaftlichkeit und Ehrgeiz haben, wie es mir scheint, ihre Seele sehr zerrüttet" (Holtei, III, 335 ff.). Her strange behavior becomes more comprehensible when we consider her home environment and her position in the family, two factors generally recognized as influential in the development of the personality. In a home ruled over by a good but overly severe father (Köpke, I, 19 f.), she was the middle

---

[1] MS in the Sophie Bernhardi-Nachlaß (DSB).

child, the only girl between two boys, with very slight differences in their ages. The oldest child was the favorite of the father, and the youngest child was the mother's favorite. It is believed that, in such a situation, the oldest child identifies with the father and exerts authority over the youngest one, who is apt to be spoiled. The middle child is in danger of not receiving affection.[1] This seems to be the pattern for the three Tiecks in their relations with each other, except that Friedrich, the youngest one, appears more downtrodden (later in life) than spoiled. A child that feels unloved gets attention in a variety of ways, ranging from sulking silence to vociferous rebellion. Sophie found her attention-getter early in life – a threat to "get sick." That her childhood was unhappy because of having been repressed and not understood or respected as an individual, Sophie mentions in an unpublished letter to Friedrich, from Arrokül, January 6, 1819.[2] She believed that she had avoided these mistakes in her own upbringing by rearing her son as a "freier, talentvoller Mensch." In her childhood she had a supersensitive, emotional disposition, that, needing love, sought in Ludwig a refuge from the austerity of her restricted circle, sought it with such intensity that he became the "one and only" important thing in her life (Köpke, I, 156). Ludwig's attachment to her in his youth was also unusually close.[3] Although she suffered most of her life from poor health, she undoubtedly at times used illness as an escape from her real problems. At other times, she showed remarkable fortitude and stamina in spite of severe illness, especially when, in 1802, three tragic deaths (of her father, her mother, and an infant son) occurred within a few months of each other. Perhaps Ludwig has characterized her most aptly in the letters of his declining years. From Ziebingen he wrote his brother on April 9, 1818: "... mit allen großen Tugenden und herrlichen Eigenschaften ist die Schwester eine Egoistinn, und sophistirt in ihrer Leidenschaft alles was sie thut in Tugend hinein..." (Letters of Ludwig Tieck, 164). In 1853 he mentions, in a letter to Count Yorck, Sophie's complete lack of common sense, adding, "... Meine Schwester ... wurde... im Laufe der Jahre so stolz und übermüthig, daß sie sich... für die einzige einsichtsvolle und verständige hielt" (ibid., 555).

In this collection of forty-six letters, thirty-six were written during Tieck's student days; they offer an excellent and sympa-

[1] Cf. Hermine Hug-Hellmuth, "Vom mittleren Kinde," Imago. Zeitschrift für Anwendung der Psychoanalyse auf die Geisteswissenschaften, VII [1921], pp. 84-94.
[2] MS in the Sophie Bernhardi-Nachlaß (DSB).
[3] Cf. O. Rank, Das Inzest-Motiv in Dichtung und Sage. Gründzuge einer Psychoanalyse des dichterischen Schaffens. Leipzig und Wien, 1912, pp. 616 ff.

thetic view of young Tieck in the years of his development from the immature student to the independent poet. The next group of eight letters presents the poet as a mature man embarked upon his career and guiding his sister in the beginning of her activities as a writer. The last letters show that a rift between them has developed as a result of the shift of Tieck's rôle from that of a "big brother" to that of a "stern father."

(End of April to September 1, 1792)

Shortly after Easter, 1792, the eighteen-year old Tieck set out from Berlin for the University of Halle, where he intended to study theology and philosophy. He was accompanied by his friend Schmohl, with whom he stopped en route for a visit at the latter's home in Bülzig, a small town a little more than halfway between Berlin and Halle. Several visits from there to Coswig, a neighboring town in which they made the acquaintance of the Calezki family, delayed the arrival of the two friends in Halle until the middle of May.

1. To Sophie (I)

This letter presents chronological difficulties, since it bears neither date nor name of place from where it was sent. It has been placed first in this group and assigned to Bülzig shortly before May 1, 1792, the date of Letter No. 2, for the following reasons: (1) its general tone is that of a first letter home; (2) the beautiful, ideal country described here would naturally refer to the rural estate of Schmohl's father in Bülzig; (3) Tieck mentions a possible visit from Piesker whom he expected to meet in Bülzig (see Letters No. 2 and 11 below); (4) Tieck sends greetings from Schmohl, who was with him from the time he left Berlin through the Halle days. Johann Georg Schmohl, two years older than Tieck, had been a schoolmate at the "Gymnasium" in Berlin; his annoying peculiarities and lack of understanding added much to Tieck's unhappiness in Halle. For his collaboration with Tieck in the drama *Anna Boleyn* see E. A. Regener, *Tieck-Studien. Drei Kapitel zu dem Thema: Der junge Tieck.* (Dissertation, Rostock). Wilmersdorf-Berlin, 1903, 42 ff. For his connection with the drama *Das Reh* see E. H. Zeydel in *Euphorion*, XXIX [Stuttgart, 1928], 93-108.

Ludwig's earliest letter is quite characteristic of the group in that it reflects an earnest desire to assure Sophie of his love and concern for her, as well as a tendency to ask of her many a little service, for she is the liaison between him and his family and friends in Berlin. In these first letters Tieck refers to his brother as "Christian," "Friedrich," or "der Künstler." Griese was an old and unsuccessful student of theology, who gave private lessons and had been Ludwig's tutor, especially in Greek. He was a frequent guest at the Tieck family table (Köpke, I, 24). Piesker was the oldest member of the group of Tieck's Berlin school friends (Köpke, I, 74 f.). He had left Berlin in 1788 or 1789 to study law at Wittenberg but had promised to visit Tieck in Bülzig. The meeting did not take place until several months later.

Roxane is an unpublished fragment of a five-act tragedy which, like *Das Reh*, *Almansur*, and *Abdallah*, is based on the Ino myth. The original of the fragment is in the "Tieck-Nachlaß" in Berlin. In Greek mythology Ino is the wife of Athamas and the evil stepmother of the latter's children Phrixos and Helle. To escape Athamas she leaped into the sea with her son Melicertes and was changed into a sea goddess. Tieck took from this fable the theme of the stepmother who plots against her stepson, the heir to the throne, for his *Roxane* as well as for a projected *Ino*. *Das Lamm* is an unpublished "Schäferspiel" (1790), seven songs of which have been printed by Köpke (*Nachgelassene Schriften*. Leipzig, 1855, I, 173 ff.). Tieck was planning to rewrite it with Wackenroder's aid. *Matthias Klostermeyer, oder der bayrische Hiesel*, begun by Tieck's teacher Rambach and completed by Tieck (1791), is the second volume of *Thaten und Feinheiten renomirter Kraft-und Kniffgenies*. "Eile mit Weile" was the favorite saying of Alexander the Great, whose wife, by the way, was Roxana.

The originals of all the following letters from Ludwig to Sophie (except Nos. 4 and 34) are in the SLB.

Liebe Schwester,

Wie geht es dir? Was machst du? Ich bin ganz wohl, und wenn diese Nachricht etwas zu deinem Wohl beitragen kann, so glaube es nur ganz zuverlässig. Ich denke bei meinen Spatziergängen recht oft an dich und dann fällt es mir immer erst recht lebhaft ein, wie sehr du mich geliebt hast, so daß ich jezt wirklich gar nicht einsehe, wie ich dir diese Liebe einst vergelten könnte, ja auch, einmahl[1] wie ich dir dafür danken soll. Wenn du zu meinem Glück recht [v]iel beitragen willst, so bleibe stets recht gesund, sei vergnügt und heiter, und dies wird auch mich vergnügt und heiter machen. – A propos, was macht denn der gnädige Christian? Grüße ihn doch

[1] "einmahl" is written above the line.

recht herzlich von mir, auch meine Eltern, wie sich denn das jedesmahl von selbst versteht, wenn ich es auch irgend einmahl vergessen sollte in einem Briefe zu sagen, grüsse doch auch H. Griese. Ich bin in grosser Eil, darum schreibe ich so schön deutsch und so schöne Buchstaben, du bist ja aber mit meiner Hand so ziemlich vertraut. Den einliegenden Brief schicke doch ja gleich auf die Post, ausser wenn Piesker schon sollte in Berlin gewesen sein, und auf der Reise hierherbegriffen, dann hast du die Erlaubniß ihn zu lesen und vieles was darinn gesagt ist, auf dich zu beziehn und dir vorzustellen ich sagte es zu dir. Ich erwarte nun alle Tage einen Brief von dir, schreib mir doch ja und auch hübsch umständlich, so wenïg i ch es auch bin. – Suche doch auch recht nach, ob du noch was Wichtiges von meinen Sachen findest, ich habe dir von einigen Sachen schreiben wollen, und habe jezt wahrhaftig vergessen, wovon. Ja so: es ist ein altes Stück da R o x a n e oder wie es heißt in Quart, vorn stand der Anfang ei[1] I n o. Suche mir doch auch ja das L a m m hervor, ich brauche es, nicht um es zu schlachten, sondern um es von neuem wieder aufzuputzen, einen grossen Gefallen erzeigtest du mir auch, wenn du könntest (nöthig ist es aber gar,[2] nicht im mindesten) wenn du mir den H i e s e l einpacktest, es steht im 2ten Theil der T h a t e n und F e i n h e i t e n einger renommirten Kraft und Kniffgenies. Aber wie gesagt, es ist nicht im mindesten nöthig, mach dir ja keine unnöthige Ausgabe. Die Flöte packe aber doch ja mit ein, aber auch so, daß sie unterwegs keinen Schaden nimmt. Nächstens schicke ich dir vielleicht ein paar kleine Gedichte von meiner Faust. Eigentlich glaube ich, habe ich nun schon in dem ganzen Briefe nichts Vernünftiges gesagt, du erfährst auch dadurch gar nichts neues, aber es macht mir eine ordentliche Freude zu schreiben, denn es ist mir, als wenn ich mit dir spräche, nur Schade ist es, daß ich so eilen muß. Aber eile mit Weile – sagte der Imprator – ja! mein Gedächtniß wird schwach! – Ich denke oft noch an den Spaß, wie fürchterlich ich mir bei dieser Stelle einigemahl die Haare gezaust habe, weißt du es auch wohl noch? o gewiß! Ich gehe jezt alle Tage spatzieren, lebe wie in einem Paradiese, in einem Lande wo Milch und Honig fließt, Milch die schönste Milch, und Honig so frisch und süß! – könnte ich dir doch etwas von dem mitschikken, der auf einen Teller vor mir steht, nun was nicht sein kann, darinn muß man sich finden. Lebe wohl, tausend, tausendmahl wohl, und bleibe gesund. – Schmohl grüßt.

Tieck

---

[1] Ink blot.
[2] A parenthesis is written and crossed out.

2. To Sophie (II)

In a letter of May 5, 1792 (v.d. Leyen, II, 15), Wackenroder reports having delivered this letter to Sophie. *Siegwart, eine Klostergeschichte*, a popular novel by the Ulm preacher Johann Martin Miller (1750-1814), appeared in 1776. Friedrich Toll was one of Tieck's schoolmates. His sudden death in 1790 made a profound impression on Tieck (Köpke, I, 72 and 97 ff.). "Bilz." is Tieck's abbreviation for Bilzig or Bülzig.

Liebe Schwester,

Du erhältst dies Billet durch Wackenroder. – Wirst du mir jezt nun glauben, daß ich recht oft an dich denke? Dies ist nun schon der dritte Brief, den ich dir schreibe und du hast mir noch nicht geantwortet. Schreibe mir doch ja, künftige Woche spätstens müssen unsre Sachen nach Halle abgehn, denn am 8 tn oder 10 tn *May* wollten wir schon gern in Halle sein, kü[n]ftige Woche müssen s. spätstens ankommen, vergiß es ja nicht! –

Besorge doch den Siegwart durch Christian nach Toll's ich habe vergessen ihn hinzubringen, laß durch ihn auch meine Empfehlung machen. Grüsse auch H. Griese und meine Eltern recht herzlich. Alle, hoff' ich, sind gesund. Schreibe mir ja mit nächster Gelegenheit, wegen andrer Sachen. In Halle ist die Addresse: beim Chirurgus Kern in der Klaußstrasse. – Ist denn Piesker noch nicht in Berlin gewesen? – Was ist das für eine fatale Wirthschaft, daß er nicht kommt? – Lebe wohl und bleibe gesund, ich habe nicht länger Zeit.

Bilz.
am 1 *May*, 1792.   Tieck.

3. From Sophie (I)

The first letter from Sophie to Ludwig in this collection is the third one she has written him since his departure from home. At this writing she does not know whether Ludwig has arrived in Halle. Fearing that her two previous letters have been lost in the mails or that Ludwig might have laid them aside without reading them, she has entrusted the delivery of this letter to a friend who is going to Halle. The originals of the letters in question have evidently not yet come to light.

This letter is quite typical of Sophie's earliest letters to Ludwig in that it reveals not only her deep emotional attachment to him but also the crushing effect on her of the parents' disparagement of her ability to carry out the tasks required of her. The oversensitive, barely seventeen-year-old sister is desperately lonely without her brother, and, while vowing him her unchanging love, pleads for his continued love for her. Characteristic, too, is the humble yet reproachful tone of the letter. For Spillner see Tieck's letters to Wackenroder of May 1 and 5, 1792 (v. d. Leyen, II, 4 and 15).

The originals of all the Sophie letters are in the Sophie Bernhardi-Nachlaß in the DSB (Acc. MS. 1931.30).

Montag
den 6tn May [1792].

Lieber, bester Bruder

Du erhälst diesen Brief durch Spillner weil ich nicht gewis wissen kan ob er nicht eher in Halle ankomt als du den ich bin nun schon einmal furchtsam da du von zwei langen Briefen, welche ich dir schon geschrieben habe keinen einzigen erhalten hast. Du hast zwar dabei nicht viel verlohren mich aber hat es sehr verdrüslich gemacht und ich habe dadurch alle Lust verlohren, noch einmahl nach Bilzig zu schreiben. Ich hatte damals so wenig Zeit und schrieb diese beiden Briefe bei Nacht um dir doch Nachricht von uns zu geben und nun hast du keinen erhalten. Ich habe die Adreße doch richtig gemacht an den Seiler Fuhrman in Wittenberg. Der Fehler den ich dabei gemacht habe ist das ich auf den Brief blos An[1] Herrn Schmohl in Bilzig schrieb du müstest ihn aber demohnerachtet erhalten haben. Sei also nicht böse auf mich du siehst das ich gar nicht schuld habe das du so lange nichts von uns[2] erfahren hast ich will diesen Fehler wieder gut machen und dir recht oft und recht viel schreiben wenn du nur immer Geduldt haben wirst es zu lesen den das solte mich doch entsezlich ärgern wen du meine Briefe immer ungelesen beiseit legtest. Du kanst dich sicher drauf verlaßen das ich es nicht so machen werde du magst so viel schreiben als du wilst. Deine Sachen habe ich fortgeschickt du wirst sie vielleicht etwas später erhalten als diesen Brief und auch daran bin ich nicht schuld du hättest uns schon eher schreiben sollen ich dencke aber doch daß sie diesen Sonabend eintreffen werden. Vergib mir liebster Bruder daß ich dir so wenig schicke es verlohnt kaum

---

[1] Heavily blotted.
[2] An illegible word is crossed out.

der Mühe aber sei damit indes zufrieden wen du auf Michaeli her-kömst brauchst du dir gar keine Wäsche mitzubringen dan werde ich schon dafür sorgen das du hier neue findest. Es war in der lezten Zeit hier so viel Verwirrung das ich beinah nichts mehr Nähen konte ich wolte dir einige Hemden miteinpacken welche du schon gebraucht hast das wolte Mutter aber durchaus nicht und das ich dan keinen Willen habe weist du wohl. Überhaupt habe ich recht vielen Verdruß gehabt mir wurde daß Einpacken deiner Sachen und Beten überlaßen das ich daß nun alles gar nicht recht machte ver-steht sich von selber besonders habe ich mich ganz entsezlich geärgert das ich den Frachtbrief allein 6 mal schreiben muste das konte ich immer nicht groß und dick genug machen und Vater meint das wäre auch die Ursach warum meine Briefe liegen ge-blieben sind also laß es dich künftig gar nicht Wundern wenn du immer recht große Aufschriften finden wirst. Griese hatte mir ver-sprochen das Zeichen auf die Küste und den Koffern zu machen weil ich das gar nicht verstehe er war hier und indes ich hinaus gehe um die Farbe zu hohlen war er fortgegangen ist das nicht sehr höflich? Ich bitte dich bestelle doch kein Compliment mehr an ihn den ich erwiedre seine Höflichkeit und bestelle in meinem leben nicht. Ach mein lieber Bruder ich vermisse jezt recht deine Ge-selschaft ich bin jezt[1] so einsam ach wen ich dich doch nur einmal sprechen könte aber dazu habe ich noch lange keine Hofnung ich bitte dich recht sehr schreib mir doch ja bald ich sehne mich recht nach einem Brief[2] von dir mir ist immer als wärst du recht böse auf mich. Sage doch auch Schmohl das er mir bald sein Wort hält und schreibt ihm ist daß eine so geringe Mühe und mir würde es so viel Freude machen er ist mir um so werther geworden da er nun beinah dein beständiger Geselschafter ist er wird dir nun gewiß so manchen kleinen Dienst leisten so manche Gefälligkeit erzeigen wofür ich ihm von herzen danke. Mein Compliment wirst du wohl an ihn bestellen. Werde nicht ungeduldig über mein einfältiges Geschwätz[3] ich kenne dich zu sehr als daß ich nicht darauf rechnen sollte daß du es mir Vergeben wirst. Lebe wohl mein Bester und höre nicht auf mich zu lieben deine Freundschaft ist der einzige Ruhepunckt auf welchen ich gern verweile das ich dich immer gleich starck lieben werde daran wirst du nicht zweifeln. Lebe wohl.

Sophie Tieck

[1] "z" is written over a "t".
[2] The "i" is inserted above the "e."
[3] "tz" is blotted.

4. To Sophie (III)

This letter bears neither date nor place of origin but seems to have been written from Halle at some time between May 6th, when Sophie sent Ludwig's things off to Halle, and May 15th, when Tieck informed his father that he had received them. See Tieck's letter to his father, which also contains a postscript addressed to Sophie, in *Letters of Ludwig Tieck* (p. 4). Ludwig desires the letters of recommendation written for him by Gedike, the director of the Friedrich-Werder-Gymnasium, and by some of his teachers. For Peter see v. d. Leyen, II, 26. This letter to Sophie may have been enclosed in a letter to Wackenroder (v. d. Leyen, II, 25).

Original: Stadtarchiv, Altona an der Elbe (Altes Rathaus).

Liebste Schwester,

Auch deinen zweiten Brief habe ich erhalten und ich muß gestehn, daß er mir mehr Freude gemacht hat, als der erste, du schreibst schon vergnügter und beruhigter, über den ersten habe ich mich etwas gekränkt, du sprichst so krank und matt darinn, daß man glauben sollte, du gehörtest zu den Empindlerinnen. Sei du doch gewiß, so wie ich, .[1] Bleibe stets gesund und frölich, ich kann dir diesmahl nur k[ur]z schreiben, nächstens weitläufti[ger].[2] Siegle nicht wieder mit einem Groschen.
[Un]sre[3] Sachen sind doch gewiß schon d. Dienstag als d. [Post]-tag[4] abgega[n]gen, und du hast doch auch nichts vergessen, am wenigsten die Zeugnisse. Sollte es ja sein, so schicke sie doch mit der nächsten Post. Ich hoff du hast auch die Schrifften, die ich von Toll noch habe, mit eingepackt. Lebe wohl und grüsse meine Eltern und Pet[e]rn und d. Statthalter, H. Griesen und [a]lle, lebe recht wohl, liebe Schwester. Was macht denn [C]hristian? Besorgt er d. Bücher für *Mad.* Toll? Ist der Siegwart hingetragen? Das Buch, wovon du schreibst, [g]ehört nicht Lüdern. – Lebe recht wohl, schreibe mir bald, a[uc]h mein Bruder – Schmohl läßt meine Eltern grüssen.

Tieck.

[1] An illegible word.
[2] A space. "ger" is inferred.
[3] The first two letters are blotted.
[4] "Post" is inferred.

5. *To Sophie (IV)*

That Tieck was not perfectly happy in Halle is suggested in this letter only by his remark concerning his roommate, Schmohl. Its apparently light tone does not betray the loneliness, severe mental illness, and yearning for death, which Tieck confessed to his friend Wackenroder in a letter (v. d. Leyen, II, 49 f.) of such deep misery of soul that it wrung from the heart of his friend an eloquent appeal (Letter to Tieck, June 15, 1792, in v. d. Leyen, II, 70-74) to overcome his unhappiness for the sake of those who love him. Yet both letters, the following one to his sister and that to Wackenroder, were written on the same day!

In the letter to Wackenroder we learn that the visit which Tieck had to make was to Bernhardi's cousin. At Halle Tieck attended lectures in Roman antiquities by Wolf, psychology and logic by Jakob, and exegesis by Knapp. Johann Friedrich Reichardt (1752-1814) was a composer and musical director, whose home in Berlin was the center of artistic life. Tieck was introduced into it by his schoolmate Wilhelm Hensler, Reichardt's stepson, and received into the family like a son. Reichardt encouraged Tieck's interest in the theater. Through his marriage to Reichardt's sister-in-law, Amalie Alberti, Tieck became his brother-in-law in 1798. The Reichardts had moved to their estate in Giebichenstein, near Halle, where Tieck was now a frequent guest. Wackenroder delivered the present letter personally (v. d. Leyen, II, 82).

Sophie's letter which Ludwig answers here is evidently not extant. The gifts, a vest made by hand by Sophie and a sketch of her by Friedrich Tieck (and criticized frankly by Ludwig), were probably birthday gifts, which Tieck must have received by May 31 st.

Liebste Schwester,

Dein theures Geschenck und deinen lieben Brief habe ich richtig erhalten, nur verzeih mir die Nachlässigkeit dir dafür nicht eher gedanckt zu haben, eine Abhaltung, die ich nicht vermeiden konnte, hinderte mich daran, ich mußte am vori[gen] Posttage durchaus jemand besuchen. Du bist kranck gewesen? Du, und unser Vater? Ich hoffe, daß du und er jezt wieder vollkommen hergestellt sind. Schone dich doch ja, lieber[1] Schwester, bleibe ja gesund, so wie ich, ich bin hier vollkommen gesund und dencke recht oft an dich und meine lieben Eltern. Unsre Mutter ist doch immer wohl gewesen?

---

[1] *Sic!*

292

Schreibe mir doch im nächsten Briefe etwas genauer wie sich alle befinden. – Auch was Christian macht (warum schreibt mir denn der nicht, besorgt er auch die Bücher[1] für *Mad.* Toll ordentlich, ich lasse es ihm als ein[2] guter Freund rathen) und Peter und alle.

Für dein Geschenck danke ich also recht sehr und ich würde mich glücklich fühlen, wenn ich dir mündlich danken könnte. Die Weste ist schön, sie gefällt mir ausserordentlich, aber die Zeichnung finde ich auch nicht im mindesten ähnlich. – Was macht denn der grosse Künstler? Sage ihm nur, er wäre ein Schlingel, denn er hat dich ja noch nicht ein einziges mahl getroffen.

S c h m o l s Gesellschaft ist mir aber nicht so sehr angenehm, als du zu glauben scheint,[3] er ist ein äusserst guter Mensch, aber man ist sehr wenig, sagt ein neuerer Schriftsteller, wenn man nichts als gut ist, seine Fehler verdunkeln seine Vorzüge ganz und gar. Ich habe dich einmahl eitel genannt, liebe S., jezt nehme ich das zurück, du bist ein Frauenzimmer, dem das wohl zu verzeihen ist, aber gegen Schmol bist du nichts weniger als eitel, ob er gleich ziemlich häßlich ist (wie du wirst gestehen müssen) so bildet er sich doch auf seine Person sehr viel ein, er kann halbe Stunden vor dem Spiegel stehn, sich Stunden putzen, kurz, hundert Sachen thun, die mir äusserst zuwider sind. Er ist überdies äusserst[4] pedantisch, und hat gar nichts von jener poetischen Schwärmerei, die mir meine übrigen Freunde so theuer macht, er ist sehr trocken ohne ein feines Gefühl zu haben. Hättest du ihn näher kennen lernen du wirst da so grosse Verschiedenheit zwischen ihm und Griesen nicht finden, sie sind sich in vielen Stücken ausserordentlich ähnlich und Griese ist doch nicht so eitel. (Grüß ihn doch.)

Alle meine Collegia habe ich ganz frei bekommen, ohne im mindesten darum zu betteln, denn die Professoren haben es mir selbst angeboten, weil sie alle gute Freunde Reichardts sind, der es bei ihnen ausgemacht hatte. Ich gehe hier nur mit wenigen um. Taback rauche ich nicht, aber Caffé ist immer des Morgens um 5 und Nachmittags um halb eins *presto* da, viel habe ich noch nicht studirt, es wird aber noch kommen. Nächstens will ich dir einmahl einen recht langen Brief schreiben. Ich muthmasse, daß du Gedichte gemacht hast, schicke sie mir doch nächstens und zögre nicht wieder so lange mit Schreiben.

Küsse meine lieben Eltern in meinem Nahmen und grüsse Christian, der ja nicht vergessen soll, meine Empfehlung an H. und *Mad.* Toll zu machen, er soll es ja durchaus nicht vergessen. – Lebe wohl, ich

---

[1] "Briefe" is written and crossed out, and "Bücher" written above it.
[2] "ein" is corrected from "eines."
[3] *Sic!*
[4] "poetisch" is written and crossed out.

danke nochmals, du wirst dies durch Wackenrod. erhalten. – Lebe tausendmahl wohl

Halle
am 12 *Juni*,
1792.

Dein dich zärtl. liebend. Brud.
Tieck.

6. To Sophie (V)

The following letter shows neither date nor place from where it was sent. Since it mentions a Harzreise which improved his health and spirits, and a similar trip is described in Tieck's letter to Wackenroder written en route on "June 23rd of 24th," with a postscript dated July 19th and indicating that he had been back in Halle for three weeks at that writing, this letter must have been written at the end of June or in the beginning of July, 1792. According to the letter to Wackenroder (v. d. Leyen, II, 87) therefore, the Harz trip was made in June and not July, as described by Köpke (I, 142 f.).

Tieck's remark about his health contrasts sharply with the facts (v. d. Leyen, II, 87). August Ferdinand Bernhardi (1769-1820) was one of Tieck's younger teachers at the "Gymnasium." They became close friends, bound together by a common interest in recent literature, especially by their admiration for Goethe. But Bernhardi's scepticism did much to increase Tieck's melancholia. They were co-workers on the *Bambocciaden*. After Bernhardi's marriage to Sophie in 1799 the friendship waned, ceasing entirely after Bernhardi's alleged assumption of the authorship of several of Tieck's works, and after the Bernhardi-Sophie divorce scandal in 1807. Friedrich Rambach (1767-1826) was a prolific writer of the popular type of tales of horror and one of Tieck's teachers at the "Gymnasium." Recognizing Tieck's talent, he had his pupil complete several of his own fantastic works. Thus Tieck finished his *Die eiserne Maske* (1792), as well as *Thaten und Feinheiten renomirter Kraft- und Kniffgenies* (1790-91). Frequently Rambach wrote under the pen-names of Hugo Lenz and Ottokar Sturm.

Liebste Schwester,

Ich bin wohl und gesund und von einer Harzreise noch gesunder zurückgekommen. – Vergieb mir d[ie]se neue Manier von Brief, du sollst dafür nächstens einen in einer andern ganz neuen Manier be-

kommen, du siehst, einen recht weitläuftigen. – Warum schreibst du
mir so sparsam? – Ich fürchte immer du bist kranck und dieser
Gedanke thut meinem Herzen in jeder Minute wehe und macht mir
manche Stunde sehr trübe. Nimm dich ja in Acht, damit ich dich
nun bald mit völliger Freude an meine Brust drükken kann: ich sehe
diesem Tage mit grosser Hoffnung entgegen. Seit ich von Berlin bin,
bin ich mir immer sehr unstät vorgekommen, dann will ich mich
mehr fixiren und recht dir und meinen Freunden leben. – Bernhardi
ist doch wohl? Treib ihn doch an, daß er mir schreiben soll. – Ich
hab's vergessen, laß durch ihn Rambach grüßen und grüsse du
selbst den Künstler recht he[r]zlich, so wie meine lieben Eltern.
Ich hoffe, daß auch diese ganz wohl sind. –

Lebe wohl, liebste Schwester, und bleibe ja gesund, du ängstigst
mich herzlich mit deiner Kränklichkeit, wenn ich nur darüber
ruhig wäre, so würde ich in der Entfernung von dir weit ruhiger
sein. – Hast du noch starke Zahnschmerzen? Du vergissest dich
selbst in deinen Briefen immer ganz über mich. –

Lebe recht wohl! herzlich wohl!

Dein Brud. Tieck.

7. To Sophie (VI)

The next two letters give the first evidence that Tieck was forced to
cope with financial difficulties in Halle. The impatient tone of the
second note emphasizes the urgency of the need. The "Golzower" are
relatives of Tieck's mother, especially her brothers, the smiths
Schale, who lived in Golzow near Berlin in the Kreis Brandenburg
(Zeydel, 3 f.). Germain Saint-Foix (1698-1776) is a French writer,
the author of numerous dramas, of a *Historie de l'ordre du Saint-
Esprit* (1767-74) and of *Essais historiques sur Paris* (1754-57). His
complete works were published at Paris in 1776. *Andreas Hartknopf*
is an autobiographical novel by Karl Philipp Moritz (1756-93),
which had appeared in 1786. Through Reichardt Tieck had become
personally acquainted with the author (Köpke, I, 88-9).

Liebste Schwester,

Ich schicke die Quittung und das üb[ri]ge ab, grüsse meine Eltern
und laß doch von Griesen oder Vatern daß Stipendium heben, daß
du es künftigen Posttag abschicken kannst, denn ich brauche jezt
würklich Geld. – Mann darf nur beim Stadtverordneten oder

Kirchenvorsteher und zugleich Brauer[1] Matthes in der Stralauer Strasse die Quittung und das übrige vorzeigen. Wenn es irgend möglich ist, so schicke gleich nach Empfang dieses das Geld auf die Post.

Ich habe dir nicht geantwortet, weil ich auf acht Tage auf den Harz verreist war, ich bin jezt sehr wohl und gesund. Ist Vater noch nicht besser? Sind die Golzower noch nicht da? – Christian soll meine Empfehl[un]g an *Mad.* und H. Toll ja machen! – Dein Gedicht hat mir sehr gefallen, schick mehrere, darüber n[äch]stens ein mehreres.

Was war denn das für ein Stück wo du Bernhardi sahst, du weist daß mich d. interessirt und schreibst es mir nicht ein[m]ahl. –

Was habe ich denn für ein Geschenck zu erwarten? –. Ich habe dich nicht recht verstanden. – Ich grüsse Petern.

Grüsse meine Eltern herzlichst, ich hoffe und wünsche daß s. –[2] beide recht wohl befind[en], eben so du und Christian. – *Saint Foix* ist hier ich will ihn nächstens schicken, Hartknopf gehört mir, Wackenroder soll einen Abguß von mir erhalten. – Lebe wohl, besorge den Auftrag.

Grüsse Petern.

In gröster Eil.
J L. Tieck.

Halle
am 9ten *Juli.* 1792.

8. To Sophie (VII)

Liebe Schwester,

Wie kömmt's denn, daß ich keine Antwort von dir erhalten habe. – Ich erwartete heute so gewiß eine Antwort und auch das Geld, weil ich es ziemlich nöthig brauche, allein du hast nicht geschrieben und ich muß mich nun schon in Geduld fassen. Solltest du den Brief mit den Einlagen gar nicht erhalten haben? – Oder solltest du nur den[3] Nahmen nicht haben lesen können? – Das Geld wird vom Brauer und Kirchenvorsteher Matthes (*Matthes*) in der Stralauerstraße abgefordert. –

Wie befindest du dich denn und meine lieben Eltern? – Antworte mir doch ja sogleich. – Du erhältst d[ie]sen Brief durch mei[nen]

[1] "Ma" is written and crossed out.
[2] A second "s" is written and crossed out.
[3] "die" is written and crossed out, and "den" written above it.

Fr[eun]d Wackenroder. Ist[1] Piesker denn nicht in Berlin gewesen?
Auf dein Geschenck bin ich begierig, weil es von dir kommt, glaube mir, aus keiner andern Ursache. –
Was macht Christian? Warum schreibt er denn nicht?
Antworte mir ja, ich habe grosse Eile, nächstens will ich mein Versprechen erfüllen und dir recht viel schreiben.
Schick mir doch wieder eines deiner Gedichte.
Lebe wohl und tausendmahl wohl! Küsse Vater und Mutter in mei[n]. Nah[men].
Schreib mir ja! ich erwart' es!
Hörst du liebe Schwester?
Grüß Petern.

Halle
am 17 *Juli:*
1792.

Dein
Bruder.

9. *From Sophie (II)*

The following two letters from Sophie describe the father's vain efforts to expedite the matter of monetary assistance for Tieck. Sophie is in great distress, as neither she nor her father are able to send any real financial help. In the first of the two letters she encloses a ducat (all that she has) and in the second one she can only beg him not to be angry that she has nothing to give him.

No. 9 contains a reminder of his promise to visit at Michaelmas, and one of her poems. No. 10 repeats this reminder. Sophie mentions the fact that she is always very busy on Saturdays, when it is difficult for her to write. Through Varnhagen von Ense's *Tagebücher* (Hamburg, 1870, XII, 294), we learn that Sophie worked in her father's shop, selling cordage. This explains why she could not take care of her correspondence and sewing for Ludwig until late at night, also why she understood so well her father's financial difficulties. It is strange that Köpke makes no reference to this aspect of Sophie's life in her youth, for duties of this type must have been distasteful to a young girl whose ambition it was to emulate her brother, the university student and budding poet. Prediger Lüdeke of the "Petrikirche" in Berlin had prepared Tieck for his confirmation.

---

[1] "Pis" is written and crossed out.

Liebster Bruder

Vergib mir daß ich deinen lieben Brief nicht eher beantwortet habe ich konte mich nicht überwinden dir einen leren Brief zu schiken. Ich habe den Nahmen sehr guht lesen können aber du glaubst gar nicht liebster Bruder wie viel Mühe es macht etwas von einem Brauer und Kirchenvorsteher zu erhalten. Vater ist schon 4 bis 5 mal dagewesen und nun heist es es läge am Magistrat. Ich de[n]cke aber doch das wir es mit künftig[e]m Posttage werden schicken können. Nim mir nicht übel mein bester Bruder daß ich dir nur einen Dukaten schike ich hätte vieleicht mehr schiken können aber ich konte mich nicht entschliessen es Vatern zu sagen weil er jezt so starke Ausgaben hatt also kan ich dir nur mein kleines Vermögen schiken und du weist ja wohl daß ich immer nicht viel habe du komst doch wohl bis zum künftigen Posttag damit aus dan werde ich warscheinlich dein eigenes Geld schiken. Piesker ist nicht bei uns gewesen ob er in Berlin auch nicht gewesen ist weis ich nicht. Lebe tausendmal wohl mein lieber Bruder und vergiß ja dein Versprechen nicht uns auf Michaeli zu besuchen Vater Mutter Christian und Peter laßen alle recht vielmal grüßen Antworte ja gleich auf diesen Brief damit ich sehe ob du auch nicht böse bist hier [ha]st du auch eins von meinen Gedichten lebe recht wohl deine

Berlin
den 21 ten *Juli*
1792

zärtliche Schwester
Sophie Tie[c]k

10. *From Sophie (III)*

Liebster Bruder

Du wirst gewiß recht böse sein daß du schon wieder einen leeren Brief erhälst aber du wirst doch wohl glauben daß es nicht an mir liegt lieber Bruder du kanst gar nicht glauben wie sehr ich mich ängste daß ich dir nichts schiken kan aber es ist warhaftig nicht in meinem vermögen ich habe keinen Groschen und Vater kan auch nicht [1] die 100 Thaler sind uns nun am Dienstag versprochen dan will ich sie auch sogleich schiken. Der Prediger Lüdeke läßt dich grüßen er wundert sich daß du ihm die Quitung nicht schickts[2] er kan dir das Geld denselben Tag schiken an welchem er sie erhält ich weis nicht wie du daß hast vergeßen können da dir daß Geld doch

[1] "se" is written and crossed out.
[2] *Sic!*

mangelt. Ach liebster[1] Bruder du magst recht in Verlegenheit sein es quält mich recht daß ich dir nicht helfen kan sei nur deshalb nicht böse auf mich du hast mir nicht geantwortet ich erwarte nun gewiß einen Brief von dir schreib mir ja mein lieber Bruder. Mit deiner Weste bin ich bald fertig ich glaube aber nicht daß sie dir gefallen wird. Schmolens sind nicht hier gewesen. Ich wage es[2] würklich nicht daß ich dir viel schreibe ich de[n]cke immer Du wirst in dem Augenblick recht böse wen du diesen leeren Brief erhälst und dan würdest du ihn doch nur ungelesen wegwerfen also nächstens wen du mir erst geantwortet hast recht viel. Lebe wohl mein bester Bruder und vergiß nicht Schmohl von mir und meinen Eltern zu grüßen schreib uns auch ob ihr noch Freunde seid. Lebe wohl und sei nicht böse auf deine

<table>
<tr><td>Berlin</td><td>Schwester</td></tr>
<tr><td>den 4 ten [3]</td><td>Sophie Tieck</td></tr>
<tr><td>1792.</td><td></td></tr>
</table>

Vergiß nicht an den Prediger zu schreiben und vergib das dieser Brief so schlecht geschrieben ist es ist heut Sonabend und da weist du wohl daß ich immer sehr viel zu thun habe. Schreib mir doch auch ob du noch auf Michaeli zu kommen denkst daß ist jezt noch meine einzige Freude daß ich dich dan zu sehen hoffe vereitle mir diese Hofnung nicht gewiß das währe höchst unrecht. Wen ich erst einmal an dich schreibe so kan ich immer nicht wieder aufhören und vergeße alle meine übrige Geschä[f]te lebe tausendmal wohl ich muß aufhören.

Addressed: An
        Herrn J L Tieck
            in
   frei   Halle
      in der Klausstraße
      beim Herrn Chirurgus
      Kern wonhaft

11. To Sophie (VIII)

In order to relieve his sister's anxiety concerning his financial predicament Tieck now tells her that he is really not so badly in

---

[1] "liebster" is written and heavily crossed out.
[2] "es" is written above the line.
[3] "*August*" is written and crossed out.

need of the money after all, for not only is he occupied in writing for which Rambach has promised him remuneration, but he could also borrow from his well-to-do friend, Burgsdorff, in case of necessity. This long letter gives the first detailed account of Tieck's mode of living in Halle and of his studies and literary activities. We learn that he is not very diligent in his attendance at the lectures and that theology is distasteful to him. The breach between him and Schmohl has widened considerably, and he warns Sophie (who seems to be very much interested in Schmohl) against him.

Johann Erich Biester (1749-1816) was a Berlin rationalist who published with F. Gedike the *Berlinische Monatsschrift* (1783-96) and, independently, the *Berlinische Blätter* (1797-8), as well as the *Neue Berlinische Monatsschrift* (1799-1818). Friedrich Heinrich Bothe (1771-1855) was a school friend to whom Tieck had been passionately attached in Berlin and whose unsympathetic attitude had led to Tieck's nervous collapse. They met again in Halle in 1792 and many years later in Mannheim. See Tieck's letters to him in *Letters of Ludwig Tieck*, 341 f., 427 f., and 561 ff. Amtmann Calezki (Caletzki) and his wife were relatives of Piesker in Coswig. Tieck found their social activities and theatricals, for which he wrote plays and skits, a pleasant diversion in his otherwise lonely life at Halle. See Köpke, I, 131 f. and 142, and v. d. Leyen, II, 19 ff. Tieck included the "kleine Erzählung für Rambach," *Adalbert und Emma*, in Vol. 8 of his *Schriften* in 1828 (p. 279 ff.) under the title *Das grüne Band*. The "ansehnlicher Roman" is *Abdallah*, a novel with an oriental background, first begun as a school exercise for Rambach. It was completed in Göttingen about Christmas, 1792, published by Nicolai in 1795, and included in Vol. 8 of the *Schriften* (p. 1-242). *Alla-Moddin* is a three-act play written in 1790-91 and published in 1798, also in *Schriften*, XI, 269 ff. *Anna Boleyn* is an unpublished fragment. For Schwieger (rather than Schwinger) see Tieck's letter to Wackenroder of December 28, 1792 (v. d. Leyen, II, 151 f.). Ludwig Heinrich Jakob (1759-1827) was a follower of Kant, who taught at Halle from 1789-1806. He was openly opposed to Fichte and Schelling and is accused of plagiarism in the *Xenien*. Georg Christian Knapp (1753-1825) was a late representative of the Halle pietism and supernaturalism. He lectured on the New Testament and on dogma and wrote *Vorlesungen über die Glaubenslehre* (1827). Friedrich August Wolf (1759-1824) was a famous philologian and founder of the science of archaeology. He is remembered chiefly as the author of the *Prolegomena ad Homerum* and as an inspiring teacher. Wilhelm von Burgsdorff was the son of a wealthy nobleman and a schoolfriend of Tieck at the "Gymnasium." Burgsdorff's estate at Ziebingen, later sold to his uncle, Count von Finckenstein, was

Tieck's home from 1802 to 1819. Tieck traveled to South Germany
with Burgsdorff in 1803 and to England and France in 1817.

Liebste Schwester,

Wie hast du es nur über das Herz bringen können zu dencken, daß
ich deinen Brief unwillig hin[1] werfen würde, weil du mir kein Geld
schickst? Nicht wahr, es ist nicht dein Ernst? – Es thut mir
überhaupt ausserordentlich leid, daß du dich über diese Kleinigkeit
so ängstigst, da ich dies Geld so ausserordentlich nöthig gar nicht
brauche, als du dir einzubilden scheinst, es wäre besser wenn ich es
hätte, aber da es ist nicht, so verliehre ich gar nichts dabei, meine
Lebensart geht dennoch fort, wie sonst. Jeder Student hat Credit in
Halle, überdies bezahle ich alles, was ich verzehre nur viertel-
jährig, oder überhaupt nur, wenn ich gerade Geld habe, du kannst
also daraus schon sehn, daß man wenigstens ein halbes Jahr hier
ohne einen Pfennig Geld leben kann. – Aengstige dich also um
Gottes willen nicht weiter. – Daß dein Brief so kurz gewesen ist,
hatt mir ausserordentlich leid gethan, ich hätte ihn viel länger gewünscht, ich habe ihn nicht unwillig hingeworfen, sondern ihn
sorgfältig aufgehoben, wie ich alle Briefe die ich aus Berlin erhalte.
Ob ich und Schmol noch Freunde sind? – Wenigstens sind wir
nicht das Gegentheil. Ich will dir aufrichtig schreiben: Schmol ist
kein Mensch für mich, du mußt dich aber ja hüten, daß du deswegen
da ich aufrichtig bin, nicht auf mich böse wirst, statt es auf S. zu
werden, da ich weiß, daß du [2] viel Theilnahme an ihm nimmst, und
mehr als er verdient, denn du (ich schmeichle nicht) denckst und
empfindest unendlich feiner, du bist bei weitem klüger als er, du
denckst ungleich männlicher als er, und verdienst in jeder Rücksicht
tausendmahl den Vorzug vor ihm, wenn du auch nicht meine
Schwester wärst, ich würde eben so sprechen. Daß er ein gutes,
sehr gutes Herz habe, kann und will ich nicht läugnen, aber ein
guter Mensch, der nichts weiter als gut ist, ist noch sehr wenig.
Und ob er auch diese Herzensgüte stets behalten wird? Wenigstens
möchte ich mir wünschen, daß sie in einen Kampf mit seinen
Hauptneigungen käme, wenigstens ist sein Character manchmal
sehr zweideutig. Daß er die Eitelkeit selbst ist, wirst du zugeben, er
steht stundenl[an]g vor dem Spiegel, kann sich 3-4 mahl ankleiden,
ist nie glüklicher als in Gesellschaften von Frauenzimmern, ist
höflich und gleich galant gegen alle ohne Ausnahme, gefällt sich
im Putz so ausserordentlich, kurz, – er ist schon in der Rücksicht

[1] "hin" is written above the line.
[2] "s" is written and crossed out.

fatal. Seit ich ihm d[ie]se Schwachheit erwiesen habe, ist er (dencke wie armseelig!) mein Vertrauter nicht mehr. Er verheimlicht mir izt alles. Er ist im Dencken und Empfinden ein Pedant, in seinen Augen ist kein Mensch (ohne Ausnahme als etwa Biester) verehrungswürdig als der Bauer; Diesen und Künstler schäzt er nur, um keine Blösse zu geben, denn er ist ohne allen jugendlichen und poetischen Enthusiasmus. Er kann von der Freiheit, der Revolution in Frankreich und dem unglüklichen Zustand der Pohlen eben so kalt und möglich kälter sprechen als über seine Frisur. – Kann ein solcher Pedant mit solchen armseeligen Gefühlen wohl liebenswürdig sein? – Ist er wohl für mich geschaffen, der ich das Gegentheil von allem diesem bin, du aufrichtig liebe Schwester, wenn du mich wirklich recht zärtlich liebst, so kannst du dich unmöglich für d[ie]sen sehr interessiren, wir sind fast die beiden Extreme, und schon aus d[ie]sem Grunde wirst du mir nicht böse werden, denn daß ich dir von ihm die Wahrheit schreibe, daß ich sie selbst mit Widerwillen schreibe, wirst du mir auf mein Wort glauben. – Schon in Berlin (ich habe d[ie]sen Streich erst vor einiger Zeit erfahrn) schrieb er an Reichardts, er war besorgt, Bothe mögte übel von ihm sprechen und so aus der Gunst Reichardts verdrängen (welche kleinliche ármseel[i]ge Besorgniß!) er theilte mir diesen Gedanken mit und auch den, daß er R. schreiben wolle, sie sollten sich vor Bothen in Acht nehmen. – Du kannst dencken, daß ich ihm d[ie]sen dummen Streich (denn das ist doch wohl der eigentliche Nahme dafür) aus allen Kräfften auszureden suchte, ist[1] stellte ihm vor, daß er bei R. durch einen solchen Brief entweder für einen Verläumder, oder für einen Menschen mit einem bösen Gewissen gelten müste, – er gab mir Recht, versprach den Brief nicht abzuschicken, – er hat ihn dennoch abgeschickt! – du glaubst nicht, wie viel er dadurch [2] bei R. verlohren hat. – In einem andern Briefe aus Berlin an R. hat er nun entsezliches Geschwätz gemacht, von unserem Zusammenwohnen, von unsrer Einrichtung, unsrer Armuth, der Vorsehung und gnädigen Gönnern und s.w. – Du weißt, wie entsezlich verhaßt mir eine solche anscheinliche Bettelhaftigkeit ist (wenn sie es im Grunde auch nicht sein mag) es ist kein verhaßteres Verhältniß, als jemandem Verpflichtungen zu haben, (wenn er nicht mein vertrauter Freund ist) und das mit mir und R. nun gar nicht einmahl der Fall ist, war mir der ganze Brief, als wenn er drinn bäte, sie mögten uns doch recht oft zum Essen einladen; du kannst dencken, wie ich mich ärgerte, – doch di[e]se Alteweiberschwatzhaftigkeit habe ich ihm verziehen. – Er studirt jezt nicht mehr Theologie, sondern Cameralwissenschaft, mir sagte er von dieser Veränderung erst nach einigen Tagen, und kannst du dir die

[1] *Sic!*
[2] "von" is written and crossed out.

Impertinenz vorstellen, Reichard, dem er so ausserordentlich viel zu danken hat, den er wie seinen Vater um Rath hätte fragen sollen, hat er noch keine Silbe davon gesagt, (es [1] sind nun schon über 6 Wochen) – Er hat gemerckt, oder vielmehr geschlossen, daß ich in meinen Briefen von ihm schreibe (denck' wie armseel[i]g.) was thut er? – An einem Nachmittage, wo ich bei Rei[c]ha[r]ds bin, sucht er meinen Kofferschlüssel, schließt ihn auf, und liest den ganzen Brief von dir, worinnen du ihn [2] gegen mich vertheidigt hast? – Thut dies wohl ein offener Mensch, der nur einige Delikatesse besizt, ich will nicht sagen ein ehrlicher? – Auch diesen dummen Streich habe ich ihm verziehn und fast hätte ich ihm um Verzeihung bitten müssen, so eigensinnig war er, und so wenig fühlte er, das Gemeine seiner Handlung. – In Coswig hat er der Amtmannin von seiner frühsten Jugend auf ausserordentliche Verbindlichkeiten gehabt, auf einer neulichen Reise [3] zu seinen Eltern findet er in seiner entsezlichen Einbild[un]g, daß er nicht genug *faitirt* wird, weil die Frau gerade Freunde erwartete, er schreibt also einen höchst beleidigenden Brief in dem suffisantesten Tone, worinn er ihr seine Freundschaft aufkündigt, viel von eigner Krafft und hohen Gönnern darinn spricht, von Leuten die er verachten könne, und von einem Amtmann, der ihn doch auch nicht forssen würde, (sein eigner Ausdruck) Der ganze Brief ist in einem Ton geschrieben, den man gewöhnlichen dummen Bauernstolz nennt, die richtigste Benamung nach meiner Mein[un]g. – Doch genug und übergenug, – vergieb mir, liebe S, – aber ich mußte dir dies schreiben, denn es scheint sonst als hättest du dich von der blossen allgemeinen (doch sehr suffisanten) Höflichkeit d[ie]ses Menschen täuschen lassen, ihm etwas mehr als gemeine Gefühle zuzutrauen.

Für dein neuliches liebes Geschenck dancke ich recht sehr, tausendmahl, – aber liebe Schwester, – nicht unnöthig in der Zukunft, hörst du? – Zwinge dir nicht selbst etwas Nothwendiges ab, um es mir etwa zu schicken, denn ich habe die Aussicht wirklich, ziemlich gut zu leben, – ich schreibe jezt für Rambach eine kleine Erzählung, dann einen ansehnlichen Roman, dann schicke ich ihm Alla-Moddin, und[4] Anna Boleyn, – alle d[ie]se Sachen sind schon bei mir bestellt, – aber sage keinem Menschen etwas davon, – daher bitte ich dich auch recht sehr, meine lieben Eltern nicht dahin zu bewegen mir etwas zu schicken, denn ich weiß, wie nöh[ti]g es mein Vater braucht, vorzüglich für den guten Christian, – also hörst du? Nicht so etwas? – Wenn ich hier fleissig bin, kann es mir nie mangeln mein lieber Rambach hatt es mir zu gewiß versproch[en],

---

[1] "f" is written and crossed out.
[2] "gen" is written and crossed out.
[3] "gegen" is written and crossed out.
[4] "und" is written above the line.

der Contrakt mit dem Buchhändler (der mir wenigstens 150 *Rtt* verschafft) ist auch schon seit Ostern gemacht – Verzeih, daß ich von Geldsachen spreche, es ist sonst meine Sache gar nicht, es geschehe auch bloß um dich zu beruhigen. –

Auf deine Weste freue ich mich schon recht, sie wird mir gewiß gefallen, – Sag' doch dem Prediger Lüdecke (dem ich mich gehorsamst empfehle) daß ich mir die Freiheit nehmen w[ü]rde, mit dem nächsten Posttag die Quittung zu schicken, ich habe nur heut keinen meiner Professoren zu Hause getroffen, um ein *Testimonium* mitzuschicken. Ich habe es nicht vergessen, nur verschoben.

Was macht denn Christian? Warum schreibt er mir denn durchaus nicht? Ich will hoffen, daß er die Bücher für *Mad.* Toll noch immer sorgfältigst besorgt, laß durch ihn an sie meine Empfehl[un]g ja machen, daß er's auf keinen Fall vergißt! – Laß doch durch ihn auch den guten Espeut grüssen, und ihm sagen ich würde ihm gewiß nächstens schreiben, wenn er mir etwa zuerst schreiben will, so laß ihm doch anbieten, seinen Brief in den deinigen einzulegen.

Pieskern hab' ich selbst gesprochen, ich bin nach Bilzig zu Schmole mit Schwiegern geritten, wo ich den lieben alten guten Jungen antraf, er und Spillner lassen herzlich grüssen. – Schmol ist schon seit 3 Wochen bei seinen Eltern, und wartet sehnlichst- auf einen Gevatterstand.

Meine Einrichtung willst du wissen? – Um 5 Uhr etwas früher oder später steh ich auf, lasse mich frisiren, (welches hier jährlich nur 6 Th. kostet,) trinke Kaffee, ziehe mich an, von 6-7 hab' ich bei *Jakob* Psychologie, von 7-8 bei *Knapp* Exegese, wo ich aber sehr oft fehle, weil ich die Theologie noch gar nicht verdauen kann. Von 8-9 les' ich, geh' aus, oder schreibe. – von 9-10. Logick und Metaphysick bei *Jakob*. – Um 12 Uhr esse ich, (wir beide wöchentlich, zu 1 rl. 8 pf) Um 2-3 römische Antiquitäten bei *Wolf*, dann gehe ich aus, oder arbeite.

Ich gehe viel mit Burgsdorf um, der mich sogar bereden will auf Michaeli mit ihm nach Göttingen zu gehn, wenn ich kein Stipendium hätte, wer weiß, was ich thäte, denn er ist unter allen hier mein bester Freund! Von ihm kann ich auch soviel Geld leihen als ich will, wenn ich es sehr nöthig brauchte, also mache dir ja keine unnöthige Sorgen.

Auf Michaelis komme ich gewiß, ganz gewiß nach Be[r]lin, – grüsse alle, meine lieben Eltern, Pet[ern], Christian, k[ur]z, jed[en], wem daran gelegen ist, und glaube daß ist[1] stets sein wird.[1]

Halle	Dein zärtl. Brud.
am 7tn *Aug.*	Tieck.
1792.	

[1] *Sic!*

12. *From Sophie (IV)*

The beginning of this letter is unfortunately missing, for we can only surmise that the man Sophie is trying to avoid may be Schmohl, and that her reason for not wishing to see him is that Ludwig has cautioned her against him (No. 11 above). It is interesting to note Sophie's scathing criticism of the people she meets at Bettkober's. Sigmund Bettkober was the sculptor to whom Friedrich Tieck was apprenticed.

His father has promised to send Ludwig money through Wackenroder, if the latter should be able to reach Halle before the next mail arrives. Though in awe of her father, whom she dare not question, Sophie begs Ludwig to forgive his father for having to deduct the advanced sum from the stipend, when it is collected. "Der alte Gotlieb (Gottlieb)" in Teltow, between Berlin and Potsdam, appears to be a cherished family friend. See Nos. 31 and 32 below for a visit to him by Ludwig and Sophie planned for Easter, 1794.

(Beginning missing)
und daß ist mir eine große Freude ich treffe ihn auf die Art niemals
[1] Bei Betkobers mus ich jezt manchmal einen Besuch abstatten daß wird mir den freilich sehr zur Last den die ganze Geselschaft welche dort hinkomt ist entsezlich dum es ist selbst den Herrn Professor nicht ausgenommen kein vernünftiger Mensch darunter und mir ist es sehr lieb daß ich nicht wie Christian 6 Jahr dort zubringen mus ich weis nicht wie er daß aushalten kan. Ich ärgere mich recht daß keiner von Schmolens hier gewesen ist wir haben [s]ie[2] jeden Sonabend erwartet und jedesmal wurde uns[ere][3] [Er]wartung[2] getäuscht überhaupt ist mir diesen Sommer rech[t] [4] Freude verdorben Vater wolte mit mir eine kleine Re[ise][3] nach Teltow machen da wolten wir den alten Gotlieb besuchen Du kanst denken daß ich mich recht sehr darauf freute Daraus ist nun auch nichts geworden. Jezt eben erhalte ich daß Versprechen daß Vater dir durch Wackenroder etwas schiken will wen Wackenroder nähmlich noch vor den Dienstag in Halle ankomt welches doch warscheinlich ist ich kan aber nicht bestimmen wie viel und du weist wohl noch aus alten Zeiten daß ich nicht viel fragen darf Zudem lieber Bruder kan ich mich darüber gar nicht freuen weil es Vater dir wieder abziehen will wen er daß Geld erhält. Vergib ihm daß liebster Bruder er mus daß jezt thun er ist jezt sehr gedrängt er würde dir sonst gern recht viel geben es kränkt ihn selbst daß er dich

---

[1] "zu Hause" is written and heavily crossed out.
[2] These words are on the left margin which seems torn here.
[3] These words are on the right margin which seems waterstained here.
[4] A word seems to be completely blotted out by the water stain.

wie einen Fremden behandeln mus den so eine Auslage von einigen
Tagen würde man für einen jeden machen. Ich sprech[e] so viel
darüber und weis noch nicht wen Wackenroder hinkomt den wen er
nach den Dienstag käme so wäre es Narheit ihm etwas mitzugeben
oder ob er gar etwa[s mit]¹ nehmen wil doch daran ist wohl nicht
zu zweifeln er w[ürde]¹ [w]eniger dein Freund sein wen er mir diese
Bitte absch[lagen]¹ lte.² Nun mus ich wohl aufhören zu schreiben
ich ersch[rek-]¹ke selbst darüber wie viel ich geschrieben habe wird
es dir auch so gehen nun Gott gebe dir Geduldt daß alles zu lesen
Lebe wohl mein bester Bruder und denke recht oft an mich wen du
es nur so oft thust als ich so bin ich zufrieden Lebe recht wohl
lieber Bruder deine

Berlin³
den 8 ten *August*
1792

zärtliche Schwester
Sophie Tieck

Armer Bruder schon einen ganzen Monat hast du auf daß Geld
warten müßen.

13. To Sophie (IX)

During the interval between this and Tieck's preceding letter,
Wackenroder, who accompanied relatives from Stockholm on a
trip through part of Germany, managed to spend seven happy days
with Tieck in Halle and its environs. See Wackenroder's letters to
Tieck in v. d. Leyen, II, 96-104. It was during this time that Tieck
definitely decided to leave Halle for Göttingen. We find him at the
beginning of September making arrangements to settle his affairs
in Halle so that he may return home for the promised visit at the
end of the month. In order to be able to do so, however, he is again
forced to write for funds. But it is the sister, to whom he presents
his plea, who must approach the father with this evidently quite
delicate question!

Liebe Schwester,

Ich reise nun bald von hier ab, spätestens den 12 *Septbr.* Das ist

¹ The page is torn on the right margin. Inferred.
² The beginning of this word on the left margin is blotted out by a water
stain.
³ The "e" is heavily written over an "i."

nun ba[l]d, ich möchte aber vorher noch alles in Richtigkeit bringen, und daß dazu die 3 *Louisd'or* nicht gereicht haben, kannst du dir wohl selbst denken. – J e z t brauche ich nun das Geld recht nöthig, bitte doch meinen lieben Vater, daß er es mir ja recht bald, gleich noch denselben Tag, da er diesen Brief empfängt herschickt, ich hatte es schon heute erwartet, je m e h r je besser, die ganze Summe wäre mir am liebsten, doch brauche ich sie nicht ganz. – Mit Pieskern werde ich mich wohl acht Tage unterwegs aufhalten, dann komme ich nach Berlin. – Wackenroder wirst du wohl schon gesehn haben.

[Ich habe ihm nie etwas von Schmol geschrieben, künftig darüber etwas mehr][1]

Grüsse meine Eltern h[er]zlich, bald bin ich so glüklich sie wieder zu sehn, und dich! Du glaubst nicht wie ich mich danach sehne. – Besorge ja das Geld, sonst wird meine Abreise unnöthigerweise aufgehalten. Ich erwarte es nun ganz gewiß künftigen Dienstag, (F r e i t a g wollte ich sagen, denn Dienstag erhältst du diesen Brief erst) denn den folgenden Dienstag oder Freitag wollte ich ja schon Halle verlassen. – Vergiß es ja nicht, wenn du mich bald bei dir haben willst! – Ich wäre wirkl. in grosser Noth, wenn ich nichts erhielte. – Küsse meinen Vater und meine Mutter in meinem Nahmen, grüsse Petern.

Lebe wohl.

I n E i l.   Dein Brud[er] Tieck.

Halle
am 1tn *Septb.*
    1792.

Vergiß ja meinen Auftrag nicht, die Leute dencken sonst hier, ich will Ihnen du[r]chgehn, sobald du diesen Brief empfängst, oder s p ä t e s t e n s den gleichfolgenden Posttag, dann erhielte ich es e i n e n[2] Tag vor meiner Abreise. – Bitte doch Vatern, daß er mich ja nicht stecken läßt! –

Nun bin ich bald [in][3] B e r l i n[2] !!!

(Göttingen, Fall, 1792 – Summer, 1794)

Tieck left Halle in September, 1792, and after a visit to his family, relatives, and friends in Berlin, he started out for the University of Göttingen, journeying through Saxony and Thuringia, visiting

---

[1] Square brackets are inserted in the manuscript.
[2] Underscored twice.
[3] The page seems to be torn here. Inferred.

theatrical performances wherever possible, and making stopovers at Dahme, Leipzig, and Nordhausen. He arrived at the university town on the evening of November 5th and immediately absorbed its quaint charm and friendly atmosphere, feeling entirely at home and much happier than had been the case in Halle. Here Tieck remained until the spring of 1794, interrupted only by his trip to Erlangen with Wackenroder in the spring of 1793.

These Göttingen days form an important epoch in Tieck's life for he became more closely associated with a larger and more varied group of people and extended his knowledge of languages and literature. Finding great joy in his surroundings and in his new acquaintances, Tieck devoted himself more earnestly and whole-heartedly to the study of philology and literature, turning a cold shoulder toward theology, which had already proved distasteful to him in Halle. To his studies of Shakespeare, Ben Jonson, and the English language, Tieck added in 1793 the study of Spanish, both language and literature, interests which Burgsdorff shared with him. His literary activities were resumed with renewed interest and energy. Thus he again worked on his *Anna Bolyn* and completed his *Abdallah, oder das furchtbare Opfer*. Hardly had he completed *Abdallah*, in December, 1792, when he was already planning his *Lovell*. Two other works written during this period, in a very short time, were *Der Abschied* and *Adalbert und Emma*.

During the early part of this period Tieck was still in close relations with Rambach and Bernhardi, to whom he sent his fragments and plans as well as finished works for publication. Wackenroder and Sophie still shared all his dreams and plans and both delighted him with their unreserved criticism of those works which he had been able to forward to Berlin.

In the correspondence between him and Sophie during this period of approximately sixteen months there is noticeable a tendency on the part of Tieck to write home less frequently as time progresses. This is especially true after Wackenroder joined him for the journey to Erlangen and during their semester there. Tieck's letters to Sophie continue to express concern for her health and happiness but they also contain apologies for his neglect and promises for the future fulfillment of her wishes. Her letters show that she felt not only painfully lonely but also neglected and forgotten. She had no one to talk to or to confide in, as she had no trustworthy friends of her own. Perhaps this is the reason why she was so deeply stirred by the suspicion that he was "drifting" away from her.

14. To Sophie (X)

The first letter from Göttingen, written the day after his arrival, describes very briefly Tieck's trip from Berlin to Göttingen and his satisfaction with the town itself and with his "Einrichtung." He has lost no time in registering for his lectures and has already found a congenial inn for his noonday meal. The concern of Tieck's family that the French might invade Göttingen was unfounded. Mainz surrendered to the French revolutionary army under Custine on October 21, 1792, but he did not press forward beyond Frankfurt am Main (Oskar Jäger, *Deutsche Geschichte*. München, 1919, II, 189 f., 194 f.). That Tieck is anxious to work diligently on his own works is evidenced by the fact that he asks his sister to send him the manuscripts of his *Anna Boleyn*, *Das Reh*, and *Abdallah*. He appears to make contradictory statements when he assures his father that he does not need money and then remarks that he has practically no money left.

For the "Grafen und Herrn" to whom he refers see Tieck's letter to Wackenroder of December 28, 1792 (v. d. Leyen, II, 152-5). To Wackenroder he writes: "Ich habe schon ein Collegium über den Horaz von Heyne gehört." (v. d. Leyen, II, 107). The "Anfang eines Ritterromans" by Rambach probably refers to *Der bayrische Hiesel*. Tieck had loaned Rambach and Bernhardi the second act of *Anna Boleyn*. See v. d. Leyen, II, 45 and 83. The mention of *Das Reh* proves that Tieck and not Schmohl wrote it. See E. H. Zeydel in *Euphorion*, XXIX [Stuttgart, 1928], 93 ff. In 1791 Tieck had given the first chapters of *Abdallah* to Schmohl (Köpke, I, 113).

Liebste Schwester,

Verzeih doch ja, daß ich dir in so langer Zeit nicht geschrieben habe, aber es war mir nicht eher möglich, denn ich bin erst gestern Abend in Göttingen angekommen. Wie geht es dir und meinen lieben Aeltern und dem Künstler? Alle sind doch wohl und gesund, wenn es alle so sind wie ich, so bin ich zufrieden, denn ich bin seit langer Zeit nicht so heiter gewesen als hier und während meiner Reise. – Damit ich es nur nicht vergesse, ich wohne in der Wehn der Straße. – Du und meine lieben Aeltern haben sich bei der Nachricht gewiß recht geängstigt, daß die Franzosen so nahe bei Göttingen ständen? – Diese Nachricht ist aber ungegründet gewesen und wäre sie auch wahr gewesen, nach Göttingen wären sie gewiß nicht gekommen. Wenn sie in die hiesigen Gegenden kommen sollten, so besuche ich sie sogleich.

Ich bin ganz gesund frisch und munter angekommen. Bis

Nordhausen 8 Meilen von Göttingen bin ich mit der Post gefahren, von da bis hieher bin ich geritten, weil die Posten hier so dumm eingerichtet sind, daß ich vier Tage in Nordhausen darauf hätte warten müssen.

Ich befinde mich hier sehr wohl, ich wohne charmant, in der besten Straße, die Stadt ist sehr niedlich, die Seiten mit Quadren gepflastert, was man in Berlin nicht einmahl hat, auch die nächtliche Beleuchtung ist weit besser als in Berlin, des Mittags esse ich in einem schönen Gasthofe mit lauter Grafen und Herrn und trincke täglich zu vier Gerichten meinen schönen Rheinwein, einige Collegia habe ich auch schon angenommen, kurz, ich lebe hier so angenehm, als ich es nur verlangen kann. Es gefällt mir hier unendlich mehr als in Halle.

Sage meinem lieben Vater, daß er ja nicht glauben soll, daß ich Geld nöthig habe, nicht im mindesten, ich weiß, er braucht es weit mehr als ich. Ich dancke ihm noch einmal für seine zärtliche Fürsorge. – Meine Sachen schicke mir doch sobald als möglich, (wenn dafür das Postgeld bezahlt werden könnte wäre es mir sehr lieb, denn ich habe fast kein Geld mehr übrig) vorzüglich vergiß meine Papiere nicht, gar nichts daran mußt du vergessen, packe lieber etwas zuviel als zu wenig ein, denn ich möchte nichts gern vermissen, suche doch nach einem *Manuscript* von Rambach, es ist der Anfang eines Ritterromans, auch dies schicke mir. Noch eins, bitte doch Wackenroder, der dir diesen Brief bringen wird, daß er dir von Bernhardi den zweiten Ackt der Anna-Bolyn holt, packe auch diesen ja mit ein, auch die Briefe vergiß nicht, – kurz nichts, nichts meiner schriftlichen Sachen, – auch die nicht, die von Schmols Hand sind, wie das Reh und Abdallah.

Alle, meine theuren Eltern, du, der Künstler, alle müssen aber auch recht wohl und gesund sein, sonst ist meine ganze Freude ve[r]-dorben. Küsse alle in meinem Nahmen, meinen lieben Vater und meine zärtliche Mutter, den Künstler und du selbst glaube daß ich ewig bleiben werden[1]

Dein Dich zärtlichst liebender Bruder,
Tieck.
Göttig am 6tn *Novbr.* 1792.

15. *To Sophie* (*XI*)

The following undated letter seems to be an afterthought to the preceding one, for it mentions twice that Sophie should not forget

[1] *Sic!*

any of the writer's papers and letters, in case she has not yet sent them, and, in addition, asks that two other manuscripts, namely *Philopömen* and a scene of the third act of *Anna Boleyn*, be included. The letter seems to have been written a day or two after Tieck's letter of November 6th, therefore perhaps November 7th or 8th, from Göttingen.

Philopömen is mentioned in a letter to Wackenroder of May 1, 1792 (v. d. Leyen, II, 4), and to Bernhardi in the spring of 1793 (*Aus dem Nachlaß Varnhagen's von Ense*, Leipzig, 1867, *Briefe*, I, 237). Tieck refers also to a scene from the unfinished third act of *Anna Bolyn*, in which Lady Rochford, jealous of Anna, aids in bringing about her death.

Liebe Schw[ester,][1]

Du bist doch noch gesund? Ich will es hoffen, ich wünschte, du hättest izt nur die Hälfte von meiner Gesundheit, denn ich befinde mich hier ganz ausserordentlich wohl. – Auf Ostern wollen wir zusammen recht frölich sein. Bleibe immer meine zärtliche Schwester, wie du es bisher gewesen bist. – Ich will dich nochmals erinnern, ja nichts von meinen Papieren zu vergessen, wenn du die Sachen noch nicht abgeschickt hast, so laß doch noch von Bernhardi den Anfang des Philopömen holen, grüsse ihn von mir, wenn du ihn sehn solltest, doch ich vergesse mich, du erhältst ja diesen Brief durch ihn, und ich wollte dir eben auftragen ihm zu sagen, daß er auch heut einen Brief von mir bekommen sollte. Suche doch ja nach der Scene zwischen Anna und der Rochford im dritten Ackt, ich kann nicht weiter arbeiten, wenn ich die nicht habe. – Wenn Piesker nach Berlin kommen sollte, so grüße ihn herzlich von mir, ich will ihm nächstens schreiben. Meine Correspondenz ist ziemlich ausgebreitet. Suche ja recht nach allen meinen Papieren, auch meine Briefe vergiß ja nicht. Ich erwarte nun stündlich einen Brief von dir. – Hat dich Wackenroder etwa indessen besucht? – Wenn er es noch thut, so grüsse ihn und erinnere ihn, daß er nicht vergessen soll, **mir** zu schreiben. – Ich bin ewig

Dein zärtlicher Bruder.

16. From Sophie (V)

The year of this partial letter is obviously 1792, as it is a reply to

[1] The page seems torn here.

Ludwig's letter of November 6, 1792 (No. 14 above). Sophie has evidently been trying to discourage Schmohl's interest in her and is undoubtedly referring here to the dunning letter her father has received from Schmohl in regard to Ludwig's debt to the latter. See Tieck's letter to his father about this matter in *Letters of Ludwig Tieck*, p. 6, and Letter No. 17 below for Ludwig's later, more favorable, opinion of Schmohl.

Wackenroder has given Sophie great pleasure by visiting her "several times," but she needs reassurance that he does not find these visits a burden. Bernhardi has brought Sophie the second act of *Anna Boleyn*. Though Wackenroder calls for this letter, Tieck complains three days later that he has received no mail from Berlin.

(Beginning missing)
über mich gewinnen ich gab mir 2 Monate hindurch Mühe mir ihn selbst lächerlich zu machen und was ich in 2 Monate nicht erhalten konte das bewürkt Schmohl durch einen einzigen Brief[1] selbst ist das nicht sonderbar? Und nun genug von ihm ich denke ich werde nun auch bald wieder heiter werden wen ich nur zuweilen mehr Geselschaft hätte. Wackenroder hat mich verschiedenemal besucht wofür ich ihm von herzen dancke den seine Gegenwart schenckt mir doch manchmal eine frohe Stunde wen ich nur[2] überzeugt währe das es ihm nicht lästig wird wen er zu mir komt den das würde mir das Vergnügen über seine Gegenwart sehr verbittern. Bernhardi hat mir den 2ten Ackt von Anna Bolling[3] gebracht er läst dich bitten du mögtest ihm bald schreiben und auch ob nichts von Anna verlohren ist doch das kanst du nicht eher beantworten bis du deinen Coffer hast. Wackenroder wil diesen Brief abholen und ich erwarte ihn alle Augenblike also wird er in der grösten Eil geschrieben. Hier im Hause ist alles wohl und läst dich alles grüßen wen es angeht so werde ich morgen mit dem Künstler in die Comödie gehen ich muß aber erst erwarten welches Stück sein wird eher kan ich nichts bestimmen Wackenroder ist da ich schließe Lebe wohl Deine

den	Schwester
17ten *Novebr*	S Tieck

17. *To Sophie (XII)*

Although neither the year nor the place from where this letter was

---

[1] "fe" is written and crossed out.
[2] "nur" is written above the line.
[3] Misspelling for *Anna Boleyn*.

sent is indicated here, the very nature of the contents leaves no doubt but that it was written in Göttingen in 1792. Tieck has been in Göttingen for approximately fifteen days but has not received letters from home, nor has his trunk arrived. He therefore asks that the things he needs most, such as his papers, a few pairs of socks, shirts, and other articles of clothing be sent in a package. That Tieck was plunged into greater social activities here than in Halle is shown by the fact that he had clothes made in Göttingen, not waiting for his things to arrive from Berlin. The close companionship with Burgsdorff is again evidenced by the remark that Tieck may use as much of Burgsdorff's clothing as he chooses.

That the relations between Ludwig and his sister have not remained untroubled is indicated by his expression of regret at having hurt her feelings during his recent visit to Berlin in September. He attempts again to assure her of his unending love by reminding her of the pleasant visit in Berlin and the expected trip at Easter in the coming year. He also promises that they will some day live together.

He has been diligently at work on his literary projects, having completed one work, *Adalbert und Emma*, in the short time in which he has been in Göttingen, and planning to resume the writing of *Roxane*, the early manuscript of which he wishes to have sent from Berlin. He now admits that he was lazy in Halle.

Tieck took the trip to Erlangen with Wackenroder after his Easter visit in Berlin. Sophie did not join them. Schmohl's "dummer Streich" is explained by Tieck in a letter to Wackenroder of December 28, 1792 (v.d. Leyen, II, 149 f.). By letter Schmohl apologized to Tieck for having sent the letter to his (Tieck's) father about the money owed him, saying that he did it because he was in love with Sophie, but found, when he stealthily read Tieck's mail from her, that she despised him. He could think of no better vengeance on her than to tell contemptible lies about Ludwig whom she loved so much. Tieck sent *Adalbert und Emma* to Rambach. For comments on Sophie's criticism of this work see Letter No. 20 below. Roxane is the second wife of the Sultan, Soliman. Mustapha is her stepson. The characters appear in an early three-act prose drama by Tieck, *Roxane*, based upon Christian Felix Weisse's *Mustapha und Zeangir* (1763).

Liebste Schwester,

Wie geht es dir denn? Mich wundert, daß ich noch keinen Brief aus Berlin erhalten habe, doch, die Post ist wahrscheinlich daran Schuld, du bist doch wohl, und meine lieben Eltern auch und alles im ganzen Hause steht doch noch wie sonst? – Ach, wenn ich erst eine Weile wieder von dir gewesen bin, dann fühle ich erst recht, wie viel du mir bist, werde um Gottes willen nicht kranck, das mußt du mir ja nicht zu Leide thun, wenn ich von dir entfernt bin, dann fangen mir meine Dummheiten erst recht an, zu gereuen, wodurch ich dich so manchmal, selbst. diesen [1] Michaelis noch beleidigt habe, du mußt sie nicht auf meine Rechnung schreiben, denn glaube mir, ich liebe dich so sehr, als ich nur irgend etwas in der Welt lieben kann, ich kenne aber auch nur sehr wenig Menschen, die es so sehr verdienen sollten, als du, und es bleibt dabei! wir ziehn noch ein[m]ahl zusammen, du kannst dich darauf verlassen: Auf Ostern freue ich mich schon recht sehr, vollends wenn unsre Reise noch zu Stande kömmt. – Mein neuliches Urtheil über Schmoln widerrufe ich, er hat mir einen langen Brief geschrieben und darinn die bitterste Reue über seinen dummen Streich gezeigt, er bittet mich und dich tausendmahl um Vergebung. Es ist ein sonderbarer Mensch, er hat wirklich ein gutes Herz und handelt nie nach diesem, sondern stets nach seinem Verstande, und nach zusammenges[e]zten, künstlichen Planen, die er ohne alle Noth formirt, ich will ihm alles vergeben, thu du es auch, und sei seines ganzen Briefes wegen ausser Sorgen, beruhige auch meine Eltern darüber. – Wenn du dich in Be[r]lin nur so wohl befändest, als ich hier, so wär ich glüklich und zufrieden. Wahrscheinlich ist doch schon ein Brief von dir unterwegs. – Hat Wakkenrod[er] dich indeß besucht? Ist ein Ofen in der Stube gesezt? Hast du englisch gelernt? – Antworte mir und schreibe mir immer hübsch lange Briefe, – du solltest auf Ostern gleich mit nach Erlangen gehn, das wäre wohl das gescheidteste. – Ich habe einen ganz kleinen Roman nach Berlin geschickt, bitte doch Wakkenroder, daß er ihn dir auf einen Nachmittag bringt, oder vorliest, denn du wirst die kleine Schreiberei schwerlich lesen können, doch du kennst ja den Anfang schon, es ist Adalbert und Emma. – Schreibe mir doch auch, was du darüber sagst. – Daß du Wakkenrodern und Bernhardi, wenn du sie siehst, von mir grüssest, versteht sich von selbst, ebenso meine lieben Eltern, die meinetwegen ja unbesorgt sein sollen, denn es geht mir hier so gut, als es mir nur gehen kann. – Noch eins: Wenn mein Coffer nicht schon abgeschickt sein sollte, so laß ihn nur gradezu in Berlin, schicke mir bloß in einem P a k e t a l l e meine Papiere, (wenn du es finden solltest, auch ein altes Stück in Quart, wo Roxane, Zeangir und Mustapha vorkommen) bloß ein[i]ge Paar Strümpfe und noch ein[i]ge Hemden, mit allem übrigen bin ich hier versorgt, und kann von Burgsdorfs Wäsche n[e]hmen soviel ich will, Unterhemden, und die Westen kannst du alle in Berlin behalten auch Halstücher, nur noch ein[i]ge Schnupf-

---

[1] "Oste" is written and crossed out.

tücher, den Schlafrock und die Nankingjakke schicke, die Röcke nicht. – Ich habe mir hier einen Ueberrock, ein Paar Beinkleider, und noch einen schwarzen Rock machen lassen, womit ich in Gesellschaft gehn kann; also wenn der Coffer noch nicht abgeschickt ist, so können meine Eltern das Geld sparen. – Schreibe mir ja recht fleissig, hörst du? – Und daß ich dich auf Ostern ja recht gesund finde! – Bleibe gesund, oder ich werde dir zum Possen auch kranck, und dann [1] wollen wir sehn, wer am längsten kranck bleibt. – Aber du hast mir schon zu viel zu Gefallen gethan, du thust mir diesen Gefallen auch ge[w]iß? Nicht wahr? – Ja! – Lebe wohl. – Ich bin hier übrigens sehr fleissig, nicht so faul wie in Halle, ich besuche die Collegia sehr regelmässig. – D[ein z][2]ärtlichster Bruder. Tieck. Am 20tn *Novbr.*

18. To Sophie (XIII)

In view of Sophie's great affection for her brother, it is surprising that Tieck finds it necessary to complain of not hearing from her more than once in the three weeks he has been in Göttingen. Since neither his trunk nor the package of papers has as yet arrived he adds one more request. Tieck's great love for his brother Friedrich as well as his desire to aid the younger brother financially is apparent in this letter.

Piesker's father was the manager of the estate Fredersdorf not far from Berlin. See Köpke, I, 74. The promise to send "something" to Berlin soon may refer to *Abdallah*, completed in December and sent to Rambach in Berlin in January, 1793. Wörlitz is in Anhalt not far from Coswig. Apparently Tieck has left debts in Halle.

Liebe Schwester,

Ich kann dir heut nur wenig schreiben, denn die Post wird gleich abgehn, aber nächstens sollst du ge[w]iß mehr von mir hören. – Um das Einliegende sci doch so gut, einen Umschlag zu besorgen und es sogleich auf die Post zu geben, die Addresse ist: An H. Piesker, d. *R. C.* in Fredersdorf, bei Vogelsdorf, frei. F[3] Ist er noch nicht in Berlin gewesen, ich habe noch nicht an ihm geschrieben, dies Einliegende kannst du lesen. – Wenn du meinen lezten Brief noch er-

---

[1] "magst" is written and crossed out.
[2] The page has a large blot here. Inferred.
[3] A mark like "F" refers to the following matter at the bottom of the page: "F abzugeben f d. gräfl. Schlosse."

halten hast, ehe mein Coffer abgegangen ist, so packe doch unter meinen Sachen auch meine Pantoffeln ein, und besonders ein kleines Pappier, was in der rechten Westentasche meiner violetten seidnen Weste steckt (bewunderst du nicht mein Gedächtniß) es ist ein armseel[i]ges Ding, aber ohne ihm kann ich die A n n a nicht weiter schreiben. – Sind die Pappiere und etwas Wäsche schon abgeschickt, in einem Paket oder so, so laß nur die Pantoffeln zurück, und schicke mir das Pappier in deinem nächsten Briefe, den ich sobald als möglich erwarte. – Deinen einen Brief habe ich bekommen, aber warum schreibst du nicht, – du bist doch nicht kranck, das will ich nicht hoffen! – Meine lieben Eltern sind doch auch noch gesund? – Schreibe mir doch ja hübsch fleissig. – Schmol nimm seinen dummen Streich nicht übel, er hat es wirklich eigentlich nicht böse gemeint, er ist ein kleiner Pedant. – Nächstens werde ich wieder etwas nach Be[r]lin schicken. [Du reisest doch noch mit nach Wörlitz?][1] Auf deine kleinen Gedichte, oder was es ist, freue ich mich, ich hoffe, du hast es mit eingepackt. – Grüsse doch mein[en] liebe[n] Vat[er] und meine Mutter, nach Halle sollen sie durchaus kein Geld mehr schicken, es wäre ja schändlich von mir, wenn ich das zugeben wollte. – Grüsse doch den Künstler, wenn du ihn sehn solltest, erinnre ihn, daß er den Laokoon ließt, ich werde ihn sonst auf Ostern ausprügeln. [Ich wollte, ich könnte dem guten Jungen ein paar Dukaten mitschicken, auf Ostern vielleicht.][1] – Schreibe mir ja nächstens, ich warte mit einer rechten Sehnsucht darauf, – vergiß es nicht, – Du bist doch auch nicht böse auf mich? – Auf Ostern wollen wir recht vergnügt sein.

Götg am
30tn *Nvbr*.
1792.

Dein zärtliche[r] Brud.
Tieck.

19. *From Sophie (VI)*

The clue to the date of this partially lost or mutilated letter is found in Sophie's question concerning Wackenroder which Ludwig answers in his letter of December 23, 1792 (No. 20 below). Since Tieck, in his reply, begs forgiveness for not having written in a long time, it might be assumed that Sophie wrote this letter fairly early in December, 1792. It is unfortunate that the previous pages of this letter have not been preserved, for according to Tieck's response, it was a

---

[1] The square brackets occur in the manuscript.

"nice long one" which contained, besides mention of Schmohl and her attendance at the theater with Friedrich, her anxiety regarding Tieck's interest in a young lady, and her criticism of *Adalbert und Emma*.

Apparently conscious of her family's comparatively lowly social status, Tieck's sister is worried about her behavior in the company of a person of Wackenroder's social standing, lest he be offended when she, at times, oversteps the conventional bounds ("die feine Lebensart") by being too forward. Wackenroder's father was "Geheimer Kriegsrat" and "Justizbürgermeister" (city solicitor) of Berlin.

(Beginning missing)
dieser Welt so selten werden unsere Wünsche erfült das Glück unseres Lebens hängt so oft von einem kleinen ohngeferen Zufal ab doch was schreibe ich schon wieder ich wil durchaus so etwas nicht mahl denken. Noch eins lieber Bruder es ist mir[1] so sehr zum Bedürfnis geworden mit einem Menschen vertraut umzugehen das es wohl sein kan das ich bei Wackenroder zuweilen die feine Lebensart vergeßen habe und etwas zu vertraut gewesen bin du must keine unanständige Vertraulichkeit mutmaßen blos habe ich ihn manchmal nicht so begegnet wie ich eigentlich einen Menschen von seinem Stande solte. Du kenst ihn beßer als ich glaubst du wohl das er das nicht übel genomen[2] hat beruhige mich deshalb wen du kanst Schreib mir auch ob es ihm wohl nicht zu beschwerlich ist in meiner Geselschaft zu sein es würde mich sehr freuen wen ich das nicht zu fürchten brauche. Lebe wohl mein theuerster Bruder Schreib mir ja bald und einen recht langen Brief Lebe wohl mein bester l[i]ebster Bruder ich sehne mich jezt recht nach dir – ich kan die Tränen ohnmöglich unterdrüken das mein heißes Wünschen vergeblich ist lebe wohl ich küße dich in Gedanken lebe wohl und denke oft an Deine zärtliche Schwester

Sophie Tie[c]k.

20. To Sophie (XIV)

Because Tieck has written neither his sister nor Wackenroder in almost a month, he is again moved to write her at greater length, giving a clear picture of his activities and occupations during his

[1] "mir" is written above the line.
[2] A "h" is written after the "o" and crossed out.

busy days in Göttingen. He is making excellent use of the splendid library there and is particularly occupied in studying Shakespeare. He attends all the lectures. In the new year he plans to take up Spanish. A trip is planned to Cassel, where there are to be special performances on the occasion of the visit of the King of Prussia. Interesting also is Tieck's statement of his somewhat "democratic" ideas and his attitude toward outer differences in social rank. To him real nobility is that of the heart.

He is grateful to Sophie for her efforts in his behalf and thanks her for having sent the trunk which has now arrived. Her "neuer Brief" to which he refers has not been preserved. In this letter Tieck speaks, for the first time, of a young woman in his life, one for whom he admits he felt a passing "intoxication" and whom he thought of bringing home with him on a visit at Easter time. But he changed his mind, probably in fear of Sophie's attitude. Instead he plans to have Sophie visit "die Wellern" (or "die Weller") in Wörlitz. The little we know of her is found in these letters to and from Sophie. She evidently lived in Dahme, where Tieck spent about two weeks on his way to Göttingen in the autumn of 1792. (Cf. v. d. Leyen, II, 105). At that time she learned to ride horseback, and when Tieck left Dahme, she accompanied him for over a mile. During the course of the next few months Tieck finally contrived, with Sophie's help, to rid himself of her. See Nos. 22, 24-29, 31, and 32 below.

Tieck sends felicitations for the New Year, recalls Christmas mornings at home, and promises a happy Easter visit.

Tieck's Shakespearean studies centered upon the annotation of *The Tempest* and the reading of *Romeo and Juliet*, *Hamlet*, and *Othello* in the original, as well as upon a study of the critical literature and of Shakespeare's language. See v. d. Leyen, II, 113. Tieck's own forthcoming work is undoubtedly *Abdallah*. For Wackenroder's criticism of *Adalbert und Emma* see v. d. Leyen, II, 127-9. The trip to Cassel took place in February, 1793. The king of Prussia at this time was Frederick William II, who ascended the throne after the death of his uncle, Frederick the Great, in 1786.

Liebste Schwester,

Tausend, tausend Danck für deinen schönen langen Brief, er hat mir erstaunlich viel Freude gemacht, schreib mir doch ja öffter so und bleibe nur immer, so wie meine lieben Eltern, gesund, dann will ich auch hier in Göttingen, 40 Meilen von dir, recht ver- gnügt und froh leben. Verzeih mir, daß ich dir in so langer Zeit nicht geschrieben habe, du mußt nun schon mit meiner Faulheit ein[m]ahl Geduld haben, ich war überdies grade in einige Arbeiten hinein-

318

gekommen, die ich nicht gut aufschieben konnte. – Ich bin hier ziemlich fleissig, ich benutze die Bibliotheck sehr, und studiere besonders den Shakspear – vielleicht wird dir auch Wackenroder nächstens etwas von mir vorlesen können. – Bleibe nur ja gesund, dann will ich hier auch immer recht vergnügt sein.

Daß ich dich liebe, und ewig lieben werde, davon kannst du versichert sein, du mußt mich ja auch in dieser Rücksicht schon kennen, mache dir also deshalb keine unnütze Bedencklichkeiten, sei darüber ganz ruhig, ich werde immer der bleiben, der ich izt bin. – Sei nur immer recht frölich und munter und d[e]nke recht oft an Ostern, wo wir recht sehr vergnügt sein wollen. Geh nur, wenn du kannst mit dem Künstler noch öfter in die Comödie. Grüsse ihn doch auch von mir herzlich, hörst du? –

Für deine sorgfältige Ueberschikkung des Coffers danck ich dir recht sehr, ich danke dir für deine grosse, erstaunliche Mühe, die du dir gegeben hast, [1] ich weiß wirklich nicht, wie ich dir irgend einmahl deine Liebe vergelten kann, einige Kleinigkeiten, als den Bambus, ein Pa[a]r Stiefeln, wofür du mir ein Paar unrechte geschickt hast, Schnupftücher, habe ich vermißt. Einen bunten Tuch habe ich gefunden, der dir wahrscheinlich gehört und den du in der Zerstreuung eingepackt hast, ich werde ihn auf Ostern wieder mitbringen. – Daß du ja nicht mehr, als 3 rl. geschickt hast, soll ich nicht übel nehmen? Du liebes Kind, mußt nicht so mit mir spassen.–

Ich bin übrigens so gesund, als man es nur sein kann, ich versäume die Collegia nicht und bin immer ziemlich fleissig. –Schreibe mir nur immer hübsch ordentlich. – Mit dem Neujahr fange ich auch an, spanisch zu lernen, werd' ich nicht ein gelehrter Kerl werden? A propos! ich gratulir dich und das ga[n]ze Haus, wenn du in der Zeit kein Brief wi[e]d[er] erhalten solltest.

In deiner Besorgniß wegen der Wellern, erkenn ich deine ganze Liebe, allein sie ist wirklich ohne Grund, liebe Schwester, denn aufrichtig gesagt, sie ist mir jezt wirklich ziemlich gleichgültig, denn ich habe gefunden, daß sie im Grunde nichts als ein gewöhnliches Frauenzimmer ist. Du siehst also wohl, daß sie mich nicht von meiner Thätigkeit abhalten wird, und daß sie dir noch weniger Eintrag thun kann, du hast überhaupt diese ganze Sache zu ernsthaft genommen, es war bloß eine Art von vorübergehender Trunkenheit, weiter nichts! Ich habe ihr zwar von hier geschrieben, allein sie kommt vielleicht nicht nach Berlin, nicht weil sie nicht hinwollte, sondern weil ich sie wirklich nicht gern mitbringen möchte, es würde im Hause viel Unruhe machen, und dann könnt' ich deinen Umgang ja noch weniger geniessen. – Übrigens wirst du aber doch noch können nach Wörlitz reisen, das will ich hoffen, nicht wahr?

[1] "we" is written and crossed out.

Du kannst ja sagen, daß du sie besuchen willst und kannst sie ja auch im Ernst besuchen. Du [m]ußt durchaus ein bischen mit mir in die Welt herumreisen. Schreib mir doch nächstens etwas darüber.

Bleibe ja nicht zu lange auf, um mir zu schreiben, so lieb mir auch deine langen Briefe sind, so laß sie doch lieber etwas kürzer sein, wenn du darüber kranck werden solltest, du hast überdies bei meinen Sachen schon immer so lange aufgeseßen, ich fürchte im Ernst, daß es dir Schaden gethan hat, thue so etwas ja nicht wieder.

Dein aufrichtiges Urtheil über meinen[1] Adalbert hat mir sehr gefallen und was noch mehr ist, du hast in allen Sachen Recht, den Schluß in Versen etwa ausgenommen. Du weißt ja wohl von mir, daß ich nicht zu den eiteln Schriftstellern gehöre, die gleich böse werden, wenn man sie tadelt, ich gewöhne mir auch von Tag zu Tag den Fehler immer mehr ab, wo ich ihn ja noch irgendeinm[a]hl an mir bemercke. Dein Urtheil stimmt übrigens mit dem von Wakkenroder ganz und gar überein, und ich danke dir dafür recht sehr, mache es immer so, es wird immer mir sehr lieb sein, du sollst auch dafür, wenn es möglich ist, ein gedrucktes Exemplar erhalten. In Ansehung des Charakters der Emma hast du mir eine sehr gute Anmerkung gemacht, ich wußte überhaupt schon vorher, was von dem ganzen Dinge zu halten sei, ich habe es ein wenig zu schnell geschrieben. Daß dich übrigens Wakkenroder besucht, ohne bei dir Langweile zu haben, darauf kannst du dich verlassen. – Du hast mir ja in deinem neuen Briefe nicht gesagt, wie es mit deinem neuen Zahn geht, die Nachricht von dem Absterben des Alten hatte mich ordentlich erschreckt.

Was macht denn G r i e s e ? glorreichen Andenkens?

Ob W a k. es übel nehmen wird, daß du ihm nicht nach seinem Stande begegnest? Wie kann dein sonst so gesunder Menschenverstand zu dieser närrischen Frage[2]? das sage mir nur ein[m]ahl. – Als wenn sich nicht alle Menschen in der Welt gleich wären, nur das Herz adelt, a l l e ohne Ausnahme sind sich g l e i c h. Wenn Wak. so etwas übel nehmen könnte, so könnte er auch von diesem Augenblick an mein Freund nicht mehr sein. Ich bin überhaupt in meinem Demokratismus (dies Wort wird dir doch wohl nicht fr[e]md sein) eher eifriger als kälter geworden. – Ich glaube nicht, daß diese Idee dein Ernst war, die Welt wird überhaupt wahrscheinlich nächstens dahin kommen (wenigstens müssen es alle vernünftigen Menschen wünschen) daß man all' das schaale Complimentenwesen abschafft, daß nur Verdienst geschäzt wird, und jeder Thor und schlechter Kerl verachtet, er mag auf dem Thron sitzen oder einen Plundermatzkarren schieben.

[1] A "d" is written over the "m" in "meinen" and crossed out.
[2] "kommen" omitted at the end of the sentencel?

320

Ich habe vor einigen Tagen auch deinen zweiten lieben Brief erhalten.

Schmol ist ein Narr, nichts weiter. –

Böse kann ich übrigens gar nicht werden, ausser wenn du kranck wirst und gar nichts schreibst und dann könnt' ich leicht noch etwas mehr als böse werden, dafür nimm dich also ja in Acht, wenn du mich nur noch etwas liebst.

Wenn meine Briefe dich heiter machen, so will ich dir auch künftig öffter schreiben, du erhältst wenigstens diesmahl einen ziemlich langen Brief, du wirst mir also verzeihen, wenn du böse gewesen bist, daß du so lange von mir nichts gehört, oder gesehen hast.

Auf Ostern wollen wir gewiß recht vergnügt sein, das sollst du sehen.

Wie wir unsre Comödien schrieben, das war doch wahrhaftig keine üble Zeit, jezt ist nun auch die Zeit da, wo wir oft mit einer peinigenden Ungeduld das Aufstehn des Vaters und unser Weihnachtsgeschenck erwarteten, um uns kranck zu essen, und ein bischen zu prügeln. Alles das ist freilich izt vorbei. Zum Theil ist es gut, zum Theil wieder nicht, wie man es nimmt. –

Deine Zahnschmerzen thun mir ausserordentlich leid, nimm doch die Zähne ja recht [in Acht][1] und wasche sie alle Tage mit Wasser, ich thue es wenigstens jezt immer.

Ich will hoffen, daß sie jezt schon vorüber sind.

Warum schreibt mir denn aber der närrische Kerl von Künstler nicht? Hat er etwa wieder Briefe an mich zerrissen, weil sie ihm nachher nicht gefallen haben, auf Ostern muß er mich auch mehr besuchen, als er diesmahl gethan hat.

Grüsse Vatern und meine liebe Mutter recht herzlich von mir, ich will wünschen, daß sie ebenso gesund bleiben mögen, als ich. Ich bin von ganzem Herzen gesund und hoffe sie auf Ostern recht munter wiederzusehn.

Wenn du auf einen Brief von mir schon lange ernstlich gehofft hast, so thut es mir sehr leid, daß dieser so spät kömmt, – indeß, ich will es künftig ordentlicher treiben, tröste dich damit, Ostern ist ja überdies nun bald. – Nächstens will ich auf ein Paar Tage nach Cassel reisen, der Kön[i]g von Preussen ist dort, – es wird Oper und Comödie sein. – Lebe du recht wohl, zu tausendm[a]hle,

Göttg   Dein zärtlicher Brud.
am 23tn *Decbr.*   Tieck.
1792.

[1] The page is damaged here. Inferred.

21. To Sophie (XV)

Sophie's letter of January 8, 1793, for which Tieck thanks her here, appears to be lost. Easily perturbed and very difficult to calm, she had become quite anxiously worried because Tieck had missed a pair of boots among the things she had sent him in his trunk; so eager was she to have her brother back in Berlin that she could not count correctly the number of intervening months. Tieck wishes to send his brother one of his own still presentable overcoats. Another work has been completed and sent to Rambach, and Wackenroder is to read it to her. Enthusiasm for the Easter journey and the trip to Wörlitz, in which she is to join Tieck, are to bolster up the spirits of the lonely sister.

Easter came on March 31st. To judge by Letter No. 22 below, the "grosses Werk" was *Rosstrapp*, a fairy-tale, the song of a minnesinger. Wackenroder gave it to Sophie in January (v. d. Leyen, II, 181). Wackenroder's criticism of it coincides with that of Tieck.

Liebe Schwester,

Heut kann ich dir nur einen sehr kurzen Brief schreiben und dir für den deinigen vom 8tn *Jan.* danken, der mir noch weit lieber wäre, wenn ich nicht daraus sähe, daß du immer noch nicht recht aufgeräumt bist – So früh auch Ostern fällt, so setzest du es doch immer noch zu früh, denn als du den Brief schriebest waren es nicht zwei, sondern noch drei Monath bis zu meiner Ankunft in Berlin. – Dein Brief war mir ausserordentlich erfreulich, denn ich machte mir hundert Besorgnisse warum Niemand schriebe. – In Ansehung der Stiefeln habe ich doch Ruhe, es sind die Meinigen, das ist wahr, aber weit ältere, die andern waren nicht steif, hatten auch keine solche Klappen und waren hinten mit einer Schnalle eingerichtet, daran kannt' ich diese falschen Canaillen gleich. – Doch, ich bin gesund und munter, wenn es auch die unrechten Stiefeln sind, und sei du es nur auch, dann ist alles schon gut. – Eh' ich es vergesse, ich glaube der Künstler wird auf Ostern einen neuen Rock brauchen, sage doch Vatern, daß er sich deshalb keine unnöthige Kosten machen soll, ich will für ihn den schwarzen Rock mitbringen, den ich mir voriges Jahr in Berlin machen ließ, er wird hoffentlich keine Einwendungen dagegen machen, denn ich habe ihn so gut wie gar nicht getragen, er ist auch noch nicht gewendet, was sich von selbst versteht. Sag' es doch auch dem Künstler, denn ich habe noch Rökke genug.

Ich habe wieder ein grosses Werck an Rambach geschickt, Wakk. wird wohl so gut sein, es dir zu bringen, oder auch vorzulesen, es ist aufrichtig gesagt, noch schlechter als Emma. –

Ich komme so früh ich kann, und so vergnügt als möglich, und wir reisen so spät von Berlin als es nur kumpabel[1] im Stande gewesen zu sein, ist, – du reisest auf jeden Fall mit, das will ich schon machen, du sollst Wörlitz sehn, das ist einmahl ausgemacht, wenn nicht tausend Umstände dazwischen kämen, solltest du ganz mit nach Erlangen reisen.– Doch, das kann nicht sein.

Ich werde dich immer lieben, so lieben, wie ich nur jemand lieben kann, davon kannst du überzeugt sein, daß du mir lange Briefe schreibst, will ich gar nicht verlangen, denn du sitzest dann spät auf und verdirbst dir die Augen. – Bleibe nur gesund, alles übrige ist doch nur Nebensache. – Auch meine Eltern müssen es bleiben und ich hoffe, daß sie es sind, indem ich dieß schreibe,[1] grüße meinen lieben Vater und meine liebe Mutter herzlich von mir, auch den Peter und ja den guten, braven Künstler, es ist eigentlich ein herrlicher Junge, er soll nicht zu fleissig sein und dafür einmahl an mich schreiben, sobald ich kann, soll es mein erstes Geschäft sein, mich mit ihm zu prügeln. – Laß, wenn du kannst, auch E s p e u t grüßen, er soll mir schreiben und ich will ihm antworten. – Gestern erhielt ich deinen Brief. –

Dein zärtlichster Brud. Ti[ec]k.

Göttg am 16tn *Jan.* – 93.

22. To Sophie (XVI)

Though undated, the following letter appears to belong in February, 1793, and was therefore written from Göttingen. Again there is reference to a letter of Sophie's that is evidently not preserved, a letter containing her criticism of *Rosstrapp*, which Tieck had sent to Berlin in January. Mention of the death of King Louis XVI, which occurred on January 21st of that year, also puts this letter in February, 1793. Furthermore, Tieck speaks of the approaching spring and his visit home. It is interesting to note that he intends this time to avoid going home by way of Dahme, the home of "die Weller," since he has not written to her. "Die Weller" has, however, taken the liberty of writing to Tieck's sister. Tieck has suffered for several days with a toothache, which was severe enough to keep him from writing.

Wackenroder gave Sophie *Abdallah* before March 2nd (v. d. Leyen, II, 193). *Der Abschied*, a creditable two-act play, was written in 1792 at Bernhardi's suggestion. It was published in 1798 by Wackenroder without Tieck's knowledge.

[1] *Sic!*

Liebste Schwester,

Verzeih, daß dieser Brief so spät zukömmt, wenn ich auch wenig an
dich schreibe, so kannst du doch glauben, daß ich immer sehr
fleißig an dich dencke, ich bin etwas fleißig gewesen und ein Paar
Tage an Zahnschmerzen kranck und dies hat mich vom Schreiben
zurückgehalten, Wakkenroder kann sich wenigstens nicht rühmen,
mehrere Briefe als du bekommen zu haben. – Du bist gesund, ich
hoffe es und vergnügt, ich wünsche es. – Ich habe wieder etwas nach
Berlin geschickt, das erste Buch von Abdallah, wenn du dich
dessen noch erinnerst, du wirst es wohl nicht eher als gedruckt zu
sehn bekommen. – Für dein Urtheil über den Roßtrapp danck' ich
dir recht sehr, du wirst nach und nach ein sehr guter Rezensent
werden. – Hast du Piesker gar nicht zu sehn bekommen? Der kleine
Schlingel schreibt mir gar nicht. – Hat dir Wakkenroder nicht ein
neues Trauerspiel, der Abschied, von mir gezeigt? – Du siehst,
daß ich statt deinen Brief zu beantworten, mit Fragen anfange. –
Nun werden wir uns ja bald, sehr bald sehn, und ich freue mich sehr
auf diesen Augenblick, wenn auch das Wetter unsre Reise nach
Wörlitz verhindern sollte, so wollen wir dafür in Berlin desto
frölicher sein. – Ueber Dahme werde ich natürlich nicht reisen, denn
da ich ihr nicht geschrieben habe, so wird sie wahrscheinlich auch
böse auf mich sein, der Brief an dich mag wohl etwas affectirt sein,
denn das ist ihre große Schwäche, sie spricht zehnmal mehr, als sie
empfindet und täuscht auf den ersten Augenblick sehr.
Wegen der Stiefeln werden wir uns so lange streiten, bis ich nach
Berlin komme, ich habe andre aus Halle mitgebracht, di[e]se hier
kenne ich sehr gut, ich trug sie vor 3 oder 4 Jahren, sie standen in
der hintern Stube hinterm Bette und der Künstler wollte sie vor 2
Jahren nicht tragen, ich kann sie hier nicht brauchen. – Doch, das
thut nichts, ich habe izt andre.
Geldma[n]gel leide ich nicht, denn wozu sollte ich Geld brauchen?
– Deswegen brauchst du nicht im mindesten besorgt zu sein. –
Daß ich hier ziemlich fleissig bin, weißt du schon, daß ich bald
komme, ebenfals, was kann ich dir noch schreiben, daß du nicht
wüstest? – Was hat denn Vater zu dem Tod des Kön[i]gs von
Franckreich gesagt? – Der Künstler schreibt ja gar nichts, es ist der
wahre Esel. Daß Bernhardi so geduldig ist, und sich von ihm in
Thon aushauen läßt, wundert mich sehr, denn es wird langsam
genug dabei zugehen. –
Hier fängt es izt schon an, [sehr schö]nes[1] Wetter zu werden, es
wird schon Frühl[in]g. – Ich bin hier erstaunlich wenig ausgegangen,
dafür habe ich aber den Shakspear noch mehr, als sonst auswendig

[1] Seems to be blotted out. Inferred.

gelernt. – Sorge dafür, daß du recht gesund und munter bist, wenn ich nach Berlin komme, denn daran wird mir am meisten liegen, wenn schön Wetter ist, wollen wir dann recht viel ausgehn, – verzeih, wenn ich abbreche, glaube mir fest, daß ich dich über alles liebe, daß ich dich nie vergeße, – aber ich muß heut noch viele Briefe schreiben, und noch vieles zu Stande bringen, ehe ich von hier abreise. – Grüße meine lieben Eltern von mir recht herzlich, auch den Künstler und versteht sich auch, wenn du irgend einen unsrer Verwandten sehen solltest.

Dein zärtlichst. Brud.
Tieck.

23. To Sophie (XVII)

The following letter expresses Tieck's joy at the prospect of the reunion with his family in five weeks and his promise to send another letter advising Sophie of the exact date of his departure for Berlin. He expects to travel by way of Golzow, where relatives live, arriving in Berlin in time for Easter.

Although not dated, this letter appears to belong in February, 1793, and was therefore written from Göttingen. Since, as already noted, Easter in that year fell on March 31st (Cf. v. d. Leyen, II, 193), and since our letter was written about five weeks earlier, its date would be approximately February 20th. If it were 1794, Tieck would most likely have mentioned, as he does in the letters of that spring, that Piesker is expected to visit the Tiecks at Easter time.

Liebste Schwester,

Ich lege dies bloß bei, um dich zu bitten, auf einliegenden Brief die Addresse fortzusetzen und ihn sogleich auf die Post zu besorgen. Uebrigens bin ich in fünf Wochen in Berlin; kannst du nach Golzow kommen, so würde ich mich ausserordentlich freuen, ich gehe auf jeden Fall wieder über Golzow. – Ich freue mich beständig auf meine Reise nach Berlin, auf den Augenblick, in welchem ich dich wiedersehe. – Grüsse meine Eltern, meinen Bruder und Pete[r] recht herzlich von mir. – Bald seh' ich euch ja nun alle wieder.

Natürlich schreib ich dir noch vorher, wo ich dir ganz genau den Tag bestimme, an welchem ich nach Berlin[1] von hier abreise und in welchem ich [2] in Berlin ankomme. – Lebe wohl.

[1] Written over some other word, unclear.
[2] An illegible word or syllable is crossed out.

Den einliegenden Brief besorge ja sogleich, denn ich wünsche von Pieskern noch eine Antwort hier zu haben, das würde nicht möglich sein, wenn nicht alles sehr schnell geschieht. Sollte er also die Antwort an dich etwa schikken, so besorge sie denn auch sogleich an mich hieher.

Dein ewig dich liebend. Bruder.

24. To Sophie (XVIII)

This letter was apparently written after Tieck's short trip from Erlangen to the Fichtelgebirge in the company of Wackenroder. A letter to Bernhardi (*Aus dem Nachlaß Varnhagen's von Ense.* Leipzig, 1867. *Briefe,* I, 191 ff.) describes this trip as beginning on May 17th, that is, the Friday before Pentecost, 1793, and Tieck speaks here of a possible visit to Berlin in the coming "Hundstage" or Michaelmas. This letter may therefore have been written about the beginning or the middle of June, 1793, in Erlangen.

Tieck shows some fear that "die Weller," who has called on Sophie in Berlin, might cross his path while at Erlangen and consequently he would like his sister to inform the young lady that he has left Germany for Italy or France, if she writes again.

The tender ("zärtlich") letter from Sophie that Tieck mentions is not in this collection.

Liebste Schwester,

Wie sehr, wie tausendmahl danck ich dir für deinen so zärtlichen Brief, verzeih meine Trägheit, daß ich dir nicht schreibe. – Ich bin gesund, gesund wie eine Forelle, die in den hiesigen Gegenden sehr gut sind. – Die verrükte Weller ist bei dir gewesen? – Da bedaure ich dich, – der Umgang mit ihr ist ein bloßer Spaß für mich gewesen, du nimmst es viel zu ernsthaft, – du bist mir Millionmahl theurer, – oder vielmehr findet gar keine Vergleichung statt, denn sie ist mir äusserst gleichgültig. – Was sie dir von dem Todtliegen gesagt hat mit dem Pferde, das würde mir um dem Pferde wirklich leid gethan haben, wenn es wahr wäre, aber es ist gänzlich erlogen, glaube kein Wort davon, ich stolperte damahls einige m[a]hl mit dem Pferde, – aber thun doch das auch Menschen. – Giebst du dir die Mühe ein[ma]hl an sie zu schreiben, so gieb ihr doch unter den Fuß, daß ich nicht mehr an sie dencke, oder schreib ihr, ich wäre nach Italien oder Frank[r]ei[c]h gereist, der liebe Gott könnte sie mir wohl gar einm[a]hl hieher über den hals führen, wenn du schreibst, so thu das ja, liebe Schwester.

Nimm den kurzen Brief nicht übel, ich muß eilen, komm ich nicht in den H[un]dstagen nach Be[r]lin, dann doch vielleicht auf Michael[i]s, wahrscheinlich, gieb dich nur zufrieden. – Bleibe nur recht gesund, grüsse meine lieben Eltern und den Künstler, – warum schreibt er nicht? Warum schickt er nicht Rambachs *Portrait*? Ich könnte ihm ja prächtige gelehrte Abhandlungen schreiben, warum nuzt er denn die Weisheit seines Herrn Bruders nicht, der sich mit tausend Freuden zu d[ie]ser närrischen Canaille herablassen würde? – Aber so gehts, wenn man dumm ist!

Spaß apart, bleib recht gesund und munter, recht sehr, sei nicht zu fleißig, sitze nicht zu viel!

Habt Ihr denn in [Berlin][1] auch so eine kuriose Vorsehung? Hier ist so abentheuerliches Wetter, als man es sich nur in einem Roman wünschen kann, kalt und Regen. –

Ich bin in den Fichtelbergen gewesen, um Pf[i]ngsten, davon kü[n]ftig.

Grüsse Espeut und Bernhardi, wenn du beide siehst, wo nicht, so rechne den Gruß [2] noch zu denen, die ich dir schikke. –

Bleib gesund! Schreib bald!

Dein zärtl. Brud. Tieck.

25. *From Sophie (VII)*

Sophie's next letter, with an interval of nine days between the first and the second parts, took so long to reach the mails because she had been extremely busy. Her disappointment at the likely postponement of Ludwig's visit to Berlin is matched only by her loneliness. She misses Wackenroder's visits too, as he is with Tieck in Erlangen.

Sophie and her brother Friedrich have visited the theater, where they were reminded of Ludwig's histrionic talent by the acting of Franz Mattausch (1767-1833), a very popular actor at the time and member of the Berlin Hoftheater from 1789 to 1827. His portrayal of Don Carlos in Schiller's play was greatly admired by Tieck. He was most successful, however, in rôles dealing with everyday life and in farces (*ADB*, 20, 602-603). The play, the author and content of which seem to be no longer traceable, was probably the type of

---

[1] Blotted out. Inferred.
[2] "zu" is written and crossed out.

family "Rührstück" popularized by Iffland and Kotzebue and satirized by Tieck in his *Gestiefelter Kater* (1797). Could this be the same Kotzebue play that, according to Goedeke (V, 276), was performed in Reval and in Leipzig, 1790, 1791 respectively, under the title *Das Kind der Liebe, oder: der Straßenräuber aus kindlicher Liebe*, and in 1798 in Vienna as *Der Straßenräuber aus Kindesliebe*?

Miss Weller has written Sophie a letter enclosing one to be forwarded to Tieck, but Sophie has opened and read it, and then decided, on her own, not to send it on. She is eager to get the young woman "off Tieck's back" by informing her that he has joined the army and cannot be reached by mail.

Bernhardi has given Sophie a printed copy of *Adalbert und Emma*, which she intends to send Ludwig in the near future. It was published by H. Lenz (*i.e.* Rambach) in his collection, *Ritter, Pfaffen und Geister*, in 1793.

"V. M. und d. K." near the end of the first part stand for "Vater, Mutter und der Künstler."

Endlich liebster Bruder erhälst du eine Antwort auf deinen Brief. Vergib mir das ich nicht eher geschrieben habe die Nachricht das du nicht kommen wirst hatte mich sehr traurig gemacht ob sie mir gleich gar nicht unerwartet kam den ich habe das Versprechen immer nur als ein Mittel mich zu beruhigen angesehn. Ich muß dir gestehen liebster Bruder ich kan mich noch gar nicht darin finden das ich dich vor Ostern nicht sehen soll es ist sehr traurig das ich nun jede Hoffnung verlohren habe so unwahrscheinlich es wahr so hatte ich doch schon so manche Anstalten zu deiner Ankunft getroffen und ich kan mich noch jezt nicht davon überzeugen das es ganz gewiß ist das du nicht komst. Mir ist jezt alles so wehmütig ich bin jezt doppelt besorgt um dich werde ja nicht kranck lieber Bruder. Ach wen ich dich doch nur auf eine Stunde sehen könte nur einmal mit dir sprechen. Und du hast mir auch so lange nicht geschrieben Du weist doch wie viel Freude mir ein Brief von dir macht und doch machst du mir diese Freude so selten besonders da du nun nicht komst so soltest du doch recht oft schreiben. Wirst du den auf Michaeli noch nach Goettingen gehen? Schreib mir doch das auch. Vergib mir lieber Bruder du erhälst einen sehr närrischen Brief ich kan ohnmöglich etwas vernünftiges schreiben den ich muß bei jeden Wort die Tränen unterdrücken ich fühle es um so [1] lebhafter das du von mir entfernt bist es macht mich um so trauriger das du noch so lange nicht komst du selbst lieber Bruder kenst mich am besten und weist also wohl das ich mich so leicht nicht zufrieden geben kan wen mir so eine Hoffnung fehl schlägt.

[1] Illegible letters crossed out.

Und doch liebster Bruder möchte ich dir nicht gern so viel vor-
klagen weil du dich sonst dadurch zu einem Schrit köntest verleiten
laßen der dir nacher sehr leid thun könte den ich weiß das so eine
Reise sehr viel kostet und ich ach Gott das ist sehr traurig ich kan
dir nichts geben. Ach liebster Bruder wen es dir je einfallen könte
das ich dir meine Liebe so oft versichere und sie dir doch so wenig
beweise doch nein das wird gewiß nicht geschehen ich weiß gewis das
du davon überzeugt bist das ich es nicht kan. Vergib mir lieber
Bruder ich weiß selbst nicht was ich schreibe der Gedancke das du
nicht komst das ist der einzige den ich dencken kan. Ich hätte dir
gern Rambachs Bild geschickt aber ich habe heut nicht zeit es
einzupacken ich wolte dir auch gern noch einige Kleinigkeiten mitschicken die ich dir geben wolte wen du herkommen würdest nun
muß ich es ja schicken und damit bin ich noch nicht ganz fertig.
Ich ging am Sontag aus Unmuht in die Comödie das Stük ist sehr
guht ich sahe Leichtsin und kindliche Liebe oder der Weg zum ¹
Verderben Schauspiel in 5 Aufzügen Mattausch spie[lte] den
Heinrich Dantan vortreflich er sahe ganz aus wie du und er wahr
mir sehr lieb um dieser Ahnlichkeit willen wen ich glauben könte
das er dich jemals hätte spielen sehen so würde ich behaupten das er
dich kopirt hätte. Ich wolte glauben das diese Aehnlichkeit nur in
meiner Einbildung bestände wen sie nicht der Künstler nicht auch
bemerkt hätte. Ich sehe ein das es sehr nöthig ist der Mamsell
Weller es ziemlich deutlich merken zu laßen das du sie nicht magst
sie hat einmal an mich geschrieben und ein ganzes Register meiner
guhten Eigenschaften geschickt auch einen Brief an dich beigelegt
ich sahe das der Brief an dich etwas enthielt und vermuhtete das sie
mir das Postgeld mitgeschickt haben würde weil sie mir schon hier
das Geld für den Brief aufdringen wolte den ich dir nach Goettingen
schickte und konte also der Neugier nicht wiederstehen den Brief
zu öfnen. Das thut mir jezt sehr leid wen ich das nicht gethan hätte
so wolte ich ihr den Brief wieder schicken und ihr schreiben das du
nicht mehr in Erlangen währest sondern einen Posten bei der Armee
erhalten hättest das ich also ihre Briefe nicht mehr besorgen könte
und auch keine Nachricht von dir erhalten würde so ohngefähr
werde ich ihr aber doch schreiben der Brief an dich enthält den
abscheulichsten Unsin ich schicke ihn dir nicht ich kan ihn doch
vieleicht noch brauchen. Er enthielt richtig das Postgeld ist das
nicht impertinent? Wirst du mir meine Neugier wohl verzeihn Ich
verspreche dir für diese Verzeihung die W vom Halse zu schaffen.
Schreib mir nun bald mein lieber Bruder ich bitte dich recht darum
auch um deine Reisebeschreibung die von B nach E hat mir sehr viel
Vergnügen gemacht nun ich erwarte recht bald einen Brief von dir

¹ "de" is written and crossed out.

nächstens wen ich mich erst etwas daran gewöhnt habe das du mein
liebster[1] Bruder nicht komst wil ich dir auch recht viel schreiben.
Sei nicht böse lieber Bruder das ich dir so viel dummes zeug geschrieben habe. Schreib mir bald viel und oft das ist jezt alles was ich
wünsche. Noch eins Schmohl wahr nach Ostern in Berlin wir
begegneten uns er sah mich star an und that als wen er mich nicht
kente. Lebe wohl lieber Bruder gruß Wakenroder ja so das hätte
ich beinahe vergeßen Bernhardi läst dich grüßen ich sol ihn entschuldigen das er dir nicht schreib[t] er ist jezt ein Mann der[2] in
Amt und Würden Steht und das macht ihm viel zu schaffen. V. M.
und d. K: laßen dich grüßen sie sind alle sehr gesund. Lebe wohl
lieber Bruder vergiß mich nicht und höre nicht auf mich zu lieben
da ich dich nun so lange nicht sehen kan lebe wohl ich bin ewig deine
dich liebende Schwester Sophie Tie[c]k.
Berlin den 12ten *Juli:* 93
     den 21ten *Juli*

Was wirst du dencken lieber Bruder das du den Brief noch nicht erhalten hast oder was soll ich sagen um mich zu entschuldigen?
Es ist unverzeihlich das weiß ich aber doch lieber Bruder vergib
mir ich habe jezt immer so viel zu thun das ich es an jeden Postag
vorhabe ihn fort zu schicken. Du weist lieber Bruder wie gern ich
an dich schreibe also kanst du dir dencken wie sehr ich jezt überhäuft
bin da ich dich sogar darüber versäume sei nur deshalb nicht böse.
Wirst du den auf Michaeli noch nach Berlin kommen ich habe alles
angewandt mich zu überreden das du nicht komst das das Versprechen nur wieder ein Mittel mich zu trösten ist aber es ist mir
nicht gelungen ich verlaße mich jezt ganz gewiß darauf und freue
mich sehr auf den Augenblick wo ich dich wiedersehen werde wo ich
dich mit den vollem Bewustsein an meine Brust drücken kan das
weder Zeit noch Trennung unsere Lie[be] schwächen kan. Ach
lieber Bruder was währe doch das Leben ohne Freundschaft? Was
währe ich ohne dich? Wen ich keinem und mir keiner lieb währe
wen ich mit niemand weinen und mich mit niemand freuen könte?
Wen ich krank währe und das nicht einmal einen Menschen besorgt
machte. Ach lieber Bruder wie werht du mir bist fühle ich erst seit
du von mir entfernt bist jezt fühle ich erst das es mir ohnmöglich
ist immer ohne dich zu leben oder doch ohne die Hoffnung dich
wiederzusehen. Die Zeit vergeht so schnel und doch mir viel zu
langsam ich wundere mich oft das eine Woche schon vorüber ist und
doch wünsche ich das es die folgende nur auch erst sein mögte. Ich
habe jezt auch Adalbert und Emma gedrukt von Bernhardi näch-

---

[1] Underscored twice in the manuscript.
[2] "der" is written above the line.

stens wil ich dir eins schicken. Grüß doch Wakenroder es freut mich sehr das er noch an mich d[enkt][1] sag ihm nur ich währe gesund und auch zufrieden ich weiß ja d[as][1] du gesund und in seiner Geselschaft auch froh bist und das ist ja alles was ich wünsche wen er manchmal an mich schreiben wolte so [2] es mir sehr angenehm sein es wird mich sehr freuen wen ich von ihm selbst höre wie er sich in Erlangen befindet. Deine Nachläßigkeit im schreiben darf ich dir nun nicht mehr vorwerfen das habe ich nun für immer verdorben das sage ihm nur Es thut mir sehr leid das er nicht mehr in Be[r]lin ist er besorgte immer meine Briefe recht pünklich und besuchte mich auch oft und das wahr mir immer sehr lieb jezt bin ich ganz einsam. Den Mantel haben sie aus Golzow geschickt das habe ich schon ein par mal geschrieben. Hochzeit wird erst gegen Michaeli dan komme ich Dir einige Meilen näher wen du nun wieder nach Berlin komst dan wünsche ich das ich dich eine Strecke begleiten könte bis Wörliz ohngefähr das ist jezt meine lieblings Idee. Lebe wohl bester Bruder ich muß jezt abrechen sonst kan ich den Brief wieder nicht fortschicken lebe recht wohl und vor allen Dingen vergiß ja nicht Deine

Sophie Tie[c]k.

Addressed: An den
             Herrn Tieck
  frei   in
              Erlangen

26. From Sophie (VIII)

A brief note from Sophie to Tieck is written across the top of a copy of the letter which she has sent to "die Weller." Since the date on the letter is probably the date of the letter to Miss Weller, and, since this, according to the notation, is the second copy she has sent to him, Sophie must have written this communication to Ludwig about the middle of August, 1793.

Sophie's "story" to Miss Weller, as well as a letter returned to her by Miss Weller, are interesting in that they reveal Sophie's imagination, emotional sentimentalism, and deviousness. Tieck's criticism of his sister's letter to Miss Weller, saying that she has gone too far, is contained in the next letter.

dieß ist der Brief so ich   Berlin den 24ten *Julii*
dir schon einmahl in abschrift geschickt habe. Ich werde um Dir

---

[1] These words are at the right margin which is torn here. Inferred.
[2] A word is omitted, or "solte" not completed.

gänzlich in allen möglichen Licht in der Sache zu geben, auch noch meinen mir zurückgeschickten Brief abschreiben[1]

Verzeihen Sie das Sie die Antwort auf Ihren Brief so spät erhalten es wäre meine Pflicht gewesen Ihnen weit eher zu schreiben, schon deßhalb bin ich nicht zu entschuldigen, was sol ich Ihnen aber nun sagen, daß Sie Ihren Brief zurück, und offen zurück erhalten? Aber Sie werden wenigstens so gütig sein meine Entschuldigungen anzuhören, Sogleich wie ich Ihren Brief erhielt schickte ich ihn fort, ein paar Tage darauf erhielt ich einen Brief von meinem Bruder, daß es ihm in Erlangen nicht gefallen Hätte, ihm eine Stelle bey der Armee angeboten sey und er sie angenommen Hätte, er hoffe daß er sein Glück machen würde, und würde Morgen schon abreisen. Er äusert in diesen Brief eine Lebhafte Freude über die Veränderung seines Standes und für nichts Gefühl als für Ruhm und Ehre jede andre Empfindung ist aus seiner Seele verschwunden, und er scheint in einer schönen Täuschung die innigste Hochachtung und Freundschaft für Liebe genommen zu haben. Daß Sie ihm diesen Fehler verzeihen werden, daran zweifle ich nicht, denn kann man da strafbar sein, wo man selber getäuscht wird. Wie sehr mich die [2] Nachricht von seiner Abreise überraschte, können Sie selbst dencken, und auch wie viel Kummer sie mir macht, da ich nun schwerlich oft Nachricht von ihm erhalten werde. allso auch Ihnen meine Liebe keine mehr geben und (was mir sehr leid thut) Ihre Briefe nicht mehr bestellen kan. Ihr Brief ist also nach Erlangen gekommen, als mein Bruder nicht mehr da war, da er nun seinen Freund den Auftrag gegeben hatte, Briefe die an ihn wären zu erbrechen, und in seinen Nahmen zu beantworten so traf das Schicksal auch den Ihrigen. Weil aber sein Freund glaubte daß dieser besser durch mich als durch ihn beantwortet werden könte, so schickte er ihn mir zurück, das ist die Ursach warum sie ihn so spät erhalten, und weßhalb ich nochmahls um Verzeihung bitte. Was soll ich Ihnen nun noch sagen? Das Schreiben ängstet mich, es erinnert mich daß wieder ein schöner Traum meines Lebens zerrissen ist und das ich meinen Bruder wenigstens, für eine Lange Zeit verlohren habe. Leben Sie wohl und dencken Sie recht oft an Ihr[e]

Voll von Gedancken für de [3] [4] und   Sophie Tieck
von der so er geschrieben ward.[5]

---

[1] These sentences are crowded into the space between the heading and the beginning of the letter.
[2] The last syllable of "diese" is written and crossed out.
[3] The ending of this word is illegible and crossed out.
[4] "so" is written and crossed out.
[5] A line is drawn by hand around this whole phrase.

Wie äuserst fein in hinterhalte gewisse Truppen versteck liegen, sah ich mittin in[1] meinen Schmerz ein Doch hingerissen von dieser schmerzlichen Nachricht, zum unbewußtsein, erholte ich mich endlich in einiger Zeit doch so viel wieder, daß ich Dir[2] schrieb,. und auch Ihnen[3] noch ein Lebe Wohl, den durch einen Zufall erfuhr ich daß er noch in Erlangen sey, Was ich aber ihn[4] eigentlich, und auch Dir[2], geschrieben habe kan ich mich nicht mehr besinnen, so viel weiß ich daß es wahrer Außbruch meines zerissen[en] Schmerzes war, welches ich ihn[4] und Dir[2] schrieb. Es war gerade noch darzu nun eine schreckliche Mitternacht, wo wütent der drausen hausende Sturm mein Gefühl mit Beängstigungen mehr anfülte, und ich habe, ich muß es gestehn, mein ganzes Leben hindurch noch nie eine so peinigende höllen Nacht gehabt, In meinem Bußen sey auf ewig ein Geheimnißniß[4] dieser Gedancken, jener Wütenten Nacht verschlossen – ich war zu alles fähig – so wütent leidet kein Mann! als ich damahls empfant – Diese Zeit ist vorüber, daß sie es nur auf im –[5] wäre! – ich hoffe es, den alles ist so mat, so langsam in mir, zu jeder Handlung träge.

27. To Sophie (XIX)

This letter must have been written from Erlangen about August 20, 1793, as it is answered by Sophie's letter of August 26, 1793 (No. 28 below). Fearing the consequences of his sister's letter to Miss Weller, Tieck encloses a letter of his own for the young woman. Sophie is to forward it and to inform Miss Weller that he has gone to Switzerland. Tieck suggests that Sophie refrain from answering any more letters from Miss Weller.

For "Conrector Weisser," one of Tieck's most beloved and most sympathetic teachers at the "Gymnasium," see Köpke, I, 53-4 and 105 ff.

Liebste Schwester,

Ich bin wohl, ich bin gesund, was soll ich dir weiter sagen? – Der Conrector Weisser ist jezt hier, wir sind auf den Sprung, eine

---

[1] "in" is written above the line.
[2] Mistakenly written for "Ihnen"?
[3] Mistakenly written for "ihm"?
[4] *Sic!*
[5] This word, on the right margin, is not completed on the next line in the manuscript.

kleine Reise zu machen, zum Theil dieselbe, die du jezt wahrscheinlich wirst gelesen haben, darum muß ich so kurz sein. –
Schreib dir doch bald wieder, wenn Weisser wieder nach Berlin
kommen,[1] will er dir recht viel von mir erzählen, er wird dich dann
sogleich besuchen. – Ich glaube, du wirst dich darauf freuen. –
– Mit der Weller hast du es etwas zu stark gemacht, denck doch,
was mir die Nachricht, die du ihr geschrieben hast, verbreitet, für
Schaden thun könnte! – Schick ihr daher nur den einliegenden
Brief und schreib ihr, ich wäre in der Schweitz, – auf neue Briefe
antworte ihr lieber gar nicht. –

Ich bin und bl[e]ibe

Dein dich ewig, e w i g
liebend[er] Bruder.
Tieck.

28. *From Sophie* (*IX*)

The thought that her letter to Miss Weller (See No. 26 above) could
do her brother harm disturbs Sophie deeply. She has not forwarded
Tieck's own letter out of consideration for Miss Weller's feelings,
Sophie explains at great length, but between the lines one gains the
impression that she wants to "save face" by keeping her own
fabrications from being exposed as such. In his next letter Tieck
chides his sister for not having forwarded his letter to Miss Weller
and requests her to do so immediately. Sophie presses him for an
answer to the one question he has repeatedly disregarded, namely,
"When are you coming to Berlin?" She is puzzled and dismayed by
Ludwig's remark, in a letter to Bernhardi, that he, Tieck, would be
unhappy in Berlin, for she has counted on their living together.

Liebster Bruder

Ich freue mich sehr darauf den Konrektor zu sehen, er wird mir
doch gewiß recht viel von dir erzählen er ist bei dir gewesen und
weiß gewiß was du machst ob du gesund bist und auf Michaeli
nach Berlin komst darauf liebster Bruder verlaße ich mich nun
schon ganz gewiß. Woher komt es das du mir darüber gar nichts
schreibst? Thue es doch ja im nächsten Brief vergiß es nicht oder
glaube etwa das du es schon gethan hast du hast es noch kein einzi-

[1] *Sic!*

ges mal gethan und mir liegt so sehr viel daran ich bitte dich sehr vergiß es nicht. Den Brief an die Weller habe ich noch nicht fortgeschickt vergib mir das lieber Bruder ich wolte dir nicht gern etwas darüber schreiben. Wen du in ernst glauben köntest das dir die Nachricht die ich ihr von dir gegeben habe schaden könte so würde ich darüber untröstlich sein, aber nicht wahr lieber Bruder das ist nicht dein Ernst gewesen? Ich habe ihr das so geschrieben das sie es ganz gewiß eingesehn hat das ich es nur gethan habe um sie loß zu sein sie hat mir auch noch nicht wieder geschrieben und glaubt gewiß die ganze Geschichte nicht sondern erräht nun die Wahrheit das du nicht mehr an sie denckst sie ist dadurch auf jeden Fall schon sehr gekränkt warum nun noch einen Brief von dir worin du ihr schreibst das du in der Schweiz lebst? [1] Mich dünckt wen es möglich ist das dir meine Nachricht schaden könte so kan es diese auch. Zudem mus sie es nicht für Spot halten wen sie nun noch einen Brief von dir erhält der den meinigen so sehr wiederspricht? Und wie sehr müste sie dadurch gedemühtig[t] werden wen sie sich von uns verspottet glaubte. Und dan lieber Bruder was kanst du ihr schreiben? Entweder dein Brief ist in kalt[en] vieleicht gar etwas bittern Ausdrücken geschrieben oder ein wehmüth[ig] zürnender Abschied von ihr. Und wen sie dich nun wirklich geliebt ha[t] welchen Eindruck müste dan ein solcher Brief machen? Ich habe ih[r] mit so viel Schonung als möglich geschrieben das du sie nicht mehr liebs[t] warum wilst du es (und vieleicht mit Härte) wiederholen? Warum wi[lst] du ein Andenken was ihr durchaus schmerzlich sein muß so unnöhtig erneuern. Aus allen diesen Gründen liebster Bruder kont ich mich nicht entschliesen den Brief abzuschicken verlangst du es aber doch so bitt[e] ich dich schreib mir sogleich und ich schicke ihn sogleich fort. Wen ich [2] Unrecht habe so bitte ich dich recht sehr vergib mir auch wen du im Ernst glaubst das dir mein Brief an die W schaden kan auf diesen Fall wil ich deinen sogleich abschicken. Ich bitte dich recht sehr liebster Bruder schreib mir doch recht bald und vor allen Dingen ob du komst. Ach lieber Bruder wen ich dich erst so erwarten könte das Du immer bei mir bliebst aber wan wird das sein? Wird es jemals sein? Du schriebst neulich an Bernhardi das du dich in Berlin unglücklich fühlen würdest ach mein bester das hat mich sehr gekränckt das hat viele von meinen schönen Planen zerrißen. An deiner Seite im Schoß meiner Familie zu leben das wahr das feste Ziel meiner Wünsche. Wird das sein können wen dir Berlin verhast ist? Doch das thut nichts wir leben auf jeden Fall zusammen das ist meine liebste Hoffnung dieser Gedancke macht mich froh und

[1] "mich" is written and crossed out.
[2] "un" is written and crossed out.

leicht und ich bin in diesen Augenblick so gewiß davon überzeugt das du bald[1] nach Berlin komst das es mir scheint als bedürfte es nicht einmal eine Frage mehr. Wen nur der Konrektor erst in Berlin währe der bringt mir gewiß das Versprechen mit das du komst. Vater ist so gesund das wir uns selbst darüber wundern auch Mutter und der Künstler die dich alle herzlich grüßen laßen. auch bin ich recht gesund aber ich werde gewiß recht krank wen du nicht komst darauf kanst du dich verlaßen. Schreib mir ja recht bald vergiß das ja nicht lebe recht wohl und dencke recht oft an deine dich liebende

Be[r]lin   Schwester
den 26ten *August:* 93   Sophie Tie[c]k

29. To Sophie (XX)

The sister's disappointment at Tieck's failure to arrange to come home for a visit during the summer and again later in September elicits from him renewed protestations of his never-ceasing love and devotion for her. As though he were dealing with a child that needs at one and the same time comfort, encouragement, and stern brotherly advice, he rebukes her for her weakness in taking his absence so to heart. Then he reminds her that he will surely be with her at Christmas or Easter for two whole weeks and that they will definitely live together as soon as possible. In October Tieck expects to be back in Göttingen.

For the "letter to Dahme" see Letters No. 27 and 28 above.

Another letter from Ludwig to Sophie with the heading "Erlangen, 1793," repeating vows of eternal love and the promise to live together, has been published in *Aus dem Nachlaß Varnhagen's von Ense. Briefe*, I, 236. He urges her to go out more and to seek a good circle of acquaintances.

Liebe Schwester,

Den Brief nach Dahme sei so gut, sogleich abzuschikken, denn keiner von deinen geglaubten Fällen findet hier statt, du hättest es gleich thun sollen, denn ich würde ihn sonst nicht geschrieben haben, doch glaube darum nicht, weil ich das sage, daß ich auch nur auf dich im mindesten böse sei. Aber aus einer andern Rüksicht hat

---

[1] The "a" is written over an "l".

336

mir dein neulicher Brief sehr wehe gethan, du schreibst, daß du kranck werden würdest, wenn ich nicht nach Berlin käme jezt. – Könntest du wirklich so außerordentlich schwach sein? Gewöhne dich doch an Ideen von Nothwendigkeit und an Sachen, die manchmal nicht zu ändern sind, – so freudig ich zu dir nach Berlin hineilen würde, so kann ich doch izt, auf *Michaelis* nicht kommen; dafür seh' ich dich aber auf Weihnachten, oder Ostern gewiß, darum mußt du nicht traurig sein, oder gar kranck werden, wie du mir gedroht hast. Liebst du mich recht aufrichtig, so muß mein Wohlbefinden, meine Gesundheit und daß ich dich immer liebe, und ewig lieben werde, dies Bewußtsein muß dir am wichtigsten sein, und so wie diese Nachrichten von dir mich am meisten intereßiren – – Ich würde frölicher sein, dich zu sehn, aber um nichts glüklicher, wenn ich dich kranck sehn müste, wenn ich in der Entfernung dich gesund und wohl wüste. – Ich bin wohl und gesund, ich denke ¹ täglich an dich; – darum verschiebe dir die Freude des Wiedersehens noch etwas länger, ohne traurig zu sein, sie wird dir desto angenehmer sein. – Was könnt' ich dir in ein paar Tagen in Berlin sein? – Wenig. Und lange könnt' ich mich doch unmöglich aufhalten; wenn ich aber auf Weihnachten, oder Ostern komme, so versprech ich dir gewiß, 14 Tage dort zu sein; – Hier hast du meine Hand darauf! Ganz ge[w]iß! – Nun sei ja um alles in der Welt nicht traurig, oder werde nicht gar kranck, – wenn i c h nicht mit dir kranck werden soll. – Daß wir einst zusammen leben, (so bald als möglich,) ist so gewiß, als ich lebe. – Ich möchte dir gern noch recht viel sagen, um dich zu überzeugen, daß du eigentlich gar nicht traurig werden könntest, wenn du nicht wolltest, aber ich fürchte, du möchtest dann glauben, ich liebte dich weniger, als du mich. – Es ist ja aber nur eine kurze Trennung. Wir sehn uns dann desto freudiger wieder!

Daß Vater jezt gesunder ist, als gewöhnlich, hat mir mehrere sehr frohe Tage gemacht, grüße ihn doch von mir recht herzlich, auch meine liebe Mutter und den Künstler, – ich möchte fast böse darüber werden, daß d e r gar nicht an mich schreibt, er wird das Schreiben noch ganz verlernen, da er es überhaupt in der Ortographie nie weit gebracht hat. –

Uebrigens werd' ich es als ein Beweis ansehn, daß du mich mit eben der Zärtlichkeit liebst, als ich dich, wenn du nicht krank, nicht traurig wirst. – Denn wie würdest du mich dadurch unglüklich machen? –

In ein paar Wochen bin ich wieder in G ö t t i n g e n, wenn du also schreibst, so adreßire deinen Brief nur dahin, warte aber ohngefähr 8 Tage und setze dann auf den Brief *Poste restante.* – Find'

---

¹ "dih u" is written and crossed out.

ich keinen Brief, so wird mich das außerordentlich bekümmern. –

Dein ewig zärtl. Brud.

Erl,
Tieck.
am 24tn *Septb*. 93.

30. *To Sophie* (*XXI*)

In October, 1793, Tieck, together with Wackenroder and Burgsdorff, returned from Erlangen to Göttingen for the winter semester. From now on there is traceable a sort of misunderstanding between brother and sister, due, as Tieck tries to show, to the sister's crotchet that he has grown cold and worldly in his life at the university. He attempts to convince her that his attitude toward her has not altered but that he has endeavored to outgrow and overcome some of his former shortcomings. He feels that he has progressed. In her great longing to have Ludwig at home with her and in her disappointment in not seeing his promised visits realized, Sophie feels slighted and neglected. This letter contains what Tieck terms his sincere "Glaubensbekenntniß," namely, to be a plain but not stupid, and quite good human being, with the highest aim and only purpose to develop *all* his powers for the common good, and to become nobler and better day by day.

The visit which, in the preceding letter, was promised for Christmas or Easter is now postponed to Easter or Pentecost. *Anna St. Ives*, written by Thomas Holcroft (1745-1809), appeared in 1792. It was translated by Karl Philipp Moritz into German and appeared in two volumes under the title *Anna St. Ives*, Berlin, 1792-1794.

Liebste Schwester,

Es thut mir weh, so oft deine gänzlichen Mißverständnisse zu bemercken, wie so oft du etwas, was ich sage, ganz falsch nimmst; ich gab mir in meinem Briefe Mühe, dir mein aufgeschobenes Kommen unter einem Gesichtspunckt darzustellen, unter dem du es kälter ansehn solltest, und du hältst mich selbst für kalt. Sei doch überzeugt, daß die Liebe nichts werth sei, die sich so leicht vermindern läßt und traue mir diese triviale armseelige Alltagsliebe nicht zu, traue mir überhaupt einigen Charakter zu, dein Brief beweißt mir, daß du mich für einen Menschen hältst, der wenig reelle und grosse Ideen liebt und leicht an kläglichen Aussendingen kleben bleibt,–

338

ich kann dich versichern, daß du dich hierinn ganz und gar geirrt
hast, eben so, wie in dem Glauben, daß ich in der Welt lebe, –
du bist hierüber in einem vollkommenen Mißverständniß, ich lebe
nur etwas mehr unter Menschen, – wie kann man auf der Universität in der Welt leben? Eitler bin ich auch nicht geworden,
nur hab' ich meinen Hang für Kleinlichkeiten und meine Einseitigkeit etwas mehr verloren, ich weiß, was an mir ist und werde nie
stolz werden, ich weiß aber auch, daß es noch dummere Leute giebt
und Autoritäten keiner Art werden je etwas über mich vermögen.
Ich glaube ein simpler, nicht gerade dummer, ziemlich guter Mensch
zu sein, dessen höchstes Bestreben und einziger Zweck es ist, alle
seine Seelenkräfte zum allgemeinen Nutzen auszubilden und
täglich edelmüthiger und besser zu werden. Hier hast du in wenigen
Worten mein aufrichtiges Glaubensbekenntniß.

Wäre es nicht ein sehr allgemeines Vorurtheil, so würde ich dir
rathen, irgend einige philosophische Bücher zu lesen, die du nehmlich verstehen kannst, dein Gefühl ist zu starck und reizbar und
beugt sich nicht unter der Herrschaft der Vernunft. Versteh' mich
nicht wieder unrecht, – dein Schmerz ist mir heilig und achtens-
würdig, aber ich sehe ein, daß er nicht so starck sein sollte, wie er in
deinem Briefe herrscht. – Glaube mir, daß ich dich ewig lieben werde
und daß meine Liebe wohl zunehmen, aber nie geschwächt werden
kann. Halte mich darum nicht für kälter, weil meine Briefe nicht im
Ton der deinigen geschrieben sind; ich würde es eben so bei mir für
Schwäche erklären, so wie[1] es bei dir nur Schwäche nennen kann.

Könnt' ich bei dir sein, glaube mir, daß ich auf viele Tage
glüklich sein würde, auf Ostern, spätestens auf Pfingsten, (vielleicht
aber auf beide Mahle) sehn wir uns gewiß und recht lange, dann
trennen wir uns aber noch einmahl, vielleicht noch länger als auf
ein Jahr; ich sage dir dies vorher, damit es dich dann nicht über-
rascht, ob es dich gleich nicht überraschen sollte, denn du kennst ja
zum Theil meine Projekte und Lieblingsideen. – Dann leben wir
gewiß bei einander, wo und wie kann dir und mir völlig gleichgültig
sein. –

Den Mantel brauchst du mir nicht zu schikken, wenn du nach
Golzow schreibst, so grüsse sie alle herzlich von mir, auch in
Kloster, auf Ostern will ich sie alle wieder besuchen. –

Bernhardi leistet dir zuweilen Gesellschaft, danck' ihm doch
dafür in meinem Nahmen recht sehr, vielleicht ist er auch so gut
dir einige Bücher zu schaffen, bitt' ihn doch um die Anna St. Ives;
von Moritz aus dem Englischen übersetzt, lies das Buch recht aufmerksam und schreibe mir dann dein Urtheil, es ist vielleicht der
beste Roman, der besonders in unserem Zeitalter viel würken kann.

---

[1] "Ich" mistakenly omitted in the manuscript(?).

Grüsse doch meine lieben Eltern und [de]n[1] Künstler und glaube nie, daß ich mich in Rüksicht deiner ändern könne, wenn sich auch manches in meiner Denkungsart und meinen Grundsätzen ändert, wie denn das bei jedem Menschen der Fall sein muß, der nur einigen Werth hat, das Stehnbleiben in Meinungen und Ideen verräth immer einen sehr armen Geist. –

Bleibe gesund, ja gesund, ich bitte dich recht sehr, wenn dir nur etwas an meiner Gesundheit liegt. – Bis izt werde ich mit jedem Tage muntrer und an Kräften stärker, mache nicht, daß das aufhöre. – Ich bin ewig, e w i g

Dein dich aufs z ä r t l i c h s t e liebender Bruder.
Tieck.

Göttig. am 12 *Oktbr*. 93.

31. *From Sophie* (*X*)

The year of this letter is 1793, for it is an answer to Tieck's letter of September 24, 1793. While professing to be grateful for Ludwig's reprimands, Sophie takes exception to being called "schwach" and reviews, from her point of view, all his broken promises and her shattered hopes and plans for a happy reunion with him. See No. 29 above. She reminds him, that while he has friends around him, she has none. Wackenroder is bringing her more books than she can read, but she still does not feel at ease in his company. Bernhardi is moving into her life, for he visits her frequently and reads to her from his works. He even writes her letters, and together they spend many a pleasant evening talking about Ludwig and his approaching visit. She writes quite casually, " .. ich liebe ihn sehr, er ist mein Freund..."

Sophie encloses a letter to Ludwig from the persistent Miss Weller. Of course, Sophie has opened it and read it before sending it to the proper addressee! The identity of the M. Hempel mentioned here is shrouded in mystery. She appears to have been a young lady Tieck met at the time when he made the acquaintance of "die Weller."

den 28ten [Oktbr][2]

Vergib mir liebster Bruder das ich dir nicht eher schrieb, tausend

---

[1] "de" seems to be blotted out in the manuscript.
[2] Blotted, barely legible.

Kleinigkeiten hielten mich ab es ist in der kleinen Stube ein Ofen gebaut und so etwas mehr. Ich danke dir für deinen lieben Brief und für jede Zurechtweisung ob Du mich gleich ein wenig zu hart tadelst. Du hast sehr recht das du mich schwach nenst aber ich will doch sehen ob ich diese Schwäche nicht entschuldigen kan. Rechne es dir nicht zum Verdienst an das du stärker bist bedencke selbst die verschiedenen Verhältniße in denen wir leben. Ich bin sehr davon überzeugt das du mich herzlich liebst aber du hast immer einen Freund zur Seite dem du dich mitheilen kanst du lebst überhaupt mehr in Zerstreuung als ich und kanst die Trennung von mir also nicht so schmerzlich empfinden. Wen ich auf der weiten Erde der einzige Mensch währe dem du dich vertrauen köntest liebster Bruder du würdest anders dencken. Als du abreistest verlohr ich mit dir jede Geselschaft mir blieb selbst nicht einmal ein Geschöpf mit dem ich hätte lustig sein können viel weniger das jemand einen kleinen Grad von Freundschaft für mich gehabt hätte. Ich wahr also ganz mir selbst gelaßen ich hatte keine Freude als einen Brief von dir. Ich zählte ängstlich jeden Tag bis zu deiner Ankunft ich sahe dich und jede dieser angenehmen Tage wahren wie ein Traum verflogen. Den Winter hindurch besuchte mich Wackenroder – ich hatte anfangs viel Vertrauen zu ihm wir nährten uns und ich hofte in seiner Geselschaft manchmal froh zu sein. Aber es schreckte mich zurik das er mir so [h]äufich Bücher besorgte jedes mal so pünklich eine Stunde bei mir blieb er schien mir oft so kalt und fremde kurz du weist wohl das sich oft alles vereinigt um uns gegen einen Menschen zurickhalten zu machen er blieb mir immer sehr wehrt aber doch hatte er einen theil meines Zutrauens verlohren. Zudem hatte mir die Begebenheit mit Schmohl eine tiefe Wunde geschafen. Endlich kam Ostern und ich sahe dich noch einmal auf ein par Tage. Ich fühlte mich nie so unglücklich als da wir uns damals trenten indeß die Vernunft siegte. Du hattest mir versprochen im Sommer zu kommen. Du kamst nicht und schriebst ich würde dich auf Mi[c]haeli gewiß sehen. Ich muste also meine Freude ein par Wochen weiter hinaus sch[i]eben und nun schreibst du ich würde dich erst auf Ostern vieleicht gar erst auf Pfingsten sehen dan verlangst du ich soll darüber nicht traurig sein und frägst [1] um mich zu beruhigen was du mir[2] in ein par Tagen sein kanst. Überdencke das einmal recht genau und dan frage ich dich ob du meinen Schmerz so ungerecht nennen kanst. Ich bin nicht so schwach zu fordern das du so wie ich fühlen solst ja es würde mich sogar unglücklich machen wen einer deiner Briefe in einer so traurigen Stimmung geschrieben währe. Ich freue mich jedesmal herzlich

[1] "was" is written and crossed out.
[2] "mir" is written above the line.

wen ich aus deinen Briefen sehe das du vergnügt bist aber ich kan
doch auch eine Träne nicht unterdrüken das ich es nicht sein kan.
O Vergib mir lieber Bruder was ich schreibe ich bin grade jezt nicht
heiter ich bin heut so misvergnügt. Doch ich wil davon abbrechen
und von etwas anders mit dir reden. Bernhardi besucht mich jezt
oft ich liebe ihn sehr er ist mein Freund er schreibt mir Briefe –
liest mir seine Schri[f]ten vor kurz wir bringen manchen Abend
   [1]   angenehm mit einander zu wir sprechen viel und oft von dir
und freuen uns gemeinschaftlich auf den Augenblick wo wir dich
wiedersehen werden das also meine Lage jezt erträglicher ist als
sonst wirst du leicht ein [s]ehen wen nur Ostern nicht noch gar zu
fern währe und dan das wir uns noch einmal trennen müßen ach
Gott das ist traurig. Doch ich will ja nicht klagen wen wir uns dan
wiedersehen dan leben wir gewiß zusammen. Meinen lezten Brief
scheinst du ganz unrecht verstanden zu haben den von alle dem
was du mir schreibst traue ich dir nichts zu sondern ich fürchtete nur
das ich einen kleinen theil deiner Liebe verliehren könte und das du
ein klein wenig eitler geworden währest. Ich schicke dir einen
Brief der *M W* mit der auch sogleich eine Antwort auf den deinigen
enthält. Ich glaube die *W* übertrift an Gühte den lieben Gott den
wie ich aus der Antwort sehe so kan dein Brief nichts zärtliches enthalten haben und sie ist so bereitwillig zu vergeben. Die thuts dan
doch in ihrer Bewerbung einen jeden Manne zuvor. Ich bitte dich
ernstlich lieber Bruder hebe den Brief auf er ist mir einiger Aus-
drücke wegen wichtig den ich halte die *W* nun zu alles mögliche
fähig. Ich bitte dich recht sehr liebster Bruder schreib mir doch
recht sehr bald wieder und schreib mir diesen Winter recht oft.
Vater und Mutter der Künstler und Peter laßen dich alle herzlich
grüßen den alten Gottlieb habe ich versprechen müßen wen du im
Frühling komst mit dir ihn in Teltow zu besuchen wen das möglich
währe so würde es mir gewiß recht viel Freude machen. Lebe wohl
mein lieber bester Bruder es ist schon sehr spät ich wil jezt zu bette
gehn wen ich nur bald wieder einen Brief von dir erhielt wen ich
dan mit nach   [2]   Wörliz reise das ist eine Hoffnung womit ich mich
jezt bei jeden unangenehmen Zufal tröste. Ich lese jezt sehr
wenig ich habe schon 3 Wochen Bücher von Wakenroder und habe
sie noch nicht durchgelesen den du kanst dir wohl denken das ich
jezt viel Arbeit habe da wir allein sind. Ich werde wohl bald aufhören müßen ich habe schon seit einigen Tagen so heftige Zahnschmerzen das plagt mich ganz entsezlich. Schreib mir nur in
deinen nächsten Brief das du mich noch lieb hast und das du
[ü]ber meine Schreiberei nicht böse bist. Noch eins die *M* Hempel

---

[1] "sehr" is written and either crossed out or heavily blotted.
[2] An illegible word is crossed out.

suchte die Bekantschaft wieder zu erneuern du kanst dir denken das ich das vermieden habe. Welche elende Menschen giebt es doch in der Welt. Welche traurige Erfahrungen habe ich nicht schon in den Fal gemacht. Der Gedanke macht mich oft traurig das ich doch nur so wenig Bekantschaft gehabt habe und das auch diese wenige nichts taugt. Bin ich nur so unglücklich auf solche Menschen zu trefen oder sind die mehrnsten Menschen so? Wen das lez[te] der Fal sein solte dan wil ich mir nie Mühe geben viel Bekantsc[h]aften zu haben. Ich muß aufhören ich habe ganz entsezliche Schmerzen Lebe wohl mein liebster Bruder Schreib mir sehr bald [hö]rst du. Vater Mutter und der Künstler laßen alle herzlich grüßen. Vergiß mich ja nicht schreib ja bald lebe wohl Deine

zärtliche Schwes[ter]
S Tieck.

Die Post komt morgen aber ich erhalte gewiß keine. Schlaf wohl mein lieber Bruder und dencke und schreibe recht oft an deine dich

zärtlich liebende Schwe[ster]
S Tieck

Schreib mir doch wie Wackenroder lebt wen er einmal zeit hat und er wieder an mich schreiben wolte so würde mich das sehr freuen. Lebe wohl.

32. To Sophie (XXII)

The following undated letter seems to fall in the period between November, 1793, and February, 1794, for Tieck again refers hopefully to his two weeks' visit home at Easter or Pentecost, which appears to be the same vacation as that referred to in his two preceding letters (Nos. 29 and 30).

Piesker had removed to Meseritz in East Poland, where he became an official of a provincial court (Köpke, II, 66-67). He is expected to visit at Tieck's home during the Easter holidays or at Pentecost. "Die Weller" has continued to annoy Tieck by writing letters to him and sending them to Berlin. Tieck does not care to have these forwarded to him and therefore requests that they be returned to the sender. The new novel is either *Alma* or *William Lovell*. The first three sections of the latter were published in 1795. Hermes may be the Breslau preacher Johann Timotheus Hermes (1738-1821) who wrote worthless novels and was ridiculed by Goethe in an epigram.

We learn that Sophie had, in the previous year, often remained up late at night in order to prepare Tieck's laundry for him, and had thereby impaired her health. He asks her now to get his things ready again, but not to do so at the expense of her health, specifying at the same time how he wants his socks knitted.

Liebste Schwester,

Verzeih, daß ich dir so lange nicht geschrieben habe, einige Geschäffte, die etwas dringend waren, haben mich zurückgehalten und izt hab' ich nun auf einmahl eine solche Menge von Briefen zu schreiben, daß ich dir nur wenig werde sagen können. Ich freue mich sehr auf Ostern, wo ich dich wieder sehe und ich verspreche dir dann, 14 Tage hintereinander bei dir zu bleiben, wenigstens fast so lange, sollte es auch erst um Pfingsten sein, das kann dir ja eins sein. Ich wünsche [1] nur, daß ich dich, meine Eltern und meinen Bruder recht gesund antreffen möge, das ist izt mein aufrichtigster Wunsch.

Ich lege hier einen Brief an Piesker bei, du wirst doch vermuthlich seine Addresse haben, die schreibe also drauf. – Du darfst nur sein Amt und sein Ort darunter schreiben.[2] Warum bittest du denn immer noch auf deinen Briefen ein hochlöbliches Postamt, die Briefe [3] liegen zu lassen, bis ich sie abhole? Das ist jezt ganz unnöthig, denn ich bin schon längst bei der Post bekannt.

Bernhardi hat von mir den Anfang eines neuen Romans erhalten, vielleicht zeigt er dir etwas davon. – Ich sehe aber selber ein, daß es nicht viel werth ist, doch, ich hoffe auf bessere Zeiten, das heißt, daß das folgende besser werden soll.

Von mir selber weiß ich dir gar keine Neuigkeiten zu schreiben, ausser, daß ich recht gesund bin mich überhaupt recht wohl befinde, Wakken[r]od ist auch gesund und läßt dich grüssen.

Sollte die Weller dir ja noch einmahl einen Brief an mich schicken, so schick ihn nur sogleich wieder zurück und sage ihr, du wüßtest meine Addresse nicht, ich mag das dumme Zeug nicht öffter lesen, geschieht es dann doch zum zweitenmale, so schicke ihr denselben Brief, bloß im [4] andern Couvert, ohne irgend eine Antwort dabei, zurück: auf diese Art muß sie es doch am Ende wohl überdrüssig werden.

Wenn du mir auf Ostern etwas neue Wäsche wieder mitgeben könntest, so thätest du mir einen [5] Gefallen, doch [6]

[1] "di" is written and crossed out.
[2] This sentence is written between the two preceding lines.
[3] "abzuholen" is written and crossed out.
[4] "Ce" is written and crossed out.
[5] "grossen" is written and crossed out.   [6] "seh" is written and crossed out.

nöthig ist es auch nicht, und hüte dich vor den baumwollenen Strümpfen und wenn du etwas strickst, so stricke es nicht zu dicht, diesen Fehler haben alle meine Strümpfe. Doch sieh dies ja nicht als eine Forderung an, wie gesagt, ich habe es gar nicht nöthig. – Sei ja nicht böse, daß ich die Antwort so lange aufgeschoben habe, es ges[ch]ah wirklich ungern, und ich wollte doch auch gern zu gleicher Zeit an Piesker schreiben, der wird mit der Zeit jezt wohl schon ein polnischer Jude geworden sein, denn er hat sich ja ganz aus der Welt verlohren. .

Zeichnet der Künstler noch brav, oder was macht er? Ich will hoffen, daß er etwas ordentliches lernen wird; auf Ostern wollen wir zusammen nach Teltow reisen, das halt ich schon für ausgemacht.

Piesker wird auf Ostern od[er] Pfi[n]gsten wahrscheinlich einige Zeit bei uns logieren, richte dich doch vorher darauf ein. – Was macht Griese, der brave Kerl? – Wenn er etwas mehr Verstand hätte, müste ihn Hermes doch nun schon längst verrückt gemacht haben. – Doch darinn haben es solche Leute gut, die einmahl recht tüchtig auf den Kopf gefallen sind, nachher können sie ganze Treppen herunter fallen und es thut ihnen nichts. –

Wenn ich etwas durch Bitten über dich erlangen kann, so bitte ich dich recht sehr, ja nicht wieder wie voriges Jahr, Nächte aufzublei-ben, um mir Wäsche zu besorgen, denn wie gesagt, ich habe sie gar nicht nöthig, thätest du das wieder, so würde ich auf dich ordentlich böse werden können. Nimm deine Gesundheit ja auf jede Art in Acht, es ist freilich ein Unglück, daß wir in einem so kränkligen Zeitalter leben, wo so viele Menschen von Natur kranck sind, doch da es nun einmahl der Fall ist, müssen wir diese Schwächlichkeit nicht durch Unbesonnenheit vermehren.

Ich küsse dich tausendmahl, liebste Schwester, bleibe ja recht gesund, dies will ich als den größten Beweiß deiner Liebe gegen mich ansehn, grüsse meine Eltern und meinen Bruder herzl. von mir, auch ja die in Golzow und Coswig, wenn sich eine Gelegenheit für diesen Gruß dahin finden sollte. –

Tieck, dein zärtl. Brud.

33. To Sophie (XXIII)

This letter, dated "Göttingen, am 13tn Februar," without indication of the year, was written in 1794. This conclusion is based on the fact that Wackenroder wrote Sophie a letter on the same day about the same matter. See v.d. Leyen, II, 199-201. Anxious because she had not heard from her brother in some time and fearing that he had become cold and indifferent, she had turned to Wackenroder with an accusing attitude, as though he were partly to blame for Tieck's neglect of her. Wackenroder attempted to do in his letter what Tieck had several times previously tried to do, namely, convince her that Ludwig could not possibly grow colder toward her but rather that he loved her as much as it is possible to love anyone. The misunderstanding is partially explained by the fact that a letter has gone astray. Tieck very gently puts the blame for her feeling, that he does not care for her as he once did, upon her own shoulders. Yet, when we consider the number of times he promised to visit her and then postponed the visits, our sympathy goes out to the sister!

Liebste Schwester,

Du hast mir noch in keinem deiner Briefe eigentlich weh gethan, als in deinem lezten Briefe. – Es herrscht seit einiger Zeit eine Art von Mißverständniß unter uns, zwar eine von deiner Seite, du glaubst mich geändert, kälter und dgl. Aber ich kann dir betheuern, daß du dich hierinn gänzlich irrst, in Rücksicht deiner kann ich mich zeitlebens nicht ändern, gewisse Gefühle kann der Mensch nicht verliehren, ohne ein armseeliger Mensch zu werden und ich hoffe nicht, daß dies mit mir der Fall ist, oder je sein wird. Ich hoffte auf einen Brief von dir, darum schrieb ich so lange nicht, weil ich erst eine Antwort von dir erwartete, was kann ich dafür und wie konnte ich es wissen, daß d[ie]ser Brief auf der Post verlohren gegangen sei? – ich war in tausend Aengsten, ich konnte nicht begreifen, warum du nicht schriebst, und darum verschob ich immer wieder einen neuen Brief. Wackenroder bat ich, einm[a]hl in meinem Nahmen an dich zu schreiben, nicht als ein Geschäfft, sondern weil ich gerade etwas sehr dringendes zu thun hatte, was auf keine Weise aufgeschoben werden konnte. – Liebe Schwester, laß doch deine Phantasie und deine Aengstlichkeit nicht immer so viel Gewalt über dich, ich schwöre dir, daß ich nichts so sehr liebe, als dich, daß ich dich ewig so lieben werde, daß ich mit Rührung an die Stunden denke, in denen ich dich nur wieder sehen werde. Es ist mir ein höchst erfreulicher Gedanke, wenn ich dich, und den Künstler vielleicht auch in Golzow [antr][1]effen könnte, wir wollten dort ein paar recht schöne Tage mit einander leben, ich habe mir das Ganze schon recht angenehm ausgemahlt. – Auf Ostern od[er] Pfi[n]gsten komme ich ge[w]iß hin, und dann wünsch ich nichts sehnlicher, als dich dort zu finden, ich bin aber noch immer un-

[1] Seems blotted out. Inferred.

schlüssig, um welche, von den beiden Zeiten, ich nach Berlin reisen werde, auf Ostern ist meist noch so schlechtes Wetter, kalt und unfreundlich, wir könnten wenig ausgehn und in Golzow selbst würdest du wenig Vergnügen finden; dagegen ist Pfingsten die schönste Zeit im Jahre, alles blüht und grünt, es ist warm, die Festlichkeiten auf dem Lande selbst, –kurz, überleg es dir einmahl recht, ob es auf Pfingsten nicht in vieler Rücksicht angenehmer wäre, denn ich verspreche dir, daß die Collegia nicht meine Rückreise nach Göttingen beschleunigen sollen. Antworte mir, so bald du kannst, auf d[ie]sen Brief und auf meine Anfrage.

Etwas hab' ich in deinem Briefe nicht recht verstanden, du schreibst mir, dein Brief und eine Einlage von Piesker sei verlohren gegangen, der Verlust ist mir also doppelt schmerzlich, du meinst doch aber nicht etwa den Brief, einen kleinen, den du mir schon vor langer Zeit einmahl von Piesker schicktest? Auf d[ie]sen Brief hab' ich Pieskern ja geantwortet, und du hast doch wahrscheinlich die Antwort gleich abgeschickt? Bernhardi muß dir 2 Briefe von mir gegeben haben, in welchem sich von den einen[1] beiden eben die Antwort des Piesker befand, – antworte mir doch hierauf, – warum hat Piesker keinen neuen Brief an mich eingelegt und woher weißt du, daß der vorige verlohren gegangen ist? Hat Piesker nicht versprochen, daß er [2] Ostern oder Pfingsten nach Berlin kommen wollte? – Grüsse doch Bernhardi, und jeden, den du von meinen Freunden und Bekannten siehst, vorzüglich aber meinen Bruder und meine lieben Eltern, ich war in rechter Angst, daß einer von euch kranck sein würde. – Und nun, liebste Schwester, sei ja ruhig, sei nicht wieder so unnöthig ängstlich, ich bitte dich recht sehr darum, antworte mir, sobald du kannst, auf d[ie]sen Brief und beweise mir, daß du dich[3] nicht mehr mit Besorgnissen quälst, die gänzlich ungegründet sind; daß ich dich innig liebe und lieben werde, davon kannst du stets und fest überzeugt sein.

Nächstens, sehr bald werd' ich dir wieder schreiben und einen Brief an Piesker einlegen, den du dann wohl so gut sein wirst, zu besorgen.

Göttg.
am 13tn *Februar.*

Lebe tausend[m]ahl wohl
Dein zärtl. Bruder.
Tieck.

Du hast meine Addresse gar nicht nö[thig. Schreib][4] meinen Nahmen auf den Brief, ich [bekomme sie i][4]mmer richtig.

[1] "einen" is written above the line.
[2] "f" is written and crossed out.
[3] "dich" is written above the line.
[4] The bracketed words and letters, deleted by a blot, are conjectures.

34. *To Sophie* (*XXIV*)

Tieck's next letter from Göttingen again follows after a rather long interval with an apology for the delay. Tieck is looking forward to his visit at home, which he now says will be at Easter, and to meeting both Sophie and Friedrich at the home of relatives in Golzow. He anticipates the pleasure of reading to her from his works. A new work, which she will probably not see until it appears in print at Easter time, is almost a surprise for her. Why the visit of Piesker to Berlin at this time is so urgent is not clear, but the fact that Tieck mentioned it frequently in these letters indicates that it was of some importance to him. Again indicative of the rather poor circumstances at home is the manner in which Tieck tries to help his younger brother by giving him one of his overcoats. Yet, after all these joyous plans for the happy family reunion, which had already been postponed three times, Tieck postponed it once more, going with Wackenroder from Göttingen to Hamburg, where he visited the Albertis and Klopstock, and the libraries in Braunschweig and Wolfenbüttel. He did not reach home again until autumn, 1794. The "new novel" probably refers again to *William Lovell*. But it appeared later than Easter, in fact, in 1795.

Original: DSB

Liebste Schwester,

Ich habe dir zwar lange nicht geschrieben, aber du hast mir noch länger nicht geantwortet, doch nein, ich habe ja neulich einen Brief von dir erhalten, verzeih, ich bin jezt einiger gehäuften Geschäffte wegen etwas zerstreut. Wahrscheinlich werd' ich nun auf O s t e r n dich schon in Berlin besuchen, und da es dies Jahr sehr spät fällt, werden wir doch gewiß schönes Wetter haben, weißt du also irgend eine Art, wie du nach G o l z o w kommen kannst, so wirst du mir dadurch eine ganz ausserordentliche Freude m[a]cht,[1] wenn es angeht, so nimm doch den Künstler mit, grüsse ihn von mir und schenke ihm den weissen Mantel, der von mir noch in Berlin liegt, vielleicht kann er ihn brauchen. Es versteht sich von selbst, daß du vorher noch Briefe von mir bekömmst, worinn ich dir ganz genau bestimme, wann ich komme, damit du dich ganz danach einrichten kannst. An Piesker will ich nächstens einen Brief einlegen, er muß auf Ostern nothwendig nach Berlin kommen. Ich bleibe dies mahl länger dort, als sonst und wir wollen recht sehr vergnügt mit

[1] *Sic!*

einander sein. – Je mehr sich Ostern nähert, je mehr werde ich die
Tage und Stunden zählen, bis ich dich wiedersehe; – ich werde dir
auch manches von meinen neuen Arbeiten zum Vorlesen mitbringen.

Was macht Vater und Mutter? Ich hoffe, Sie sind gesund und
wohl, wenn sie mit nach Golzow reisen könnten, wollten wir alle dort
recht froh und vergnügt sein, das wird sich aber wohl schwerlich
machen lassen: es wäre aber schön. – Grüsse doch so oft ich schreibe,
alle Verwandten und Bekannten, die du etwa sehen solltest, damit
sie nicht glauben, ich vergesse sie ganz. –

Ich habe jezt etwas viel Geschäffte, besond[er]s vor Ostern,
darum nimm es nicht übel, liebe Schwester, wenn meine Briefe
kurz und etwas schnell geschrieben sind, dafür will ich aber auch die
Tage, die ich in Berlin zubringe, ganz für dich leben, du sollst sehen,
daß ich dies mahl nicht so viel ohne dich ausgehen will.

Wie lebst du übrigens? Schafft dir Bernhardi zuweilen einige
Bücher, wie ich ihm aufgetragen habe? – Ich hoffe, daß er so gefällig ist. – Besucht er dich   [1]   noch zuweilen? Er ist einer der
gutherzigsten Menschen, die ich kenne, ich liebe ihn unter meinen
Freunden weit am meisten.

Von meinem Roman hast du schwerlich etwas gesehn, aber ich
hoffe, daß du bald ein gedruckt Exemplar davon haben sollst, er
kömmt auf Ostern heraus. –

Schreibe doch an Pieskern, da du seine Addresse weißt, und
bitte ihn in meinem Nahmen recht inständigst, doch für mich
einen neuen Brief zusammenzuschreiben, da der alte verlohren
gegangen ist. – Versichere Ihn meiner aufrichtigen Freundschaft
und sage ihm, daß ich ihm nächstens selbst schreiben werde.

Und nun lebe tausend[m]ahl wohl, beste Schwester, denn die
Post wird nicht auf mich warten wollen, lebe recht wohl und antworte mir bald.

Dein zärtlicher Brud.
Ludwig Tieck.

Göttg
am 6tn *März*.
   1794.

35. *To Sophie* (*XXV*)

Since Tieck mentions not having been home in almost a year, this
letter must belong to approximately Easter, 1794. This is the only
clue given as to the time when it was written. In spite of the great

---

[1] "recht" is written and crossed out.

love and longing for those at home, as expressed in this and other letters, Tieck did not reach Berlin, as previously stated, until the fall of 1794. However, he sincerely appreciated all the devotion and care bestowed upon him by Sophie.

Liebste Schwester,

Wie kömmt's daß du mir gar nicht antwortest? Ich erwarte einen Brief von dir und darum hab' ich so lange geschwiegen, als ich neulich an Bernhardi schrieb, hab' ich zugleich einen Brief an dich eingelegt, du mußt ihn doch nothwendig erhalten haben. – Es thut mir innig weh, daß du ängstl. und besorgt um mich bist, daß du dich meinetwegen härmst, ich weiß nicht, wie ich dir d[ie]se Liebe zu mir vergelten soll; ich fühle eine wahre Sehnsucht, dich, und meine lieben Eltern und meinen Bruder einmahl wieder zu sehn, ich bin nun fast in einem ganzen Jahr nicht in Berlin gewesen, aber komm' ich izt wieder hin, so will ich dafür auch recht viel bloß für dich leben; ich freue mich auf d[ie]se Tage, wie ich mich auf wenig freue. – Aber sei nur vorher nicht ängstlich, ich bin nicht kranck, ich bin vollkommen gesund und wohl, ausser daß du mir an jedem Tage fehlst.

Laß dir doch von Bernhardi zuweilen gute Bücher geben und laß doch, was ich wahrhaftig seit recht lange vergessen habe, bei Gelegenheit Toll's recht herzlich von mir grüssen, ich schäme mich, daß ich keinmal an sie geschrieben habe. – Thu mir den Gefallen, und antworte mir bald, und schreibe mir, was du machst, und ob meine Eltern noch wohl und gesund sind, wenn ich lange keinen Brief aus Berlin bekomme, so fällt mir ma[n]chmal eine so trübe und schwere Ahndung auf's Herz, als wenn ihr alle kranck wärt, vielleicht ist aber schon ein Brief von dir unterwegs, und ich kann mich also darüber zufrieden geben.

Werde ja nur nicht kranck und sei nicht traurig, das sind immer meine einzigen Bitten, die ich an dich hebe, denn das ist immer am wichtigsten, sei munter, so viel du es kannst, denn Heiterkeit ist die wahre Medicin des Lebens, eine trübe Laune macht unsre Seelenkräfte stumpfer und der Mensch schrumpft darunter wie eine Mumie zusammen.

Grüsse mei[ne] Eltern und meinen Bruder herzlich, von dem grossen Esel hört man doch auch kein einziges Wort, laß ihn doch einmahl an mich schreiben, er verlernt ja sonst ganz und gar die Feder führen. –

Antworte mir ja recht bald und lebe wohl.

Dein
Dich ewig liebender Brud.
Tieck.

36. From Sophie (XI)

The year of this letter is 1794, as Sophie mentions that Tieck has not been home in two years. He has again broken his promise to come to Berlin. She has been piqued because Ludwig has written to Bernhardi but not to her. In the two years of his absence she has become sadder and more serious, she writes, and has been ailing and depressed, but believes his return will cure her. This letter is written in a very shaky hand, probably due to the headache of which she complains.

Berlin den 28 *Juli*

Würklich lieber Bruder habe ich mich ein wenig geängstet ich glaubte du währest krank den das du deine viele Versprechungen doch wieder vergeßen soltest und mir nicht schreiben das fiel mir gar nicht ein. Seit ich aber gehört habe das du Bernhardi geschrieben hast bin ich darüber beruhigt es drängte sich mir freilich die Frage auf warum hatt er mir nicht geschrieben ich will das aber nicht untersuchen. Ich hatte mir vorgesezt nicht eher zu schreiben bis ich wieder einen Brief von dir erhalten hätte. Da würde ich aber vieleicht noch lange nicht schreiben können also muß ich meinen Vorsaz nur aufgeben. Verzeih lieber Bruder das mein Brief so sehr die Spur von übler Laune trägt ich wolte dich gern damit verschonen wen sie mich nur nicht so sehr plagte ich bin seit einiger zeit ein wenig kräncklich gewesen und du weist wohl das ich mich so leicht davon hinreißen laße und trübsinnig werde ich habe jezt Kopfschmerzen und das wirst Du sogleich merken wen du das erste Wort liest. Wen nur erst der Sommer vorbei währe wen du nur erst hier währest dan lieber bester Brud[er] dan würde alles weit besser werden dan wollen wir zusammen recht froh sein. Ich bin seit den bei[den] Jahren das du weg bist weit anders geworden. weit trübe[r] ernsthafter als sonst das soll aber alles wieder besser werden wen du mir nur erst hier bist du wirst mich von ein[er] Kranckheit heilen die mich zu Boden drückt. Lebe wohl mein theuerster Bruder ach könte[1] ich Dir für dies scheu[ß]liche lebe wohl ein mündliches Wilkommen zurufen. Lebe wohl

Deine zärtliche Schwester
Sophie Tieck.

Ich habe an Wackenroder sogleich geschrieben indem ich schrieb vergaß ich das der Brief nicht an Dich sondern an ihn währe und so

---

[1] The "n" is written over a "t."

hat er eine menge Geschwäz erhalten entschuldige mich Deshalb ich
kan den Brief ohnmöglich zerreissen den ich würde   [1]   gewiß
recht lange keinen andern schreiben und ich habe ihm so schon so
lange nicht geschrie[ben.]

Addressed: Des[2]
   Herrn[2] Herrn Tieck.
      in
  frei   Goettingen

(June, 1797 – April, 1804)

There are no letters in the period of three years from the summer of
1794 to the summer of 1797. Tieck's silence from the time of his
departure from Göttingen (before Easter, 1794) until his arrival at
Berlin in the autumn, as well as during the remainder of 1794, is
difficult to understand. Sophie's one letter of that summer (No. 36
above) indicates that her only news of Ludwig had come to her
through Bernhardi. The years 1795 and 1796 are easily accounted
for, however, as it was during this time that Tieck, together with
his sister, occupied his own home and lived in close literary and
social contact with his own circle of friends. See Köpke, I, 197 ff.

The following group of eight letters is scattered over a period of
about seven years, from the summer of 1797 to the spring of 1804.
They are supplemented by letters that have already been published,
eight from Ludwig to Sophie and two from her to Ludwig. Tieck's
are: from Hamburg, June 27, 1797;[3] from Jena, December 6, 1799,[4]
Early in 1800,[5] and Easter, 1800;[6] from Dresden, September, 1802;[7]
from Ziebingen, October 15, 1802,[8] January, 1803,[9] and May 9,
1803.[10] Sophie's published letters are: one from Berlin[11] and a later
one from Weimar, November 8, 1804.[12]

[1] "sonst" is written and crossed out.
[2] *Sic!*
[3] Krebs-Runge, 158 ff.
[4] Klee in *Euphorion*, IV, Ergh. 3[1897], 211-15. (This letter is also addressed
to A. F. Bernhardi.)
[5], [6], and [7] in Krebs-Runge, 160 ff. (The date of 6 should be corrected to read
"February 28, 1800," as it was written on Sophie's birthday.)
[8] Lüdeke S, 127 f.
[9] *Ibid.*, 131 ff.
[10] *Krisenjahre*, III, 41 f.
[11] *Cf.* Holtei, III, 257 f. (No. XII b, undated) and Lüdeke S,9. On the basis of
a comparison with Dorothea Schlegel's letter of "Ende April, 1800" to Schleiermacher (*Mitteilungen aus dem Literaturarchiv in Berlin*. Neue Folge 7,
Berlin [1913], 58 ff.) this letter was probably written by Sophie to Ludwig
early in May, 1800.
[12] Hildebrandt, 161-4. (Also in Breuer, 97 ff.).

The literary and social activities of Tieck between 1797 and 1804 are generally well known, and, since they are described in E. H. Zeydel's critical study of Tieck, it is not necessary to repeat them here. See Zeydel, 71-173. For the sister, these years brought the launching of her literary career, an unfortunate marriage, the loss of a child and both parents, and badly shattered health, but also a closer bond with her younger brother Friedrich, the love and devotion of August Wilhelm Schlegel, and the loyal solicitude of Karl Gregor von Knorring (1769-1841), her future second husband.

At the age of twenty-two Sophie began to follow in the literary footsteps of Ludwig by contributing to the *Straußfedern*, as was noted above. It was at this time that Ludwig and Sophie enjoyed their closest, and perhaps happiest, relationship. The content and style of her earliest works, mentioned above (p. 275 f.) are analyzed in M. Breuer's study of Sophie Bernhardi as a romantic poet. See Breuer, 17ff. Although this was Sophie's most productive period as a writer, it was her most turbulent one as a woman. Her marriage in September, 1799, to Bernhardi was doomed to failure from the start because of incompatability of temperament, for she, who all her life fought against loneliness and yearned for a romantically envisioned "ideal life," became the wife of a man who lacked imagination and poetic feeling. She was ill equipped for marriage, as the realities of life meant only shock and disillusionment to her. Bernhardi, as the thoroughly pampered only son of well-to-do parents, was unprepared for the responsibilities of marriage, it seems. His shortcomings as a husband are described by A. W. Schlegel, who, as a member of the Bernhardi household for three years, was an eyewitness to the life in that home. In his letter of October 8, 1804, to Ludwig (*Krisenjahre*, I, 160 ff.) Schlegel points out that Bernhardi failed to provide adequately for his family, being too lazy to earn extra money by tutoring, that he treated his wife like a servant, making imperious demands upon her for the satisfaction of his appetite and other physical comforts, and that he heaped one debt upon another. He showed lack of concern and understanding for Sophie's individuality, permitting her no privacy and having no consideration for her when she was ill. He berated her with such violence that she trembled in fear of him. Furthermore, according to Schlegel, Bernhardi failed to defend his wife against the gossip spread by his parents against her, nor did he stop a maid in the elder Bernhardi's home from molesting little Wilhelm.

Sophie's health suffered as a result of not only the emotional stresses of her married life, but also of her three difficult pregnancies and confinements, which followed so closely one upon the other that her resultant weakened condition caused her brothers considerable

353

worry. In the year 1802 her fortitude was strained to the utmost by the death of a child and both parents, the birth of a third son, and two weeks later the almost fatal illness of the oldest child. See Schmidt, *Caroline*, II, 352. Schlegel, who carried most of the household expenses, also tried to advise her on health measures and finally consulted with the well known Berlin physician, Hufeland, regarding her physical condition. By spring, 1804, it was considered imperative for the restoration of her health, that Sophie change her environment and seek the warmer climate of Italy. See A. W. Schlegel's letter of March 13, 1804, to Tieck (Holtei, III, 291 ff.). In her darkest hours in this period, Sophie was sustained by the combined loving, self-sacrificing efforts of Schlegel and her brother Friedrich, who had, since their meeting in 1801, been firm friends. Their bond of friendship became a deep, enduring one, when, at the deathbed of Tieck's parents, they vowed together to "save Sophie by means of every sacrifice and effort, from the unspeakable suffering in which she had become engulfed through no fault of hers." See Schlegel's letter to Fichte, December 13, 1808.[1] Sophie must have known of this pledge, for she was selfish and shameless enough to remind Schlegel repeatedly of his "promise," whenever she needed more money, and she took for granted that her younger brother should devote himself exclusively to her. From now on Sophie spoke of "alle meine Brüder," meaning Ludwig, Friedrich, and A. W. Schlegel. See *Krisenjahre*, I, 25. Friedrich and Schlegel felt their relationship to be that of both "Freund und Bruder," and, in spite of their clandestine love letters in the year 1801, both Sophie and Schlegel insisted that theirs was a love of brother and sister. A careful reading of all their correspondence makes this seem plausible. At any rate, it is the viewpoint of Lüdeke (Lüdeke S, 23) that Sophie and Schlegel were unusually warm friends, nothing more, and von Brentano came to the same conclusion. See Bernard von Brentano, *August Wilhelm Schlegel. Geschichte eines romantischen Geistes*. Stuttgart, 1943, 59-133. Körner takes the opposite position in his *Krisenjahre*, I, Preface, XVI ff. and in numerous notes in Vol. III.

In the relations between Ludwig and his sister, there is evident a growing distance between them, reflected in the dwindling number of letters that they exchange. Her hold on Ludwig slackens only to cling the tighter to her younger brother and to A. W. Schlegel, who

---

[1] "Ich hatte mich mit dem redlichen Bruder meiner Freundin, dem Bildhauer Tieck, verbündet, und dieser Bund war an dem Sterbebette seiner Eltern noch fester geschlossen worden, durch jede Aufopferung und Anstrengung seine Schwester aus dem unaussprechlichen Leiden, worein sie ohne ihre Schuld versunken war, zu retten." (*Krisenjahre*, I, 655. *Cf. ibid.*, II, 5).

now cater to her every whim out of fear for her life. Not being on the scene in Berlin himself, Tieck is kept informed of Sophie's affairs and health by Schlegel and by gossiping "friends." To some extent, Tieck is being replaced in the rôle of literary guide by Schlegel and in that of "big brother" in her personal life by Friedrich and Schlegel. This comes to light in their first family quarrel, which was precipitated by the decision of both Sophie and Friedrich to let Friedrich alone, without Ludwig's intervention, handle the matter of getting certain letters from Bernhardi. Sophie accused Ludwig of having destroyed her hopes for a happy future and of having allowed the opinions of outsiders ("Fremde") to influence him in his attitude toward her. See her letter to Ludwig in Hildebrandt, 161-4.

37. To Sophie (XXVI)

The first three letters of this group date from Tieck's visit to his fiancée in Hamburg during the summer of 1797. The first letter, written to Sophie from Hamburg two days after his arrival (June 27th), has been published elsewhere, as has been indicated above. Tieck was at this time particularly occupied with his *Volksmärchen* and with the publishing of the second part of his *Herzensergiessungen*.

These letters are brief because, as Tieck himself says, he really has nothing to tell Sophie. Their brevity made her very unhappy, and she began to complain once more of his cooling affection. Again her jealous disposition comes into prominence because she feels that her brother's love for Amalie threatens to diminish his love for her. This is the only natural explanation for her attitude.

"Kriegsrath Alberti" is referred to by Köpke (I, 359) as "Staatsrath." He was Amalie's brother and lived in Berlin. Friedrich Tieck had left Berlin with Wilhelm von Humboldt and Burgsdorff in 1797 for his "Kunstreise" to Dresden, Vienna, and Paris (Köpke, I, 230). For "am 31. Junius" read "am 30. Junius."

Liebste Schwester,

Ich bin sehr auf einen Brief von dir begierig, denn ich fürchte immer noch, du bist nicht wohl. Ich dachte schon, Nachricht von dir zu haben. Ich kann dir jezt noch weiter nichts sagen, als daß ich fortfahre, gesund und wohl zu sein, daß Malchen dich grüssen läßt und daß wir oft von dir sprechen. Du kannst die Briefe nur an sie auf den Katharinenkirchhof adressiren, oder auch, abzugeben in der

Obergesellschaft, denn so heißt das Wirthhaus, wo ich wohne.
Hier ist unaufhörlich schlechtes Wetter und man kann darum
nicht ausgehn; ich hoffe, es soll besser werden und daß es in Berlin
nicht so ist. Daß der Kriegsrath Alberti nun auch hieherkommt,
wirst du wohl schon wissen, wir erwarten ihn morgen, oder den 1tn
Julius. Reichardt ist in Berlin, ich wünsche recht sehr, daß du ihn
gesehn haben magst.
Wenn der Bruder geschrieben haben sollte, so schreibe mir doch
auch, was sein Brief enthalten hat, auch was die übrigen machen,
von mir bekömmst du nächstens wieder Nachricht, verzeih, wenn
ich hier schliesse, ich schreibe diesen Brief auf Malches[1] Stube, und
ich werde jezt gestört, weil noch Einrichtungen zum Empfa[n]ge
der Gäste zu treffen sind.

Dein zärtlich. Brud.
Lud[w]*ig T.*

Hambu[r]g am 31tn *Junius*.
    1797.

38. To Sophie (*XXVII*)

Tieck's *Volksmärchen*, including *Die Geschichte von den Heymons
Kindern, Denkwürdige Geschichtschronik der Schildbürger, Wunder-
same Liebesgeschichte der schönen Magelone, Der blonde Eckbert* and
other tales, under the pseudonym Peter Lebrecht, were published
by Nicolai in 1797.
Sophie's letter, mentioned here, has, so far as is known, not been
preserved.

Liebste Schwester,

Wenn in meinem neulichen kurzen Briefe irgend etwas gewesen sein
sollte, was dich nach deiner Ueberzeugung gekränkt hätte, so vergieb mir mit eben so freiem Herzen, als es mir nie in den Sinn gekommen ist, dir irgend ein Leid zuzufügen. Ich hatte an dem Tage
viele Briefe zu schreiben, ich war in Eil, ich schrieb nur kurz und das
hast du nun so Unrecht ausgelegt. Dein Brief in dem du mir so
unrecht thust, hatte mir weh gethan, aber ich war nicht böse auf
dich und konnte es auch nicht sein, ich bin über nichts böse, als daß
du die Volksmärchen nicht geschickt hast. Sei doch überzeugt, daß

[1] *Sic!*

ich dich unaufhörlich liebe und lieben werde, mein Brief ist dir nur so vorgekommen, ich begreife es selber nicht wodurch. Vergieb mir auch diesmal meine Kürze, es ist spät in der Nacht, mit dem Anbruch des Tages reisen wir alle nach *Lüneburg* von dort schreibe ich dir mehr und umständlicher, nur sei nicht betrübt, sei nicht böse auf mich. Du mußt ja nach deiner eigenen Rechnu[n]g noch von dem Gelde etwas übrig behalten haben, so wie ich zurückkomme, schaffe ich wohl zu manchem Rath. – Bleibe gesund, lebe wohl.

Dein zärtlich. Brud.
Lud[w]ig T.

Hambu[r]g am 14 tn *Julius.*
in d Jahr. 97.

39. *To Sophie (XXVIII)*

Lottchen Alberti was Amalie's sister.

Liebste Schwester,

Ich habe dir so lange nicht geschrieben, weil ich dir wirklich eben nichts zu schreiben wußte, nun auch jezt kann ich dir nichts weiter sagen, als daß ich wohl und gesund bin. – Daß ich dir so lange nicht geschrieben habe, wirst du mir vergeben und auch Malchen, die dich von Herzen grüssen läßt, läßt um Verzeihung bitten. Zum Ersatz wird sie dir nächstens recht weitläufig schreiben und ich werde selber nächstens nach Berlin zurückkommen, wenn ich abreise, erfährst du noch vorher in einem Briefe: ich hoffe dich wohl und gesund anzutreffen, in einigen Tagen reise ich ab. Ich bin ganz vergnügt, ausser daß ich mich oft über dein Befinden ängstige, von Lottchen Alberti haben wir die Nachricht, daß du sie besucht hast, und ziemlich wohl aussehest: wenn ich dich erst wieder sehe, will ich dir mündlich recht vieles erzählen, zum Schreiben habe ich keine Lust und dies wirst du wohl schon an mir gewohnt sein.

Grüsse meine Eltern und alle meine Freunde, besonders *Wackenroder* herzlich. Ich bin darum so kurz, weil ich dich gewiß in kurzer, sehr kurzer Zeit wiedersehe.

Dein Brud
L. Tieck.

Lünebg am 14tn *August.*
1797.

40. To Sophie (*XXIX*)

There follow two letters from Dresden of the year 1801, neither bearing date or year. The absence of letters in this collection from the winter which Tieck spent in Jena with the Schlegel circle (1799-1800) is due to the fact that they have already been published by Klee and Krebs.

No. 40 can be assigned to Dresden, 1801, because of the visit from the Waagens indicated therein. *ADB* (Vol. 40, 410-414) describes such a visit as having taken place in Dresden in 1801, at which time the younger Waagen, who became the well-known writer on art, was seven years old. The picture we get of Tieck's struggle against financial needs is striking.

No. 41 must have been written in September, 1801. It speaks of Friedrich's arrival in Weimar as though it has just taken place, and we know from A. W. Schlegel's letter under date of Jena, September 17, 1801 (Holtei, III, 267), that Friedrich had reached Weimar early in September. Interesting is Tieck's appreciative review of the merits of Sophie's "Märchen," though he fails to understand a poem which she has sent him. Tieck's contempt of Kotzebue is expressed in the plan for a "Spaß" which Bernhardi is to perpetrate, according to Tieck's ideas and upon Tieck's responsibility. The letter breaks off abruptly. It is the last letter to Sophie in this collection.

Tieck's visit to Pillnitz, near Dresden, may be explained by the fact that Lotte Alberti is there. See Holtei, III, 322. "B." is Bernhardi, who was assisting with the *Musenalmanach* of Tieck and Schlegel. The funds mentioned are perhaps an advance from the publisher. A. W. Schlegel was in Berlin from the end of February to August, 1801, in close association with the Bernhardis. As various letters of his to Tieck and Fichte and other evidence show, he shared their home from the fall of 1801 to the spring of 1804, while giving his famous Berlin lectures. See Lüdeke S, 84-166, for much of the pertinent correspondence. Christian Wilhelm von Schütz (1776-1847), a school boy friend of Tieck, wrote dramatized romances. He was also an active journalist and a stout champion of Catholicism. Tieck's nephew, Gustav Friedrich Waagen (1794-1868) later became director of the Royal Museum in Berlin and professor of the history of art in the University of Berlin. See *Letters of Ludwig Tieck*, 145-146.

Liebste Schwester,

Ich danke dir von Herzen für deinen herzlichen und schönen Brief, doch muß ich sehr kurz sein, weil ich eben im Begriff bin, in den

Wagen zu steigen, um nach *Pillnitz* zu fahren. Du mußt mir daher verzeihen, daß ich nun noch einmal an das Geld erinnre. Ich bin schon in der grösten Verlegenheit, daß *B.* es nicht mit geschickt hat, ich hoffe doch, daß es, indem ich diesen Brief schreibe, schon unterwegs ist, weil ich mir sonst durchaus nicht zu helfen weiß: sollte es aber wider Vermuthen noch nicht abgeschickt sein)[1] so schick' es doch ja mit der nächsten fahrenden Post, thu' es ja, ich bin schon darauf schuldig, und habe mich nur von einem Tage zum andern hingefristet. Ich hoffe aber, *B.* ist nicht saumseelig gewesen, und meine Furcht ist umsonst. Du siehst, ich kann nichts andres, als von dem verfluchten Gelde schreiben, denn ich bin noch nie in solcher peinlichen Verlegenheit gewesen. Grüsse Schlegel, wenn er noch da ist. Auch die Freunde grüsse von mir. Willst du denn nicht mit her kommen? In dem Fall solltet ihr etwas später kommen, sonst können *Bernha[r]di* und Schütz auch jezt kommen, Platz haben wir wohl ich fürchte, sie kommen sonst gar nicht. Uebrigens reisen *Waagens* in 14 Tagen von hier. Lebe wohl, verzeih diesen Brief.

Der Deinige.
L. Tieck.

41. To Sophie (*XXX*)

Eleven of Sophie's "Märchen" were published in 1802 as *Wunderbilder und Träume*, as noted above. In Sophie's name Tieck was negotiating with Nicolai to publish it. A. W. Schlegel was also interested in getting this work into print. *Die Blume der Liebe* is one of these "Märchen." Bernhardi's *Seebald oder der edle Nachtwächter*, a one-act parody of Kotzebue, was published in 1800 in his *Bambocciaden*. *Das Zauberschloß* is a play by Kotzebue. It is entitled "*Des Teufels Lustschloß*. Eine natürliche Zauber-Oper in drey Akten," and was first published in Leipzig in 1801.

On October 3, 1801, Schlegel, writing from Jena, asked Sophie to send him a copy of the poem Tieck had rejected for the *Musenalmanach* as "zu wenig gelungen," adding that he wished she had sent it to him in the first place. See Körner, *Briefe von und an A. W. Schlegel*. Zürich, Leipzig, Wien, 1930, I, 140-3. We see here the beginnings of a somewhat childish rivalry between Tieck and Schlegel in their efforts to get Sophie's works published. This led to a serious quarrel between Sophie and Ludwig in Rome over the revision of her manuscript of *Flore und Blanscheflur*, with Sophie favoring Schlegel. See p. 279 f. above.

[1] *Sic!*

Liebste Schwester,

Ich danke dir recht sehr dafür, daß du mir die Märchen geschickt hast, und zwar so zeitig, daß ich sie noch ganz mit Musse durchsehen kann. Ich habe sie schon alle gelesen und mich von neuem daran entzückt, sie werden gewiß eine ganz einzige Erscheinung machen; ich habe sie zum Theil vorgelesen, und sie thaten dieselbe schöne Wirkung. Es ist ein zarter poetischer Geist, der sich in wunderlicher Architektur gefällt, und sie bringen einen Zustand heran, wie die Mittelempfindung zwischen Schlaf und Wachen, am Morgen früh in der Dämmerung. Ich lerne viel daraus. Bald werde ich sie dir nach und nach wieder schicken, und ihr könnt sie dann gleich in die Druckerei geben. Aber nach meiner Berechnung beträgt das *Mscpt.* das ich jezt in Händen habe, schon über 20 Bogen, und ich habe dir damals, oder ich müste sehr irren, geschrieben, daß *Nicol.* nicht mehr als 20 Bogen drucken will, kommen nun noch 2 hinzu, so werden es wenigstens 24. Wie wäre es, wenn wir für jezt die Blume der Liebe, die schon gedruckt ist, zurückliessen, bis wir sehn, wie viel das übrige beträgt, fehlt es, so können wir sie dann noch hinzunehmen. Antworte mir doch hierauf. Das übrige *Honorar* von 10 oder 11 *Carol.* wirst du aber wohl erst in der Messe, oder um die Zeit erhalten können, doch weiß ich es nicht gewiß, ich habe es aber so verstanden. Wenn du etwas machst, so schicke es mir bald, damit wir es können zur Ostermesse abschreiben lassen, und ich denke es dir alsdann besser zu verkaufen. Warum schreibt *Bernh.* gar nicht? Er wollte mir auch Neuigkeiten melden, an denen ich hier recht arm bin, aber er läßt nichts von sich hören. Dein Gedicht, was du mir zulezt geschickt hast, kann ich nicht recht verstehen, liegt es an mir oder an dir? Ich glaube, daß die Stanzen dich genirt haben, und daß du es ohne diese schöner und ausdrucksvoller würdest gemacht haben. Wenn es dir Recht ist, kann es vielleicht zu einer Vorrede der Märchen kommen, die ich dir dazu schreiben wollte, ich kann es jezt noch nicht ändern, weil ich es noch nicht recht verstehe. Vielleicht kannst du mir darüber schreiben. – Der Bruder ist jezt in *Weimar* und wohl. – Ueber das Gedicht, mit[1] dem ihr habt Spaß machen wollen. Nicht bei der ersten Strofe, sondern gleich an der ersten Zeile habe ich es für *Bernhardi*'s erkannt, ich hatte auch gar keinen Zweifel und meinte, ihr hättet ihn nur zu nennen vergessen, weil es sich von selbst verstände. Ich habe es an Schlegel geschickt, und wenn der mich um mein Urtheil fragt, so heißt es: es fängt wie alle Sachen von *B.* sehr gut an, und dann, wie gewöhnlich bei ihm, weitschweifig, fällt in die

---

[1] "mit" is corrected from "womit."

Manier, und endigt unbedeutend. Vielleicht kommt dir dies zu hart vor, aber sieh einmal (den edlen Nachtwächter ausgenommen) alle seine Sachen noch einmal darauf an. – Lieben[1] Kinder, kommt doch nun im Frühjahr alle, richtet euch doch ja so ein, ob ich im Winter komme, weiß ich nicht. – *B.* muß über das neue Theater, und das Stück von *Kotzeb.* womit es eingeweiht wird, einen Spaß machen: sie haben es jezt, um nicht anstössig zu sein, das Zauberschloß genannt, aber eigentl. heißt das Stück im *Msp.* wie ich es gesehen habe: des Teufels Lustschloß. Hinlänglich, Spaß und Wahrheit zu sagen. Er darf dies keck drucken lassen, und wenn es angefochten würde, sich nur auf mich berufen.

(Conclusion missing)

42. *From Sophie* (*XII*)

The following two undated letters, the first incomplete, can be placed within the first four months of the year 1802 on the basis of the two tragedies that befell Sophie at that time. The phrase, "gestern an meinem Geburtstag," reveals that the note was added to Letter No. 42 on March 1st, as Sophie's birthday was February 28th. The year is gleaned from A. W. Schlegel's letter of March 1, 1802, informing Ludwig that the child had died of complications resulting from teething. See Lüdeke S, 113. It is particularly touching that the child of whom the mother was so proud should so suddenly be torn from her before "the ink was dry," so to speak, on her words of praise – and on her birthday.

The title finally chosen for the fairy tales was submitted to the publisher by A. W. Schlegel, in Sophie's name, as *Wunderbilder und Träume in eilf Mährchen von Sophie B.* See Schlegel's letter of March 13, 1802, to Nicolovius (Körner, *Briefe von und an August Wilhelm Schlegel.* Zürich, Leipzig, Wien, 1930, I, 144f.). After A. W. Schlegel had been a member of the Bernhardi household from the fall of 1801 until April, 1804, as was noted above, he left Berlin to enter the service of Mme. de Staël. Wilhelm was Sophie's first child, born on June 15, 1800. He grew to manhood as did her third son, Felix Theodor, who was born on November 6, 1802. "Little Ludwig," whose death is mentioned in this letter, had been born about July 10, 1801. See Schlegel's letter of July 10, 1801, to Tieck (Holtei, III, 265). There is an erroneous statement concerning the number of children Sophie Bernhardi lost, in both Breuer and

---

[1] *Sic!*

Lüdeke S. Without any documentation, Breuer states that Sophie "lost two children in less than two years" (p. 6). Lüdeke asserts that she "lost two children in one year," giving as his source (note 46, p. 230), the letter Caroline wrote A. W. Schlegel on March 8, 1802, after having heard of the death of Sophie's son. See Schmidt, *Caroline*, II, 311 f. On the surface, the following words of Caroline might be taken as a reference to another child of the Bernhardis: "... es war gut für euch und mich, daß ich noch nicht dort war. So starb eben vor einem Jahre der liebe schöne Knabe fast in meinen Armen, ich würde mir wie die Todesbringerin erschienen seyn und der Mutter ein wahnvolles Zeichen..." However, Caroline's letter of March 16, 1801 (the "previous year"), tells of the death of her own nephew, little August Wiedemann. See Schmidt, *Caroline*, II, 75 ff.

"Schütze" is probably a misspelling of "Schütz." See No. 40 above. Sophie was waiting impatiently for the arrival of Schütz, because Tieck at this time sent letters to his sister through friends, on account of the strained relations between the Bernhardis. One such secret letter, addressed to Schütz, is published in *Krisenjahre*, III, 41-42.

That Ludwig and Sophie have begun to drift apart is evident in her remark that she would no longer ask him to come to her for her sake, also in her stilted reference to Malchen. It is apparent that Sophie had no affection for her brother's wife.

(Beginning missing)
nen Kummer und meine Verlegenheit. Der Bruder ist noch nicht hier doch versichert Schlegel daß er ihm sehr bald nachkommen wird. Auch hat Friedrich Schlegel versprochen zu kommen. Wen du nun auch kämst so wäret ihr einmal alle beisammen ich mag gar nicht mehr sagen kom um meinetwillen ob ich mich gleich unbeschreiblich sehne dich wiederzusehn und ob ich gleich überzeugt bin daß wen Du komst wir uns ganz wieder vereinigen.

Schlage mir einen Titel zu den Märchen vor auch gieb mir einen Raht ob ich es wieder Sophie B. unterzeichnen soll oder ohne alles Zeichen. Ich erwarte mit Ungeduld ob du mir nun antworten wirst. Ich habe durch Burgsdorf erfahren daß du gesund und froh bist ob Du an mich denckst oder ob du auf mich empfindlich bist davon weiß ich nichts.

Wie geht es Malchen waß macht Dorothea? Meine Kinder sind jezt wohl doch ist Wilhelm bei seiner Krankheit so zurik gekommen Daß er noch nicht laufen kan. Der Kleine wird nach dem Ausspruch aller Leute viel schöner als Wilhelm daß wird doch Malchen wen sie sich noch dafür interessirt gerne wissen wollen.

Ich bin die ganze Zeit nicht ganz wohl gewesen ich fühle mich sehr geschwächt so daß wen ich auch über kein bestimtes Übel klagen[1] ich mich doch nicht wohl fühle da läßt es nun Schlegel nicht an guten Raht fehlen den ich nur nicht so befolgen kan.

Lebe wohl und schreib mir bald ich erwarte Schütze mit Ungeduld um von dir zu hören kom nur und glaube daß auch dir ein Gespräch mit mir einmal recht wieder gut sein würde. Ich kan mich nicht gegen Dich verändern thue Du es auch nicht und lebe glücklich.

S Bernhardi

Alle Schmerzen der Erde treffen mich Gestern an meinem Geburtstage ist mein Ludwig gestorben du kanst dir denken wie elend ich bin

S Be[r]nhardi

43. From Sophie (XIII)

This brief but significant letter was most likely written in the last week of April, 1802, shortly after the father's death, which occurred on April 23, 1802. The father died a week after the mother of the same illness that took her life, "ansteckende Brustkrankheit," according to Hildebrandt (p. 32). Caroline, who was in Berlin at that time, wrote on April 24, 1802, about the death of Tieck's parents in these words: "... innerhalb dieser lezten 8 Tage sind die beyden alten Tiecks gestorben, die Mutter zuerst, der Vater hielt sich über das Begräbniß hin, dann legte er sich an der nehmlichen Krankheit nieder und starb in der letzten Nacht. Diese Erschütterungen setzen die Bernhardi (welche eine vortreffliche Frau ist)[2] in Gefahr, sie ist schwanger, ist überhaupt kränklich und hat vor kurzem ein Kind verlohren... Der Bildhauer... zeigt sich als der vortrefflichste Sohn und liebendster Bruder..." See Schmidt, *Caroline*, II, 325 ff.

The strain of the three grievous blows which Sophie had to bear within the last two months shows in the listless tone of the letter, in which she requests of Ludwig a power of attorney, so that the family affairs and the parents' debts can be settled. The "uns" are she and Friedrich who helped her with the funeral arrangements. See Hildebrandt, 33. Ludwig, who was ill in Dresden, could not be

---

[1] "kann" omitted?

[2] Seven years later Caroline describes Sophie as "falsch wie eine Katze, treulos gegen jedermann, voller Lügen und Streiche" (Schmidt, *Caroline*, II, 546).

with her. The worry over his sister's plight, added to the grief over the death of both parents, aggravated his illness. See Zeydel, 156, 157.

Our letter gives the first intimation that Sophie plans to leave Berlin, which has become hateful to her. That she has already left her husband, psychologically speaking, is indicated by the use, from now on, of her maiden name in the signature, namely, "S.T."

1802.[1]

Liebster Bruder

Alles Unglück welches ich dir melden kann wirst du wissen. Ich kan über nichts mehr klagen das einzige Gefühl daß mich noch berührt ist das brennende Verlangen dich zu sehen. Ich bitte dich nun mir mit umgehender Post eine gerichtliche Volmacht zu schiken das du mit allen unseren Verfügungen zufrieden sein wilst. Zögere nicht mir dies zu schiken den je länger du damit zögerst je länger zwingst du mich in Berlin zu bleiben. Das nichts übrig bleiben wird weist du schon von selbst wen aber nicht zu viele Schulden bleiben so wollen wir sie bezalen da es der Wu[n]sch der Eltern immer war jedermann das Seinige zu geben. Mit der nächsten Post hoffe ich ruhiger zu schreiben. Ich bin nur durch die gröste Sorge einem gefährlichen Übel entronnen. Lebe wohl besorge meinen Auftrag damit ich Berlin verlassen kan das mir verhaßt ist.

Addressed: Herrn Ludwig Tieck   S T.
                in
   i[2]   Dresden in der
       Neustadt im blauen Stern

44. From Sophie (XIV)

This undated letter could be from the spring of either 1803 or 1804, as Sophie took almost identical trips in order to meet Ludwig in Teplitz in the summer of these two years. On the 1803 journey she was escorted as far as Teplitz by the wealthy young nobleman, von Knorring. On June 25th, a few days after their arrival, von Knorring returned to Dresden. See P. Matenko in *Journal of English and*

---

[1] The year, written in a type of ink different from that of the rest of the letter, was obviously added by some person other than Sophie, perhaps by Anna Bernhardi.
[2] The beginning of this word is illegible.

Germanic Philology, XXXVI [1937], 89, 90, and *Krisenjahre*, I, 45 ff. Bernhardi later came to Dresden to accompany his family back to Berlin, but found himself traveling home alone. This letter refers to both a visit to Friedrich in Weimar and a meeting with Ludwig in Teplitz and has therefore been placed in mid-April, 1804, that is, before her trip to Weimar, which she reached about May 9, 1804. See *Krisenjahre*, I, 77. That Ludwig expected to arrive in Teplitz on August 16, 1804, we know from his letter of July 26th to Brentano. See *Letters of Ludwig Tieck*, 87. On August 18th Sophie wrote Schlegel from Teplitz that Ludwig was to arrive on that day. See *Krisenjahre*, I, 142-3. Tieck brought with him a letter he had received from Bernhardi accusing Ludwig of spoiling Sophie's happiness with his meddling. Bernhardi threatened to take legal steps for the return of his sons. Ludwig therefore appointed Schede Sophie's attorney to deal with Bernhardi in Berlin. See *Krisenjahre*, I, 146-7. Another reason for assigning this letter to 1804 rather than 1803 is 'its general tone, which presages a planned change in the direction of more freedom and happiness, that is, life without Bernhardi. This is very clear in her letters to Schlegel, whom she begs for money for her trip to Italy. And, indeed,except for short trips to the baths at Teplitz and at Liebenstein, she remained in Weimar with her sculptor brother until she left for Italy in the winter, as was noted above (p. 277). Knorring was from now on her almost constant companion.

Unfortunately, the letter from Ludwig that is replied to here has not been found; it would clarify the nature of his grievances against her. Aware of their tendency to offend each other in disagreeable disputes, Sophie pleads with Ludwig not to quarrel with her when they do meet and suggests that they cease tormenting each other with complaints of past grievances.

Liebster Bruder

Mich hat dein Brief mit einer so unaussprechlichen Wehmuht erfült daß ich in Strömen von Trähnen mein Leben hingiessen möchte. Ich finde keine Worte dir zu sagen wie ich dich liebe und mich erhält in tausend Stunden wie ich dem Schmerz unterliegen wirde die Hoffnung das ein neues schönes Leben für uns beginnen soll. Ich bitte ich flehe dich aber laß endlich doch jeden Zweifel enden waß braucht noch zwischen uns hinweg gehoben zu werden ich weiß es nicht. Laß doch die Klagen trüber vergangener Tage vergangen sein warum wollen wir uns immer von neuen quälen mit den Schmerzen die einer dem andern unbewußt zugefügt hat. Warlich wen ich über dich klagte so war es ja nur die Verzweiflung daß du meine Libe nicht ganz so erkennen woltest wie sie mir im Herzen glühte. Liebster bester Bruder mein geliebter Freund es schließt sich mir wen ich diese lezte Zeit noch überwunden habe eine himlisch schöne Zukunft auf und ich denke oft daß ich sie durch diese martervolle Zeit verdienen muß. Ich mag nicht mir selbst alle meine Schmerzen wiederholen. Aber glaube mir ich habe ganz den bittersten Kelch des Lebens ausgetruncken. Kom nur mein geliebter Bruder ich erwarte dich oft mit sensüchtiger Angst und mir scheint die Zeit noch unermeßl[ich] lang. Liebster Bruder quäle mich nicht mehr daß es immer ist in Deiner zärtlichsten Liebe als wen du etwaß noch im Herzen zurickbehieltest irgend ein Mistrauen irgend einen Verdruß Gott weiß daß in meinem Herzen nur die reinste Liebe für dich ist und daß ich an deine Liebe glaube. Ist es den aber anders möglich wie wir eins sind in allen unseren Gefühlen in allen Gedanken wen ich dan zuweilen doch etwaß fremdes etwaß abweichendes bemerke daß mich das nicht recht scharf und schmerzlich treffen solte. Mann solte es mit stiller Trauer ertragen daß wir doch zwei sind so sehr wir auch vereinigt sind und ich habe gewiß unrecht wen ich meinen Schmerz und meine Klagen darüber laut werden lasse. Du nenst dich alt laß mich die Hoffnung nicht aufgeben daß wir noch von neuen in rechter Jugend wieder aufblühen. Du weist selbst daß mir bis jezt das Leben noch nie erfreulig war und gränzenloß hart hat mich seine Last in den Jahren wo wir getrent waren gedrükt. In Freiheit in Ruhe umgeben von der Liebe hoffe ich nun erst Glück und Freude. Da ich dan in Freiheit sein werde so kann mich ja nichts hindern zu dir nach Dresden zu kommen und von dort nach Tepliz zu gehen das dürfen wir nur verabreden und uns über die Zeit vereinigen wan es geschehen soll und so kanst du dich darauf verlassen daß es geschieht. Ach lieber Bruder und wie ich mir selbst auch alle Hoffnungen vorhalte so muß ich doch zagen wen ich denke wie viele Wochen ich noch hier bleiben muß. Mit meiner Gesundheit geht es nicht gut Doch bin ich überzeugt wird es besser wen ich von hier weg bin und den täglichen Gram und Verdruß und die unzähligen Kränkungen von mir genommen sehe. Eines lieber Bruder bitte ich dich noch laß mich nicht mehr kleine Unbedachtsamkeiten in meinen Äusserungen wen wir wieder beieinander sind so hart entgelten od[er] auch die schroffe und harte Art Dienge und Menschen anzusehn. Ich kann es nicht ändern ich habe alles gethan um meine Natur zu bekämpfen aber es ist vergeblich und ich glaube ich habe mit dem härtesten Leiden genug für diesen Fehler gebüßt. Du weißt ja selbst das kein Falsch in mir ist und daß kein liebloser Gedanke in mein Herz komt. Ja ich w[oll]te mein ganzes Herz könte offen vor deinen Augen liegen so wäre auf einmal alles aufgehoben waß uns irgend kränken kann und Du wüstest auf einmal meine unausprechlichen Schmerzen und meine schönsten Hoffnungen. Ach lieber Bruder ich kann mich vor Trähnen und Wehmuht nicht fassen du must es fühlen wie in tausend Stunden meine weinenden Augen nach dir aussehen[1] meine Zittrenden Lippen [2] nach dir seufzen. Lebe wohl mein geliebter Bruder ich mag nicht mehr schreiben. Wen du komst so wirst du doch nicht eher abreisen als bis ich auch nach Weimar gehe. Lebe tausendmal wohl und grüße Malchen.

ST.

(Vienna, 1808 – Erwita, 1828)

There are no letters in the period of four years from the spring of 1804 (No. 44 above) to the spring of 1808 (No. 45 below). Two letters belonging to this period, both from Sophie, have been published elsewhere. As was noted above, both Hildebrandt and Breuer have published her letter of November 8, 1804, from Weimar. Her letter from Rome, dated October 29, 1806, has been published by Körner, without the opening and the closing sentences.[3] The absence of any other letters in this four-year period is due, in part, to the fact that Tieck and Sophie spent some of this time together, first during the early part of the trip to Italy, and then in their sojourn in Rome, which Tieck left again in August, 1806. The lack of communication with each other between 1806 and 1808 may partially be accounted for by illness and a growing estrangement between them. For details concerning Tieck's activities in this period see Zeydel, 172 ff. and Köpke, I, 316 ff. Friedrich Tieck's years in Rome from 1805 to 1808 are described in Hildebrandt, 56 ff. Information on Sophie's life and literary activities is found in various collections of letters, principally in *Krisenjahre*, I-III, and in the reminiscences of her son (Felix) Theodor von Bernhardi. See Bernhardi, I, 3 ff. Her works of this period are analyzed in Breuer, 68 ff.

The two remaining letters in this collection are from widely separated periods in both time and space, that is, from Vienna in 1808 (No. 45) and from Esthonia in 1828 (No. 46). There are no letters in the first two years of the twenty-year interval between these letters, for the reason that Ludwig and Sophie were together from the time of his visit in Vienna in the summer of 1808 to his

[1] A German script final single "s" is written over a long single "s" in the first syllable of this word.
[2] "dei" is written and crossed out.
[3] *Krisenjahre*, III, 200-3 (footnote to No. 162, p. 372) and *ibid.*, 220-4 (footnote to No. 176, p. 451). Letters No. 162 and 176 are both in Vol. I.

departure from Munich in the summer of 1810. For Tieck's activities in these years see Köpke, I, 341 f. and Zeydel, 185 ff. The unsettled political conditions prevailing in Europe at this time, as well as details regarding the home life of the Tiecks in Munich, are described in Bernhardi, I, 36 ff. For the bitter quarrels between Ludwig and Sophie, which led to the final parting of their ways, see p. 281 f. above.

Direct communication between Ludwig and his sister, after this turning point in their relations in 1810, seems to have come to an almost complete standstill. In 1813 Ludwig complained to Friedrich Schlegel: "... Von meiner Schwester habe ich, seit ich vor drei Jahren krank München verliess, und nach Baden reiste, noch keine Zeile gesehen, nur durch Fremde habe ich von ihr und von ihrer Verheiratung mit Knorring und ihrem Aufenthalt in München und Russland erfahren müssen..." (Lüdeke S, 165). In 1818 Tieck again found fault with Sophie for having sent him "gar keine, auch nicht Eine Zeile" since 1810. See *Letters of Ludwig Tieck*, 164. News of Sophie's affairs reached Ludwig, for the most part, through his brother, the recipient of at least fifty-seven letters from Sophie between 1810 and 1826.[1]

45. *From Sophie (XV)*

In a conciliatory and forgiving mood regarding past differences, Sophie invites Ludwig for a visit, the purpose of which seems to be to counteract rumors of a break in their relations, and, at the same time, to enhance her position as a lady of note. Tieck's letter to her has evidently not been preserved, but seems to be the one referred to in her letter of June 1, 1808, to A. W. Schlegel. See *Krisenjahre*, I, 547-50. Tieck's letter of June 13, 1808, to A. W. Schlegel mentions the "so-called" friends as being Fichte, Genelli, Schierstädt, and Schütz, all of them having been "misled" by the "Schurke" Bernhardi. See *Krisenjahre*, I, 555-6. Sophie's present remarks in regard to Burgsdorff contrast sharply with her accusation against him in Rome. See p. 278 f. above.

Friedrich Schlegel became a quite contented guest in the Knorring-Sophie home in the last week of June and expected to remain through September. See *Krisenjahre*, I, 569 ff. Ludwig arrived about August 3rd and planned to stay as long as the other members of the household, and then accompany them all to Munich. See *Krisenjahre*, I, 585-8. Tieck, upon arrival, impressed Friedrich

[1] MSS of fifty of these are in the SLB, the others in the DSB.

Schlegel as being downcast, but much more cheerful after a week in Vienna, and, by September, living "sehr zerstreut." (*Krisenjahre*, I, 625). Franz Otto von Stransky, the impoverished physician, Sophie's doctor in Vienna, was befriended by her and taken into her home, together with his ailing wife. Christine von Stransky and Friedrich Schlegel had an affair. When Sophie learned of this there was a violent scene. See Bernhardi, I, 27 f. Natorp is probably the Hungarian nobleman, Freyherr Theodor von Natorp, Knorring's friend, whom Tieck had met in Munich in 1805 and again in Rome in 1806.

Sophie's hints of a future "sorgenfreies Leben" probably refer to her scheme of buying a villa outside of Rome, where they would all settle for life "nach Dichterweise." See Schmidt, *Caroline*, II, 512. Nothing came of this plan, however, because Knorring lost a large sum of money in the speculation he was engaged in at this time. Sophie's usual fear of Tieck's conduct, when they are together, prompts her to warn him not to abuse the hospitality of the house "again." She has evidently not forgotten his offensive behavior in Italy. See p. 278 above.

This letter is cut so that the details of Bernhardi's attempt to get the children, whom the court had awarded to him, are not given. The whole incident is related in Sophie's letter of June 1, 1808, to A. W. Schlegel. See *Krisenjahre*, I, 547-9. By Finkenstein is meant Graf Karl von Finckenstein, the Prussian ambassador in Vienna at this time. "Minister Stadion" is probably the Austrian statesman, Johann Philipp Karl von Stadion (1763-1824) who was minister for foreign affairs from 1805 to 1809.

Wien den 31 ten Mai
1808

Ich schreibe dir liebster Bruder heut an deinem Geburtstage, und dieser Gedanke erfüllt mich mit unendlicher Wemuth, wenn ich bedenke wie viel Leiden nur der Zeitraum von zehn Jahren in sich schließt, wie meine ahndende Seele an diesem Tage bebte und zagte. Mein geliebter Bruder nim meinen herzlichen Dank für deinen Brief, der mich mit Trauer und der süssten Freude zugleich erfüllt hat. Kom zu uns zu[1] schnel du kanst, um unsere Liebe nach manchen Stürmen des Lebens wieder zu empfinden, Glaube mir mein theurer Bruder daß meine Liebe immer dieselbe bleibt, und laß uns Misverständnisse endigen die unsre Herzen nur zu lange von einander gerissen haben. Du hast mir das unwirdige Betragen der

---

[1] Mistakenly written for "so" in the manuscript (?).

sogenanten Freunde, mü[ssen] zugeben, deren heftige für mich kränkende Vertheidigung nothwendig ein zweideutiges Licht auf dich selbst werfen mußte. Waß Burgsdorf anbetrift so will ich gerne glauben daß er nichts gegen mich hat, denn dazu habe ich ihm nie Ursach gegeben, und daß er jezt aus Zerstreuung vergessen hat, wie er in der Zerstreiung gegen mich gehandelt hat, daß es aber geschehen ist weiß ich g a n z g e w i ß, nicht so wohl um mir die Kinder zu entreißen, als um dich von mir zu entfernen. Ich wußte es schon damals gewiß als der Streit zwischen uns darüber verfiehl und es hat sich mir seitdem unwiederleglich bestätigt. Ich bin ihm eigentlich nie böse gewesen, und wem[1] er es jezt vergessen hat, so fodre ich dein Stilschweigen darüber um nicht neuen Haß und Zwist zu erreg[en].

Ich lade dich ein mit freudigem Herzen zu uns zu kommen, du wirst hier viel Liebe und Freu[de] finden. Wir haben eine sehr gute Wohnung wir wohnen jezt in einem Hause, du kanst auf der Seite wo Knorring wohnt ein gutes Zimmer haben, neben Friedrich Schlegel den wir in wenigen Tagen erwarten, so findest du nicht nur uns wieder, sondern auch einen alten Freund welchen du immer geliebt hast. Stransky ist auch hier und erwartet dich mit der sorglichsten Liebe. Auch Natorp freut sich sehr darauf dich wieder zu sehen, viele Bewunderer schmachten nach deinem Anblick. Eine herliche Natur biethet dir Erquikung für vieles, der Prater wimmelt von Narre[n]possen, woran sich dein Herz immer ergözt kurz du kanst hier sehr angenehm leben.

Ich hoffe uns soll keine Noth mehr drüken o[b]gleich du meine Hoffnungen für sanguini[sch] hälst. Du irst dich auch darin in mir, und hast das Bestreben verkant[2] mich und andere im Gespräche zu trösten dadurch, daß ich die Ferne nahe rükte das Ungewisse gewiß zu glauben schien, um in der drükenden Gegenwart die Verzweif[lung] zu vermeiden. Ich suchte euch allen oft Hoff[nun]gen zu geben, die ich selbst nicht hatte, ich kante den ganzen Umfang meiner Lage sehr wohl, und habe auch darin mehr Muth als andre bewiesen. Ich glaube jezt mit Gewisheit sa[g]en zu können, ich werde im Herbst nach Italien in jedem Sinn einem sorgenfreien Leben entgegen reisen. Dies Eine bitte ich dich zu verschweigen daß ich eine Zeit für meine Abreise bestimt habe alles übrige ist kein Geheimniß.

Ich bitte dich mein liebster Bruder nun auch vielerlei, erstlich daß du mir schreibst sogleich wenn du komst damit ich dein Zimmer einrichten kann, zweitens daß wenn du hier bist du nur eines beobachtest, und den unsee[l]igen Dämon der Trägheit in dir bekämpfst der

---

[1] Mistakenly written for "wenn" in the manuscript(?).
[2] "verkant" is written above the line.

dich immer daran hindert, nemlich daß du mir auch öffentlich mit Achtung und Aufmerksamkeit begegnest, mich als die erste Person im Hause schetzt, und nicht wieder es dahin kommen läßt, daß mein Haus wie ein Costenhaus für deine Freunde behandelt wird, ausser der Unschicklichkeit welche für mich darin [1] liegt, verursachst du Knorring dadurch eine immerwährende Kränkung, und erregst nach und nach eine fortwährende Verstimmung. Du weißt wohl daß keine Art von Eitelkeit mi[c]h zu diesem Verlangen treibt, aber meine Lage hier erfodert es durchaus daß ich von allen Personen welche in meiner Nähe leben als eine be[deu]tende Person behandelt werde. und dies abge[leh]net so trit mein Schicksall und mein Charackter in ein nachtheiliges Licht we[nn] ich von denen die mich am genauesten kennen, mit scheinbahrer[2] Geringschätzung behandelt[3] werde. Dan bitte ich dich daß du den[n] [so]fort bestimt sagst du reisest zu mir, aus freiem Antrieb, um mich zu besuchen ohne meine Einladung. Ich hoffe wir alle wollen n[och] einem schöneren Leben entgegensehen, u[nd] es wird dich freuen, daß ich die Kräfte meines Geistes eine Zeitlang darauf verwendet habe, uns eine sorgenfreie Zukunft zu verschaffen, wenn du die Umstände [nä]her kenst.

Verzeih daß ich alles waß mein Herz dir hinzufügen möchte abbreche, um dir über Geschäfte schreiben zu können, damit darein nich[ts] falsches geschieht.[4] Ich will dir den Gang der Sache erzählen damit du es klarer [5] siehst. Ich war kaum hier angekommen, etwa 14 Tage, war gerade sehr kranck, als sich zwei Fremde bei mir melden liessen. Dies wahren Bevolmä[ch]tigte von Bernhardi, welche die Kinder von mir foderten, und mich sehr brutal wie eine entwichene Person behandelten. Ich wußte mir da ich allein war nicht anders zu helfen, und verlangte also den Aufschub eines Tages, ehe ich ihnen eine Antwort geben könte. Ich such[te] indessen den Schuz des hiesigen Justiz Presidenten Grafen Rothenhan, des Minister Stadion, und des Päbstlichen Nuntius. Fr v Stael sprach mit Finkenstein, er erboth
(Conclusion missing)

46. From Sophie (XVI)

This is a letter of introduction for a friend and childhood companion

---

[1] "er" is written and crossed out.
[2] The "h" in the second syllable is either erased or blotted out.
[3] The final letter is blotted and unclear, whether "d" or "t."
[4] The "g" is written over a "b" in this word.
[5] "s" is written and crossed out.

of Felix who wishes to make the acquaintance of Tieck on his projected trip through Dresden. The young man's father is the Knorrings' prior, Pastor Mickwiz, one of the unusual personalities of Arrokül that have been immortalized in Sophie's novel *Evremont*. See Bernhardi, I, 101. Erwita is the large Knorring family estate, which Sophie's husband inherited after the death of his unmarried brother Gotthard.

This is the last letter of our collection.

Geliebtester Bruder,

Da Herr Mickwiz auf seiner Reise auch Dresden zu berühren denkt, und den Wunsch hegt deine Bekantschaft zu machen, so habe ich ihm um so lieber dies Blat mitgeben wollen, weil mir dadurch die Gelegenheit wird, ihn dir angelegentlich zu empfehlen, als Freund und Jugendgenossen von Felix, und als den Sohn unseres Kirchspiel Predigers des Herren Probstes Mickwiz, mit welchem wir in der langen Zeit unseres Hierseins in ununterbrochener Freundschaft leben.

Ich bitte dich also herzlich geliebter Bruder, diesen jungen Mann freundlich bei dir aufzunehmen, und gewiß überzeugt zu sein, daß du uns unendlich erfreust wenn du ihm etwas Angenehmes oder Nüzliches erweisen kanst.

Mit herzlicher Liebe

ewig
die Deine
S v Knorring

Erwita
1828

Addressed:[1] *A Monsieur*
            Monsieur Louis Tieck
            Conseiller autique
                à
                Dresde

[1] The address is in Knorring's hand.

INDEX

Page numbers in roman type refer to the text of the letters; those in italics to the introductions.

Byström, J. N., *196*, 200f., 201

Calderon, de la Barca, Pedro, *52*, 54, *75, 76, 76, 152;* Calderons Schauspiele, *75; Dame Kobold, 116,* 116f.; *Echo und Narciss (Eco y Narciso), 75,* 76; *Der Gartenunhold (El monstruo de los jardines), 75,* 76; *Das Leben ein Traum (La vida es sueño), 75,* 76; *Die Morgenröthe von Gogecavana (La Aurora en Copacabana* (Sic!)), *75,* 76; *Die Seherin des Morgens (La Sibila del Oriente), 75,* 76; *Spanisches Theater, 152*
Calezki (Caletzki), "Amtmann", *285, 300,* 303
Calezki (family), *285, 300*
Calezki, Frau, *300,* 303
Calvet Museum, *32*
Camoëns, L. V. de, *175,* 177
Canova, Antonio, *32, 36*
Carlsbad, 36, 147
Carlyle, Thomas, *81, 221*
Carnathan, 95
Carolsfeld, Schnorr v., *31*
Carrara, *16,* 18, *23,* 24, *31, 32,* 34, *42, 109, 118*
Cassel (Kassel), 50, *118,* 121, 318, 321
Castilien, 21
Catalani, Angelica, *123,* 126
Cervantes, Miguel de, 20, *152, 209; Don Quixote, 209,* 209; *Persiles und Sigismunda* (tr.), *94*
Chamonix, 24
Chanson de Roland, 12
Chapman, George, *101*
Charles IX of France, *122,* 125
Charlotte Louise, Princess (wife of Nicholas I), *35,* 38, 40
Charlottenburg, 38, 39
Chettle, Henry, *101*
Chevalier (husband of Chevalier-Peicam), *6*
Chevalier-Peicam, Madame, *6,* 8
"Christian" (see Tieck, Friedrich)
Christian IX of Denmark, *267*
Christiany (Christiani), *185,* 192
Cimarosa, Domenico, *2*
Clarke, M. C.,; *Complete Concordance to Shakespeare, 235,* 235
Clauren, Heinrich *(pseud. of* Heun, Carl), *132,* 132
Coblenz, 140, 151
Cohn, Albert, *253*
Cohn, A. F., *1*
Coleridge, S. T., *221*

Coligny, Gaspard de Chatillon, Comte, *122,* 125
Collin, H. J. v., *10,* 11; "collected works", ("Verfasser mehrerer Trauerspiele"), 11; *Polyxena, 10; Regulus, 10*
Collin, Matthäus v., *9, 10,* 10, 11; *Belas Krieg mit dem Vater, 9; Der Tod Friedrichs des Streitbaren, 9; Wiener Jahrbücher für Literatur* (ed.) *9*
Collins, Arthur, *99;* 'Sydney Papers' (ed.), *99,* 100
Colomb, M. E. v., Freifrau von Holwede, *127*
Cöln (Köln; Cologne), 150, *183,* 277
Columbia University, *x, xii*
Columbia University, German Seminar, *ix, xii*
Columbia University, Library (Special Collections Division), *ix, xii*
Condell, Henry, *96;* first folio edition of Shakespeare (with Heming, John) *96*
Constantinopel, 38
Constanz (Constance), 7, *111*
Contessa, C. J. S., *64,* 69
Contessa, W. S., *64,* 69
Copenhagen, *32*
Coppet, *19,* 22, 24
Corinth, *122*
Cornelius, Peter v., *31,* 33, 43; *Bilder zu Goethes Faust, gestochen von F. Ruscheweyh, 31*
Coswig, *285, 300,* 303, *315,* 345
Cotta, J. F., *133,* 134, 135, *164; Morgenblatt für gebildete Stände* (pub.) *133,* 134; (supplements, (pub.), *Kunstblatt, 133; Literatur-Blatt, 133*
Cowley, *82,* 83
Creizenach, Wilhelm, *145*
Crelinger, Auguste, *215*
Cromwell, Oliver, *99*
Culm, *26*
Cumberland, Ernst August, Duke of, later King of Hanover, *122, 127*
Cumberland, Friederike, Duchess of (wife of E. A.), *122*
Cumberland, Karl, Duke of, *122*
Cunigunde, Prinzess, *105,* 108
Curtius, Julius *(pseud. of* Saphir, M. G.), *139*
Custine, A. P., de, Count, *309*

376

of Beauty (*The Book of Beauty*) (ed.), *186*, 192
Gedike, Friedrich, *291*, *300;* *Berlinische Monatsschrift* (co-editor with Biester, J. E.), *300*
Gehe, E. H. (G.?), *62*, 65, 78; *Anna Boleyn*, 62
Genast, Eduard, *163*
Genelli, H. C., *368*
Geneva, Lake, 24
George III, King of England, *122*
Gerstenberg, H. W. v., *142*, 143; *Ugolino*, *142*

Gervais, E., *205*, *206*, 206, 207; *Astolf*, *205*, 206f., *207;* "Gedichte", 207; "Plan zu einer Dramaturgie und einen Versuch über das heutige Drama", 207, 208
Geyder, Dr., *252;* *Deutsches Museum von Prutz*, 252
Giebichenstein, *292*
Giessen, *166*
Gifford, William, (Ben Jonson) *Works* (ed.), 77
Glaser, Johann, *256*, 257, *272*, 273
Glatz, *39*, 40
Gleditsch, J. F., *59*
Gley, Julie, *140*, 142
Glogau, *204*
Gneisenau, August, Graf Neidhardt v., *223*, 224
Goedeke, Karl, *64*, 78, *122*, *132*, *328*
Goethe, August v. (son), *142*, 245
Goethe, Christiane (wife of J. W. v.), *245*
Goethe, J. W. v., 1, *2*, 2, 4, 8, *9*, *19*, 22, 22, *24*, 26, 28, *34*, 36, 47, *47*, 53, 64, 68, *74*, *81*, *96*, 98, *101*, *118*, 121, *126*, 130, *133*, *138*, *142*, 143, 143, *144*, *145*, *146*, 146f., 148, *151*, 152, 153, *154*, *163*, 165, 167, *172*, 174, *176*, 177, *186*, 193, *211*, *212*, 213, 242, *244*, *245*, 246, 294, 343
Archiv, 246; Briefe, *212*, 213; Briefwechsel (Goethe-Schillerscher) Bd. 4, 5, *103*, 103; "An Frau Clementine von Mandelsloh", *146;* "Concept", *245;* *Dichtung und Wahrheit*, *96*, *164;* *166*, 167; Diderot's *Rameau's Nephew*, *151;* *Egmont*, *64*, 68, 155; *Faust*, 148, *151;* *Faust I* (productions): Braunschweig (Klingemann), *144*, *145*, 148; Dresden (Tieck), *144*, 146f.; Frankfurt am Main, *144;* Hannover, *144;* Leipzig, *144;* Wei-mar, *144*, *145*, 148, 149; "Goethe und seine Zeit" (Tieck's introduction to *Gesammelte Schriften von J. M. R. Lenz*), 154; *Götz von Berlichingen*, 64, 68; *Hermann und Dorothea*, *151;* Himburg ed. of Goethe, *183*, 184f.; *Iphigenie*, *151*, 155, *163;* *Italienische Reise*, 26, 28; *Proserpina*, 26, 28; *Schriften der Goethe-Gesellschaft* (vol. 13), *244f.;* *Stella*, *151;* *Tagebücher*, *126;* Theaterschule, 242; *Torquato Tasso*, 215; *Über Kunst und Alterthum in den Rhein- und Mayn-Gegenden*, *19;* *Die Wahlverwandtschaften*, 151, *218f.*, 220; *Wilhelm Meister*, 15; *Xenien*, *300;* "Zueignung", *151*
Goethe, Walter v. (grandson), 245, 246
Goethe, W. M. v. (grandson), *245*, 246
Golzow, *295*, *325*, 325, 331, 339, 345, 346, *347*, *348*, 348, 349
"Golzower", The, *295*, 296, 331, 339, 345, 348
Görres, Joseph v., *183*, 184; *Deutsche Volksbücher*, *183*
Gotha, 2, 3, *16*, 17, 18, *34*, 100, 102, 177, *279*
Göttingen, 1, 2, *29*, *56*, *62*, *92*, *149*, *185*, *186*, 275, 278, *300*, 304, *306*, 307, 308, *309*, 309, 310, *311*, *313*, 315, *318*, 318, 323, *325*, 328, 329, *336*, 337, *338*, *345*, 347, *348*, 352, *352*
Gottlieb ("der alte"), *305*, 305, 342
Grabbe, C. D., *77*, *210*, *238*, *241;* *Don Juan und Faust*, 238; *Dramatische Dichtungen*, 238; *Hohenstaufen*, 238; *Napoleon oder die hundert Tage*, 238
Graduate Center, The City University of New York, *xii*
Gräfenberg, *265*, 266
Granada, 21
Gräsener (?), 125
Graz, *59*
Gregory of Tours, *168*
Gries, J. D., *76*
Griese (Tieck's tutor in Greek), *286*, *287*, *288*, 290, 291, 293, 295, 320, 345
Grillparzer, Franz, *9*
Grimm, Herman, *256*
Grimm, Jakob, *245*
Grimm, Wilhelm, *10*
Gröben, Frau (mother of Frau Solger), *104*, 106
Großstädteln, *101*
Grotius, Hugo, *16*, 17
Gruber, J. G., *70;* *Allgemeine Encyklo-*

Mandelsloh, Frau Clementine v., *146*, 149
Mangold, K. L. A., *237; Tannhäuser*, *237*, 238
Mannheim, *39*, *111*, *300*
Marbach, G. O., *160*, 161
Maria Anna, Archduchess, *279*, *280*
Maria Paulowna (Erbprinzessin, daughter-in-law of Karl August of Sachsen-Weimar), *26*
Marston, John (Kinsayder, W.), *81*, *82*, 83, 89f.; *The Metamorphosis of Pigmalion's Image, and certain Satyres*, *81*, *82*, 90; *The Scourge of Villainie* (*Villainy*), *81*, *82*, 90
Mary, I, Queen of England, *99*
Masche, Bertha M., *xi*, *xii*
Massimi, Villa, *31*, *33*
Massinger, Philip, *The Duke of Milan*, *201*, 203
Matenko, Mrs. Natalie R., *xii*
Matenko, Percy (see also Zeydel, E. H.), *ix*, *xi*, *250*, *364; Tieck and Solger* (ed.), *250*
Mattausch, Franz, *327*, 329
Matthes ("Kirchenvorsteher und Brauer"), 295f., 296, 298
Max, Josef, *69*, 70, *112*, 114, 115, *157*, *183*, 185, *251*, *252*, *259*, 259f., 261f., 263, 266, 270
Mecklenburg (Meklenburg), 27
Mecklenburg-Schwerin, C. L., hereditary Princess of, (second wife of Friedrich Ludwig of Mecklenburg-Schwerin), *25*, 27
Mecklenburg-Schwerin, C. L. (children of), 27
Mecklenburg-Schwerin, Friedrich Franz II, Grand Duke (son of Paul Friedrich), 193
Mecklenburg-Schwerin, F. L., hereditary Grand Duke of, *25*, 27
Mecklenburg-Schwerin, Louise, Duchess of, *186*, 193
Mecklenburg-Schwerin. P. F., hereditary Grand Duke of, *185*, 193
Mecklenburg-Strelitz, Carl, Prince of, *35*
Mecklenburg-Strelitz, Friederike (daughter of Grand Duke Karl II, wife of Ernst August, Duke of Cumberland), *127*, 130
Mecklenburg-Strelitz, Karl II, Grand Duke of, 125
Mecklenburg-Strelitz, K. F. A. v., *123*
Mecklenburg-Strelitz, Luise v., Queen

of Prussia (wife of Frederick William III), *35*, 38, *109*, 110
Medici, Catherine de', *122*
Meinecken, Fräul. v. (wife of Theodor), 39
Meisner, Heinrich, *252; Briefe an Rudolf Köpke* (with Schmidt, Erich), *252; Briefe an Wolfgang Menzel* (ed.), *172*
Meißner, A. G., 102
Meister, Castellan, 39
Melin, Amalie (née von Imhoff), *137f.*, 138f.
Mendelssohn, Dorothea, *26*
Mendelssohn-Bartholdy, Fanny, *104*, 107
Mendelssohn-Bartholdy, Felix, *224*, *233*, *234*, *241*
Menzel, Karl, *216*
Menzel, Wolfgang, *172*, 174; *Deutsche Dichtung; Die deutsche Litteratur; Die Geschichte der Deutschen*, *172*
Meseritz, 343
Mevius, Madame, *163*
Meyer, Herr, 159
Meyer, F. L. W., *5*, 7
Meyer, J. H., *34*, 37, *145*, 147
Meyerbeer, Giacomo, *123*, *224*, *225*, *231*, 232
Meyerinck (Meirink), Frau v., 227
Meyerinck, H. E. v. (Rittmeister von Meirink), *226*, 227
Michelangelo, Buonarroti, *160*, 161
Mickiewicz, Adam, *145*, 147
Mickwiz, "Pastor", *372*, 372
Mickwiz (son), *372*, 372
Milde, Herr, 132
Miller, J. M., *288; Siegwart, eine Klostergeschichte*, *288*, 288, 291
Möller, Frau (wife of J. N.), *104*, 108
Möller, J. N., *104*
Möller, Johann, *105*, 108
Möller, Mariechen, *105*, 108
Möllers (family), *104*, 108
Montmorency, Louise de, *122*
Morell, Dr. *209*, 209
Moritz, K. P., *295*, *338*, 339; *Andreas Hartknopf*, *295*, 296; *Anna St. Ives* (tr.; see Holcroft), *338*, 339
Mosen, Julius, *214*, *215*, 215, 216; *Die Bräute von Florenz, Herzog Bernhard von Weimar, Otto III, Der Sohn des Fürsten, Wendelin und Helene*, *214*, 215f.
Müller, Friedrich v., Chancellor, *245*, 246; "Gespräche mit Goethe",

388